Pour une démocratie transculturelle

Collection *Perspectives transculturelles*
dirigée par J. Poulain, H.-J. Sandkühler et F. Triki

La réduction de la mondialisation à la globalisation économique ne fait pas justice au développement des diverses cultures du monde. Ce développement ne saurait en effet être réduit à ce que désire en faire le Fonds Monétaire International : une affaire négociable en termes purement économiques. Il exige en effet un véritable dialogue interculturel qui ne se contente pas de laisser cohabiter les cultures comme des traditions fermées, qui ne désirent s'affirmer qu'aux dépens des autres. Ce dialogue doit pouvoir faire appel aux formes les plus évoluées et les plus réfléchies des diverses cultures qui constituent le patrimoine mondial.

Cette collection entend participer à ce dialogue en mobilisant tout le potentiel critique des sciences humaines et des philosophies contemporaines pour dégager ce qu'il y a de véritablement universel dans ces différentes cultures, pour mettre en lumière ce qui résiste en elles à la critique mutuelle qu'elles exercent les unes à l'égard des autres, et pour valider ce que l'expérimentation mutuelle inédite qui se propage ainsi.

L'universalisation effective qu'elles parviennent à effectuer d'elles-mêmes doit pouvoir distinguer ses propres résultats des effets polémiques de la guerre des cultures qu'engendre le désir qu'a chacune d'étendre son hégémonie sur les autres. Elle ne forge un être humain capable d'intégrer en lui leur multiples richesses qu'en laissant advenir à la parole cette auto-critique transculturelle, par laquelle advient à l'existence le monde commun auquel elles aspirent.

Sous la direction de
Jacques Poulain, Hans-Jörg Sandkühler, Fathi Triki

Pour une démocratie transculturelle

L'Harmattan

© L'Harmattan, 2010
5-7, rue de l'Ecole polytechnique ; 75005 Paris

http://www.librairieharmattan.com
diffusion.harmattan@wanadoo.fr
harmattan1@wanadoo.fr

ISBN : 978-2-296-08244-1
EAN : 9782296082441

Table des matières

Préface — 11

Partie I
LA DÉMOCRATIE AU RISQUE DE L'ÉGALITÉ

Jacques Poulain
Introduction à la première partie — 15

Jacques Poulain
La mondialisation libérale et l'expérimentation transculturelle de l'égalité cosmopolitique — 19

Fathi Triki
Le principe démocratie — 37

Marie Cuillerai
Le réel par effraction : l'égalité au risque de l'humanitaire — 47

Hans Jörg Sandkühler
Quelle démocratie ? Quel risque d'égalité ? — 69

Stéphane Douailler
La démocratie advenant dans un temps des droits — 87

Rachida Triki
Pour une poïétique de la vie démocratique — 97

Mohamed Turki
Gouvernance et démocratie dans le monde arabe.
Une lecture à partir de Hisham Sharabi — 107

Matthias Waltz
Les limites de l'égalité des êtres humains en tant qu'humains — 127

Wolfgang Wildgen
La démocratie, la dynamique des jugements politiques
et l'idéal de l'égalité : une approche systémique   139

Jaleddine Saïd
La démocratie selon Spinoza.   161

Georges Navet
G.B. Vico et l'intenable égalité   167

Fethi Meskini
Droit de résistance, suicide et martyre selon Kant.
Une rencontre casuistique avec le dernier musulman   181

Sarhan Dhouib
Egalité et droits de l'homme chez Ernst Tugendhat   199

Driss Bellahcène
Folie et altérité chez Michel Foucault   219

Partie II
INDIVIDU ET SOCIALITÉ

Fathi Triki
Introduction à la deuxième partie   229

Hans Jörg Sandkühler
Sur la dignité humaine   237

Ahmed Lamine Zarraï
L'avènement du Social et la dissolution du monde commun   273

Fethi Meskini
Qui est l'individu en Islam ? Individualité et transcendance.
Essai sur l'individuation musulmane   281

Table des matières

Abdelaziz Ayadi
Individuation et individu   297

Jaleleddine Saïd
Amitié et socialité   307

Jacques Poulain
La désocialisation pragmatique et sa thérapie philosophique   317

Silja Freudenberger
Qu'est-ce qu'un sujet épistémique? Que peut-il savoir ?   337

Sarhan Dhouib
Liberté, individu et droit chez le jeune Schelling   349

Mohamed Turki
Individu et socialité chez J.-P. Sartre   371

Wolfgang Wildgen
L'autisme et les bases évolutionnaires et neurologiques
de la socialité   385

Index des noms   397

Préface

Des équipes de recherche des Chaires UNESCO de Philosophie à l'Université de Tunis et à l'Université de Paris VIII et du Centre des Fondements Philosophiques des Sciences de l'Université de Brême organisent depuis 2000 des colloques sur la Philosophie du vivre-ensemble dans le monde transculturel. Au centre de leur coopération figurent les questions qui concernent, d'un côté, le dialogue transculturel et, de l'autre, les contributions philosophiques au développement de la réflexion critique sur les sciences, la politique et le droit, l'éthique et l'esthétique dans les cadres de l'UNESCO. L'instrument de travail commun est la philosophie, entendue an sens large, en tant que pensée théorique, ouverte sur le savoir fourni par d'autres disciplines. Par l'examen attentif des modes de culture, par l'introduction d'un nouvel universalisme qui prend au sérieux les différences et les diversités, la philosophie participe à l'édification d'une identité plurielle, ouverte à l'homme contemporain.

Le 6ème colloque « La démocratie au risque de l'égalité » à été organisé à Paris du 6 au 9 octobre 2005, le 7ème colloque « Individu et socialité » à Tunis du 10 au 13 juin 2006.

Le deuxième volume de la collection *Perspectives transculturelles* présente les contributions à ces deux colloques.

Nous remercions M. Sarhan Dhouib pour son aide précieuse car sans son patient travail de correction des épreuves, ce livre ne pourrait pas paraître.

Paris – Brême – Tunis, octobre 2007

J. P./ H.J. S./ F. T.

Partie I

LA DÉMOCRATIE AU RISQUE DE L'ÉGALITÉ

Jacques Poulain

Introduction à la première partie

Il n'est de secret pour personne que la mondialisation met à mal la démocratie. La dérégulation des rapports du marché qui remplace la concurrence libérale par la course aux monopoles, la soumission des États souverains aux multinationales engagées dans cette course, la croissance exponentielle des pauvres et des exclus entraînent dans leur sillage une violation généralisée des droits de l'être humain, l'interdiction aux exclus de participer à la vie civique, une ingérence des États dominants dans la vie politique des pays pauvres allant jusqu'à y produire des guerres civiles, l'élimination de toute culture liée à une langue ou à une nation au bénéfice de l'unique culture des monopoles.

Cette disparition du respect des droits de l'homme advient paradoxalement en plein essor de l'expérimentation démocratique des conditions de vie sur la planète : excessivement rares sont désormais les États qui osent afficher un totalitarisme anti-démocratique et substituer un plébiscite programmé aux oracles démocratiques des urnes. Les crimes étatiques contre l'humanité ont beau être mûs par les calculs économiques les plus odieux, ils se présentent comme des interventions essentielles à la propagation de ladite démocratie. Car l'égalité et la liberté prônées par les droits de l'homme restent les fondements du libéralisme mondialisé comme ils le sont de toute société économique et politique. La société économique s'y institutionnalise par la loi privée, avant tout par les lois sur les propriétés et sur la liberté contractuelle. Mais si la liberté des personnes privées de posséder ou d'acquérir une propriété est censée garantir la justice sociale, alors on doit accorder à chacun des chances égales à celles de son voisin pour rendre effectif l'usage de pouvoirs légaux également distribués. Comme J. Habermas le remarquait dès les années soixante, « il est bien évident que les sociétés capitalistes ne satisfont pas à ces exigences ».

Il suffit d'être un bon observateur de l'expérimentation libérale pour donner raison aux communautariens partisans du bien-être lorsqu'ils argumentaient pour assurer des compensations et une redistribution des richesses face aux inégalités croissantes affectant le pouvoir économique, la propriété, les ressources matérielles et les conditions de vie. Le droit privé aurait dû être spécifié en ce sens et l'on aurait dû introduire des droits sociaux. On sait que les « droits économiques » inventés dans les années 60 pour introduire les droits financiers de chacun à l'éducation, à la sécurité sociale, au droit au logement et aux droits à la retraite ont produit un effet pervers qui semble irréversible : dès que la « stagflation » des années 70 a ôté aux États leur capacité à jouer les États-providence et à effectuer cette redistribution, l'égalité et la liberté civiques assurées par ces droits ont disparu, et avec elles la capacité des exclus à utiliser leurs droits civiques, à tirer parti de statut de citoyen égal aux autres. L'autonomie privée des citoyens habilités à part égale à faire valoir leur cas n'est en effet assurée qu'à condition que ces citoyens usent activement de leur autonomie civique.

Pour être à même de tirer la leçon de ces avatars, il faut pouvoir interroger la suffisance du modèle de maîtrise économique et politique de la vie humaine à nourrir les concepts de liberté et d'autonomie adéquats au contexte d'expérimentation totale de l'homme qui entoure et justifie la mondialisation économico-politique. Tributaires de l'idéal d'autarcie individuelle et d'une égalité fondée sur le statut de personne reconnu à chacun comme une propriété innée, ces concepts s'avèrent trop faibles pour résister au consensus du marché qui meut la mondialisation car ils demeurent dépendants d'un idéal de maîtrise de soi devenant de plus en plus inaccessible. Parce que l'expérimentation néolibérale de l'homme tente d'instaurer un consensus communicationnel et démocratique et y reconnaît sa seule source de légitimation, elle engendre l'idéal d'une égalité et d'une liberté calqué sur l'idéal fonctionnel présidant à cette expérimentation : sur la capacité pragmatique de chacun et de chaque État à adapter les rapports sociaux aux rapports scientifiques. Cette égalité et cette liberté technocratiques ont beau être une égalité et une liberté tronquées, elles accompagnent la découverte de la nature communicationnelle de l'homme : avant d'être les législateurs et les sujets égaux et libres que la notion moderne de démocratie présupposait qu'ils étaient déjà, les partenaires sociaux de cette expérimentation totale découvrent que seule la capacité à faire partager l'objectivité de leur jugement concernant cette adaptation leur permet de faire reconnaître leur parité civique et l'existence effective de leur autonomie de jugement. Bien plus, ils ne peuvent faire reconnaître leur parité de juges et leur autonomie de parte-

Introduction à la première partie

naires sociaux qu'en faisant partager l'objectivité du jugement qu'ils portent sur leurs conditions de vie comme sur celles de leurs interlocuteurs. Au moment même où semblent leur échapper une égalité et une autonomie civiques fondées sur l'arbitraire des contrats, les individus et les États semblent voués à explorer leur condition démocratique comme condition de vie. L'inscription de la pensée et du jugement dans le langage voue en effet les êtres humains à fonder la construction de leurs mondes de perception, de désir et d'action sur le partage avec autrui de leur jugement de vérité et les contraint à fonder leurs mondes sociaux sur la même loi, quitte à devoir reconnaître que la pire injustice qui accable les exclus n'est peut-être pas la privation de leurs droits matériels, mais d'abord et avant tout, la façon dont on leur refuse le droit au jugement et le droit à une formation de ce jugement.

La formation d'une opinion publique internationale libre des contraintes des États comme des contraintes des multinationales, le dialogue interculturel dans lesquels les individus tentent de se redonner une identité et une autonomie culturelles de jugement demeurent la plupart du temps tributaires des rêves de souveraineté qui conduisaient les individus eux-mêmes à s'identifier à l'idéal étatique dans leurs tentatives de se maîtriser eux-mêmes. La dynamique humaine de communication et de jugement est transculturelle et relativise les conflits inéluctables que rencontre le dialogue interculturel. Aussi faut-il, pour analyser l'avenir qu'offre à l'humanité cette expérimentation d'elle-même par le consensus et par le partage démocratique du jugement, dégager les fondements transculturels de cette expérimentation et les nouvelles formes d'égalité qu'elle rend accessibles car elles contrastent du tout au tout avec celles qu'exploitaient les États-nations et qu'exploite aujourd'hui la mondialisation économico-politique. À quelles conditions cette égalité conquise à la force du jugement et par la culture de ce jugement parvient-elle à éviter le piège de la construction d'un monde unique ? autorise-t-elle à sauvegarder la pluralité des cultures et des jugements de vie qui y étaient partagés ou contraint-elle à opérer une intégration de ces cultures les unes aux autres ? telles sont les questions qui se posent aujourd'hui dans ce contexte d'une mondialisation transculturelle.

Jacques Poulain

La mondialisation libérale
et l'expérimentation transculturelle de l'égalité cosmopolitique

La rechute actuelle dans les intégrismes néolibéraux, européens, orientaux ou musulmans accompagne la faillite politique du libéralisme sous ses formes néolibérales ou capitalistes. La guerre des cultures tente de restaurer une égalité cosmopolitique des individus, des groupes et des États pour surmonter l'inégalité économique et sociale des pauvres et des riches, présente à l'intérieur des États aussi bien que dans leurs relations internationales, dans la scission entre pays riches et pays pauvres, entre pays du Nord et pays du Sud. Alors que la coexistence des cultures dans le multiculturalisme semble suffisante à assurer leur respect mutuel et leur soumission à la seule culture économique, la guerre des cultures est cosmopolitique et révèle les limites inéluctables du dialogue qui désire les surmonter, le dialogue interculturel. Celui-ci est en effet conçu sur le modèle de la république des esprits rêvée par l'*Aufklärung* des Lumières françaises et allemandes et se trouve mis en échec là même où il s'estimait infaillible : dans la postulation d'une égalité innée entre les êtres humains, reconnus comme « personnes » et dans l'institutionnalisation de cette égalité par la reconnaissance de leur statut de « citoyens ». Les cultures y sont respectées de façon purement formelle comme si elles constituaient des véritables personnes, des personnes morales. Il faudrait les respecter dans la république cosmopolitique des cultures comme si elles possédaient toutes un patrimoine unique de vérités et de valeurs exigeant leur respect mutuel indépendamment de leur contenu.

Mais cette coexistence ne peut demeurer pacifique car les individus et les groupes cherchent à retrouver dans leur propre culture une identité et la reconnaissance d'eux-mêmes que la globalisation semble leur refuser. La mondialisation économique semble non seulement s'imposer dans les faits comme « globalisation », imposant la loi du marché ainsi que sa dérégulation à la vie sociale de tous les pays, elle semble également faire la loi aux diverses mondialisations qui l'accompagnent ou la constituent : la mondialisation du libéralisme politique, la mondialisation des cultures occidentales, orientales, religieuses ou sécularisées, la mondialisation des systèmes d'ONG de solidarité et de protection, la mondialisation des arts, des sciences et des techniques.

Aussi a-t-elle beau produire le système de paupérisation et d'exclusion le plus efficace qu'on puisse penser, elle semble faire surgir par contraste un monde culturel dont elle dicte également la loi de formation : elle fait jaillir une opinion publique internationale inédite, nourrie par un processus universalisé d'échanges, où la délocalisation culturelle de tous à l'égard des États provoque des processus associatifs de créativité et d'émancipation critique. L'indépendance conquise à l'égard des États-nations par ces mondialisations culturelles qui se proposent en antidotes à la globalisation offrirait ainsi pour la première fois une source d'émancipation intellectuelle et critique inédite. Le plus grand mal, la plus grande injustice sociale, celle qu'engendre la globalisation, semblerait produire le plus grand bien, l'émancipation intellectuelle et culturelle forcée des peuples et des individus à l'égard de leurs conditions matérielles d'existence et de leur aliénation à la consommation. Cette guerre des cultures se fonde sur le transfert de la prétention hégémonique des États dans le domaine culturel : comme prétention à l'universalisation d'une culture particulière comme culture mondiale. Elle présuppose ainsi une primitivisation des diverses cultures où l'identification au consensus culturel reproduit la dynamique d'identification des sociétés archaïques à la parole de leurs dieux. Elle tente d'instaurer une inégalité cosmopolitique entre cultures qui dépend ici d'une prétention hégémonique à la vérité. Cette prétention a beau être illégitime, il faut pouvoir la surmonter sans la reproduire dans la mutation culturelle qu'on prétend produire à travers le dialogue culturel.

L'expérimentation cognitive de l'homme dans le dialogue interculturel a beau accompagner l'expérimentation sociopolitique prônée par la généralisation du capitalisme, j'aimerais montrer ici que cette expérimentation du consensus culturel ne permet pas magiquement de surmonter la guerre des cultures déclenchée par la conscience d'injustice économique et sociale et qu'elle ne peut parvenir non plus à instaurer d'elle-même une égalité cosmopolitique culturelle qui garantirait l'égalité cosmopolitique de tous avec tous. Cette expérimentation cognitive reproduit en effet purement et simplement la postulation républicaine de l'égalité civique et affronte l'incapacité propre aux démocraties des cultures dites avancées :

leur incapacité à justifier la fondation de leur puissance sociopolitique sur un savoir anthropologique universalisable. Elle reproduit en effet le rêve d'une maîtrise totale de l'homme par lui-même et ressuscite malgré elle les prétentions à la validité universelle des croyances qui caractérisait la foi religieuse aussi bien que la foi citoyenne en l'État-nation. En mettant à distance de la foi dans la toute-puissance des États et dans la justice du Marché mondial, cette expérimentation du consensus culturel ne délivre pas magiquement les individus et les groupes de leur enchaînement à l'action, ni de leur enchaînement aux désirs préfabriqués que leur propose le développement durable du capitalisme avancé.

La thérapie républicaine des démocraties délibératives proposée comme modèle européen de régulation de la mondialisation culturelle s'avère à cet égard aussi inefficiente que l'éthique négative des théoriciens français de la différence, aussi incapable qu'elle d'instaurer une égalité transculturelle de jugement dans la république cosmopolitique du dialogue. On ne saurait en effet produire et faire reconnaître cette égalité culturelle de jugement cosmopolitique qu'en donnant au dialogue interculturel la tâche et la capacité de reconnaître l'objectivité ou le manque d'objectivité des jugements anthropologiques que cherche à imposer de façon aveugle la mondialisation des cultures en mimant, de façon acritique, la dynamique de la mondialisation économique, c'est-à-dire la soumission de cette mondialisation aux diktats du marché.

1. L'autofalsification de l'anthropologie libérale dans la globalisation

La mondialisation se produit aujourd'hui comme processus de débordement systématique des États de droit par les multinationales et les marchés financiers. Les effets positifs de la fusion des multinationales s'imposent sous l'aspect d'un raffinement de l'adaptation de l'offre à la demande, comme soumission des offres, des produits et des rapports de production aux diktats des demandes consensuelles, au désir d'accéder à tous les biens de consommation possibles au moindre prix possible. Cette adaptation arbore fièrement son indépendance à l'égard des États-nations et des partis politiques, défiant sans scrupules leurs impératifs et leurs interdits rigides et arbitraires. Elle invoque pour se légitimer une objectivité dépendante de la satisfaction effective et efficace du maximum de désirs entourée du respect de l'indépendance autarcique des individus et des peuples : en présentant toute régulation sociale comme la conséquence logique des progrès d'homogénéisation du marché mondial et en la faisant apparaître comme aussi objective que le progrès scientifique et technique lui-même. L'humanité des individus et des groupes est réduite à l'harmonisation de cette maximisation des gratifications consommatoires avec la jouissance de cette liberté négative de tous à l'égard de tous ainsi que de leur égalité formelle de consommateurs universels. Cette mondialisation donne au marché hégémonique mondial et au consensus présumé l'animer le rôle d'instance infaillible dévolue par les religions archaïques au sacré.

Les effets négatifs de cette mondialisation semblent quant à eux, aussi incontournables que ses effets positifs semblent objectifs. Le renforcement de l'asymétrie sociale, de l'inégalité et de la dépendance entre pays riches et pays pauvres, le chômage des sociétés industrielles avancées due à la délégation de la production à la main d'œuvre des pays bon marché, l'exportation à l'étranger de l'impuissance des États de droit hégémoniques à juguler la spéculation financière, la croissance de l'exclusion sociale des démunis, les retombées racistes et nationalistes de l'injustice et de l'exclusion, la production considérable des famines dans les pays en voie de développement sévissant aujourd'hui à travers une spéculation financière étendue à la dérégulation des monnaies des États apparaissent comme des catastrophes aussi massives et inévitables que les catastrophes naturelles : y disparaît bien entendu la capitalisation des gratifications et de la liberté qui devait garantir à chacun l'accès à l'harmonisation tant désirée, au partage juste des droits, des devoirs et des biens. Celle-ci confirme le diagnostic porté par Max Weber sur le devenir de l'humanité et valide sa réduction de la rationalité éthique à une rationalité fonctionnelle, appliquée cette fois à l'histoire elle-même. Le seul calcul qui meuve cette mondialisation vise à une maximisation des gratifications au moindre prix possible et à la pérennisation de l'oligarchie adaptée à cette finalité. Ses résultats sont validés en temps réel : par l'oracle du marché, par un oracle justifié par le consensus expérimental qui règle l'adaptation des rapports sociaux aux progrès scientifiques et techniques. Il tient son rôle de dernière instance du jugement collectif qui reconnaît son objectivité et qui valide ainsi la privatisation économique et politique du monde au nom de la rentabilité fonctionnelle de l'unification universelle des forces de production.

Mais ces résultats désastreux forcent pourtant la présente humanité à admettre qu'elle ne peut se reconnaître en ce « dernier homme », elle est confrontée à elle-même comme à un problème culturel dont elle ne semble pas pouvoir venir à bout. Elle se voit contrainte d'admettre la fausseté de l'image anthropologique qui, à la fois, l'oblige à tenter de s'y reconnaître et lui interdit de le faire : l'identification de l'être humain à son idéal moral, poursuivie comme volonté de soumettre à l'esprit l'être irrationnel de désirs, de passions et d'intérêts, auquel elle réduit l'homme comme être sensible, visant par là à assurer à l'être humain sa propre maîtrise de lui-même à la façon dont celui-ci parvient à maîtriser scientifiquement et techniquement le monde.

L'expérimentation culturelle et totale à laquelle s'adonne l'être humain pour accéder à cette maîtrise de lui-même recèle pourtant la solution de ce problème même si elle semble soumise elle aussi à cette recherche de maîtrise. Parce que cette expérimentation tente d'instaurer un consensus communicationnel et démocratique et y reconnaît sa seule source de légitimation, elle ne lui montre pourtant la fausseté de cet idéal moral de maîtrise de lui-même et l'incapacité d'y trouver la source d'une harmonie avec lui-même qu'en lui révélant la dynamique de communication à laquelle la déficience de ses coordinations biologiques à l'environnement l'a contraint à s'adonner pour créer institutions et psychisme à l'image de cette communication, rendant insignifiants aussi bien cet appétit de maîtrise de soi que la frustration infligée aujourd'hui à cet appétit par la globalisation.

La façon dont l'être humain s'adonne à l'expérimentation de lui-même en expérimentant l'accord d'autrui semble pourtant légitimer le recours à cet idéal de maîtrise en mettant le consensus au pouvoir, en lui faisant espérer qu'il puisse régler cette expérimentation. En transformant la science en forme de vie, l'être humain a pris l'habitude de s'expérimenter lui-même en expérimentant l'accord d'autrui par la parole. Mais cette expérimentation communicationnelle de soi et d'autrui est loin d'être réglée par la conscience de devoir respecter l'accord ainsi produit, elle obéit aux impératifs d'une économie purement hédonique, celle-là même qui inspire l'expérimentation néolibérale de la planète. Chacun y chercherait une maximisation de ses gratifications et une minimisation de son effort personnel. L'action de communication paraît permettre à tous de se décharger au maximum, avec le minimum d'efforts, de leurs rôles sociaux et des actions auxquelles ceux-ci les obligeaient, en en chargeant allègrement leurs partenaires sociaux. Cette expérimentation communicationnelle instaure et renforce en fait un maximum de dépendance des allocutaires par rapport aux énonciateurs, leur dépendance par rapport à ceux dont la parole est déterminante dans la société.

Dépouillé de son pare-balle juridique, de sa prestance morale, de ses responsabilités politiques, autrui y est détrôné de ses prétentions à la souveraineté de lui-même, perçu à partir du degré zéro de ses prérogatives sociales, ils est conçu comme support biologique nu d'une parole dont les effets doivent être appropriés par les énonciateurs à leurs propres intérêts. Les sociologues de droite de toute nation nous ont décrit depuis longtemps leurs effets : la primitivisation des relations sociales et intersubjectives réduites aux actions consommatoires alimentaires, sexuelles et agressives auxquelles elles ménagent l'accès, la perte du sens de la réalité et la sublimation des échecs psychiques, sociaux et politiques dans un imaginaire pour lequel tout est possible, la volonté de maîtriser par la programmation logico-mathématique et les succès d'une technologie imparable appliqués aux opérations d'envergure les plus impressionnantes, les processus de pensée qui accompagnent ou guident cette expérimentation quotidienne ou politique de l'être humain. Cette primitivisation et ces velléités vides et impuissantes de régulation logico-mathématique de la pensée constituent les phénomènes dans lesquels s'autofalsifie l'image anthropologique de l'homme dans l'expérimentation capitaliste qu'il tente de lui-même.

Habermas et Gehlen ont décrit depuis longtemps ce processus comme conséquence de la perte de l'identification aux Tiers et comme désintégration de toute instance d'autorité. Ils ont appelé ce processus, le premier, « neutralisation des institutions et du psychisme », le second, « crises de rationalité, de légitimation et de motivation ». S'identifiant à l'expérimentateur des régulations internes aux mondes des faits observables, l'homme contemporain ne pourrait plus dériver de la perception et de la description de ces faits aucune prescription de conduite, ni aucune inhibition. La neutralisation du psychisme humain et son incapacité à servir de support à ce qu'on entend par « personne » proviendrait de ce qu'on fait disparaître toute identification à un tiers, toute identification à un idéal qui attire et oblige à la fois : on chercherait à appliquer au

« monde interne de faits » qu'est la vie psychique de chacun, le même rapport scientifique et technique que celui qu'on instaure avec le monde des faits externes. En cherchant à rendre théoriquement et pratiquement le monde interne des faits psychiques conforme à des figurations romanesques, sociologiques, psychanalytiques, historiques ou publicitaires, l'homme y tente de se faire vivre par tous les moyens possibles comme autre que ce à quoi il s'identifiait auparavant : il s'expérimente. Il s'adonne ainsi à un rapport encore inédit à l'action. Il fait varier dans tous les sens possibles les moyens de figuration, les moyens de pensée et les procédures disponibles, il tente de mettre en œuvre tout ce qu'il peut pour voir ce qui en sort, car il s'agit pour lui de voir ce qu'on peut tirer d'imprévu à partir d'une façon de procéder liée au départ à un but donné. Généralisé à toute action et à l'action communicationnelle, le rapport expérimental à l'action fait que celle-ci n'est plus un moyen pour une fin déjà pensée : elle est ce par quoi est produite la situation-effet à décrire. On n'a donc plus un but prévisé et déterminant qui déclenche les réactions appropriées à sa réalisation : devient ici invalide le schéma classique des théories de la conscience régulatrice d'action qui servait de support à la réalisation de la personnalité et au respect de sa souveraineté. Les individus s'identifient mutuellement et eux-mêmes à des actions d'expérimentations déclenchant des effets inconnus avec cette expérimentation.

Aussi la situation de communication ne prédétermine plus d'avance des valeurs déclenchantes en fonction des valeurs de solidarité, d'égalité, de fidélité, d'affection, d'amitié, de reconnaissance qui sélectionnaient auparavant d'avance les comportements verbaux et moteurs. S'y expérimente au contraire la situation de parole à partir d'une sorte de degré zéro du partenaire. Cela permet d'expérimenter sur lui toutes les valeurs de stimuli et d'affects pour produire chez soi et chez l'interlocuteur toutes les réalités intersubjectives, tous les liens sociaux, connus ou inconnus, possibles. D'avance, l'interlocuteur n'est expérimenté comme réel que s'il rentre de gré ou de force dans le circuit des stimulations spécifiques qu'on expérimente sur lui par la parole. L'allocutaire n'existe comme allocutaire que si précisément il ne communique pas, que s'il ne peut faire accepter réellement ce qu'il dit, ni le rendre déterminant. L'interlocuteur n'existe plus, dans ces processus d'expérimentation, comme allocutaire, c'est-à-dire comme une instance de vérité et de réalité dont l'accord est susceptible de transformer l'énonciation de l'énonciateur en réalité sociale déterminante. Son renvoi au néant le frustre donc de la validation de ses prétentions à l'égalité avec chacun.

2. L'institutionnalisation européenne de la parité communicationnelle dans le dialogue interculturel et le renforcement de sa disparition

Aussi semble-t-il qu'il suffise de réinstitutionnaliser dans le dialogue interculturel lui-même la communication comme *institutio princeps* pour réactualiser le rêve philosophique d'une maîtrise de soi et d'autrui en exhortant chacun à obéir au consensus et en lui permettant ainsi de surmonter la guerre des cultures. Le sens de l'éthique transcendantale d'Apel et de la pragmatique universelle d'Habermas est de faire passer dans la pratique socio-politique effective cette reconnaissance culturelle que l'homme contemporain tente de sa parité de partenaire comme être de langage : il semble à la fois nécessaire et aisé de distribuer à part égale cette maîtrise culturelle dans le dialogue interculturel.

La solution proposée est, on le sait, *d'institutionnaliser la communication* en donnant, en toute culture, le pouvoir politique législatif à l'opinion publique en raison de la faculté critique de juger dont elle est présumée pourvue. Puisque tout droit, toute morale ordinaire ou toute morale du langage voient leurs conditions de réalisation bornées et dictées par un jeu de forces politiques basé sur une dynamique économique, puisque c'est cette dynamique qui apparaît invalide à l'homme contemporain et produit ses crises de motivation, il faut tenir compte de ces crises pour en tirer tout le bénéfice culturel possible. L'enjeu est d'inverser les rapports de dépendance de la vie sociale à l'égard des rapports économiques de production en rendant l'expansion économique et technique dépendante de la dynamique culturelle propre à la communication, en la pliant à la rationalité critique dont celle-ci est chargée. Les interlocuteurs sont présumés faire trier leurs désirs par la communication en fonction de ce qu'ils peuvent faire accepter comme désirs rationnels par leurs partenaires. C'est en effet au sein des échecs d'interaction sociale réglée par la communication que peuvent être triés les *bons échecs* : les rejets généralisables de lois caduques, et les *mauvais échecs* : ceux qui manifestent un manque de rationalité et n'expriment qu'une exigence irrationnelle.

Qu'est-ce que présuppose toute situation de communication pour être législatrice ? Les interlocuteurs *ne peuvent pas ne pas se présupposer être déjà identiques à ce qu'ils doivent faire mutuellement d'eux-mêmes par la communication* et ce qu'ils ne peuvent produire que par elle : se rendre autonomes les uns par rapport aux autres dans des rapports effectifs de parité et de symétrie. Ils ne peuvent pas ne pas présupposer *réelle* cette autonomie qu'ils doivent produire en respectant les règles de symétrie qu'impose la situation et le déroulement mêmes de la communication. Ils doivent présupposer comme *réelle la situation idéale* d'autonomie communicationnelle sociale et psychique qu'ils doivent produire. Les interlocuteurs doivent se reconnaître être déjà effectivement substituables les uns aux autres dans leurs pratiques d'énonciateurs et d'agents : par là, ils font que la pratique de la communication par laquelle ils *produisent* la situation de communication comme situation sociale, *soit conforme* chez tous les partenaires à ses conditions d'existence.

La symétrie des partenaires, le respect de l'interlocuteur qu'on laisse faire et dire ce qu'il veut faire et dire et le respect de *l'alternance* dans la pratique des rôles communicationnels doivent empêcher de privilégier un quelconque rapport d'hétéronomie qui ferait d'un des interlocuteurs un moyen de l'autre pour atteindre ses propres fins ou le forcerait à reconnaître comme vérité ce qu'il sait pertinemment être faux. Tout interlocuteur est reconnu égal aux autres en étant présupposé *sujet et législateur* éventuel de la communication et des rapports sociaux. L'identification à celui qui est capable de faire accepter *par un discours argumentatif théorico-pratique*, la validité des normes qu'il prône en faisant admettre leur rectitude, canalise seul le devoir de dire le vrai, d'exprimer véridiquement ses intentions et d'adhérer légitimement aux conventions par lesquelles on reconnaît la rectitude de certaines actions et des rapports socio-politiques qu'instaurent ces conventions.

Cette théorie a le mérite *de reconnaître la réalité de l'image sociale* que les individus ont d'eux-mêmes et font valoir d'eux-mêmes lorsqu'ils communiquent. Mais son échec consiste à prendre cette image pour la réalité de l'énonciateur ; elle consiste à faire de celui-ci un sujet social, une personne et à renforcer par une théorie idéologique du dialogue les processus de crises de rationalité, de légitimation et de motivation qu'elle veut permettre de surmonter : c'est précisément parce que les individus se règlent déjà sur cette image d'eux-mêmes pour régler d'eux-mêmes, par la communication, ce que les institutions défaillantes ne parviennent plus à régler *d'avance* pour eux (en faisant reconnaître la validité des lois institutionnelles en vigueur), qu'ils renforcent le *clivage* entre, d'une part, ce qu'ils se figurent être : leur image d'eux-mêmes, et d'autre part, ce qu'ils font effectivement d'eux-mêmes : leur expérimentation d'eux-mêmes.

La justification des normes en fonction de la généralisabilité des besoins ne fait que renforcer les processus de primitivisation : n'apparaissent à coup sûr généralisables que les besoins primitifs et les normes les plus traditionnelles qui les régissent. Tous les autres besoins deviennent le lieu d'une incertitude sociale exacerbée : dès qu'un partenaire exprime un besoin dérivé, culturel ou culturellement conditionné, il est toujours possible d'y soupçonner un vœu de domination, un rapport de forces asymétrique, un désir inéluctablement privé. On présuppose ainsi très facilement *l'inverse* de ce qu'on doit présupposer qu'est l'interlocuteur, l'inverse de ce que la mise en situation de parité communicationnelle nous oblige à présumer qu'il est : du juge et sujet de ses paroles et de ses actes, il descend au rang de tyran possédé par ses affects et ses instincts. La ritualisation de la communication législatrice n'induit ainsi qu'une ritualisation des lois : seules les lois réglant les instincts intraspécifiques de nutrition, de sexualité et d'agressivité apparaissent valides, toute loi réglant un besoin non fondé sur un instinct intra-spécifique, toute loi « culturelle », paraît pouvoir être recherchée pour faire réaliser des désirs privés des législateurs-sujets du consensus. De même, le transfert du modèle apélien et habermassien de régulation dans le dialogue interculturel laisse l'espace agonistique inchangé, chaque culture étant fondée à accuser l'autre de fondamentaliste et d'intégriste, à la cataloguer dans une attitude de rechute dans un consensus archaïque et à se dispenser ainsi de l'entendre.

Cette proposition de pragmatique éthico-politique ne fait que reconduire dans l'esprit l'identification au Tiers de consensus qui anime déjà le libéralisme, tout en prétendant l'instituer comme instance éthique. Mais elle renforce ainsi la maladie capitaliste en prétendant en guérir. L'auto-certification culturelle recherchée dans le dialogue interculturel ainsi conçu ranime l'identification au tiers de consensus, aussi la volonté de régler cognitivement le consensus culturel apparaît indiscernable aux uns et aux autres de la volonté de puissance qui cherche à imposer aux autres cultures sa propre dynamique de réflexion critique. Cette volonté d'intégration culturelle d'autrui l'empêche de « parler » aux yeux de H.G. Gadamer et des philosophes français de la différence, tels que J. Derrida et J.F. Lyotard, car il empêche celui qui la commet de reconnaître, le cas échéant, qu'« autrui puisse avoir raison », selon la formule de Gadamer. En renonçant au logocentrisme ou en reconnaissant sa propre incrédulité à l'égard des métarécits d'émancipation pragmatique, il nous faudrait reconnaître que l'auto-affection de la pensée culturelle d'autrui par le sentiment de vérité demeure à jamais indisponible à chacun et qu'on ne peut mieux faire, pour éviter de renforcer la guerre des cultures, que de laisser évoluer le dialogue interculturel comme il peut. On respecterait ainsi le caractère expérimental et imprédictible de ce dernier tout en renonçant à la volonté de puissance qui s'exprimait dans cette tentative de régulation du dialogue interculturel sur le modèle européen des démocraties délibératives.

Fait-on justice par là même aux exigences d'égalité qui prétendent régler le dialogue interculturel ? Il est évident que non. On reconduit en effet dans cette éthique négative de la renonciation au consensus le respect formel de la parité d'autrui qui caractérisait le dialogue interculturel mené dans l'horizon de la république des cultures. On renonce à juger ses paroles au nom de tous, mais par là, on renonce aussi à en juger la vérité puisque ses paroles se voient validées dès lors qu'il arrive qu'elles soient dites. Seule une renonciation à toutes les règles d'appropriation du consensus peut remettre chacun dans un rapport d'harmonie avec soi dans l'expérimentation qu'il tente de sa différence, de son différer perpétuellement d'avec lui-même et d'avec autrui. Seul l'oubli de ces règles lui permet de se produire comme toujours autre que ses rêves d'identité dialogale lui prescrivaient d'être.

Cette adulation de la différence reproduit purement et simplement la renonciation judaïque à manipuler Yahwé en invoquant son nom. Il semble suffire d'inhiber cette identification de tous à la magie du consensus pour se produire tel qu'on est : une créature de ce dernier, mais une créature différente de lui. Il suffisait au fidèle de Jéhova de renoncer à manipuler l'harmonie anticipée de l'homme et du monde en s'interdisant de prononcer son nom, car il y prenait conscience pour la première fois, par être divin interposé, de sa propre identification au mouvement de parole comme au mouvement qui commande tous les autres, mais qu'il ne commande pas lui-même, qu'il ne commande pas plus qu'il ne peut se faire exister lui-même en se nommant. C'est ainsi qu'il apprenait que toute transformation directe de lui-même lui demeurait interdite. C'est cette leçon du judaïsme qui se verrait sécularisée et érigée en norme dans la république des cultures. Il est bien évident qu'on y nie la spécificité des partenaires du dialogue interculturel qui ne respecteraient pas cette inhibition comme lieu de leur identification personnelle à l'acte de parole. Mais le plus grave est, à mes yeux, qu'on continue de cette façon à sauvegarder, qu'on le veuille ou non, l'identification à autrui comme source magique de la maîtrise de soi, même si l'on n'y admet que la vertu magique de cette ascèse prônée à l'égard du consensus. On ne change pas d'un iota les dynamiques collectives, positives ou négatives, d'identification au Tiers de consensus, qu'elles soient religieuses ou sécularisées dans l'idéal républicain, on n'apporte aucune solution ni à la guerre des cultures, ni à l'adulation du marché qui a provoqué cette guerre. Pour pouvoir y changer quoi que ce soit, il faut rendre impossible cette identification positive ou négative au Tiers de parole en en montrant la fausseté anthropologique.

3. Les fondements philosophiques de l'expérimentation transculturelle de l'égalité cosmopolitique

Ce renforcement mondialisé de l'aveuglement collectif, de l'injustice sociale et de la guerre des cultures ne sont pourtant que les symptômes d'une maladie de la réflexion et dérivent d'une erreur philosophique portant sur la « nature » de l'homme. Cette maladie et cette erreur ne prolifèrent à la faveur de ces phénomènes qu'en ignorant la dynamique de communication et de jugement propre au psychisme humain, aux démocraties et aux cultures. Cette maladie est basée sur une erreur philosophique héritée de l'*institutio princeps* du politique, de la religion des dieux souverains : sur la croyance que l'esprit et la parole collectifs, incarnés comme dieux souverains dans l'esprit et la parole du souverain du groupe, sont, comme incarnations de l'harmonie du monde et de l'homme, suffisants pour permettre à l'homme de maîtriser ses désirs et son corps par l'esprit, par un esprit conçu lui-même comme une âme collective et individuelle. Depuis Platon, les rapports d'antagonisme des désirs, présumés reproduire l'antagonisme perpétuel des dieux, ont été généreusement distribués aux hommes comme « nature » déterminante, dérivée de la chute de l'esprit dans le corps, puis, comme polythéisme libéral des valeurs, comme l'avait vu Max Weber. Cette nature agonistique s'est vue projetée, par les temps modernes, dans les rapports intersubjectifs et politiques des hommes entre eux, jusqu'à faire de l'homme comme désir, l'ennemi de lui-même comme esprit et jusqu'à le transformer, selon le fameux adage de Hobbes, en loup pour ses semblables, avant de faire de la politique, dans le libéralisme, la politique des groupes antagonistes d'intérêts et de la culture, l'espace cosmopolitique de la guerre des cultures.

Il s'agit ici d'une erreur philosophique, due à l'ignorance dans laquelle on était, dans l'antiquité comme dans la modernité, de la façon dont s'engendre en l'homme le rapport aux désirs comme un rapport *a priori* rationnel et dérivant de son identification au langage. Aussi est-il tout simplement faux de chercher à s'en protéger à l'aide d'un système de défense politique imparable, mais il s'impose de le soumettre au jugement de vérité. Cette erreur était couplée à une croyance qui s'est avérée, elle aussi, fausse : à la foi historique, c'est-à-dire à la croyance moderne que l'homme peut se transformer directement lui-même, conformément aux exigences de la conscience morale. Elle est couplée aujourd'hui à la croyance contemporaine qu'il lui est possible de se transformer conformément aux exigences éthiques de l'expérimentation communicationnelle, de la discussion argumentative ou de la renonciation ascétique au Tiers du consensus. On tente dans tous ces cas d'incarner la justice du libéralisme politique, de la raison argumentative ou de la renonciation au jugement dans un système de connaissances, de droits et de lois ou encore, dans un système communicationnel parlementaire, judiciaire et administratif : ce système doit, dans ces deux cas, fonctionner comme l'analogue rigide d'un instinct liant par des corrélations bi-univoques stimuli, réactions et actions consommatoires, comme un système qui doit transformer de lui-même « l'animal mal formé » (L. Bolk) et « non encore fixé (F. Nietzsche) » qu'est l'homme, en vivant bien formé : en système rigide et infaillible de coordination d'un seul et unique système d'actions et de désirs, à un seul et unique système de perceptions cognitives et stimulantes.

Cette conception du *zoon logicon,* héritée d'Aristote, reprise par les utilitaristes et les moralistes, demeure présente dans la conception des intérêts et des biens primaires propre à la théorie libérale de la justice aussi bien que dans la démocratie délibérative. Cette conception anthropologique n'en est pas moins fausse dans la mesure où n'existent au départ en l'homme que les instincts intra-spécifiques de consommation alimentaire, de sexualité et de défense. On cherche donc en vain à instituer à partir d'eux des coordinations institutionnelles et culturelles à l'environnement physique et social qui soient aussi rigides et infaillibles que le sont les instincts des animaux bien formés. Lorsqu'on cherche ainsi une solution politique au problème posé par l'expérimentation totale, on recourt à la puissance de la parole utilisée pour protéger l'homme à l'égard de l'agressivité d'autrui, telle qu'elle s'était reconnue d'essence publique dans les religions des dieux souverains, institution *princeps* de la vie politique. C'est dans cet usage politique de la parole, qu'on cherche un analogue à l'instinct de régulation et qu'on limite arbitrairement l'usage culturel de la parole à son usage juridique, moral et politique. On le fait en postulant, de façon inconsistante par rapport à cette présupposition d'une « nature hétéronome, voire instinctive » en l'homme, que celui-ci peut et doit accorder librement et de façon responsable son adhésion rationnelle à ces systèmes nécessaires de régulation sociale et culturelle de la vie.

Or l'anthropologie du langage a découvert en ce siècle que l'homme, comme être de langage, n'a toujours pu et ne peut toujours se transformer lui-même qu'indirectement : par l'intermédiaire de l'identification aux dieux d'abord, puis, en faisant le détour du jugement de vérité qu'il porte sur ses conditions de vie. La position de l'accord de soi avec soi, avec autrui et avec le réel qui meut toute pensée et toute parole ne constitue pas seulement un principe *régulateur*, valide dans le règne des fins, mais elle est *constitutive* de l'identification du vivant humain aux sons et fait la loi, à ce titre, aussi bien à l'harmonie de la pensée avec le réel, qu'elle la fait à l'harmonie avec autrui. Elle fait objectiver à l'homme ses désirs et ses actions comme elle lui fait objectiver ses perceptions et ses connaissances : en projetant l'harmonie entre sons émis et sons entendus dans ses perceptions, dans ses désirs et dans ses actions pour pouvoir leur prêter existence, les détacher d'elle-même et faire reconnaître à cet homme si ces perceptions, ces actions et ces désirs sont aussi réellement ses conditions d'existence, qu'il a dû penser qu'il était identifié à elles pour avoir pu les penser. Elle est donc également ce qui doit se juger aussi réel qu'elle a dû présupposer qu'elle l'était pour mettre chacun face à ces perceptions, face à ces connaissances, face à ces actions et face à ces désirs comme étant ses conditions d'existence, comme étant la réalité de son monde[1].

Cette harmonie s'y impose à lui du seul fait qu'il ne puisse distinguer les sons qu'il émet, des sons qu'il entend au moment même où il les émet. C'est cette identité qui est mimée en toute proposition comme mouvement de projection référentielle des sons dans les choses et comme mouvement de réception prédicative de ce qui, dans les choses, fait d'elle des réalités pour nous. Toute émission et toute compréhension de proposition miment ce mouvement d'émission-réception phono-auditive qui les porte, qu'elles soient dites ou simplement pensées, car ce mouvement ne permet d'isoler ce dont on parle ou ce à quoi on pense, qu'en le pensant identique à la propriété ou à la relation identifiée par le prédicat.

Si l'homme est un être de langage qui a besoin d'exercer son jugement et d'en faire accepter la vérité par ses partenaires sociaux pour se faire reconnaître comme être humain par ses pairs, l'égalité avec les autres et la liberté d'agir ne peuvent plus être considérées purement et simplement comme des propriétés innées, possédées *a priori* par tous et qu'il faudrait défendre comme on défend son droit à s'approprier des objets : en établissant des contrats qui enregistrent la main mise des propriétaires sur leurs possessions et interdisent à autrui de s'accaparer ces dernières. Comme auditeur et allocutaire d'autrui et de soi-même, chacun est voué à juger de l'objectivité de ses conditions de vie et à agir en fonction de la vérité des jugements qu'il parvient à faire partager. Son jugement de vérité ne repose donc que sur cet exercice et sur ce partage, condition incontournable de la reconnaissance de leur objectivité effective.

Ce jugement a trait tout autant à ses connaissances et à la rectitude de ses actions qu'à l'objectivité des désirs que chacun a à reconnaître comme humains. Aussi ne suffit-il plus d'accorder à chacun, par contrat,

---

[1]. La structure démocratique du respect de la loi de vérité est dégagée dans mon ouvrage *La loi de vérité ou la logique philosophique du jugement*, Albin Michel, Paris 1993, puis dans *La condition démocratique*, L'Harmattan, Paris 1998. Sa neutralisation pragmatique contemporaine par un consensus aveugle est analysée comme autisme de civilisation dans J. Poulain, *L'âge pragmatique ou l'expérimentation totale*, L'Harmattan, Paris 1991. L'extension de cette neutralisation à la vie politique par la pragmatique éthique de la république est diagnostiquée dans J. Poulain, *La neutralisation du jugement. La critique pragmatique de la raison politique*, L'Harmattan, Paris 1993.

la liberté de se conduire selon les résultats de ces jugements, mais il faut pouvoir aménager la possibilité pour chacun d'en reconnaître et d'en faire reconnaître la vérité. Le droit à l'exercice de ce jugement de vérité est à la racine de tout droit car cet exercice de la faculté de juger ne repose que sur sa capacité à objectiver les conditions objectives de vie, sur les vérités auxquelles il permet d'accéder ainsi que sur son partage. Ce jugement est ainsi essentiellement philosophique et fait de chacun un philosophe qui n'accède à son humanité qu'en en faisant reconnaître la vérité par autrui à la façon dont il se l'est fait reconnaître à lui-même. La reconnaissance publique de ce droit au jugement va ainsi de pair avec la reconnaissance de la démocratie comme condition objective de la vie humaine.

Dans le contexte des mondialisations culturelles, le dialogue interculturel s'avère une nécessité comme mise à l'épreuve de la capacité de chaque culture à se proposer comme une forme de vie assumable par tous ceux qui y participent aussi bien que par les autres. Ce dialogue a besoin de recourir au dialogue critique entre cultures comme à une de ses composantes essentielles. Le discours critique n'est pas en effet n'importe quelle occasion pour une culture de s'affirmer : il est l'instance par laquelle cette culture prend une conscience de ses limites dans la compréhension même qu'elle a des autres cultures ainsi que de la nécessité de sortir le dialogue interculturel d'un pur rapport de communication et d'enregistrement d'une compréhension réciproque ou d'une incompréhension réciproque. Par lui, advient la possibilité de discerner en quoi les rapports nécessaires de complémentarité culturelle dévoilent des constantes anthropologiques qui ne peuvent être reconnues comme telles qu'en étant adoptées par les partenaires des diverses cultures impliquées. C'est dans ce discours critique que les frontières propres aux diverses cultures peuvent être repérées et que la façon dont les cultures partenaires dépassent ces frontières peut être intégrée dans la culture de départ. Le respect des cultures dans le dialogue culturel ne peut pas en effet se limiter à une attitude formelle de reconnaissance de l'existence d'une autre culture à la façon dont le droit nous oblige à respecter l'existence d'une autre personne. Il doit être un respect exercé dans l'acte même de critique par lequel une culture reconnaît devoir intégrer ce qui lui manque et qui a servi de base à la culture avec laquelle elle est en dialogue. Cette reconnaissance en acte de la spécificité des autres cultures, de leur vérité anthropologique et de leur apport réel à la construction d'une humanité aussi conforme à ce qu'elle doit être, qu'elle doit l'être effectivement, conditionne la force critique du dialogue interculturel.

Il permet donc une implication critique de chacun dans la transformation de sa culture et des institutions qui en dérivent aussi bien que son intervention dans d'autres cultures par le biais de la reconnaissance que peuvent accorder à son apport des partenaires de dialogue formés dans cette culture, une fois que l'apport critique de la culture étrangère est reconnu dans sa vérité anthropologique. Si l'on considère, par exemple, le clivage interculturel récent advenu entre le libéralisme, le républicanisme européen et la culture musulmane, force est de reconnaître d'une part la nécessité d'élargir la culture contractuelle du libéralisme américain par une reconnaissance des rapports de nécessité liant le développement des cultures sociales au monde et à la réalité des hommes, par une reconnaissance des rapports de nécessité qui obligent à reconnaître l'objectivité des lois réglant les échanges économiques et imposant une justice dans la rétribution des biens, des droits et des devoirs. Seule une telle reconnaissance peut permettre au rêve européen d'une démocratie délibérative mondiale d'échapper à ses limites éthiques internes. La culture musulmane offre cette possibilité de critiquer les limites internes à la pensée contractuelle et aux accords arbitraires d'échange qu'elle promeut. Elle offre cette possibilité à condition de pouvoir s'ajuster elle-même à l'image de l'homme proposée par l'expérimentation totale de lui-même à laquelle il s'adonne et d'abandonner son refuge acritique dans une conscience du destin encourageant la lutte contre tout ce qui est présumé s'opposer au destin d'élection de ses fidèles.

Mais cette critique universitaire doit se faire aussi transculturelle, ainsi que le souhaite Fathi Triki, dans la mesure où elle se doit d'adopter le point de vue de ses autres culturels : pour pouvoir les comprendre et tester la créativité culturelle des autres cultures ainsi que leur opérance critique, on doit non seulement penser que l'autre puisse avoir raison, mais on doit penser qu'il l'a en pensant soi-même vrai ce qu'il pense, qu'on doive ensuite reconnaître ou non qu'il est vrai que ce soit faux. Cette indisponibilité du seul critère anthropologique de dialogue interculturel critique : l'accord de vérité d'autrui, était peut-être ce qui était visé à travers l'interdit de s'approprier la puissance de juger en dernière instance qui était dévolue au Dieu judaïque. Quelles que soient les limites qui handicapent les éthiques de la différence, il reste qu'il faille entendre de la culture judaïque le message de vérité qu'elle transmet : la monstration de l'incapacité dans laquelle est l'être humain de reconnaître la vérité de ce qu'il dit et pense tant qu'il n'a pas pu faire partager son jugement de vérité par autrui en lui faisant reconnaître l'objectivité de l'expérience de lui-même et du monde qu'il lui fait faire alors. Peut-être cela constitue-t-il la judéité et l'islamité cachées de l'européen, et par delà lui, de tout homme, comme le pense si bien R. Maté. Peut-être cela constitue-t-il la limitation interne à l'usage du jugement philosophique, qu'il soit quotidien ou professionnel, s'il est vrai que ce partage et la donation à autrui comme à soi-même des conditions d'accès de ce partage constituent les seuls témoignages de l'existence de cette vérité qui pour être, a besoin d'être commune et d'être reconnue par tous ceux que l'énonciateur peut reconnaître comme ses pairs dans l'expérimentation du dialogue transculturel en reconnaissant comme tel son jugement de vérité, s'il est effectivement aussi vrai qu'il s'affirme l'être.

Fathi Triki

Le principe démocratie

Je reprends ici l'analyse d'Alain Badiou concernant l'exportation militaire de la démocratie. L'Irak est l'exemple type de cette politique impérialiste à visage sauvage. L'Irak est actuellement souffrance, anarchie, démembrement, déchirement, clans, violence extrême, l'expression de l'inhumain. En plus, la tendance n'est nullement à la démocratie, mais plutôt à la théocratie. L'espace public qui n'existait pas au temps de la dictature est devenu tout simplement l'espace de mort. Seule la guerre parle. Evidemment, il y a des massacres sans signature, déchiquetage des corps par les bombes suicidaires. Mais il y a aussi le nettoyage effectué par les armées occupantes qui détruisent des villes entières. Ce qui se met en place, c'est une action de résistance aveugle certes, mais selon les termes de Badiou, légitime « puisque la guerre américaine ne ripostait à aucune menace, n'avait aucunement la forme d'une contre offensive. Elle ne peut qu'être pensée comme agression et invasion. C'est dès lors selon le droit naturel, le droit élémentaire des gens, qu'on se déclare contre elle en état de résistance. »[1]

Le second exemple est l'application à la lettre du système démocratique en Afghanistan sans que la société de ce pays soit réellement prête à cet événement, sans tenir compte des conditions préalables à toute modernisation et à toute démocratisation. Le résultat ne s'est pas fait attendre ; les anciens chefs militaires des tribus et des clans vont se trouver forcément des élus et ainsi leur pouvoir sera encore plus fort et plus déterminant, ce qui va rendre nul le processus de démocratisation lui-même.

Badiou, sur ce problème, pense que la philosophie peut intervenir de deux manières, ontologiquement par la pensée de la différence (être et événement) et logiquement en faisant appel aux expériences locales pour penser leur portée (logique des mondes).

Dans cette communication, j'essayerai de préciser en quoi la démocratie a besoin de s'ériger en concept pour dépasser le simple mode pro-

---

[1]. Alain Badiou, *Circonstances 2*, Editions Léo Scheer, Paris 2004.

cédural et devenir plus dynamique et intégrer ainsi les expressions sociales comme la justice, l'égalité et la dignité sans aucun risque. Une philosophie de la démocratie est possible aux conditions précisées par Badiou, c'est-à-dire en acceptant la différence et en instituant une logique des mondes. Contre le modèle de démocratie que l'impérialisme impose et qui se transforme en machine de guerre, la philosophie peut proposer quelques idées force pour une démocratie à venir, celle qui se fait dans la raison communicative, dans la raisonnabilité telle qu'elle a été pensée par Fârâbî, Kant et Rawls.

J'ai montré dans une recherche précédente, dans le cadre de nos travaux, que la démocratie telle qu'elle est appliquée actuellement dans le monde est variée et ne répond pas toujours aux critères de la liberté et de la raisonnabilité. J'ai distingué trois modes possibles de la démocratie :

(a) *La démocratie nominaliste* : c'est celle dont le nom figure effectivement dans l'appellation du pays, dans sa constitution et / ou dans ses textes officiels sans qu'il y ait application de ses principes et sans respect des règles élémentaires de l'activité politique démocratique. Cette démocratie de façade peut aller jusqu'à mettre sur la scène politique et civile des structures vidées de leur essence qui imitent et rappellent celles des pays vraiment démocratiques : des partis de l'opposition contrôlés, encerclés et paralysés, des syndicats malmenés, des ONG qui ne fonctionnent pas.

(b) *La démocratie procédurale* : la forme procédurale de la démocratie est une technique permettant de dégager par une procédure de vote majoritaire une décision ou un choix que chaque membre de la société, quelle que soit son opinion, doit respecter et appliquer. Toute autre intervention idéologique, éthique ou morale (comme l'expression de la volonté générale, le bien commun, l'égalité ou la justice sociale, etc.) dans cette procédure, fausse le sens de la démocratie. Cette intervention sur laquelle les membres de la même société sont supposés pouvoir s'entendre ou spontanément ou par une justification argumentative est une notion, selon les théoriciens de la démocratie procédurale, ambiguë sinon dangereuse. Elle peut glisser dans un « populisme » qui risque d'identifier la volonté du peuple au choix de la majorité pour établir des « institutions populistes » et soustraire le pouvoir de la majorité à toute forme de contrôle. Le suffrage universel, l'élection et le vote démocratique sont pour ainsi dire les moyens les plus efficaces de se prémunir contre la tyrannie et contre la main mise sur les rouages de l'État par des groupes d'intérêt et de protéger la liberté dont le sens premier, faut-il le rappeler, est l'absence de contrainte et de coercition. Pour cela, ils doivent être pratiqués dans le cadre d'une constitution qui spécifie les règles procédurales par lesquelles les décisions publiques sont prises et qui garantit l'exercice des libertés politiques fondamentales.

(c) *La démocratie active* : le grand inconvénient de la démocratie procédurale est probablement de délester la théorie de la démocratie de son contenu effectif puisqu'il y a réduction de tout ce corpus à une simple procédure qui soumet les élites politiques à un contrôle strict et, le cas échéant, aiguise la lutte pour la conquête du pouvoir. On retient certes le premier fondement de la démocratie à savoir la liberté mais en la réduisant à son aspect négatif (absence de contrainte et de coercition) et on oublie le deuxième terme, la raisonnabilité celle qui replace l'homme dans sa qualité d'être « animal raisonnable ». La démocratie active s'inscrit dans l'esprit de la démocratie procédurale, mais reconnaît à la population le droit sd'occuper l'espace public et d'utiliser d'autres moyens pour exprimer son opinion comme les luttes syndicales, politiques, la résistance et même la désobéissance civique.

Mon hypothèse, c'est qu'il est possible, pour renforcer cette démocratie active, tout en tenant compte du processus historique de son développement dans le monde, de dégager quelques principes fondamentaux autour desquels s'organise toute démocratie et qui vont former les points nodaux d'une philosophie possible de la démocratie.

1. Principe d'altérité

La modernité démocratique s'est définie dans une relation conflictuelle avec l'altérité. D'une part, elle a reconnu à l'altérité une certaine dynamique dans le processus de l'institution du pouvoir politique en libérant l'individu du social, d'autre part, elle a mis en place un système compliqué d'exclusion continuelle de l'autre par des procédés juridiques compliqués. Nous ne parlons pas ici seulement de l'espace théorique où les théoriciens du contrat social ont pu dépasser une altérité radicale originelle (l'état de nature) pour s'ouvrir à une possible universalité de l'humain. L'éclatement de l'espace social en espace public, celui du citoyen législateur et universel, et en espace privé, celui de l'expression de l'individualité et de la particularité a donné une nouvelle signification à l'autre qui est désormais à la fois mon semblable et ma différence, mon allié et mon ennemi, si on veut parler un langage stratégique. Une dialectique du semblable et du différent animera d'une façon constante tout le processus démocratique et rend son équilibre fragile et la citoyenneté vulnérable. Mais déjà, la naissance de l'individu comme tel devient, dans cette dialectique l'élément essentiel de toute démocratie possible. Le moi de chacun (exprimant une opinion, agissant ou votant), lieu de cette particularité, affirme ainsi à la fois son identité et sa différence.

2. Principe d'individuation

L'une des caractéristiques fondamentales de la démocratie est l'individualisation du mode d'être, c'est-à-dire le fait de légitimer l'action et la responsabilité de l'individu au lieu d'interpeller la responsabilité de la collectivité. L'individualisation exprime, en fait, une autonomie plus grande des individus et fonde toute volonté d'auto-détermination. En ce sens, elle n'exprime pas l'isolement de l'individu ni l'affirmation de son égoïsme. Son écart vis-à-vis de la totalité se fait par cette volonté d'auto-détermination. C'est pourquoi la première valeur de l'individu est celle d'avoir une intimité propre, un écart par rapport à la communauté et à la totalité. Nous savons que l'envers de la totalité politique c'est la discipline, c'est l'individu normalisé, contrôlé, maîtrisé et instrumentalisé. C'est pourquoi la libération de l'individu s'effectue avant tout par cet écart vis-à-vis de cette totalité et par cette intimité propre qui donne un sens à sa vie.

Cornelius Castoriadis[2] affirme que « parmi la création de notre histoire, l'histoire gréco-occidentale, il y en a une que nous évaluons positivement et reprenons à notre compte : la mise en question, la critique ». Autrement dit, cette intimité propre, cet écart vis-à-vis du collectif et cette capacité de le mettre en question sauvent l'individu devenu citoyen d'une intégration totale et définitive dans le social. La valeur de la démocratie est celle qui permet à l'individu, par ses lois et ses rouages, de critiquer, de mettre en question, de proposer, de raisonner, d'être libre dans ses choix et dans son mode d'être, de résister, de lutter, bref d'occuper l'espace public.

---

[2]. Cornelius Castoriadis, *Le monde morcelé*, Editions du Seuil, Paris 1990, p. 103.

Le principe démocratie

On a souvent voulu démontrer que cette condition de l'individuation est absente dans les sociétés non occidentales et particulièrement dans la civilisation arabe et islamique. C'est pourquoi, un sociologue français a pu affirmer que « toutes les sociétés sont faites sourdes à ce qui n'était pas elle, toutes sauf précisément nos sociétés, filles des droits de l'homme et de l'universalisme revendiqué »[3]. Il est vrai que les valeurs fondatrices d'« *al umma al islamyya* », la communauté musulmane, donnent l'apparence de l'impossible individuation puisque les rapports politiques et sociaux vont dans le sens du communautarisme ; elles ont eu, pour effet immédiat, la mise en veilleuse de l'individu comme pour soi et comme liberté. L'individu doit se soumettre aux exigences de la communauté. Il doit porter en lui un sentiment de solidarité si fort qu'il se trouve porté à vouloir se soumettre au consensus, *al-ijmâ'* de sa communauté. Ce vouloir est l'un des facteurs d'intégration et d'homogénéité des modes d'être des musulmans dans leurs sociétés. Mais cela ne veut nullement dire que l'individu comme sujet ne peut pas être différencié de sa communauté et qu'en fin de compte la pensée du sujet est étrangère à la culture islamique. Une analyse minutieuse du statut de l'individu dans la pensée de l'islam peut montrer son opérationalité à la fois sur le plan théorique et métaphysique et sur le plan pratique et politique.

Nul doute, c'est la philosophie occidentale, après la révolution épistémologique galiléenne, qui a mis en place la théorie du sujet telle qu'elle est opérante dans nos modes de penser et de vie. L'Occident moderne est le résultat de cette subjectivité. Inutile donc de vouloir trouver cette forme de subjectivité dans les expressions civilisationnelles de l'islam. Mais cela ne justifie pas le fait de ne considérer l'individu « musulman » que comme fusion totale et définitive dans sa communauté. « Cette idée de fusion, écrit Fathi Benslama, n'est pas seulement le fait de l'arrogance coloniale et raciste diffusés aujourd'hui par les médias. Il y a à cela une base solidement étayée par l'anthropocentrisme d'un nombre considérable de grands penseurs de l'Occident, qui ont soutenu volontairement ou par distraction, que la subjectivité du Moi-Je individuel est une invention occidentale. La moindre prudence eût été de parler d'une modalité occidentale de la subjectivité, mais l'Occident moderne a du mal à considérer que malgré sa puissance, sa richesse et ses nombreux acquis,

---

[3]. André Akoun, « Malaise dans la démocratie », in *Prétentaine*, N° 9 / 10, avril 1998, p. 252.

sa subjectivité n'est qu'un cas particulier des procédures de subjectivation dans l'humanité, qui ne réalise d'ailleurs sa spécificité que tardivement ».[4]

Benslama développe plusieurs arguments en faveur d'une pensée de l'individu-sujet en Islam. Sur le plan métaphysique, il fait appel à la conception de *tafrîd*, d'individuation d'Ibn Sina (Avicenne) qui définit l'homme comme être séparé qui a une existence propre dans le temps et dans l'espace[4], et à la conception de l'identique ou de la mêmeté, *huwa-huwa*, (lui est lui) chez les philosophes comme Miskawayh ou Ibn Arabî.

Sur le plan socio-éthique, l'auteur fait appel au *Traité d'éthique* de Miskawayh (X° siècle) et conclut « – que l'individu est la réalisation d'une forme universelle qui se singularise dans la matière. L'individu ne serait rien de moins que la figure de l'universel. – que cette réalisation réside dans la rencontre de deux universaux celui de l'identité de la matière (...) et l'universel des savoir-faire formels (...). L'individu ferait ainsi le lien entre nature et culture... »[5].

Sur le plan spirituel, l'auteur a insisté sur l'identité à partir du redoublement, de l'entrelacement en miroir du *huwa*. Ibn Arabî fonde la connaissance spirituelle de l'homme séparé, de l'individu. Il faut dire qu'il y a toujours un fondement ontologique du *huwa*, de l'unicité de l'être. Malgré cette liaison de l'individu à l'être et à Dieu, il y a finalement une pensée de l'humain, une pensée de l'identification et de l'individuation.

Ce qui est intéressant, pour nous, c'est que la mise en jeu de l'individu comme élément de la pensée de l'islam, à la fois dans la socialité, dans la spiritualité et dans la politique, peut être une base référentielle d'une étude sur la démocratie comme élément enraciné dans notre civilisation et sur le rapport de l'homme à la société civile. Cette base référentielle nous permet d'échapper au piège de la spécificité culturelle et du particularisme pur et dur concernant l'analyse de l'habitus et de la tradition. Malgré les différences et bien que les fonctions de la culture ne puissent « être déduites d'aucune nature des choses ou nature humaine »[6], la

---

4. L'auteur reprend cette définition d'Ibn Sina de l'individuation comme « le fait que ton être ait une existence particulière par laquelle il s'individualise dans le temps et dans l'espace et qui le distingue du modèle partagé avec les autres individus de l'espèce ».
5. *Op. cit.*, p. 56.
6. P. Bourdieu et J. Cl. Passeron, *La reproduction*, Paris 1970, p. 22.

liberté de l'individu reste une valeur supérieure transcendante fondée sur les principes fondamentaux et transcendants du droit.

Dans le processus de démocratisation, il ne s'agit donc pas d'universaliser le sujet occidental, ni d'occidentaliser l'individu « musulman ». Il s'agit tout simplement de localiser ce qui peut, dans la culture islamique, participer à cette valeur supérieure et transcendante. L'exigence d'une éthique universelle, base de toute modernisation, est inscrite aussi dans la culture arabe et islamique[7]. Il suffit d'entreprendre un travail de re-lecture scientifique et honnête de l'islam pour en faire un espace de liberté.

3. Principe de solidarité

L'idée de solidarité repose avant tout sur un vouloir vivre-ensemble démocratique dans la dignité, l'égalité de tous et la justice et met en relief l'impératif de la cohésion sociale, condition de possibilité du progrès.

C'est pourquoi, il est opportun d'essayer brièvement de donner un statut philosophique à cette idée de solidarité.

Durkheim[8] distingue deux types de solidarité liée à la cohésion sociale : la solidarité mécanique, celle qui opère dans une société fondée sur la similitude de ses membres et la solidarité organique, qui opère dans les sociétés où l'individu s'autonomise. Dans le premier type, la conscience collective l'emporte sur celle de l'individu, comme c'est le cas, par exemple, de la solidarité religieuse dont on a parlé plus haut ; tandis que dans le second type, la conscience individuelle se trouve plus indépendante, plus libre et donc, plus responsable. Durkheim va jusqu'à dire que la solidarité organique donne à la cohésion sociale une solidité plus forte en raison du lien conscient, libre et réfléchi qui lie l'individu à sa communauté.

C'est cette solidarité organique qui est condition fondamentale du processus de la démocratie active.

---

[7]. Il faut remarquer que cette exigence d'une éthique universelle ne se trouve pas seulement dans la philosophie de Miskawayh, de Fârâbî, d'Ibn Khaldûn, etc. Des hommes de culture, des 'udabâ aux IXème et Xème siècle, par l'extraordinaire diversité des thèmes, au voisinage des préoccupations des théologiens et des savants, ont introduit une nouvelle dimension à la culture de l'islam, celle de connaître les choses telles qu'elles sont et d'admettre une forme d'existence autonome aux êtres (cf. Fathi Triki, *L'esprit historien dans la civilisation arabe et islamique*, Publication de l'université de Tunis, Tunis 1992).
[8]. Cf. *De la division sociale du travail*, PUF, Paris 1960.

L'on sait qu'actuellement, dans un monde soumis à l'exigence de la valeur marchande, il y a de plus en plus un règne unilatéral et impérial de la rationalité comptable, individuelle et égoïste au détriment de la raisonnabilité collective, altruiste et tolérante. Dans la mondialisation, les sociétés de consommation peuvent être considérées comme espaces de solitude et d'individualisme, déterminés par cette rationalité comptable.

La solidarité peut transformer la socialité par filiation et proximité ou par cette rationalité comptable en une convivialité non exclusive, ouverte à l'autre et à l'humain en général. Elle sauvera l'homme du solipsisme télé-techno-scientifique, par l'effort constant et créatif d'une convivialité démocratique.

C'est à partir de cette idée fondamentale, que le philosophe américain Rorty a opposé une philosophie de la solidarité à la philosophie du désespoir, conséquente de l'état de violence qui règne dans notre monde. Certes, la solidarité n'a pas de racine métaphysique ni même un fondement rationnel clair, mais elle s'affirme comme exigence de la raisonnabilité[9], une conjugaison harmonieuse entre sentimentalité et rationalité, une ouverture à autrui pour apaiser ses souffrances.

Ce qui est intéressant pour nous, c'est le fait de choisir la solidarité comme garant d'une société plus juste, plus libre et plus humaine. Cette solidarité n'est pas fondée seulement sur l'obligation morale rationnelle, mais aussi et surtout sur le sentiment et la compassion pour lutter contre la souffrance, l'humiliation, l'indignation et les misères du solipsisme moderne.

Au début du 20ème siècle, Husserl, le philosophe allemand, dans son célèbre ouvrage *La crise des sciences européennes*[10] a démontré que l'idée d'Europe est née des idées de la raison. La crise de l'Europe s'expliquerait par l'échec apparent du rationalisme, échec dû non à la montée de l'irrationalisme spirituel mais plutôt à la technologisation de la raison.

---

[9]. Kant a déjà insisté sur la primauté de la raison pure pratique (Cf. *Critique de la raison pratique*, PUF 1943, p. 131). Husserl, dans les *Méditations cartésiennes*, met en exergue l'idée de « devoir » dans tout exercice de la raison : « Etre raisonnable, c'est vouloir être raisonnable. La Raison ne souffre pas d'être distinguée en « théorique », « pratique » ou « esthétique ». Être homme, c'est être en un sens téléologique, c'est devoir être. » (Cf. Derrida, *Voyous*, Galilée, Paris 2003, p. 184).

[10]. Husserl, *La crise des sciences européennes et la phénoménologie transcendantale*, Gallimard 1976.

Il conclut : « La crise de l'existence européenne ne peut avoir que deux issues : ou bien le déclin de l'Europe devenue étrangère à son propre sens traditionnel de la vie, la chute dans la haine spirituelle et la barbarie, ou bien la renaissance de l'Europe à partir de l'esprit de la philosophie, grâce à un héroïsme de la raison qui surmonte définitivement le naturalisme »[11].

Cette citation est longuement commentée par Derrida pour expliciter l'héroïsme de la raison. Quant à moi, je tirerais de cette idée que « L'esprit de la philosophie » se concrétisera finalement dans l'éthique de la solidarité. C'est là où réside le principe du vivre-ensemble démocratique qui se fait par *al ouns wa'l mahabba*, la socialité et la philia φιλια, l'amour. »[12]

Je dirais à la manière d'Husserl que la crise de l'humanité, elle aussi, « ne peut avoir que deux issues » : ou bien la dislocation de l'humanité devenue étrangère à son propre essence, la chute dans la haine, la barbarie, et la guerre perpétuelle ou bien la renaissance de l'humanité à partir de l'esprit critique et de l'éthique de la solidarité, grâce à un combat de la raisonnabilité pour surmonter définitivement l'animalité de l'homme.

En conclusion, si on accepte d'aller au-delà de la démocratie procédurale et de penser la démocratie comme une dynamique de l'espace public, on serait, à ce moment là dans l'obligation d'envisager une philosophie non exclusive, une logique et une ontologie de la démocratie fondées sur les principes de l'altérité, de l'individuation et de la solidarité. C'est en ce sens que la démocratie traversera et transcendera toutes les cultures, sans hégémonie et sans violence. Ce sont là les fonde-

---

[11]. *Ibid.*, pp. 382-383.
[12]. Nous avons montré dans notre livre *Philosopher le vivre-ensemble*, Tunis, 1998, que *Mahabba* exprime, étymologiquement une disposition affectueuse qui selon le philosophe arabe Miskawayh, peut se préciser en « amour-passion (*'ishq*), amour-amitié (*sadâqa*), folie amoureuse (*walah*), et en affection filiale (*mawadda*) ». Mais cette « *mahabba* » se fait nécessairement par *al-ouns*, parce qu'il y a, écrit Miskawayh, « nécessité pressante à réaliser une situation telle que les individus dispersés constituent une communauté harmonieusement liée au point de n'être plus, grâce à cette harmonie consentie, que comme un seul individu dont tous les membres concourent ensemble à la production d'un même acte utile pour lui ». Miskawayh, Liv. V de Tahdhib al Akhlâq, ce passage est traduit et cité par Arkoun, *Contribution à l'étude de l'humanisme arabe au IV°/X° siècle, Miskawayh, philosophe et historien,* Vrin, Paris 1970, p. 303.

ments transculturels de l'expérimentation démocratique. Amartya Sen à montré avec force que la démocratie, dans son activité et son dynamisme social, en tant qu'expression de l'espace public, n'est pas la propriété de l'occident. Elle a toujours existé sous des formes différentes dans plusieurs cultures autre qu'occidentales, dans la culture indienne par exemple, ou dans celle de l'islam ou encore dans la culture chinoise. La démocratie, affirme-t-il, est une antique tradition orientale. Il y a différentes manières d'expérimenter la démocratie. Pour universaliser sa pratique, il n'est pas pertinent d'en imposer le modèle occidental par les bombes et les massacres. Il serait beaucoup plus intelligent et efficace d'universaliser la démocratie par cette philosophie transculturelle fondée sur les principes partagés par toutes les cultures : sur l'altérité et son corrélat, la tolérance, sur l'individuation et son corrélat, la liberté et sur la solidarité et son corrélat, l'égalité.

Marie Cuillerai

Le réel par effraction : l'égalité au risque de l'humanitaire

1. Le réel par effraction : l'égalité économique au risque de l'humanitaire ?

Au sein des démocraties actuelles, le fossé ne cesse de se creuser entre les dispositifs constitutionnels d'une légalité égalitaire, d'une part, et la réalité des inégalités économiques, sociales, culturelles, de l'autre. Mon point de départ tient à l'opinion selon laquelle la mondialisation impose de réformer les principes de l'économie standard néolibérale et ses pratiques, et selon laquelle ces réformes sont pensables à partir d'une extension des droits de l'homme. Il s'agit de développer un programme d'actions gouvernementales ou supra-gouvernementales qui concourent à réinstaller l'homme au centre du développement économique.

Animé d'un souci identique dans une autre époque, Rousseau dans son article de l'*Encyclopédie*, le célèbre *Discours sur l'économie politique*, proposait en préalable à cette orientation politique de définir ce qui s'entendait de son temps par économie. Il distinguait quatre genres d'économie. Quatre sortes qui se ramènent à deux grandes divisions : l'économie domestique ou particulière et l'économie politique ou générale. Pour l'économie domestique, il renvoie à l'article 'Père de famille'. Et s'attache en une trentaine de pages à fonder la nature de l'économie politique.

Avant de congédier l'économie domestique de son article, Rousseau honore Aristote pour avoir montré dans le livre I du *Politique*, le principe de la distinction. Si l'économie domestique n'a rien à voir avec les principes de l'économie politique, c'est que la gestion des richesses au sein de l'*oikos* est soumise à un certain type de relations interpersonnelles. Des relations de domination qui s'exercent à partir des chefs (de clan, de village ou de famille) et distribuent des droits et des devoirs inégalitaires correspondant à l'inégalité naturelle. Mais si on ne « gouverne pas un pays comme on gère sa propriété », c'est que le pouvoir dans la cité, le commandement et l'obéissance doivent être, partagés selon le principe égalitaire de l'isonomie et que les lois sont les mêmes pour tous. L'égalité relève de l'action politique, l'inégalité de la manière dont les hommes organisés en société ont relevé les défis de la nécessité et de la nature. Rousseau hisse cette culture politique au niveau de ce qu'il voit naître, une économie politique dont Aristote avait mesuré la puissance.

Pour ce qui regarde l'économie contemporaine, la chance, et par conséquent sans doute aussi, la malchance se retrouvent au cœur de la question de l'inégalité. L'égalité des chances fait l'objet de droits spécifiques destinés à contrebalancer au sein d'une communauté ce qui empêche certains d'accéder comme les autres au bien-être social. L'égalité économique serait donc au sens de Rousseau une égalité simplement dérivée de la définition même de l'économie comme économie politique. Des droits égaux à l'accès aux conditions de la satisfaction d'une vie bonne. Des droits égaux à vivre en dehors de ce qui exclut des hommes de la condition humaine dénature l'humanité de l'homme : la faim, le dénuement, l'indigence, l'impossibilité de subvenir à ses besoins, le chômage, l'exclusion de la participation au cercle de productivité nationale.

Mais de Rousseau à nous, les droits économiques ont-ils gagné en clarté et en efficace ? Ou, pour le dire autrement, en quel sens les droits de l'homme, fondements de nos démocraties posent-ils la question de l'égalité économique ? Il ne s'agit évidemment pas pour moi de traiter l'ensemble de cette question, mais seulement de m'arrêter sur un point. Sur le décalage qui semble exister entre la question de l'égalité des chances à vivre une vie bonne, et la réponse qui lui est le plus souvent apportée en termes de droits « de rattrapage », en termes de droits économiques et culturels.

Je voudrais donc tracer une sorte de phénoménologie des rapports entre les motifs de l'humain, de l'humanité et l'économie. Reprendre le geste rousseauiste du préalable, clarifier ce réseaux de sens qui articule l'ancien souci de la conservation ou du survivre, à la nature et à l'égalité, qui articule l'humanitaire, l'économique et l'humanité.

Lien qui peut perdre son caractère d'étrangeté ou d'objet artificiel d'étude dans ce qu'on pourrait appréhender comme une « urgence » économique, quand il devient nécessaire et urgent d'intervenir, quand sans-abri, SDF, mendiants, « hommes-poubelles », selon l'expression frappante de Leonel Moura[1], ceux qu'on appelle les nécessiteux et leur misère renvoient la dérégulation libérale et son idéal d'autorégulation à des insuffisances criantes. Car il saute aux yeux que le thème de l'inégalité et de l'exclusion tout comme celui de l'urgence humanitaire mobilisent des énergies et des registres de légitimation voisins. Le terme d'*humanité* et de dignité de l'homme concentrent l'essentiel de cette parenté. Je me demande donc si et dans quelle mesure une réflexion sur « l'humanitaire » peut éclairer la compréhension de l'économie aujourd'hui.

2. Globalisation et économie élargie

Sans même entrer dans le vaste débat sur les bienfaits et les méfaits de la mondialisation, on peut accorder qu'elle a ouvert un débat sur la souveraineté, les uns parlant de la fin de l'Etat-nation[2], les autres d'une résistance et d'une métamorphose[3]. Or, selon Rousseau toute perversion ou dégradation de la souveraineté quant à sa maîtrise du gouvernement de l'économie publique d'une nation ne peut conduire qu'a un genre précis d'économie, qu'il appelle l'« économie tyrannique », première sous-catégorie de l'économie publique. Mais, ajoute-t-il, l'économie tyrannique est en réalité le moteur de l'histoire, « l'économie publique », sa négation ne servant au mieux que de norme régulatrice et critique. Rousseau avait bien conscience du formalisme par lequel la Volonté Générale du Souverain devait être le premier principe de l'économie publique et la règle générale de l'administration des choses. Il proposait donc un autre nom, celui « d'économie populaire » pour le cas idéal où entre les chefs de gouvernement et le peuple existât une véritable unité d'intérêt et de volonté. L'économie populaire pour Rousseau devait se déduire simplement – « de la réclamation des droits de l'humanité ».[4]

Interroger la mondialisation en regard de Rousseau, c'est poser le problème de l'adéquation entre la nation politique et le territoire, prendre acte que ce qu'il appelait Patrie, concentre les difficultés du « programme » que s'assigne toute politique économique pour assurer le bien-

---

[1]. L. Moura, *Les hommes-poubelles*, Paris, Grasset-Mollat, 2000.

[2]. B. Badie, *Un monde sans souveraineté*, Fayard, 1999.

[3]. J.-F. Bayart, *Le gouvernement du monde, une critique politique de la globalisation*, Fayard, 2004.

[4]. J.-J. Rousseau, *Discours sur l'économie politique*.

être des hommes. Reconnaître que « l'économie tyrannique » est ce que certains n'hésitent pas à appeler une tyrannie de l'économie. Contentons-nous d'un euphémisme : les politiques économiques doivent jouer d'un certain rapport de forces entre finance et Etats, marchés et institutions centrales qui ont des effets de souveraineté et une origine lointainement démocratique. Admettons aussi que l'interdépendance des économies met en scène la globalisation dans un horizon planétaire où les motifs de la régulation mondiale doivent nouer menaces de crise économique mondiales, récession, crises financières systémiques et déséquilibres mondiaux, dans un contexte inédit particulier aux XXème et XXIème siècles, celui d'une dégradation des conditions écologiques planétaires qui fait pression sur l'ensemble des richesses naturelles.

D'un côté, des inégalités économiques sociales et culturelles qui relèvent de gestion « patriotiques », nationales ou « locales » pour établir ou maintenir les droits de l'homme : mais comment ne pas voir qu'elles sont obsolètes ? de l'autre, des menaces globales qui concernent la concurrence entre les pays développés et les autres, et le tout sur fond d'une humanité mise en péril, comme espèce du vivant, au rythme d'une croissance industrielle destructrice qui en appelle à des solutions globales seulement embryonnaires.

D'où ce constat bien connu. D'un côté, l'inégalité de l'exclusion et de l'exploitation trahit toujours davantage l'égalité des hommes et le droit de tout homme à une vie digne et décente ; de l'autre, une croissance industrielle inégale creuse les inégalités entre les hommes, mais égalise l'humanité devant une même menace sur l'espèce humaine et sur le maintien des conditions mêmes du vivant.

Ce constat, le sociologue et philosophe Z. Bauman le dresse à sa manière dans son dernier livre, *Vies perdues : la modernité et ses exclus*[5]. À ses yeux, la mondialisation a commencé avec le colonialisme et a consisté en une formule globale pour résoudre des problèmes locaux. Problème de surpopulation mis en lumière par Malthus qui aurait trouvé dans le peuplement des territoires inexplorés une solution humainement acceptable. Ou du moins acceptable pour l'humanité définie selon les critères de l'ethnocentrisme européen. Prolongeant la pensée de Rosa Luxembourg, il diagnostique :

---

5. Z. Bauman, *Vies perdues: la modernité et ses exclus*, Payot, 2006.

« La planète, cependant, est maintenant pleine. Cela signifie, entre autres choses, que des processus typiquement modernes tels que la construction de l'ordre et le progrès économique ont lieu partout et donc, partout du « rebut humain » est produit et stocké en quantités sans cesse grandissantes – cette fois, cependant, en l'absence de décharges « naturelles» convenant à son stockage et à son recyclages potentiel »[6].

Rebut humain, Rousseau parlait dans *l'Émile* d'un « surnuméraire », les exclus de l'appropriation foncière originaire. Tant que la modernisation laissait entièrement ou partiellement intactes de larges parts du monde, les sociétés modernes affranchies des servitudes d'Ancien régime donnaient naissance à de nouveaux peuplements de citoyens égaux en droits et numériquement d'autant plus nombreux qu'ils comptaient de force de travail aliénée auparavant. Ces nouvelles nations, nées des Lumières démocratiques ont pu considérer ces terres vierges comme territoires susceptibles d'absorber le surplus de population du monde civilisé. Il existait une solution globale à des problèmes locaux de surpopulation. Mais aujourd'hui la modernité a atteint les recoins les plus éloignés de la planète. Des « populations redondantes » sont donc produites partout dans le monde, et chaque « localité » doit supporter les conséquences du triomphe global de la modernité.

Z. Bauman rejoint dans ce livre les préoccupations de G. Bataille dans son essai d'économie générale intitulé *La part maudite*[7]. Bataille analysait la séquence historique qui s'étend de la première guerre mondiale à la seconde avec la grande crise de 1929 au mi-temps de la période. C'est le moment où ce qu'il appelle l'économie restreinte, celle des gouvernements nationaux s'organisant en une gouvernance mondiale, prenait inconsciemment le chemin d'une autre économie, dite « économie générale » dont les principes s'opposent à ceux de l'économie « normale », étroitement utilitariste et productiviste. Cette économie générale se comprend d'un point de vue cosmique et relève d'une anthropologie générale. Bataille en trouve les principes en s'inspirant des découvertes récentes de la physique et de l'ethnologie. Il puise dans les prolongements de la thermodynamique vers la théorie des systèmes biologiques, un principe de connaissance de l'équilibre et de l'évolution

---

6. *Op. cit.*, p. 129.
7. G. Bataille, *Œuvres complètes*. Paris, Gallimard, XII volumes, 1970-1988.

des grands systèmes. Deux principes retiennent son attention, le principe de la conservation de l'énergie et celui de l'entropie. Par le premier principe qui veut que pour un système clos son énergie ne se perde jamais, il considère le cycle restreint de la production d'usage et de la consommation utile. Si comme le veut Lavoisier parlant de l'énergie, *« rien ne se perd, rien ne se crée, tout se transforme »*, alors bien que consommées, les utilités sont transformées, réinvesties et leur énergie réinjectée sous une autre forme dans le circuit productif. La dépense d'énergie n'est pas en pure perte, mais elle est transformée en une autre forme d'énergie, réutilisable, par exemple la force de travail.

Par le deuxième principe, et la notion d'entropie, c'est au contraire la perte et la dépense qui peuvent être comprises comme vecteurs d'équilibre du système. S'inspirant là d'un débat plus tardif autour de la fin thermique de l'univers, Bataille reprend l'idée défendue par l'inventeur du terme d'entropie, Clausius qui affirmait en 1867 (presque en contradiction avec le premier principe), qu'à un niveau général, celui de l'univers, on assiste à un renversement de la logique de conservation. Il ne faut plus considérer le système de l'univers comme un cycle d'éternelle régénération, mais il faut à l'inverse penser l'univers comme soumis au principe d'entropie, c'est à dire comme étant soumis à une évolution telle que les transformations d'énergie qui y ont lieu impliquent une désagrégation et une perte irréversible. La dépense et la perte s'avèrent dans un premier temps un principe d'équilibre et d'homéostasie pour le système, mais elles sont *in fine* vouées à la rupture de l'équilibre, la déchirure du point de fuite. *« Tout système disposant d'une certaine quantité d'énergie doit le dépenser »* : Bataille tient là de quoi articuler l'économie restreinte et son « économie à la mesure de l'univers ». Pousser à l'absurde ce principe en *« allant jusqu'à dire : un besoin qu'a le globe de perdre ce qu'il ne peut contenir »* : Bataille y voit confirmation de la malédiction inscrite en tout partage, masquer le péril de la destruction sans reste.

G. Bataille demande : *« Comment dans ces conditions naturelles était assurés le gaspillage et l'excès ?* L'ethnologie de Mauss lui souffle : *« L'homme en tant que réponse au problème de l'extension »*. Inspiré par les récits sur les sociétés amérindiennes qui vouent au Soleil, au cannibalisme, à l'anthropophagie, ou aux holocaustes des cultes particuliers assurant la redistribution des richesses, Bataille reconnaît la mise en œuvre d'un principe de dépense improductive qui lie la souveraineté à la mort. L'économie moderne lui apparaît donc comme une tramformation problématique du rapport entre la perte, la finitude et la globalité. Elle est pour lui une science qui ignore l'origine cosmique de ces principes, ce pourquoi, il l'appelle « économie restreinte ». Car il repère cette même logique de la dépense improductive dans le circuit de la production au cœur des sociétés modernes, de l'industrialisation et du capitalisme qui l'accompagne.

« *L'accumulation capitaliste tend à freiner les dépenses somptuaires du monde féodal. L'accumulation de nos jours, peut être loin de ses limites : le mal du chômage (solution passive) indique néanmoins que l'investissement de l'énergie en vue d'extension déjà ne suffit plus à résorber l'excès. Il n'est d'autre limite qu'un maximum de peuplement, mais cette limite, la vie l'atteint. Et si elle l'atteint, même dès qu'elle en approche, elle est dans l'état de l'individu qui ne peut plus dépenser à croître un constant surplus d'énergie : l'excès a toujours lieu mais l'énergie retrouve sa liberté première. La vie ne pouvant sans fin s'investir utilement, la consume en pure perte.* »[8] ; et plus loin « *En règle générale, il faut bien admettre que la vie ou la richesse ne peuvent être indéfiniment fécondes et que l'instant arrive sans cesse où elles doivent renoncer à croître pour dépenser. À la prolifération intense des êtres immortels les plus simples, succèdent le luxe de la mort et de la reproduction sexuée qui maintient à l'état endémique un gaspillage immense. (…) Et de même, les hommes, une fois la domination assurée aux dépens des animaux de l'espace disponible pour la vie, ont les guerres et mille formes de consommation inutile* ».[9]

Il existe une limite aux modalités de la croissance de la vie, à l'infini de la production. Tel est le point de rencontre entre ces deux lectures d'une modernité globalisée par l'économique. L'homme et le monde sont, espace et être limités spatialement et temporellement. La technologie apparaît dans ce cadre comme la réserve de transformations et de conquêtes d'autres univers, mais d'autres limites ne tarderont pas à apparaître ; épuisement de la nature, extinction de l'atmosphère…L'homme dans cette histoire cosmique joue alors un double rôle : par la technique,

---

[8]. G. Bataille, *op cit.*, p. 12-15.
[9]. *Op. cit*, p. 170.

il prolonge la *poiésis* de la nature et ouvre des formes nouvelles de vie, mais il est par la culture aussi le plus apte à consumer l'excédent d'énergie, à inventer de nouvelles formes d'élimination des excédents.

Bauman et Bataille prennent donc au sérieux l'hypothèse qu'une pression existe entre la survie de l'humanité, son autorégulation au niveau de l'espèce, et l'histoire que poursuit l'humanité à l'échelle des organisations sociales. Leur lecture dégage, à partir de point de vues différents une même figure de la modernité comme cette époque essentiellement caractérisée par un rapport spécifique à l'économie. L'économie ne vient pas seulement à maturité avec la modernité, comme discipline, qui passe d'une « connaissance outillée », pour reprendre l'expression de Schumpeter, à une formalisation rigoureuse et mathématisable de ses principes. La science économique n'apparaît pas seulement comme ce savoir disposé pour une maîtrise parfaite des populations et des territoires au service de la richesse des nations. L'économie ne se borne pas à son corpus théorique, elle ne se réduit pas à cette administration rationnelle de la production, de la distribution des richesses matérielles et du vivant. Par elle passe un rapport bien plus général à la dimension charnelle et corporelle du vivant, aux éléments de l'univers qui doivent être pensés par cet « élargissement » opéré par Bataille. Ce que la modernité présente à leurs yeux, c'est une métamorphose des processus de dépense improductive qu'ils replacent tous deux d'une certaine manière dans une logique où le vivant ne se réduit pas à la dimension de la survie qui caractérise la nécessité de l'espèce humaine comme genre du vivant. Transfiguration qui se donne ainsi à interpréter dans ce que tout le savoir économique vise précisément à neutraliser : la perte, la dépense, l'improductif, l'inutile. Vies perdues, *wasted* en anglais, gaspillées, dépensées en pure perte, gâchées, part maudite. L'économie en entrant dans l'âge de la modernité concentre sur elle le rapport à la totalité. Passage à la limite que Bataille n'a cessé de travailler pour y faire voir les limites d'une rationalité moderne qui empêche le témoignage de son existence par l'homme, en ne témoignant que d'elle-même dans une production d'artefacts dont la valeur n'est pas donnée, parce qu'elle est le symbole d'une référence introuvable, la totalité de l'être.

L'homme met en péril la survie de l'homme à travers la logique d'une disposition à la mort qu'il est désormais incapable d'assumer. Quelle que soit la pertinence des analyses malthusiennes de Bauman, ou de l'ontologie sacrificielle et « sans réserve »[10] de Bataille, l'effroi sans cynisme qui les singularise, jette une sombre lumière sur l'inajustement entre le motif général de l'humanité et celui, restreint, de l'homme « isolé ». Distorsion entre les exigences d'un globe sous le règne de la nécessité primordiale d'acquérir, de produire et de recycler, pour se reproduire et se conserver et la réalité d'un univers voué essentiellement à la perte, de mondes humains ne pouvant survivre qu'au prix de dépenses improductives et homicides. Tous deux portent ainsi sur l'économique le point maximal de la tension et de la contradiction, ce qui régit le vivre ensemble des hommes et les besoins de l'humanité ; entre la dimension politique, mondaine de l'homme et celle de l'humanité dans l'univers.

Et c'est à ce stade qu'elles offrent un prolongement à la réflexion sur la science économique en éclairant le nouage implicite qui la lie aux principes actuels de l'intervention humanitaire. Car ce lien entre le politique et les besoins de l'humanité constitue le socle conceptuel de la déclaration universelle des droits de l'homme figure, son nouage universel. En tant que norme éthique, ils sont le principe dont se réclament aujourd'hui ces acteurs institutionnels hybrides que sont les ONG dans les régulations de l'économie mondiale. Rôle historiquement inscrit dans la légitimité d'une intervention humanitaire au nom des droits de l'homme et reconnue depuis 1988 par le droit international pour la dimension de l'ingérence humanitaire qui consacre le terme de droit d'ingérence crée par le philosophe J.F Revel à la fin des années 70, et qui n'a cessé de prendre de l'ampleur.

À revenir les pieds sur terre, on ne peut manquer d'apercevoir le potentiel d'intelligibilité de ces textes sur le présent du monde. Tout l'effort de Bataille n'a-t-il pas consisté avec ce livre inachevé à ne plus « laisser sa pensée se confondre avec le silence » et quitter ce point de vue du *Coupable* ? Il peut alors sembler pertinent de localiser les points où l'économie se réalise en dehors de l'espace restreint des échanges et de la production marchande et prêter attention dans cette perspective aux cibles de son action, aux vies des gens que conflits politiques et compétitions économiques rabattent sur des espaces de croissance pour la plupart inhospitaliers.

---

[10]. Cf. J. Derrida, *L'écriture et la différence*, Seuil, 1967.

Les acteurs contemporains de cette articulation problématiques s'identifient clairement comme étant ceux d'un vaste réseau d'opérateurs différents, liés aux puissances étatiques westphaliennes, mais ne s'y réduisant pas, rassemblés par un même objectif : insérer un levier économique dans les réalités sociales hétérogènes de la globalisation.

Placés sous des registres de l'action différents, la solidarité et l'humanitaire ne sont pas communément associés parce qu'on range facilement les opérations humanitaires et les ONG sous le registre de l'urgence sanitaire, sans ramener ces interventions à leur dimension économique. Cependant, la réalité montre que ces liens existent et que l'humanitaire ne consiste pas seulement en dons de biens de première nécessité, mais pour aussi diverses que soient les interventions à caractère humanitaire, elles contribuent globalement au rétablissement d'une économie, au moins informelle quand l'aide n'est pas l'enjeu de captations opérées par des économies parallèles.

Et pourquoi retenir une question naïve et incongrue : l'économie réelle, l'état économique du monde, sa santé ne justifieraient-ils pas à eux seuls et par bien des points – le plus criant étant l'accentuation de la pauvreté et son extension – qu'existe un mot pour signifier des cas d'intervention économique humanitaire spécifiques ? Derrière l'absurdité de la question, le flou du motif humanitaire rejaillit.

Si « l'action humanitaire » ou « l'intervention humanitaire » résument les motifs des actions faites par humanité, un glissement s'est produit en opérant la création ou la mise en visibilité de ce qui avec le mot humanitaire se laisse entendre comme une réalité sociale autonome organisée à travers les organisations qui s'en occupent.

Le mot *humanitaire*, a pour la langue française une connotation spécifique. Il est construit comme le termes égalitaire à partir de l'égalité ou libertaire à partir de liberté. Une mesure égalitaire ne consistera pas forcément à créer ou rétablir une égalité, mais à créer les conditions de l'égalité. Ainsi l'humanitaire peut-être défini comme une action visant à créer ou recréer les conditions de l'humain ; une action visant à mettre en œuvre une protection contre la menace d'une destruction de l'humain. L'urgence humanitaire, c'est l'urgence des corps maltraités, de l'abandon, des vies souffrantes, de ce que le philosophe G. Agamben[11]

---

[11]. G. Agamben, *Homo sacer, le pouvoir souverain et la vie nue*, Paris, Seuil, 1998.

dans sa réflexion sur les rapports entre souveraineté et biopouvoir appelle *la vie nue*. Et c'est la médiatisation de ces images du dénuement de la vie plus que tout discours qui ont produit et renforcé la puissance de l'intervention humanitaire.

Il existe évidemment une parenté entre les actions à caractère humanitaires et l'économie. Mais de quelle économie s'agit-il ? Les réponses militantes en dépit de leur différence sollicitent de manière générale le terme de « solidarité ». L'économie solidaire excède l'économie domestique et l'économie populaire de Rousseau, elle ne s'identifie pas non plus aux modèles mixtes nordiques dans leurs principes dans la mesure où elle cherche à organiser une solidarité entre des populations au travers d'organismes non gouvernementaux, par les moyens du caritatif et des campagnes médiatiques au travers des grands événements internationaux comme la journée contre la Faim dans le monde qui se tient chaque année depuis 1971.

L'attention à la misère, à la souffrance, au dénuement motive et justifie les actions humanitaires tout comme les initiatives qui se réclament de l'économie solidaire. Economie solidaire et action humanitaire sont nées toutes deux vers la fin des années 70 du spectacle de l'indigence et du dénuement de populations – exclus, miséreux, nécessiteux – confinées aux marges d'une croissance et d'une richesse dont elles se montraient bannies. D'autres points communs apparentent les initiatives de l'économie solidaire avec les actions organisées de l'humanitaire : le bénévolat qui les anime, le tissu associatif qu'elles mobilisent l'une et l'autre.

Mais bien que les expériences d'économies solidaires naissent généralement de nécessités matérielles pressantes, le lexique de l'économie solidaire ne revendique pas l'urgence et la force de rappel de l'inadmissible exceptionnel tel que l'humanitaire le met médiatiquement en scène.

L'économie solidaire renvoie davantage au registre de l'*alter* : altermondialisation, altéréconomie : une autre façon de concevoir l'économie. Changer d'économie ? Mais qu'entend-on par économie ? Si on ne peut garder le vocabulaire de Rousseau, on peut utilement se tourner vers K. Polanyi qui a donné dans *La Grande Transformation* une distinction bien utile pour résister aux discussions interminables sur le rôle que la politique peut ou non jouer dans les décisions économiques : un concept substantialiste et un concept formaliste. Le concept formel d'économie moderne est issue du caractère logique de la relation moyen-fin. L'économie formelle de Polanyi désigne aujourd'hui l'économie standard ou orthodoxe ; ce que les économistes de ce courant dominant appellent la théorie du choix rationnel qui est au principe de la cohérence entre la microéconomie, le comportement de l'*homo oeconomicus*, et la macroéconomie, le résultat global de ces comportements agrégés augmentés des finalités particulières des Etats et des règles internationales du commerce. La théorie du choix rationnel est le principe d'une solution à la question économique par excellence de la répartition des richesses. Les individus sont libres de choisir individuellement l'usage final des biens qu'ils recherchent. Cette liberté interdit toute taxinomie hiérarchisée. Les finalités sont donc globalement indifférenciées. D'autre part, les ressources naturelles ne sont ni indéfinies, ni abondantes. Le choix rationnel, c'est l'allocation de ressources rares à des fins indifférenciées. Le marché autorégulateur constitue le lieu adéquat de l'exercice de ce choix en fonction des contraintes de rareté.

Le concept substantialiste issu de l'âge classique pose l'économie comme l'ensemble des pratiques qui doivent répondre à la question de la meilleure satisfaction des besoins de la vivabilité ou vie matérielle (*livelihood*). Impossible d'y retrouver la différence entre économie restreinte et économie générale de Bataille, dans la mesure, où le concept substantialiste détermine le rapport anthropologique universel de l'homme avec les conditions de sa survie sur la base de la pénurie et de la rareté qui caractérisent l'impossibilité de l'économie à se penser à partir de la perte.

Polanyi réhabilite de fait, les systèmes redistributifs qui placent le don et l'échange désintéressé au centre de la régulation sociale, mais il est loin de considérer l'économie humaine dans la diversité de ses formes comme la solution inventée par l'univers au problème de la dissipation de l'énergie et de la lutte contre l'entropie. Ses analyses caractérisent plutôt la modernité par le fait que ces deux concepts se trouvent écrasés l'un sur l'autre, et que le marché autorégulateur, et l'échange marchand monétarisé s'imposent comme unique réponse rationnellement la plus efficace au problème de la vie matérielle[12].

---

[12]. K. Polanyi, *op. cit.*, p. 182 : « Revenons à ce que nous avons appelé le double mouvement. Il peut être personnifié comme l'action de deux principes organisateurs de la société, chacun d'entre eux se fixant des visées institutionnelles spécifiques, ayant le soutien de forces spéciales déterminées et employant ses méthodes propres. Le premier

Le réel par effraction : l'égalité au risque de l'humanitaire

La dimension substantielle part du constat que l'être humain, comme l'ensemble du vivant ne peut survivre longtemps sans un environnement physique qui le soutienne et le sustente. Dans *Livelihood*, (traduire par *Vie matérielle* ou *Vivabilité*) livre plus récent publié seulement après sa mort et resté inachevé, l'historien rappelle que ces deux sens du terme n'ont en réalité rien en commun.

L'économie solidaire en tant que mouvement social tente, contre cette mise en garde de K. Polanyi, de mettre en commun ces deux conceptions. Sous ce label, se regroupe une pluralité d'initiatives qui ont en commun l'origine de leur mobilisation. Des promoteurs d'une économie alternative qui s'insurgent contre la déshumanisation croissante des relations marchandes. Ils réagissent face aux apories que rencontre l'Etat social, la caducité des compromis sociaux issus des trente glorieuses, accélérée par la mondialisation. Ce mouvement a pris un essor avec les forums de l'alter mondialisation qui réclament un régulation de l'économie mondiale qui sollicite les deux définitions de l'économie distinguée par Polanyi[13].

Au nom de l'objectif de solidarité, se dessinent des projets assez proches. Les deux plus grosses ONG mondiales L'ONG britannique *Oxfam* en partenariat avec l'ONG américaine *Care*, mettent en place un plan quadriennal d'action intitulé *Commerce équitable et développement durable*. Il s'agit de rompre avec l'hégémonie de l'économie néolibérale formelle standard.

Il s'agit de montrer les limites de la conception de l'échange marchand et du modèle du marché à partir de la seule rationalité instrumentale des agents. D'un point de vue microéconomique, il s'agit de déconstruire les fondements anthropologiques du libéralisme. Cet individu égoïste et

---

est le principe du libéralisme économique qui vise à établir un marché autorégulateur, qui compte sur le soutien des classes commerçantes et qui adopte pour méthode principale le libre-échange et le laissez-faire ; l'autre, est le principe de protection sociale, qui vise à conserver l'homme et la nature aussi bien que l'organisation de la production, qui compte sur les divers soutiens de ceux qui sont le plus affectés par l'action délétère du marché – en premier lieu, mais pas exclusivement, la classe ouvrière et les propriétaires terriens – et qui adopte pour méthodes la législation protectrice, les associations restrictives et d'autres instruments d'intervention ».

[13]. K. Polanyi, *La grande transformation. Aux origines politiques et économiques de notre temps*, Paris, trad. Gallimard, 1983 et *The livelihood of man*, New-York-San Francisco-London, Academic Press, 1977.

calculateur qui ramène toutes ses évaluations à un calcul rationnel, n'est jamais en situation d'exercer ses choix conformément à l'image qu'en donne la théorie. L'agent économique est situé socialement, il est engagé par des valeurs morales qui déterminent des hiérarchies dans ses finalités. Bref, il ne veut pas toujours à tout moment de sa vie le bonheur consommatoire à tout prix ! Cette limitation retentit sur la prévisibilité de l'équilibre. La rationalité est limitée et le contexte est incertain. Le modèle de l'équilibre général de Walras, fondement de la formalisation de l'économie n'inclut pas les institutions sociales, monnaie, droit ou mœurs qui encadrent les interactions économiques et assurent le respect des contrats marchands.

La portée critique de ces perspectives solidaires est évidente. Elle met en lumière le véritable visage de l'économie libérale : une économie restreinte au sens de Bataille, tyrannique au sens de Rousseau. Le choix rationnel, comme une modalité historique de la puissance du marché s'y révèle être une utopie politique antidémocratique et fondée sur un imaginaire anthropologique appauvri. Imaginaire néo-libéral dans lequel, les conditions d'existence s'appellent un milieu et non une culture ou une civilisation, imaginaire néo-libéral dans lequel les valeurs s'appellent des « justes règles » et sont obtenues par le développement spontané des sociétés et au gré d'une sorte de sélection historique à partir des conduites qui ont réussi.

L'économie néolibérale apparaît donc comme le facteur essentiel d'une destruction des valeurs humanistes, il s'agit donc de restaurer une économie humaniste. Il est urgent pour l'homme de voir réarticuler ses moyens d'existence, sa vivabilité (*livelihood*), à des valeurs et des choix de vie, à une éthique et à une politique.

Bref, il faut rattacher l'économie à son origine politique, la souveraineté démocratique et le lien social. Retrouver cet homme évolutif dont Hegel traçait le destin dans les *Principes de la philosophie du droit*.

Un homme qui naît et grandit par les moyens de l'économie domestique et dans le réseau de la famille, puis, qui s'en émancipe en accomplissant les potentiels de sa vie éthique grâce à ses capacités productives et grâce à sa participation au sein du système productif ; système des besoins qui n'est autre que la société civile mais non plus envisagée du point de vue particulier, mais depuis son fondement universel. Société civile dans laquelle l'homme apprend à se connaître sous l'angle de l'universel comme citoyen d'un Etat de droit.

Les corps intermédiaires associatifs ou syndicats, l'ensemble de ce maillage social sont censés progressivement remédier à la destruction par le tout-marché des liens sociaux, déliaison sociale rendue responsable de l'exclusion et de la paupérisation croissante de l'économie globalisée du néolibéralisme. IL faut aussi rééetoffer l'agent économique de son humanité, sise dans le cœur de l'économie domestique de la famille et de la communauté. Pour le fondateur de la Grameen au Bengladesh, Muhammad Yunus[14], l'agent économique réel « opère dans toute sa complexité, avec les valeurs et les relations qui donnent un sens à sa vie qui exprime la dignité de sa condition humaine ».

L'espérance solidarité exprime l'ambition d'une « économie plurielle » où coexisteraient enchâssées les unes aux autres, une économie des biens[15] publics, une économie de la réciprocité, solidaire et associative, et l'économie libérale de marché. L'économie solidaire est conçue comme une alternative au capitalisme qui contribue à la création d'une économie « plus démocratique et plus humaine ». L'idée force est « qu'il est possible de réguler l'économie et les échanges à partir du respect des droits ; des droits civils et politiques autant que des droits économiques, sociaux et culturels »[16].

On retrouve ici l'inspiration rousseauiste : l'idée que les objectifs d'une économie égalitaire et humaine « populaire » découle des droits de l'humanité, c'est-à-dire d'une « radicalisation de la démocratie ». radicalisation de la démocratie qui est conçue comme augmentation et spécification des droits de l'homme.

La solidarité de l'économie se fonde sur l'humanité de l'homme et suppose que la citoyenneté est l'avenir de l'homme. Cette citoyenneté n'étant encore aujourd'hui accessible que dans les formes de la nation. Qu'en sera-t-il de la tension « Global local » ? Face à la tension entre les droits de l'homme et ceux du citoyen, face à la tension entre le niveau global de la régulation économique exigée et le degré local-national de la

---

14 M. Yunus avec A. Jolis, *Vers un monde sans pauvreté*, JC Lattès, 1997
15 J.-L. Laville, « Avec Mauss et Polanyi, vers une théorie de l'économie plurielle », *Revue du MAUSS*, n°21, premier semestre 2003, La Découverte, Mauss.
16 G. Massiah, géographe vice-président d'Attac, « Le mouvement citoyen mondial », *Mouvements*, n°25, janvier-février 2003, La Découverte.

forme de la citoyenneté qui exclut de l'accès aux droits un nombre d'hommes croissant, les partisans de l'économie solidaire militent pour l'extension des droits de l'homme. Extension conçue à partir d'une représentation du vivant humain et de ce qui est nécessaire à sa vivabilité. C'est ainsi schématiquement qu'ont été imaginés des droits correspondants à des besoins économiques, culturels et sociaux.

À remobiliser ainsi les vertus institutionnelles gisant au sein des systèmes économiques, il n'est pas sûr qu'on s'éloigne vraiment de ce que l'on rejette avec le néolibéralisme, un pouvoir dont la raison se fait toujours plus déconnectée des conditions de son exercice démocratique. M. Foucault, par exemple, a indiqué dans ses cours sur le néolibéralisme et la gouvernementalité une tout autre interprétation. Mais il partageait la conviction que c'est au sein de la société civile et de ces acteurs non étatiques que la pression économique déploie la véritable logique de sa domination.

Ce n'est pas ici le lieu d'aborder l'ensemble disparate que représentent les recherches de plusieurs années de M. Foucault. Mais de s'arrêter sur la conclusion du cours de 1980 intitulé *Naissance de la biopolitique*.

Dans ce livre, M. Foucault prend quelques pensées et situations historiques emblématiques des évolutions de la pensée libérale pour en tirer au maximum les significations. Parmi les antiennes du libéralisme, la non intervention de l'Etat ou sa limitation maximale représente un point de friction dont Foucault dégage la logique paradoxale à travers la notion d'*homo oeconomicus*. L'homme économique est un sujet d'intérêt radicalement hétérogène et antérieur au sujet de droit. C'est en retraçant la naissance de la société civile que l'antériorité du sujet d'intérêt sur le sujet de droit conquiert une existence qui inquiète l'articulation entre l'humanité de l'homme et sa condition d'animal politique.

La parenté entre ces conceptions alternatives de l'économie mises en œuvres par les grandes ONG et axées sur la vivabilité et l'attention que portent les actions humanitaires de ces même ONG, sur d'autres scènes, à la sauvegarde de la vie nue, peuvent ainsi se ramener à leur commune insistance sur l'humanité de l'homme, ou selon le pléonasme répandu à l'attention pour la « personne humaine ». Au terme de cette comparaison, on peut s'étonner que le caractère urgent des violations des droits de l'homme engendrés par le déroulement de cette économie tyrannique n'ait pas fait l'objet d'un droit nouveau ; le droit à l'intervention économique d'urgence. La menace portée sur la vie nue qui requiert l'intervention humanitaire d'urgence ne donne pourtant pas lieu à ce qui aurait pu s'appeler une urgence économique-humanitaire, une urgence économo-humanitaire. Pourquoi ?

Un premier élément de réponse : c'est qu'en dépit de l'objet visé par ces deux genres de l'action non gouvernementale, la vie nue, l'exclu, le nécessiteux, l'urgence humanitaire relèvent d'actions antithétiques aux principes économiques.

Le don sans contrepartie et non l'échange, fût-il non-marchand mais réciprocitaire[17] selon l'expression chère aux altermondialistes, est au principe du fonctionnement de l'action humanitaire. Et même si l'on peut considérer le partage et le don comme une forme d'économie alternative à l'économie de marché, comme le fondement de l'économie de la solidarité, resterait cependant la question des biens transférés. Nourritures, médicaments sont certes des marchandises, mais dès lors qu'ils forment ces conditions nécessaires de la survie, dès lors que c'est la santé, la décence, le courage ou la dignité qu'il s'agit de rétablir pour les plus démunis des nécessiteux ; ces biens peuvent être considérés comme étant essentiellement des biens non marchands.

Mais on pourrait repousser l'objection en arguant que l'altéréconomie et l'économie solidaire, s'appuient sur le paradigme du don et de la réciprocité pour rendre à la gratuité une place au sein des biens de première nécessité, notamment dans la revendication d'une allocation universelle de citoyenneté[18].

Deuxième élément de réponse plus probable : l'intervention humanitaire où l'être souffrant ou la vie nue ne serait pas un enjeu économique.

L'Humanitaire préserve l'humain réduit à sa plus simple expression, l'humain en état de souffrance brute qu'il faut tirer de cette situation. L'humain réduit à sa plus simple expression : le corps qui a faim, froid ; le corps malade, affaibli, apeuré, prostré, silencieux, mutique. C'est un tel corps, souvent celui d'un enfant qui s'expose dans les grandes campagnes médiatiques des ONG. Ce qui est mis en scène, c'est un corps dont l'ex-

---

17 Selon A. Caillé, «...il y a plusieurs systèmes économiques possibles – le marché, la redistribution et l'économie solidaire-réciprocitaire », « Présentation », *Revue du Mauss*, 21, 2003, p. 15.

18 *Ibid.*, p. 18.

pression doit faire penser « aide-moi » sans exprimer pourquoi il se trouve là, ni qui ou quoi l'a blessé.

Ce dénuement expose la situation particulière d'une souffrance où les moyens d'élaborer un sens se sont affaiblis et se révèlent insuffisants. Tel est le caractère de l'urgence. C'est ainsi qu'on pourrait comprendre pourquoi le dénuement qui mobilise les actions humanitaires, n'est pas seulement une indigence matérielle, un manque temporaire de ressources. Un dénuement où la souffrance domine non seulement parce que les recours font défaut, mais plus essentiellement parce que la possibilité pour le sujet exposé de faire quelque chose de cette souffrance a disparu. C'est pourquoi ce sont vous, nous, spectateurs qui devons intervenir dans l'urgence.

C'est pourquoi une des premières justifications de l'action humanitaire a consisté à instaurer par l'urgence une mise entre parenthèse des considérations politiques, ethniques et religieuses dans l'assistance au secours, une suspension de la distinction entre victimes et bourreaux, agresseurs agressés, jusqu'à se passer d'aucune forme de reconnaissance préalable.

Or s'il y a toujours eu des souffrances de ce genre, les actions humanitaires sont d'invention récente. C'est donc du côté de l'indignation et de l'oubli des autres, du côté de l'éthique qu'il faut chercher la raison et l'origine de l'intervention humanitaire. Rupture ou continuité dans l'histoire ? N'y a–t-il pas toujours eu des souffrances et de la pitié, de la compassion et de la solidarité ?

La temporalité de l'urgence, du soudain de la réaction immédiate, du sans délai situerait l'humanitaire du côté de ce que Schopenhauer appelle une pitié comme impulsion non réfléchie. Mais là encore c'est vieux comme le monde : altruistes/égoïstes, don/recherche du gain, ouverture/repli, sont en lutte éternelle. Si l'éthique de la pitié impulsive devait s'exprimer dans l'humanitaire sous un jour nouveau, ce ne serait peut-être pas tant sous celui de sa médiatisation que sous celui d'un certain renoncement au discours. Comme si cette éthique, ce souci de la vie nue ne se situaient ni au dehors ni au dessous du corps de la vie nue, mais à même cette vie. Il s'agirait alors d'une compréhension de l'éthique proche de celle de Wittgenstein qui dans ses *Remarques mêlées* écrivait : « Si je ne pouvais expliquer à autrui l'essence de ce qui est éthique que par le biais d'une théorie, ce qui est éthique n'aurait pas de valeur du tout ».

Éthique immanente de la vie nue ? G. Agamben détermine la vie nue par une distinction opérée dans la langue grecque entre deux notions de vie : *zoé* et *bios*. Deux termes qu'H. Arendt dans *Condition de l'Homme Moderne* dans le chapitre qu'elle consacre au travail définit ainsi : par *zoé* les Grecs exprimaient le fait commun à tous les êtres vivants : vivre. Par *bios*, les Grecs entendaient la manière propre de vivre spécifique à un groupe ou à un individu. « La principale caractéristique de cette vie spécifiquement humaine, disait Arendt, dont l'apparition et la disparition constituent des événements de ce monde, c'est d'être elle-même toujours emplie d'événements qui, à la fin, peuvent être racontés, peuvent fonder une biographie ; c'est de cette vie, *bios*, par opposition à la simple *zoé*, qu'Aristote disait qu'elle est en quelque manière, une sorte de praxis » (*Politique*, 1254, a7) »[19]. Et Agamben donne un sens simple à cette praxis, puisqu'il oppose quant à lui, la vie nue à la forme-de-vie : « une vie dont il n'est jamais possible d'isoler quelque chose comme une vie nue... une vie pour laquelle, dans sa manière de vivre, il y va de la vie même et, dans son vivre, de son mode de vie. ... Mais cela constitue d'emblée la forme-de-vie comme vie politique »[20].

Cet éclairage sur la vie nue qui semble déterminer la spécificité de l'intervention humanitaire a-t-il de quoi nous convaincre de la non-pertinence qu'il y aurait à promouvoir un type d'intervention semblable à l'action d'urgence, mais sur des terrains dévastés non par des guerres ou des catastrophes alimentaires, mais plus trivialement sur des territoires dévastés par des crises économiques et financières mondiales ? Ou bien doit-on comprendre que quelque chose interdit la confusion des genres, et que la misère, la mort, la maladie quand elles sont engendrées visiblement et directement par des causes économiques (qui ne dégénèrent pas en guerres) n'ont pas la même signification que la dévastation engendrée par des conflits, des famines ou des catastrophes naturelles ?

C'est toute la question de savoir que faire du partage entre l'homme et le citoyen ; entre ces deux genres de la vie humaine, entre l'homme comme simple être vivant et l'homme comme sujet de droit, sujet politique. Cette perspective implique de distinguer entre le corps biologique, corps souffrant de la vie nue, et le corps politique, entre ce qui est muet, –

---

[19]. H. Arendt, *Condition de l'Homme Moderne*, Paris, Calmann-Lévy, 1983, p. 143.
[20]. G. Agamben, *Moyen sans fins, Notes sur la politique,* Paris, Rivages, 1995, p. 14.

pour reprendre les catégories traditionnelles : la vie naturelle, la Nature du vivant en nous et ce qui est communicable et exprimable, la part culturelle, spirituelle du vivant humain.

Nous avancions des raisons institutionnelles et de principe pour lesquelles il semblait justifiable que n'ait pas été inventé ce terme alambiqué d'urgence économique. Mais pourtant ne saute-t-il pas aux yeux avec évidence que la vie nue est le *terminus a quo* des formes de la violence contemporaine qui se donne à vivre comme un chaos qu'on appelle crise financière, crise politique, crise économique ? En fait on ne cesse d'opposer implicitement l'indigence économique (objet des *politiques* économiques) et le dénuement humanitaire (objet sacré de l'intervention). On introduit ainsi une véritable césure entre ce qui est pensé comme de l'ordre des catastrophes (l'humanitaire) et ce qui en fin de compte, même s'il présente les mêmes symptômes, est renvoyé à l'univers du choix rationnel. D'un côté, on se place sous le régime de l'urgence et de l'intervention, de l'autre, on considère qu'il n'y a pas de scandale de la vie nue. Ou pour le dire dans les termes de l'économiste du XVIIIe Jeremy Bentham[21] : « La pauvreté est la Nature qui survit dans la société ; sa sanction physique est la faim ». Dans cette perspective, il est clair que l'économie ne peut donner corps à une éthique et que le projet de réintroduire une dimension humaine dans l'économie demeure problématique.

Il semble donc particulièrement difficile de réformer l'économie libérale en réclamant « les droits humains » pour parler avec Rousseau si l'on prétend organiser la solidarité entre les hommes en concevant ces droits à partir d'une définition de l'homme et des conditions de « vivabilité » de son humanité.

Partant d'une définition de l'humanité de l'homme à partir de son universel plus petit dénominateur commun qu'est la vie nue, les projets d'économie alternatives que nous avons évoqués aboutissent à réclamer des droits correspondant à chacun des besoins de préservation du vivant

---

[21]. J. Bentham, *Principles of Civil Code*, chap. IV, cité par K. Polanyi, *op. cit.* p. 162 : « Pour le politicien et l'administrateur, le laissez-faire est simplement un principe assurant le maintien de la loi et de l'ordre au moindre prix avec le moindre effort.(...) À la question : « que peut la loi en ce qui concerne la subsistance ? » Bentham répond : 'Rien directement. La pauvreté est la Nature qui survit dans la société' ; sa sanction physique est la faim. (J. Bentham, *Principles of Civil Code*, chap.IV) ».

humain spécifié en fonction de son environnement propre, de sa vivabilité communautaire culturellement déterminée. Mais au regard de l'accroissement de la pauvreté dans le monde, on est en droit de se demander si la multiplication des droits de l'homme est vraiment le bon chemin pour garantir à chacun une vie décente ? Le détour par la fiction d'un droit imaginaire à l'intervention d'urgence économique voulait montrer qu'il n'existe pas de nature universelle de l'homme susceptible de fonder ce droit. Dans le même sens, le rapprochement de l'économie solidaire avec l'action humanitaire semble alors indiquer que ce n'est pas comme nature que l'homme atteint la connaissance de sa propre humanité. Que le terme d'humanité ne peut être défini qu'en rompant avec l'idée même de nature humaine. Et c'est bien ce que Rousseau, dans *Les origines de l'inégalité*, indiquait déjà lorsqu'il faisait de la nature humaine une fiction, l'objet d'un raisonnement hypothétique et conditionnel.

Hans Jörg Sandkühler

Hans Jörg Sandkühler

Quelle démocratie ? Quel risque d'égalité ? [1]

1. *Le problème*

À l'*égalité*[2] et à la *démocratie* sont liés depuis l'Antiquité des problèmes pratiques, sociaux, et théoriques. À notre époque, la problématique s'accentue de manière dramatique : égalité et démocratie désignent quelque chose qui est en danger ou quelque chose qui mène à un danger. La démocratie protège-t-elle encore l'égalité de ceux qui en constituent la souveraineté ? L'égalité est-elle encore le fondement de la démocratie ? La démocratie est plus que jamais mise au défi de réaliser effectivement l'égalité, mais on peut se demander si elle en est encore capable.

Dans les débats publics politiques et théoriques, la cohésion interne entre démocratie et égalité n'est souvent plus perçue. Il n'est pas rare que l'égalité soit problématisée comme si elle représentait un risque pour la démocratie[3]. L'exigence d'égalité n'appartient-elle pas au fondement des

---

[1]. Le site WEB de la Présidence de la République française donne une explication remarquable de l'illustration ci-dessus : Liberté, Egalité, Fraternité – Présidence de la République http ://www.elysee.fr/elysee/francais/ : « A partir de 1793, les Parisiens, rapidement imités par les habitants des autres villes, peignent sur la façade de leurs maisons les mots suivants : « unité, indivisibilité de la République ; liberté, égalité ou la mort ». Mais ils sont bientôt invités à effacer la dernière partie de la formule, trop associée à la Terreur... ».

[2]. Voir sur ce point l'article encyclopédique de Gosepath 1999. Voir aussi Alexy 1994, chap. 8, et par ex. Nagel 1994 et Menke 2004.

[3]. Parmi les corrigés des épreuves du baccalauréat sur internet (*http ://www.devoir-de-philosophie.com/passup/corriges*), on trouve le sujet suivant : « La revendication de l'égalité menace-t-elle la liberté ? ». On lit ensuite : « LIBERTÉ : Ce mot, en philosophie a trois sens : 1° Libre arbitre. Pouvoir mystérieux de choisir entre les motifs qui me sollicitent sans être déterminé par aucun d'eux. 2° Liberté de spontanéité. S'oppose non plus au déterminisme mais à la contrainte : état de celui qui agit sans être contraint par une force extérieure. 3° Liberté du sage. État de celui qui est délivré des passions et agit à la lumière de la raison. ÉGALITÉ : En politique, Principe selon lequel tous les citoyens ont les mêmes droits et les mêmes obligations. Égalité juridique : principe selon lequel les mêmes lois s'appliquent à tous. Égalité des chances : principe selon lequel non seulement tous doivent avoir les mêmes droits, mais encore réellement les mêmes possibilités de les

systèmes de convictions morales et politiques collectives ? L'espoir mis en une raison impartiale est-il obsolète ? On dispute de la légitimité et de la portée du concept d'égalité, ainsi que de la question « l'égalité, pour qui ? ». Dans sa formulation la plus aiguë, la question devient : « *L'égalité est-elle morte?* »[4].

Eu égard aux faits empiriques, la défense de ce qui est indissolublement lié – égalité, justice, liberté et démocratie – semble devenir un luxe de philosophes. Le nom de ces faits est « mondialisation », c'est-à-dire le mécanisme asymétrique dans lequel des multinationales, des États économiquement puissants et des organisations financières imposent des politiques inégalitaires et discriminantes à l'égard des sociétés périphériques, caractérisées par une économie dépendante, une faible industrialisation, un retard technologique, une instabilité politique et une faiblesse des institutions démocratiques[5]. La mondialisation est « un processus non pas d'abord économique, mais politique », un « projet de contre-réforme sociale généralisée », contrairement à l'internationalisation sur le mode de la coopération, qui avait pourtant sa chance après la seconde guerre mondiale[6].

La mondialisation ne rend le monde ni plus riche, ni plus égal, ni plus libre. Elle renforce bien plutôt l'inégalité existante ; c'est un phénomène mondial que celui du fossé qui va s'approfondissant entre pauvreté et richesse. Les revenus des cinquante millions d'hommes les plus riches (1% de la population mondiale) représentent autant que l'ensemble des revenus des 2,7 milliards d'hommes les plus pauvres[7]. Bien qu'il y ait des

---

faire valoir ».

[4]. Question aux candidats à la présidence de la République (2002) de la Revue permanente « Egalité – Pouvoirs – Représentation » : « *La distinction entre l'égalité et l'équité est devenue un lieu commun du discours public : faut-il en conclure que l'égalité est morte ?* ». Extrait de la réponse de Lionel Jospin : « L'égalité cependant est aujourd'hui examinée à l'aune de l'équité. Les deux notions coexistent et l'action politique ne peut ignorer ce fait : il faut souvent adapter les mesures pour compenser les désavantages initiaux et lutter contre les déterminismes. En ce sens, l'équité mène à l'égalité ».

[5]. Caldera 2001, p. 14.

[6]. Huffschmidt 2001, p. 38.

[7]. Cf. l'*Atlas du Monde diplomatique*, p. 50 : « Un phénomène récent est constitué par la forte concentration spatiale de la richesse. Les événements boursiers se concentrent pour la plupart sur 21 places financières qui se trouvent dans les pays développés. Ces pays, qui ne contrôlent pas seulement les principales places financières, mais aussi les réseaux

pauvretés qualitativement très différentes[8], il ne faut pas oublier que la partie du monde qui est auteur de la mondialisation doit, elle aussi, en payer une partie du prix – avec une pauvreté croissante, une fracture sociale et une déstabilisation politique. Jusqu'au cœur de la démocratie, on perd en égalité et en liberté. L'une des conséquences explosives de la mise en danger – effective ou prétendue – des sociétés démocratiques par des formes nouvelles de conflits concernant l'égalité et l'inégalité consiste en ce que l'on ruine l'égalité et la liberté en favorisant maintenant un « droit à la sécurité », mis au premier plan dans la « lutte contre le terrorisme »[9].

La mondialisation du marché capitaliste pousse vers une forme de démocratie qui n'est plus un lieu d'égalité. Si la « libre économie de marché » au sens de la doctrine néolibérale est comprise comme fondement de la démocratie, alors c'est aussi la compréhension de l'égalité, de la justice et de la liberté qui est subsumée sous le modèle du « libre mar-

---

de communication et les voies aériennes et maritimes les plus importantes, se distinguent également par l'espérance de vie la plus élevée et la mortalité infantile la plus faible ».

[8]. L'inégalité sociale s'accroît à l'intérieur de l'Union Européenne : 68 millions d'hommes, c'est-à-dire un citoyen européen sur sept, vit en dessous du seuil de risque de pauvreté.

[9]. A ce sujet, voir Bielefeldt 2004, p. 13 sq. : « Le concept [de droit à la sécurité] est exagérément étroit en regard de la responsabilité étatique en matière de protection de tous les droits de l'homme. Si l'État a le devoir de garantir le droit à la vie, à la liberté d'expression, le droit de propriété, de liberté de réunion etc., il paraît bien peu plausible de devoir y ajouter en outre un « droit à la sécurité » spécifique. La fonction de protection qui est celle de l'État se rapporte à l'ensemble des droits, elle ne figure pas à côté de ceux-ci à titre d'exigence juridique séparée ». Le fait que, même en Allemagne, l'interdiction de la torture n'aille plus de soi, est attesté, par ex., par Brugger 2004.

Dans son rapport « *Dans une liberté plus grande : développement, sécurité et respect des droits de l'homme pour tous* » (Documents des Nations-Unies, A/59/2005 (2005)), Kofi Annan a constaté, sous le titre « *Vivre dans la dignité* » : « Les droits de l'homme sont aussi fondamentaux pour les pauvres que pour les riches, et leur protection est aussi importante pour la sécurité et la prospérité des pays développés que pour celles des pays en développement. Nous aurions tort de considérer que les droits de l'homme peuvent être sacrifiés à d'autres objectifs, comme la sécurité ou le développement. Nous ne ferions que perdre du terrain dans la lutte contre l'extrême pauvreté ou le terrorisme et leur cortège d'horreurs si dans cet effort nous bafouions nous-mêmes les droits de l'homme dont ces fléaux privent nos citoyens. Il est crucial d'adopter des stratégies fondées sur la protection des droits de l'homme, aussi bien pour préserver nos valeurs morales que pour assurer concrètement l'efficacité de notre action ».

ché » ; cela ne correspond plus à la démocratie comme État de droit et État social. Les relations entre « libres citoyens » semblent pouvoir être décrites de manière satisfaisante par le modèle économique d'un contrat en vue du profit réciproque. Dans de telles conditions, le « souverain » de la démocratie est, semble-t-il, condamné à n'être que le témoin impuissant du développement de l'inégalité, de l'injustice et de la servitude.

En va-t-il ainsi ? On ne pourra pas trouver de réponse à cette question tant qu'on parlera de manière abstraite de *la* démocratie et de *l'*égalité. N'existe-t-il pas des mouvements sociaux et politiques en voie de mondialisation qui font acte de résistance, dans l'intérêt d'une démocratie et d'une égalité déterminées ? N'appartient-il pas aux devoirs du philosophe d'apporter aussi une contribution *théorique* à cette résistance ? C'est pourquoi je plaide pour une *critique de la démocratie* et une *critique de l'égalité*, au sens kantien, c'est-à-dire en vue de délimiter le champ de la démocratie et de l'égalité et de poser la question de leurs conditions de possibilité. Ma thèse est la suivante : démocratie et égalité représentent chacune la condition de possibilité de l'autre. L'exigence humaine d'égalité est la cause qui fonde la démocratie, et il faut que la démocratie garantisse l'égalité. Qu'elle n'y arrive *de facto* que de manière limitée ne peut signifier qu'il faille renoncer à cette tâche.

2. Critique de la démocratie et de l'égalité

2.1 Égalité

L'égalité peut être formulée au moyen du principe selon lequel les hommes, en tant qu'hommes et indépendamment de toutes leurs formes contingentes d'existence, sont des *fins en soi*. L'égalité signifie ne pas être utilisé comme moyen par un tiers. En ce sens, l'égalité est l'égalité des droits des fins en soi, égalité effectivement réalisée.

Ce n'est pas par hasard que nous utilisons le mot d'égalité *des droits* ; beaucoup n'ont plus conscience de son sens juridique. L'extension universelle du droit, en tant que forme dans laquelle les hommes constituent d'eux-mêmes une société, dépend tout aussi peu du hasard : la forme juridique est au service de l'égalité et de la liberté. Enfin, la forme en laquelle les hommes mettent leur espérance lorsqu'ils veulent former une société sous des conditions d'égalité et de justice, n'est pas non plus le fait du hasard ; je veux parler de la forme d'auto-organisation qui mérite de s'appeler *démocratie*, en un sens tout à fait déterminé. Quel est ce sens ? Notre individualité se développe dans le vivre-ensemble au sein de la société. Pour l'octroi mutuel de l'égalité, de la justice et de la liberté, les hommes choisissent la forme du droit, parce que le droit refrène les guerres possibles entre les intérêts, et rend possible la coexistence pacifique des fins en soi. Les hommes choisissent une certaine forme de droit, parce que le droit, que l'État administre, y compris en démocratie, court toujours le danger d'être utilisé par une violence illégitime[10]. La forme déterminée du droit dont je parle ne se fonde ni dans la force du fort, ni dans les opportunités d'un « libre jeu des forces ». Le droit se fonde bien plutôt dans une hiérarchie de principes moraux et juridiques. Ces principes ne sont pas statiques, mais dynamiques.

En nous réalisant historiquement comme fins en soi, nous *développons* le droit, notamment sous la forme de mouvements sociaux autonomes. La dynamique des principes se montre dans la façon dont se différencie au cours de l'histoire le *principe d'égalité en tant que droit de l'homme*. Le principe normatif de l'égalité s'est étendu aujourd'hui à l'inégalité sociale de fait, à la discrimination des femmes et des étrangers, à l'égalité de traitement, à l'égalité des chances et à la répartition égale, à l'égalité matérielle, à l'interdiction de l'arbitraire, à l'interdiction de différenciations contraires à la constitution, à l'égalité de traitement par la législation et aux buts, critères et règles de différenciation[11]. Un exemple de cette complexité est le Traité établissant une Constitution pour l'Europe d'octobre 2004.

Ce Traité est contesté ; la protection contre l'inégalité sociale et économique y est, de fait, négligée ; il n'est pas au niveau du *Pacte international relatif aux droits économiques, sociaux et culturels* de 1966. Et pourtant ce traité, à cause de la hiérarchie de ses principes ainsi que de leur dynamique, ne doit pas être sous-estimé. Ni les traités fondateurs de l'Union Européenne, ni le droit communautaire primaire et secondaire qui leur a succédé ne contenaient de liste de droits fondamentaux, et la protection des droits fondamentaux dans l'Union Européenne relève jusqu'à présent, sauf exception, du droit des juges.

---

[10]. Voir sur ce point les *Fondements d'une anthropologie du droit* de O. Höffe (1994).
[11]. Voir là-dessus AK-GG Stein, 2ème éd., Art. 3, en marge 13-16.

Le préambule souligne « les valeurs universelles que constituent les droits inviolables et inaliénables de la personne humaine, ainsi que la liberté, la démocratie, l'égalité et l'État de droit ». L'article I-2 précise : « L'Union est fondée sur les valeurs de respect de la dignité humaine, de la liberté, de la démocratie, de l'égalité, de l'État de droit, ainsi que de respect des droits de l'homme, y compris des droits des personnes appartenant à des minorités. Ces valeurs sont communes aux États membres dans une société caractérisée par le pluralisme, la non-discrimination, la tolérance, la justice, la solidarité et l'égalité entre les femmes et les hommes » [12].

Ce n'est pas peu. Dans ce traité, il ne s'agit pas d'un inventaire empirique, mais de ce que l'on *doit* faire ; il s'agit du respect de « la diversité culturelle, religieuse et linguistique » (Art. II-82) et de l'« égalité des femmes et des hommes » (Art. II-83), bref, de *normes* dont la réalisation doit être exigée en Europe, notamment en ce qui concerne la non-discrimination, à propos de laquelle il est dit dans l'article II-81 : « Est interdite toute discrimination fondée notamment sur le sexe, la race, la couleur, les origines ethniques ou sociales, les caractéristiques génétiques, la langue, la religion ou les convictions, les opinions politiques ou toute autre opinion, l'appartenance à une minorité nationale, la fortune, la naissance, un handicap, l'âge ou l'orientation sexuelle. »

Pourquoi dis-je que ce n'est pas peu ? Un simple coup d'œil rétrospectif sur le développement des trois générations de droits fondamentaux et de droits de l'homme indique un progrès : du *Bill of Rights* en Virginie (1776) et de la *Déclaration des droits de l'homme et du citoyen* de 1789, en passant par la *Charte der Nations-Unies* de 1945[13] et la *Déclaration universelle des droits de l'homme* de 1948[14], jusqu'au *Pacte international*

---

12. Le préambule de la « Charte des Droits fondamentaux » de l'Union renvoie aux « valeurs indivisibles et universelles de dignité humaine, de liberté, d'égalité et de solidarité », au « principe de la démocratie » et au « principe de l'État de droit ».

13. « Nous, peuples des Nations unies, résolus à préserver les générations futures du fléau de la guerre qui deux fois en l'espace d'une vie humaine a infligé à l'humanité d'indicibles souffrances, à proclamer à nouveau notre foi dans les droits fondamentaux de l'homme, dans la dignité et la valeur de la personne humaine, dans l'égalité des droits des hommes et des femmes, ainsi que des Nations, grandes et petites, à créer les conditions nécessaires au maintien de la justice et du respect des obligations nées des traités et autres sources du droit international … ».

14. « Considérant que la reconnaissance de la dignité inhérente à tous les membres de la

relatif aux droits civils et politiques et au *Pacte international relatif aux droits économiques, sociaux et culturels* de 1966 – sans oublier la *Convention internationale sur l'élimination de toutes les formes de discrimination raciale* (1966) et la *Convention sur l'élimination de toutes les formes de discrimination à l'égard des femmes* (1979). Dans la *Déclaration* de 1789 – Art. 1 : « Les hommes naissent et demeurent libres et égaux en droits. Les distinctions sociales ne peuvent être fondées que sur l'utilité commune » – ne transparaissait pas encore une fondation complexe des droits de l'homme, ni une force normative efficace. Le progrès consiste (i) dans l'*imbrication* normative de l'égalité, de la liberté et de la démocratie, qui n'a été atteinte dans le système du droit qu'au XXème siècle[15] ; il se fonde (ii) dans le fait que les droits de l'homme deviennent des droits positifs dans le droit international ; et (iii) il s'exprime dans la constatation suivante, dont on ne peut se dispenser aujourd'hui, et qui a été formulée dans le Préambule du *Pacte international relatif aux droits civils et politiques* (1966) : « reconnaissant que conformément à la Déclaration universelle des droits de l'homme, l'idéal de l'être humain libre, jouissant des libertés civiles et politiques et libéré de la crainte et de la misère, ne peut être réalisé que si des conditions

---

famille humaine et de leurs droits égaux et inaliénables constitue le fondement de la liberté, de la justice et de la paix dans le monde, Considérant que la méconnaissance et le mépris des droits de l'homme ont conduit à des actes de barbarie qui révoltent la conscience de l'humanité et que l'avènement d'un monde où les êtres humains seront libres de parler et de croire, libérés de la terreur et de la misère, a été proclamé comme la plus haute aspiration de l'homme, Considérant qu'il est essentiel que les droits de l'homme soient protégés par un régime de droit pour que l'homme ne soit pas contraint, en suprême recours, à la révolte contre la tyrannie et l'oppression, Considérant qu'il est essentiel d'encourager le développement de relations amicales entre Nations, Considérant que dans la Charte les peuples des Nations unies ont proclamé à nouveau leur foi dans les droits fondamentaux de l'homme, dans la dignité et la valeur de la personne humaine, dans l'égalité des droits des hommes et des femmes, et qu'ils se sont déclarés résolus à favoriser le progrès social et à instaurer de meilleures conditions de vie dans une liberté plus grande ... ».

15. Voir l'art. 29 de la *Charte des Nations-Unies* : « In the exercise of his rights and freedoms, everyone shall be subject only to such limitations as are determined by law solely for the purpose of securing due recognition and respect for the rights and freedoms and others and of meeting the just requirements of morality, public order and the general welfare in a democratic society. » Sur le lien entre la « démocratie politique effective » et les « droits de l'homme », voir aussi la *Charte des droits fondamentaux de l'Union européenne*.

permettant à chacun de jouir de ses droits civils et politiques, aussi bien que de ses droits économiques, sociaux et culturels, sont créées. »

Figurent ainsi à l'ordre du jour deux questions que l'on ne peut plus écarter. Première question : comment peut-on garantir, en même temps que le droit à la liberté et à l'égalité, la protection sociale ? Deuxième question, non moins importante : comment les inégalités dignes d'être protégées – par exemple celles entre jeunes et vieux, entre femmes et hommes, entre personnes en bonne santé et malades – peuvent-elles trouver protection dans le cadre de l'égalité ? Et quelle serait la réponse ? Tout d'abord, il faut distinguer entre trois classes d'inégalités : (i) l'inégalité dont un tiers est responsable, et qui est imposée aux individus ; (ii) l'inégalité voulue par les individus, et dont ils sont eux-mêmes responsables, et (iii) l'inégalité « naturelle », dont personne n'est responsable. L'inégalité réelle[16] peut aujourd'hui être vue dans la perspective de normes juridiques, aussi bien dans ses formes (ii) et (iii) qui requièrent une protection, que dans sa forme (i) qui n'est pas acceptable. Dans ces normes juridiques, il n'y a plus de contradiction entre les droits individuels garantissant les libertés personnelles, les droits politiques relatifs à la participation au pouvoir et à l'exercice de ce dernier, et les droits sociaux garantissant le fait d'avoir part à la richesse sociale et culturelle d'une société.

Voilà une réponse dont les conceptions égalitaristes radicales de l'égalité ne sont pas capables[17]. Elles oublient que les hommes ne sont pas identiques à tous points de vue, et que la différence n'est pas négative en elle-même. Dans tout énoncé sur l'égalité entre les hommes, on présuppose la différence de ce qui est comparé[18]. Dès lors, l'inégalité de ce qui est inégal est à respecter lorsqu'elle est au fondement de la fin en soi et de l'autonomie des hommes et que, pour cette raison, elle doit être préservée de la contrainte visant l'égalisation et l'uniformité[19]. Si on plaide pour l'égalité, alors le plaidoyer ne peut rationnellement se fonder

---

[16]. Cf. Sen 1992 ; Scanlon 1996.

[17]. Pour une position égalitariste fondée moralement, modérée, cf. Nagel 1994, p. 91 et suivantes ; pour une défense de l'égalitarisme contre les critiques de droite et de gauche, cf. Arnsperger 2002.

[18]. Sur « inégalité/égalité », cf. Gosepath 1999 ; Arneson 1993. Sur l'énoncé d'égalité comme comparaison évaluative, cf. Dürig in Maunz/Dürig, Art. 3, 1.

[19]. Voir, en lien avec la question de l'égalité des sexes, Gerhard 1990.

sur l'affirmation que tous sont identiques, mais seulement sur l'exigence qui pose que tous, sous des points de vue déterminés, *doivent pouvoir être égaux*, c'est-à-dire sur l'exigence d'un égal respect universel[20]. Ce que l'on entend par là, c'est que les hommes doivent être traités *comme des égaux*, mais non pas qu'ils doivent tous être traités de manière exactement identique. Ce principe est notamment important dans une perspective transculturelle[21]. Il faut que l'égalité concernant les droits politiques et sociaux soit harmonisée avec la diversité des situations de vie, des formes de vie et des projets de vie, de sorte que soit atteinte pour les êtres humains une *égalité des possibilités* de mener leur vie en *liberté*.

3. La hiérarchie des principes : dignité humaine, égalité et démocratie

Le droit et la démocratie se fondent dans une hiérarchie de principes dont la base n'est pas l'égalité, mais la *dignité humaine*[22] comme fondement ultime de revendications. « La dignité est *condition de la démocratie*, par conséquent celle-ci n'en a pas la disposition »[23]. On ne peut attendre des citoyens, en tant que destinataires des normes, qu'ils approuvent un ordre social et étatique qu'à la condition que l'ordre du droit et de l'État assure certaines garanties minimales de dignité : (i) une vie en sécurité, le fait d'être dégagé de la peur pour sa propre existence ; (ii) le sexe, la race, la langue, l'origine sociale, en tant qu'inégalités factuelles dont il n'y a pas de responsable, ne peuvent fournir de justification à une inégalité normative ; (iii) dans le cadre des droits fondamentaux au libre développement de sa personnalité, à l'égalité de traitement des différentes convictions ou opinions religieuses et politiques, à la liberté de conscience et de religion et autres droits fondamentaux, l'individu responsable de soi peut agir librement ; (iv) l'État de droit protège

---

20. En ce qui concerne l'égalité *et* la non-égalité de traitement qui sont requises par le principe d'égalité, un exemple est donné par les droits des handicapés : « Toute personne handicapée a droit à la solidarité de l'ensemble de la collectivité nationale, qui lui garantit, en vertu de cette obligation, l'accès aux droits fondamentaux reconnus à tous les citoyens ainsi que le plein exercice de sa citoyenneté » (Loi n° 2005-102 du 11 février 2005 pour l'égalité des droits et des chances, la participation et la citoyenneté des personnes handicapées).
21. Cf. Habermas 1997.
22. Cf. Bayertz 1995, 1999.
23. AK-GG Podlech, 2ème éd., Art. 1, 1, en marge 16.

contre tout recours arbitraire à la force ; (v) les droits fondamentaux à la vie et à l'intégrité corporelle sont respectés[24].

Telles sont les conditions de possibilité minimales de la démocratie. Les droits fondamentaux et les principes de l'État de droit sont l'expression de ce qu'une communauté de personnes libres et égales se constitue par soi-même[25]. Le processus rampant d'abandon des droits fondamentaux que l'on peut observer de nos jours va de pair avec la privatisation de l'espace public démocratique et avec la sortie de l'État de droit et de l'État social à laquelle travaillent, du point de vue économique, le néolibéralisme, du point de vue politique, le conservatisme. Ainsi disparaît l'espace public au sein duquel on pouvait, dans le médium du droit, discuter des revendications d'égalité.

Les droits fondamentaux à l'égalité, à la liberté et à la participation, qui se fondent dans les droits de l'homme sur la dignité, forment le fondement de la démocratie[26] (hiérarchie des principes). Ils brident le pouvoir de l'État et, en même temps, mettent des limites aux décisions prises dans le processus démocratique en n'étant pas eux-mêmes mis à disposition, fût-ce pour les majorités[27] ; car les droits fondamentaux qui sont dérivés des droits de l'homme sont inaliénables. En outre, l'exigence de conformité aux droits de l'homme oblige « l'auteur et les interprètes de la constitution à la recherche continuelle de la meilleure conception possible des droits de l'homme »[28] (c'est la dynamique).

Le développement des droits de l'homme et droits fondamentaux et le développement de la démocratie forment conceptuellement une unité indissociable. Dans le droit international des droits de l'homme, c'est la *cohésion* des droits politiques, sociaux, économiques et culturels qui est devenue droit positif. Les listes de normes depuis 1945 montrent (i) que les droits de l'homme ne peuvent pas être considérés comme déjà réalisés, ni comme garantis contre les infractions, et qu'à cause de cela ils sont dépendants de leur passage dans le droit positif au moyen d'un droit national ou international contraignant ; (ii) que les droits de l'homme ne

---

24. *Ibid.*, en marge. 18-22.
25. Voir Habermas 1994, p. 464.
26. Cf. Lambrecht 1999.
27. Cf. Art. 19 (2) de la Constitution (« *Grundgesetz* ») de l'Allemagne : « Il n'est en aucun cas permis de porter atteinte au contenu essentiel d'un droit fondamental» '.
28. Alexy 1999, p. 527.

sont pas de simples idéaux, mais la forme de lois morales susceptibles de constituer un droit ; et (iii) qu'avec les droits de l'homme, il ne s'agit pas de revendications maximales, mais de conditions minimales de cette forme déterminée de vivre-ensemble qui est une vie dans la dignité. La protection des droits fondamentaux prend, dans une démocratie digne de ce nom, le caractère d'une culture juridique[29], dans laquelle la constitution entre en vigueur et déploie son efficace dans tous les domaines de la vie sociale, c'est-à-dire en tant que principe non pas seulement de l'État de droit, mais aussi de l'État social[30]. Cela signifie que les citoyens, en démocratie, ne sont pas seulement égaux formellement « devant la loi », mais ont également droit à une protection contre l'inégalité sociale, en raison de la hiérarchie des principes du système de normes. Du principe démocrate découle « immédiatement la règle de la démocratisation de tous les domaines de la société dans lesquels il y a du pouvoir, donc aussi la possibilité de son mésusage en vue d'une oppression »[31].

La démocratie n'a pas pour origine la dignité, l'égalité et la liberté au sens où ces principes seraient *donnés* de fait[32] ; au contraire, elle a pour origine, du point de vue normatif, ce à quoi elle veut *parvenir*. Elle est la voie vers l'égalité sans laquelle – comme le dit Kant – « nulle liberté de tous ne saurait avoir lieu »[33]. La véritable épreuve que la démocratie doit surmonter est la protection de l'inégalité des égaux. La démocratie, elle aussi, peut être totalitaire. L'État de droit ne doit pas uniformiser, mais donner forme à la différence et au désaccord, en respectant la différence. Dans le contexte de sociétés pluralistes, la démocratie, « au-delà des institutions étatiques », se fonde sur une « série d'acteurs et d'institutions

---

[29]. Cf. Mohr 1997.
[30]. Sur le développement de l'État de droit et de l'État social, cf. Goldschmidt 1999. « Les contradictions sociales d'une dynamique de développement purement capitaliste devraient évidemment – dans une certaine tension avec la pure forme de l'État de droit – être contenues dans des limites au moyen du principe de l'État social, davantage orienté vers l'aspect matériel. État de droit et État social ont constitué ensemble un moment certes conflictuel, mais aussi de fait souvent un moment contribuant bel et bien à l'unification de la société » (*ibid.*, p. 1528).
[31]. AK-GG-Stein 2ème éd., Art. 20, 1-3 II en marge. 48. Voir aussi sur ce point Abendroth 1972.
[32]. Sur les problèmes de légitimation de la démocratie dans le contexte de la mondialisation, cf. Goldschmidt 1999.
[33]. Kant, AA VIII, p. 429.

civils et sociaux [...], de sorte qu'elle doit plus précisément être caractérisée comme un *système socio-politique pluraliste*. L'existence de plusieurs partis politiques concurrents (du point de vue des programmes et des personnes), d'associations ou d'organisations sociales orientées par des intérêts ou des convictions, de libres associations *ad hoc* (initiatives citoyennes), une presse et des médias variés et indépendants, en bref : un *espace public* structuré de manière libérale et démocratique est une condition sociale essentielle du fonctionnement de la démocratie »[34].

La démocratie n'est pas l'organisation de la société idéale, et elle ne le sera pas. La démocratie provient du constat que les hommes ne sont pas capables d'ériger la société idéale dont ils rêvent. Elle représente la fin de l'illusion que l'homme entretient sur lui-même quant à la possibilité de réaliser des idéaux utopiques, et elle empêche la terreur au nom de l'idéal. La démocratie est un régime qui compense les déficiences du souverain – faculté de juger limitée, capacité d'action limitée, responsabilité et imputabilité limitées. La démocratie bâtit, au-dessus de l'abîme de l'« égoïsme juridiquement organisé »[35], des ponts vers la solidarité et vers un consensus qui n'étouffe pas le droit à la différence, ni le respect du désaccord. La démocratie doit faire ses preuves comme lieu de procédures loyales et d'un droit équitable, dans le respect de la non-égalité voulue, dans le respect de la différence, dans la reconnaissance d'un pluralisme qui est mis en ordre par le droit[36].

Il faut que le pluralisme soit acculturé en un ordre fondé sur l'égalité et la liberté. Parce que les normes morales et juridiques acceptées aujourd'hui comme valides perdent leur fonction, dès lors que la dignité humaine, l'égalité, la liberté sont interprétées en fonction de visions particulières du monde, la démocratie exige des principes formels, qui soient neutres à l'égard des conceptions du monde, des convictions et des morales particulières. En démocratie, il n'y a de privilège ni pour un idéal unique, ni pour une vérité unique. Je ne connais pas de principes qui correspondent mieux à cela que les droits de l'homme devenus droit positif, ceux dont l'universalité est le résultat de négociations et de compromis ; ils sont le fondement d'un ordre mondial équitable reconnu comme légitime, d'une nouvelle « politique intérieure mondiale ». Dans le contexte

---

[34]. Goldschmidt 1999, p. 1531.
[35]. Habermas 1994, p. 51.
[36]. Cf. Bobbio 1988, p. 8 sq.

du pluralisme des intérêts, des attitudes, des convictions, des vérités et des valeurs, les droits de l'homme remplissent en tant que droit, d'une part, la fonction de protéger les libertés subjectives personnelles au sein d'un ordre dont les fondements moraux ont des chances d'être acceptés ; d'autre part, ils déplacent « les exigences normatives des individus, ainsi moralement déchargés, vers les lois, qui garantissent la compatibilité des libertés d'action », comme le constate de manière générale Habermas, à propos du droit moderne[37]. Habermas explique : « Le système du droit ôte aux personnes juridiques, en tant qu'ils en sont destinataires, le pouvoir de définir les critères permettant de juger du juste et de l'injuste. Du point de vue de la complémentarité entre le droit et la morale, la procédure parlementaire de législation, la pratique institutionnalisée des décisions judiciaires, et l'élaboration professionnelle d'une dogmatique du droit qui précise les règles et systématise les décisions, signifient pour les individus le fait d'être déchargés du fardeau cognitif que représente la constitution de leur propre jugement moral »[38]. Et en fin de compte, ce sont les droits de l'homme qui peuvent empêcher, que se prolonge le scandale de l'inégalité sociale et économique imposée[39]. Pour toutes ces raisons, expliquer philosophiquement et juridiquement le droit et les droits de l'homme est une tâche qui est à l'ordre du jour, afin que les citoyens apprennent à se voir non pas seulement comme destinataires du droit, mais aussi comme auteurs du droit ; c'est pourquoi l'éducation aux droits de l'homme est si importante, en tant qu'elle fournit la capacité de respecter les droits de celui qui est égal ainsi que de faire valoir ses droits en tant qu'égal.

4. Tolérance et solidarité

La démocratie pluraliste, donc le vivre-ensemble des non-égaux et la coexistence des différences, requiert la tolérance. La tolérance ne signifie pas le fait de simplement supporter l'être-autre de l'autre, mais le fait de reconnaître l'homme dans sa diversité. La tolérance naît lorsque je comprends qu'il existe d'autres souhaits, convictions et positions que les

---

[37]. Habermas 1994, p. 110.
[38]. *Ibid.*, p. 147.
[39]. Sur les prémisses épistémologiques de ma conception, cf. Sandkühler 1999, 2002, 2003, 2004.

miens, tout aussi valables que les miens. Elle conduit, comme le dit Michael Walzer, à « civiliser la différence »[40]. En revanche, il n'y a pas loin de la critique selon laquelle la tolérance serait « répressive », au « plaidoyer pour une politique de l'intolérance sélective [...]. Celui qui ne veut faire régner la tolérance que là où il est question de l'extension de la liberté telle qu'il la comprend, finit bon gré mal gré par justifier l'intolérance »[41].

La tolérance est l'une des sœurs du droit ; l'autre s'appelle « solidarité ». Parler du droit des droits de l'homme implique plus qu'une simple limitation au droit formel. Le néolibéralisme prône une société dépourvue de solidarité avec les plus faibles ; plaider pour l'État de droit, c'est s'être décidé en même temps en faveur du principe de solidarité collective qui oblige les sociétés développées et riches à la solidarité avec les sociétés pauvres[42]. De même, à l'intérieur de chaque société, la solidarité, en tant que résistance contre l'exclusion de certains hommes, est de plus en plus nécessaire, dans la mesure où la mondialisation du marché et la crise de l'État-providence conduisent à privatiser les fonctions de l'État social en fonction de critères économiques. La solidarité est la compétence politique et morale des citoyens sur le fondement de laquelle on peut maintenir la démocratie – une démocratie en chemin vers l'égalité, par la justice. Ce n'est qu'ainsi que la démocratie peut être l'autogouvernement d'hommes égaux qui sont à eux-mêmes leur propre fin[43].

Traduit de l'allemand par Laure Cahen-Maurel

Bibliographie

Abendroth, W., [2]1972, *Antagonistische Gesellschaft und politische Demokratie*, Neuwied/Berlin.

AK-GG, *Kommentar zum Grundgesetz für die Bundesrepublik Deutschland*. Vol. 1, Art. 1-37. Bearbeitet von R. Bäumlin et al., 2. Auflage, Neuwied 1989.

---

[40]. Cf. Walzer 1998b.
[41]. Kaufmann 1994, p. 49, extrait de la critique de K. Sontheimer à l'égard de H. Marcuse.
[42]. Cf. Denninger 1998, p. 335 sq.
[43]. Voir sur ce point, pour plus de détails, Sandkühler 2006.

Alexy, R., ³1996, *Theorie der Grundrechte*, Frankfurt/M.

Alexy, R., 1997, *Grundrechte im demokratischen Verfassungsstaat*, in : A. Aarnio/ R. Alexy/ G. Bergholtz (Ed.), *Justice, Morality and Society*, Lund.

Alexy, R., 1999, *Grundrechte*, in : H.J. Sandkühler (Ed.), *Enzyklopädie Philosophie*, 2 Bde., Hamburg, Vol. 1, S. 501-506.

Arneson, R. 1993, *Equality*, in : R. Goodin/ P. Pettit (Ed.), *A Companion to Contemporary Political Philosophy*, Oxford.

Arnsperger, Ch., 2002, *Pour un égalitarisme qui aille jusqu'au bout de sa pensée*. In : *Politique*, revue de débats, n° 25.

Atlas du Monde diplomatique, Paris 2003.

Bayertz, K., 1995, *Die Idee der Menschenwürde : Probleme und Paradoxien*, in : Archiv f. Rechts- und Sozialphilosophie 81, H. 4.

Bayertz, K. (Ed.), 1998, *Solidarität. Begriff und Problem*, Frankfurt/M.

Bayertz, K., 1999, *Menschenwürde*, in : H.J. Sandkühler (Ed.), Enzyklopädie Philosophie, Vol. 1, Hamburg.

Bielefeldt, H., 2004, *Freiheit und Sicherheit im demokratischen Rechtsstaat*, Berlin [Deutsches Institut für Menschenrechte].

Bobbio, N., 1988, *Die Zukunft der Demokratie*, Berlin.

Brugger, W., 2004, *Freiheit und Sicherheit. Eine staatstheoretische Skizze mit praktischen Beispielen*, Baden-Baden.

Caldera, A.S., 2001, *Politik und Globalisierung*, in : Fornet-Betancourt/Sandkühler (Ed.) 2001.

Denninger, E., 1998, *Verfassungsrecht und Solidarität*, in : Bayertz (Ed.) 1998.

Dworkin, R., 1981a, *What is Equality?* Part 1 : Equality of Welfare. Part 2 : Equality of Resources, in : Philosophy and Public Affairs 10.

Fornet-Betancourt, R./ H.J. Sandkühler (Ed.), 2001, *Begründungen und Wirkungen von Menschenrechten im Kontext der Globalisierung*, Frankfurt a.M./ London.

Gerhard, U., 1990, *Gleichheit ohne Angleichung Frauen im Recht*, München.

Goldschmidt, W. (Ed.), 1998, *Kulturen des Rechts*. Dialektik 3/1998, Hamburg.

Goldschmidt, W., 1999, *Staat/ Staatsformen*, in : H.J. Sandkühler (Ed.), Enzyklopädie Philosophie, Vol. 2, Hamburg.

Gosepath, S., 1999, *Gleichheit/ Ungleichheit*, in : H.J. Sandkühler (Ed.), Enzyklopädie Philosophie, 2 Bde., Hamburg, Vol. 1.

Habermas, J., ⁴1994, *Faktizität und Geltung*, Frankfurt/M.

Habermas, J., 1997, *Multiculturalisme : différence et démocratie*, Paris.

Höffe, O., 1994, *Grundzüge einer Rechtsanthropologie*, in : Naturrecht, Menschenrecht und politische Gerechtigkeit, Éd. v. W. Goldschmidt/ L. Zechlin, Hamburg.

Huffschmidt, J., 2001, *Globalisierung als politisches Projekt der Gegenreform*, in : Fornet-Betancourt/Sandkühler (Ed.) 2001.

Kant, E., *Gesammelte Schriften*. Éd. v. der Königlich Preußischen Akademie der Wissenschaften, Berlin 1900-1955, 1966 ff. [AA]

Kaufmann, A., 1994, *Die Idee der Toleranz in rechtsphilosophischer Sicht*, in : In : Naturrecht, *Menschenrecht und politische Gerechtigkeit*, Éd. v. W. Goldschmidt/ L. Zechlin, Hamburg.

Lambrecht, L., 1999, *Demokratie*, in : H.J. Sandkühler (Ed.), Enzyklopädie Philosophie, Vol. 1, Hamburg.

Maunz, Th./ G. Dürig, 2004, *Grundgesetz*. Kommentar. Vol. I, Art. 1-5, 43. Lieferung München.

Mohr, G., 1997, *Der Begriff der Rechtskultur als Grundbegriff einer pluralistischen Rechtsphilosophie*, in : B. Falkenburg/S. Hauser (Ed.), Modelldenken in den Wissenschaften, in : Dialektik 1 (1997), Hamburg.

Nagel, Th., 1994 (1991), *Eine Abhandlung über Gleichheit und Parteilichkeit und andere Schriften zur politischen Philosophie*, Paderborn et al.

Sandkühler, H.J., 1999, *Pluralismus*, in : ders. (Ed.), Enzyklopädie Philosophie, Vol. 2, Hamburg.

Sandkühler, H.J., 2002, *Il diritto, lo Stato e la democrazia pluralistica*, in : *Filosofi tedeschi a confronto, a cura di Massimo Mori*, Bologna.

Sandkühler, H.J., 2003, *Nature et cultures épistémiques*, Editions Kimé : Paris.

Sandkühler, H.J., 2004a, *Pluralism, Cultures of Knowledge, Transculturality, and Fundamental Rights*, in : *Transculturality – Epistemology, Ethics, and Politics*. Hg. v. H.J. Sandkühler und Hong-Bin Lim, Frankfurt/M. et al.

Sandkühler, H.J., 2004b, *Sapere, Pluralismo e Diritto*, in : *Globalizzazione e diritti futuri*. A cura di R. Finelli et al., Roma.

Sandkühler, H.J., 2006, *Pour une philosophie de la démocratie – La faculté de juger comme condition de l'agir et de la responsabilité?* In : J. Poulain/ H.J. Sandkühler/ F. Triki (éd.), *Agir et responsabilité – Savoir et pouvoir*, Paris.

Scanlon, T., 1996, *The Diversity of Objections to Inequality*, Lawrence.

Sen, A., 1992, *Inequality Reexamined*, Oxford.

Walzer, M., 1998a, *Sphären der Gerechtigkeit. Ein Plädoyer für Pluralität und Gleichheit*, Fft./M.

Walzer, M., 1998b, *Über Toleranz. Von der Zivilisierung der Differenz*, Hamburg.

Stéphane Douailler

La démocratie advenant dans un temps des droits

1. *Une donation indécise*

Qu'on envahisse un territoire ou un pays avec des moyens violents ou dans le cadre d'accords apparemment plus paisibles, non pas pour y prendre mais prétendument pour y apporter quelque chose, est une vieille histoire. Parallèlement au monde qui pratique le vol généralisé et suscite les guerres pour l'or, les marchandises, les matières, les idées, les objets désirables, il existe en effet un monde qui répand pour sa part la civilisation, la bonne religion, l'humanité, la paix et tout un ensemble de perspectives précieuses. Il fait évidemment partie de ce jeu double que les deux mondes, celui qui prend et celui qui donne, soient entremêlés, et que, malgré les tendances lourdes qui caractérisent les flux à chaque époque, gains et pertes conservent une part d'indécidé.

Recueillir cette indécision dans la pensée est également une vieille histoire. À certains égards, l'histoire même. La première page de l'*Enquête* d'Hérodote plonge dans l'obscurité des comptes qui opposèrent les Phéniciens et les Grecs au sujet de ce qui se vole : les marchandises, les femmes, et de ce qui se partage : les grands et merveilleux exploits qu'ils furent entraînés de ce fait à accomplir[1]. Penser l'un et l'autre, pour lui, consista à ne fixer ni les choses, ni les mots. À ne pas se prononcer sur les événements ni sur la prospérité qu'ils paraissent accorder à l'un plutôt qu'à l'autre, parce que celle-là ne demeure jamais au même point et que « des cités qui jadis étaient grandes, la plupart sont devenues petites et que celles qui maintenant sont grandes, étaient petites autrefois »[2]. À ne pas se prononcer davantage sur les discours ni sur les significations pour lesquelles ceux-là prennent parti, ne valider aucune orientation, mais « faire mention également et des unes et des autres »[3]. Cette mise en suspens se laisse également observer aujourd'hui dans les

---

[1]. Hérodote, *Historia*, I, 1-5
[2]. *Ibid.*
[3]. *Ibid.*

représentations les plus générales. Ainsi les nouvelles dénominations du capitalisme comme mondialisation, là où leurs significations éventuellement pertinentes se projettent en même temps dans l'image d'un destin, dépeignent-elle ce dernier non seulement comme inéluctable mais encore comme imprévisible. Et ce regard indéterminé sur les choses au cœur d'un vocable construit pour prendre une vision déterminée du présent s'allie comme naturellement à une indétermination croissante des mots. Au moment où l'unité proclamée par l'idée de mondialisation paraît fixer les perspectives précieuses que les peuples se communiquent les uns aux autres au hasard de leurs histoires communes dans le partage d'un vocabulaire de valeurs fondamentales, elle paraît aussi bien entraîner dans un trou noir un chapelet toujours plus indifférencié et dérisoire des mots de liberté, droits, dignité, équité, etc.

2. « *Ou la mort* »

Ordonner ces mots hors de leur généralité indécise dans une séquence associée à un lieu et à un temps peut de fait représenter un problème. Celui, par exemple, qui encombra presque d'emblée le projet d'inscrire l'âge de la République sur les façades des maisons de Paris et d'autres villes à partir de 1793[4]. Comme l'illustre encore une gravure colorée et éditée par P.-A. Basset au mois de prairial an IV (1796)[5], et contrairement à la formule plus réduite de 1848 que la troisième République placera aux frontons des mairies, cet âge devait pour se rendre visible ordonner l'ensemble des mots « unité », « indivisibilité de la République », « liberté », « égalité », « fraternité », « ou la mort ». Ensemble suffisamment problématique pour qu'il conduise rapidement au travail d'effacer la dernière mention et l'allusion à la Terreur qu'on choisit d'y entendre. Car les mots d'unité et d'indivisibilité de la République, les trois notions de la future devise républicaine, et la mention « ou la mort », n'écrivaient pas forcément de rue en rue la même chose que ce que proclameront ultérieurement les voix optant pour la liberté « ou la mort ». Pas seulement le sacrifice héroïque, en effet. Mais aussi la loi. La mort, infligée ou

---

4 H.J. Sandkühler attire l'attention avec justesse sur cet épisode.
5 Photothèque des Musées de la Ville de Paris, et site Internet de la présidence de la République française.

choisie[6], pour ceux qui ne trouveraient pas leur place dans la république une et indivisible et dans le monde de liberté, d'égalité, de fraternité qu'elle institue. Mais ce que l'iconoclasme qui conduisit peu après à enlever la mention de la mort entendit avec justesse, c'est surtout le rapport au temps que celle-là insérait dans l'inscription. À un temps éventuellement différent de la simple historicité empirique, certainement plus essentiel que le souvenir des mauvaises peurs rétroactivement agrégées au mot de Terreur, peut-être plus ample aussi dans sa volonté d'institution, par lequel un discours enchaîné de mots-concepts et de valeurs signifiait également des sujets situables et situés. Et plus que la tâche et l'embarras éventuel de dresser le bon inventaire de ces notions, ainsi que de déchiffrer le sens indiqué par leur compatibilité réciproque ou par une hiérarchie entre elles, c'est leur disposition dans une séquence bornant et scandant un temps qui peut retenir l'attention. Ce que l'invention démocratique de la république une et indivisible mettait en 1793 à l'épreuve de son inscription n'était pas d'abord ni décisivement le tissu des significations contenues dans les mots de « liberté », « égalité », « fraternité ». Ni même la collection ou les propriétés des objets capables d'en remplir la fonction. Mais le fil sur lequel ils viennent se poser et se ranger entre les deux repères nommés par la république une et indivisible, et par la mort. Quelle sorte de fil ?

3. La vie obscure du droit

Un autre, tout l'indique, que le récit contemporain de la montée irrépressible des droits. En ce dernier se conjoignent peut-être deux représentations. Celle qui s'intitule « modernité », et qui se convainc qu'elle substitue aux sujétions antiques le sujet de droit, sa capacité à accompagner dans la forme du « je pense » le discours de la raison, le projet d'une division mondiale du travail et l'établissement d'une gouvernance régulée des sociétés. Celle encore qui déchiffre une histoire des luttes, en tant que celle-là enseignerait la diversité des situations d'oppression, les moyens d'y mettre fin, les manières de traduire les combats dans des droits, les voies pour instituer un autre état des choses. Un mélange inédit de guerres justes, d'interventions humanitaires, de tractations raisonnables,

---

6   Voir A. Des Etangs, *Du suicide politique en France depuis 1789 jusqu'à nos jours*, Librairie V. Masson, Paris 1860.

s'emploie aujourd'hui à trouver des connexions à mi-chemin entre la lutte et le droit, et à engager dans l'affaire de leur réussite l'ensemble des acteurs. Cette orientation générale se caractérise de repousser indéfiniment le moment de la mention « ou la mort ». Elle en prolonge effectivement l'effacement. Elle continue par exemple de faire comme si demeurait l'horizon d'un État de droit dans la prison d'Abou Ghraib. Elle s'obstine de même à engager des combats et des volontés d'avenir aux abords dévastés des camps de réfugiés. Elle répond inlassablement à l'accumulation des désastres par un recommencement d'actions, de recours et de visées juridiques. Son entêtement n'est pas critiquable. Le droit d'avoir des droits et le pouvoir de résister se laissent réveiller partout.

Mais cet entêtement qui ne nomme aucune mort se débat à sa place avec d'autres limites. La monté irrépressible mais entravée des états de droit ne cesse d'affronter et/ou de spiritualiser une vie obscure. Elle la rencontre comme son adversaire, imaginant de se heurter sans trêve à la diversité, à la disparité ou à la résistance des formes de vie. Elle la découvre tout autant dans ses partenaires, qu'elle rencontre toujours davantage dans des figures de vie nue habillées de droits purement formels quand ils ne sont pas directement déniés. Et l'enfouissement de cette vie dans l'obscurité dernière d'une vie naturelle ou d'une simple survie oriente du même mouvement le travail de pensée vers une compréhension instrumentale de ses tâches. Le vocabulaire démocratique de la liberté, de l'égalité, du droit, chute hors de sa capacité à traverser les mondes et les cultures en mordant en eux et en les clivant selon des lignes polémiques au sujet de ce que ce vocabulaire peut universellement y signifier, pour se transformer en ensemble de notions conceptuellement élucidables et éthiquement argumentables, et pour suggérer à la philosophie la tâche de s'y employer.

4. Les existences empiriques du concept

Au bord de cette transformation, le problème d'inscrire dans un lieu et dans un temps une séquence conceptuellement ordonnée des mots de la démocratie justifierait peut-être de prolonger une expérience de pensée qui fut proposée au cours des sixième, septième et huitième conférences du cours donné par A. Kojève sur « La philosophie religieuse de Hegel » en 1838-1839 à l'Ecole pratique des Hautes Etudes devant R. Aron, G. Bataille, A. Breton, J. Lacan, R. Queneau et quelques autres, et que la publication, que R. Queneau en assura, isole au sein de ce cours sous le titre « Note sur l'éternité, le temps et le concept ».

Se donnant pour objet d'examen les modes de relation du concept à ce qui se tient dans une existence empirique, et suggérant de jauger chacun d'entre eux du point de vue anthropologique de la liberté humaine, A. Kojève entreprend de passer philosophiquement en revue les situations d'un concept : (1) éternellement vrai en lui-même ; (2) éternellement relié à des vérités éternelles ; (3) éternellement relié à des vérités temporelles ; (4) identique au temps lui-même tel que l'énoncent pour finir les formules hégéliennes de la *Phénoménologie de l'Esprit* selon lesquelles « die *Zeit* ist der *Begriff* selbst, der *da ist* » ou « Was die Zeit betrifft, (…) so ist sie der daseiende Begriff selbst »[7]. Cette tentative de systématisation, qu'A. Kojève semble avoir plus ou moins improvisée devant son auditoire, mais qu'il cherchera ultérieurement à approfondir[8], procède en combinant plusieurs séries distribuant en particulier une évolution des sciences, une diversité de types existentiels, des chapitres d'histoire de la philosophie.

Si on s'essaie à appliquer cette expérience de pensée aux mots de la démocratie, on est semble-t-il amené à décrire comme situations de ces mots les situations suivantes. En premier se présente la représentation de leur vérité éternelle qu'aucune action du monde ou des hommes ne saurait altérer. Vérité du premier et du dernier jour planant au-dessus du temps dans lequel les humains pensent, agissent, vivent. Certitude inébranlable et ultime infiniment supérieure aux méthodes finies avec lesquelles ils cherchent, aux transformations des choses qui font la matière de leurs expériences, aux problèmes qu'ils réussissent à se poser. Savoir d'emblée définitif devant lequel ils ne peuvent que confesser leur finitude et s'abîmer dans le silence. Dans cette figure, le vocabulaire de la

---

7 « Le *Temps* est le *Concept* lui-même qui *est là* (dans l'existence empirique) », ou « en ce qui concerne le *Temps*, il est le concept lui-même qui existe empiriquement », traduction par A. Kojève, *Introduction à la lecture de Hegel*, Gallimard 1947, pp. 336-337, de G.W.F. Hegel, *Phänomenologie des Geistes*, Nachdruck Akademie Verlag, éd. J. Hoffmeister, Berlin 1967, p. 558 et p. 38.

8 Se reporter à A. Kojève, *Le concept, le temps et le discours. Introduction au Système du Savoir*, Gallimard, Paris 1990.

démocratie ne comprendrait à vrai dire pas même de mot. Au mieux, quelques symboles. Figure connue. Religieuse. Un point peut-être plus surprenant concerne les chapitres d'histoire de la philosophie qu'A. Kojève choisit d'associer à cette situation, à savoir Parménide, Plotin, Spinoza, et il faudra y revenir.

Une deuxième situation se laisse décrire à partir de la différence attribuée à Platon. Géométrique, c'est-à-dire nourrie de géométrie, elle libère les hommes de leur impossible coïncidence avec l'éternellement vrai en même temps que de leur pure errance hors de l'assise fournie par ce dernier. Elle invente l'espace d'une mise en relation entre les aventures qui adviennent aux hommes dans la mobilité du temps, et des vérités éternelles. Dans un monde platonicien, les âmes peuvent à tout moment mettre les phénomènes, qui existent empiriquement dans le temps et qui y obéissent à des mouvements désordonnés, en rapport avec des réalités qui sont en elles-mêmes et par elles-mêmes, et ordonner les premiers selon cette loi. Les mots de liberté, d'égalité, de droit, s'y dédoublent en formules inadéquates et proliférantes et en idéaux véridiques et muets, entre lesquels des procédures de mises en rapport cherchent inlassablement à jeter des ponts. La variété du monde ne cesse de susciter l'ouverture de nouveaux ciels, de nouveaux espaces d'intelligibilité qui permettent de s'arracher au désordre des choses temporelles et de les réordonner selon des connexions justes et éternelles. Il reste que le fossé infranchissable qui subsiste entre le monde empirique et le monde idéal oblige chacun à exprimer un choix : opter pour ce qui demeure hors du temps et s'engager dans un devenir angélique, ou contre lui, plonger diaboliquement dans les réalités tangibles. Les mots de liberté, d'égalité, de droit, ou bien offrent la consolation d'apparaître les seuls vrais dans une pensée rigoureusement déduite et de le rester malgré tous les démentis de l'expérience, ou bien se transforment en mensonges utilisés à des fins limitées.

Une troisième situation, au-delà d'Aristote dont A. Kojève relève bien qu'il introduit des variantes significatives dans cette configuration et d'abord celle de l'immersion dans le vivant à la place de l'imaginaire géométrique, se présente ensuite avec la rupture que l'humanité effectue quand elle prend ses distances avec les représentations d'un ordre cyclique du cosmos et de l'assise objective qu'il fournit à des vérités éternelles. Formulée décisivement par Kant, cette nouvelle situation déplace la relation par laquelle le concept se noue à l'existence empirique en l'orientant vers la possibilité de dégager les conditions éternelles sous lesquelles un contenu temporel quel qu'il soit peut faire faire l'expérience d'une vérité. Il existerait une manière éternelle pour le sujet humain de se rapporter à ce qui l'entoure en l'insérant dans des formes universellement reconnaissables et partageables. Non plus assignées à quelque lieu, les vérités se saisissent sur le mode d'une composition de forces dans la figure de synthèses, opérées par un sujet connaissant avec les données temporelles de l'expérience et selon des liaisons éternellement capables de les énoncer comme vérités universelles. Approprié à toutes les vérités expérimentables, un tel sujet peut, dans le champ des inventions démocratiques, indéfiniment connaître des expériences de liberté, d'égalité, de droit, etc. Le monde ne cesse d'en garder en réserve pour lui, qui, de son côté, se tient indéfiniment en mesure de les accueillir et de les valider. Ouvert à tout ce qui peut arriver, il se rend d'avance disponible pour des expériences à venir. En même temps, l'anticipation qu'il en fait ne cesse de creuser dans les réalités existantes un vide qu'elles viendront combler non sans que la possibilité d'autres encore ne vienne aussitôt creuser de nouveaux vides et de nouvelles perspectives, et, de façon générale, la postulation éternelle d'un progrès sans visage connu des choses.

Sans doute cette vue sur le futur affirme-t-elle à son tour et indéfectiblement un avenir éternel pour la liberté, l'égalité, le droit, etc. Elle ne le fait cependant pas simplement en affirmant une force supérieure des idées de la raison sur les démentis de l'expérience. Plus sombrement, elle se nourrit aussi d'un travail conjoint par lequel les réalités insatisfaisantes et les insatisfactions de la raison à leur endroit font du présent un éternellement vide en attente d'autre chose. Et alors le monde kantien peut encore céder la place à une dernière situation conceptuelle.

Comme on pouvait bien entendu l'attendre d'un cours d'introduction à la lecture de Hegel, mais aussi de la part d'un auteur qui proclama n'avoir pas trouvé d'autre système aussi convaincant et qui choisit dès lors de le *pré*-supposer en tant que terme *final*[9], la série récapitulative s'achève avec la figure du savoir hégélien. En elle, le savoir accéderait à la forme

---

9. Voir par exemple A. Kojève, *Essai d'une histoire raisonnée de la philosophie païenne*, Gallimard, Paris 1968, I, p. 12.

et à la puissance de l'histoire. Mots et pensées y recevraient leur effectivité de s'immerger dans une double transformation du monde par la lutte des hommes pour la reconnaissance et par le travail. Le concept et la temporalité de l'être se rejoindraient à nouveau dans une identité. Mais cette fois dans le temps.

5. Les lignes de fuite de la démocratie

Un point décisif et assumé par A. Kojève est certainement que les configurations au sein desquelles il propose ainsi de récapituler les situations éternitaires, géométriques, dynamiques et historiques du concept, ainsi que les exemplifications qu'en auraient plus particulièrement opéré un mixte de Parménide, Plotin et Spinoza, le geste philosophique platonicien, la révolution kantienne et le système hégélien du savoir, sont déterminées par leur point d'aboutissement. C'est à la lumière de ce dernier, à celle du sujet pleinement historique, qu'il suggère de mesurer et d'évaluer rétrospectivement, sous le rapport des puissances de liberté que ceux-ci confèrent, le silence de l'homme paralysé devant la plénitude éternelle du divin, l'élan angélique par lequel le sujet platonicien s'arrache de la violence désordonnée des phénomènes pour rejoindre des vérités subsistant en elles-mêmes, les traversées de l'expérimentable présent et à venir effectuées par les conditions kantiennes de l'universalité, la réalisation de l'histoire universelle par une humanité finie et mortelle. Aperçues dans cette téléologie particulière, ces diverses manières de faire exister empiriquement le concept selon des lieux et des temps se laissent relire comme des procédures et des tentatives successives pour effectuer la négation du réel, comme des modes du négatif tel qu'avec lui s'institueraient le pensable et la pensée, mais en même temps, pour les premières d'entre elles, comme des compréhensions encore inabouties de la négation pour autant qu'elles demeureraient prises dans l'affirmation d'un écart plutôt que dans la pleine saisie de l'historicité dialectique instituée par la finitude humaine.

Or cette figure de l'écart, dans laquelle A. Kojève reconnaît un premier ensemble de délimitations de lieux et de temps d'une existence empirique du concept en même temps qu'un négatif insuffisamment compris, a été plutôt réaffirmée comme telle, et sous de nombreux aspects contre le négatif, dans de nombreux chapitres de l'histoire récente de la philosophie. À se tenir au plus près des paramètres retenus par A. Kojève pour construire la vue synthétique de sa « *Note sur l'éternité, le temps et le concept* », on pourrait par exemple se référer à la construction parfaitement alternative qu'introduisit chez G. Deleuze la prise en compte de « l'actuel » et la conscience que la liberté, l'égalité, le droit ainsi que l'ensemble des mots de la démocratie désignaient d'abord leur « actualité » multiple. Loin dès lors que la philosophie aurait eu à se donner la tâche d'en ressaisir les significations et les modes d'existence au sein d'une histoire universelle s'identifiant en dernier ressort à leur réalisation, elle ne serait amenée à prendre la mesure de ce dernier âge du savoir qu'A. Kojève appréhendait comme celui des formations historiques qu'en tant que ces dernières marqueraient « ce dont nous sortons, ce qui nous cerne, ce avec quoi nous sommes en train de rompre pour trouver les nouveaux rapports qui nous expriment »[10]. Importerait non pas « ce que nous sommes, mais ce dont nous sommes en train de différer »[11]. Vaudrait non pas le temps ou l'éternité, mais « l'actualité », comme ce nouveau que « Nietzsche appelait l'inactuel ou l'intempestif »[12].

Dans ce cadre, le problème n'est plus chez G. Deleuze celui de transférer dans un concept existant empiriquement dans le temps les valeurs de consistance et de permanence que les premiers actes de l'esprit auraient déchiffrées dans des vérités supposées éternelles. Il n'est pas de comprendre le temps historique comme le processus par lequel l'avenir ne cesserait de nier et de trouer le présent par la médiation des forces de ce qui aurait déjà été accompli par le passé[13], ni d'identifier dans les « mots-concepts » l'opérateur qui conférerait une existence permanente dans le présent au réel que l'avenir pour sa part ferait incessamment glisser dans le passé[14]. Chez G. Deleuze, l'idéalité s'affranchit de l'obligation pour être réelle, pour rendre le projet qu'elle exprime distinct d'un rêve ou d'une utopie[15], d'avoir possédé un présent et d'en avoir mis en réserve les ressources d'effectivité susceptibles d'opérer les

---

[10]. Voir par exemple G. Deleuze, *Pourparlers*, Minuit, Paris 1990/2003, p. 144.
[11]. *Ibid.*, p. 130.
[12]. *Ibid.*
[13]. A. Kojève, *Op. cit.*, p. 369.
[14]. *Ibid.*, pp. 374-375.
[15]. *Ibid.*, note 1, p. 369.

médiations qu'elle appelle entre présent et avenir. Elle se tient dans un virtuel qui n'est qu'une autre face des différenciations multiples de l'actualité, qui en possède solidairement la réalité et qui maintient au sein de toutes les productions une univocité conceptuelle. C'est pourquoi aussi les autres situations du concept prises en compte par A. Kojève, et notamment les chapitres d'histoire de la philosophie qui leur correspondent, pourraient et ont effectivement su être arrachées au bilan qu'il en fait de compréhensions encore incomplètes des opérations historiques du négatif.

L'intempestivité de leurs aventures scande en réalité assez remarquablement l'histoire récente de la philosophie française, non sans inclure les investigations spécifiques qu'elles enveloppent sur le sens et le mode d'existence des mots de la démocratie. Ainsi Spinoza, exploré par G. Deleuze ou L. Althusser dans sa capacité à donner toute leur force d'être aux choses singulières sans céder sur leur insertion dans une intelligence et une vibration uniques. Ainsi Platon, relu par A. Badiou dans ses pouvoirs d'expliciter l'incidence sur les corps et sur les langages des événements de vérité. Ainsi Kant, mesuré par J.-F. Lyotard aux destructions traumatisantes de l'expérience et aux possibilités d'y soutenir le sublime de la raison. Ainsi Hegel lui-même, emporté par J. Derrida dans un retissage infini du fil de l'histoire humaine. Ainsi d'autres encore.

En réalité, la compréhension contemporaine des mots de la démocratie s'est développée chez ces auteurs sur une double ligne d'extériorité à l'égard du négatif hégélien et d'un faux positif ou substantiel attribués à l'affirmation abstraite des droits. Contre le premier, il semble qu'elle ait maintenu le thème d'une universalité non finie et peut-être inachevable. Contre le deuxième, elle a sans doute maintenu la conscience d'une universalité irréductiblement polémique.

Rachida Triki

Pour une poïétique de la vie démocratique

Cette réflexion porte sur la démocratie comme processus de création où intervient, à la fois, la mise en œuvre de son institution et la dynamique interactive et communicationnelle des individus qui s'associent pour réinventer des formes de socialité ; autrement dit, il s'agit de penser la possibilité socialement effective d'une poïétique d'auto-institution démocratique explicite et assumée.

Je partirai de deux constats qui portent sur deux limites de la démocratie, aujourd'hui ; la première limite, c'est l'affaiblissement de l'exercice de la souveraineté de l'individu-citoyen face aux impératifs du libéralisme économique mondialisé. La seconde, conséquence de la première, est le rejet des différences et des particularismes culturels, au nom d'un universalisme des droits et des devoirs.

Il s'agit donc de réfléchir, à partir de ce constat, à une émancipation de la vie démocratique en pensant, à la lumière de la poïétique, à la fois la société civile et la diversité culturelle comme processus de création et d'instauration de sens et de nouvelles valeurs. Cela pourrait permettre de penser l'espace démocratique de vie à travers un mode de création d'une citoyenneté pluriculturelle et un mode d'invention d'une citoyenneté sociale.

1. Socialité et mode de subjectivation citoyenne

Autant la démocratie est aujourd'hui revendiquée comme critère d'évaluation de tout régime politiquement correct, autant elle s'éloigne de son idéal qui repose sur une conception contractualiste, impliquant la participation d'individus libres et en droits.

Si l'égalité est préservée juridiquement par l'État de droit et reste encore la vitrine démocratique en cours, c'est son sujet, l'individu souverain qui est en voie de disparition, car pour qu'il y ait égalité, il faut d'abord des individualités.

À la place de l'exercice de la souveraineté, de la liberté d'expression, de la participation à la prise de décision, se substituent la liberté de consommation et le piège du formalisme électoraliste. Devant le fait du libéralisme économique qui touche tous les domaines y compris le culturel, les institutions tendent à devenir de plus en plus une structure d'accueil pour le marché mondialisé. Les formes d'individuation des citoyens sont de plus en plus prises dans un conformisme massivement alimenté par les médias et l'industrie culturelle.

En effet, la consommation culturelle massifiée menace l'individualité du citoyen en le privant de la singularité de son expérience sensible, de ses désirs et de l'autonomie de son jugement de goût. C'est que la machine du marketing standardise les comportements en produisant à la fois les objets de tout genre et leur désir. Elle le fait par un contrôle subtil qui en appelle à l'intimité des gens et qui se communique sous forme de libéralisme, de multiplicité et de liberté de choix. Même le domaine des arts est touché par ce processus publicitaire. Alors que cette forme de démocratisation de la consommation par les industries culturelles prétend se fonder sur l'exclusion de l'élitisme pour une égalité de la réception et du goût, elle standardise, en fait, les comportements au point d'affaiblir le sentiment même d'existence dans l'appropriation de son imaginaire et de ses désirs. Il est clair aujourd'hui que les nouvelles mythologies du marché planétaire ont pour effet une misère symbolique qui prive les individus citoyens de leur capacité créatrice et de leur aptitude à une socialité effective.

De plus, la séparation évidente de l'État et de la société civile génère une micro-politique qui contrôle toute forme d'individualisation des citoyens par la surinformation généralisée, par la technologie des sondages d'opinion, par les mises en scènes électoralistes qui deviennent autant de procédure de persuasion. Ce pouvoir de persuasion et de diffusion travaille à uniformiser les jugements en vue d'une sphère consensuelle qui fera fonction de lieu d'appartenance (à penser d'autrement que ce que tout le monde voit et entend, on court le risque d'être marginalisé voire rejeté). Cette subtile confiscation du jugement et de délibération appauvrit la représentation du jeu de médiation entre le statut de citoyenneté et les pouvoirs publics.

La représentation juridique et politique est vécue sous la forme de l'extériorité d'un pouvoir auquel tout citoyen doit se soumettre.

Est-ce que la démocratie est condamnée par sa destination libérale et égalitariste à ses limites : celle des libertés sans discernement et celle de la citoyenneté sans individuation et sans délibération ?

Comment penser encore l'exercice de ce droit fondamental qu'est la souveraineté, à l'intérieur d'autres formes de socialité ?

Les théoriciens politiques mettent l'accent aujourd'hui sur l'importance de la société civile dans le développement de la vie démocratique. L'éclairage poïétique peut à ce niveau, mettre en valeur la dynamique créatrice et émancipatrice de la société civile, en la donnant à penser comme l'espace où les questions de justice, de liberté et de souveraineté restent constamment ouvertes, faisant l'objet de débat et d'expérience.

Si le lieu consubstantiel entre l'État démocratique et les citoyens constitue le ressort de la forme d'un régime démocratique, la société civile reste le foyer conflictuel et créatif qui lui donne sa consistance. Penser donc l'État démocratique à partir de la société civile, c'est revenir à sa forme idéale où les individus deviennent des acteurs sociaux qui reconnaissent dans les institutions l'expression et le support de leur aspiration à la socialité. C'est pourquoi, la société civile qui s'auto-organise à l'intérieur de la structure de l'État démocratique, doit en même temps s'en différencier pour permettre l'émergence de ce qu'on appelle « une citoyenneté sociale ». Il s'agit de la mise en œuvre de forme de socialités alternatives et de création de nouveaux espaces d'émancipation qui participent à plus de démocratisation et donnent davantage de sens à l'existence de l'État démocratique. Ce processus fonctionne à la fois comme garde fou et comme contre pouvoir à l'autoritarisme qui guette tout État. Il fonctionne aussi comme dynamique créatrice d'une éthique démocratique, c'est-à-dire d'un accord réfléchi entre le principe d'action et l'espace de vie où s'exercent les valeurs de solidarité, de partage, de discussion et de résistance. En tant que création, l'action de la société civile opère aussi par lutte et affrontements. Elle devient mouvement interne de la conscientisation face aux injustices et aux exclusions au sein même d'un État de droit où l'individu citoyen court toujours le risque d'un affaiblissement de son autonomie. Ce jeu de forces est immanent au processus créateur.

D'ailleurs à ce niveau, on peut recourir à la conception deleuzienne, voire foucaldienne du pouvoir comme immanence, mais avec des mouvements de déterritorialisation des lignes qui fuient la transcendance formelle des instituions. Ces mouvements font de l'État un foyer de résonance dont le dispositif fonctionne, en fait, comme immanence. Cette conception du pouvoir présente une alternative au caractère abstrait et juridique de la citoyenneté et permet de penser la société civile comme le lieu de forces affirmatives et instauratrices de nouveaux sens, ici du sens d'éthique sociale. C'est par la dynamique de la société civile que la démocratie est à penser comme un mode d'être généralisé à la vie sociale.

Ainsi donc, penser l'opération auto-constitutive de la démocratie revient à renforcer l'idée de citoyenneté par l'activité ou la créativité de la civilité. Aujourd'hui, les associations civiles donnent sens à la liberté et à la volonté de s'associer et d'agir dans une reconnaissance réciproque des droits de chacun à participer à la vie sociale. Elles sont un espace de partage et de reconnaissance de l'autonomie du jugement de chacun. En ce sens elles permettent de renforcer la solidarité et les valeurs trans-individuelles qui sont propres à la nature communicationnelle de l'homme. En tant que foyers et réseaux actifs et créatifs, elles sont à différencier des corporations qui viennent doubler les institutions par le caractère administré des relations entre les associés et qui ont même parfois des finalités anti-citoyennes.

Penser la mise en œuvre immanente au devenir démocratique comme émancipatrice revient donc à légitimer le devoir d'individuation comme devoir de préservation de la personne, dans le respect de la citoyenneté. Ce respect dépend de la reconnaissance des capacités de l'autre à la production de sens. L'exercice de la liberté et de la souveraineté se manifeste au mieux dans la capacité de création qui donne lieu au jugement d'autrui et à sa confrontation. C'est pourquoi la reconnaissance en l'autre d'un potentiel d'action et d'invention de sens (nouveau) peut permettre un partage et une intensification de la vie sociale, conditions de possibilité d'une égalité assumée et réfléchie.

2. Création et démocratie pluriculturelle

Quant au deuxième constat des limites de la démocratie, énoncé plus haut, il concerne une forme d'exclusion de l'autre dont il est question dans le processus créateur de socialité active, et qui est souhaité et même défini de plus en plus être sans détermination, ni particularité.

En effet, avec la circulation des personnes et son exhibition médiatique, nous assistons, aujourd'hui, à un rejet républicain et démocratique des différences notamment culturelles, au nom de l'universalisme des droits et des devoirs.

Il se trouve qu'avec la construction de l'Europe, puisque c'est une question qui est en débat, les tentatives de légitimation autres qu'économiques requises pour l'adhésion à la CEE, présentent à côté de la valeur déclarée de démocratie des arguments socio-culturels pour le moins antinomiques.

Que ce soit au niveau de certains défenseurs d'une idée de l'Europe ou des nationalistes récalcitrants, on voit surgir un discours de nature identitariste qui n'a parfois rien à envier à celui des communautarismes ethniques et religieux. La référence récurrente au sédiment d'une histoire commune avec un univers symbolique revisité pour l'occasion génère, de plus en plus, une conception réductionniste de la culture, de la société et même des fondements démocratiques.

En effet, elle se fait par occultation des discontinuités, des conflits internes à toute religion, des métissages de populations et de cultures qui font la richesse trans-civilisationnelle d'un vieux continent comme l'Europe et ses nations.

Ce réductionnisme de la diversité et des mutations propres à toute histoire, d'ailleurs, travaille par le biais des appareils médiatiques à intérioriser des représentation identitaristes et devient une force éthico-réthorique, sorte d'idéologie du moment, qui organise subtilement le consensus social. Le caractère pernicieux de ce pouvoir de diffusion crée une sphère d'uniformisation de la perception de soi et de celle de l'autre pour forger un consensus autour du rejet des différences. Il est clair qu'en médiatisant outrancièrement certains comportements vestimentaires, en zoomant sur les tensions dans les nouveaux lieux d'enfermement urbain communautaire et en s'indignant de la polygamie de quelques sans papiers, on met en exergue une image factice et atrophiante des différences culturelles qui travaille comme épouvantail. Dans ce cas de figure, il est difficile de comprendre que les exigences de la « démocratie des autres », pour reprendre l'expression d'Amartia Sen, puissent servir de modèle aux démocraties « à venir » des pays de l'autre monde, qu'il soit tiers, quart ou émergent.

Il semble donc important, aujourd'hui, de réexaminer la notion de culture pour repenser l'espace démocratique de vie. Considérer la culture dans sa dimension poïétique, c'est-à-dire comme processus créateur d'une œuvre ouverte, habitée de retour et de dépassement, pourrait permettre d'identifier dans le mode d'appartenance culturelle de chacun un potentiel communicationnel et créatif. Pour rester fidèle au projet de vie démocratique, il s'agit donc de dépasser les limites de l'égalitarisme juridique dans ses fondements universalistes vers une égalité des individus pris dans leurs différences culturelles. À côté de l'abstraction des valeurs institutionnelles de liberté et d'égalité, peut être faudrait-il reconnaître l'authenticité de l'autre en sa capacité d'inventivité et de communication pour pouvoir s'identifier soi-même comme un autre et créer de nouvelles valeurs.

Réfléchir la culture à la lumière de la poïétique, c'est-à-dire tenter d'étudier les différents rapports qu'elle entretient avec le processus de création, peut permettre d'éviter une conception figée et globalisante. Cette réflexion pourrait se faire à partir de deux orientations dont la première consisterait à interroger et être à l'écoute des différences, des ruptures, des processus d'enracinement et de transgression qui travaillent toute communauté, dans ses pratiques, ses représentations et ses productions de sens.

Cette première démarche s'alimente de la méthode de la poïétique qui considère son objet comme une œuvre ouverte et vivante qui s'individualise au sein des différences. Le projet nécessite des approches plurielles et pluridisciplinaires pour permettre à la fois une sorte d'archéologie des différences qui habitent les sédimentations des histoires communes, des formes achevées du savoir, de l'imaginaire collectif, mais aussi pour saisir les forces vives qui émergent indéfiniment en projets, révoltes, espoirs, désirs. Le mérite d'une telle approche serait d'éviter les conceptions normatives qui réduiraient la culture à la scène primitive où peuvent se donner toutes les interprétations, alors qu'elle est le foyer actif des relations complexes et de réseaux où se tissent et se cristallisent à travers les hasards et les nécessités, des opérations de régulation et de capture de sens.

Ces opérations forgent cette « aire du quelque chose » que sont les espaces symboliques communs, diffus mais identifiables à chaque fois.

La deuxième orientation consiste à repérer, à partir de pratiques discursives et non discursives, non pas tant un paradigme qu'un lien consubstantiel entre la création – notamment les créations artistiques – et la culture.

Elle permet, en partant de l'œuvre comme phénomène ayant à voir avec la culture, de considérer le travail de l'œuvre comme un processus inséparable des désirs, des obstacles, des accidents, des limites, des références et des transgressions.

À ce titre, la création n'est pas simple reproduction ou action qui interfère avec le réseau des actions d'autrui, elle est de part en part temporalité, c'est-à-dire ce qui altère l'être et produit dans son sillage des nouvelles perceptions. Cette altération n'est pas la différence radicale, mais le passage à de nouvelles significations, à un enrichissement de l'être qui advient du processus de production artistique (lorsque celui-ci est remarquable, on parle de révolution formelle ou de naissance d'un style).

Ces deux modes d'investigation sont en fait complémentaires parce qu'ils sont soutenus par l'idée fondamentale d'une dynamique interne à toute culture vivante dont le devenir est fait de retour et de dépassement, de certitudes et d'utopies, de transmission et de transgression. Cette pulsation entre altération, reconduction et sédimentation du sens, donne lieu certes à une « mise en langage » d'une communauté donnée qui se constitue et se consolide dans un ensemble de normes largement ressenties, émergées de structures symboliques différenciées mais toujours ouverte aux changements. Si la communication et l'identification sont inséparables de bassins sémantiques et symboliques communs, le partage du sens n'exclut ni sa dérive, ni son renouvellement.

Que serait une culture qui rejetterait toute altérité ? Somme toute, un ensemble de pratiques momifiées ou bien vécues sous le mode de la répétition névrotique. Or, ce qu'il y a d'authentique et par là même d'universel dans une culture, c'est sa vitalité ; plus les membres d'une communauté sont acteurs de leur propre culture, plus celle-ci sera apte à se développer, à confronter d'autres cultures et à s'élever à l'universalité car, ce sont les pratiques culturelles qui portent en elles la trace toujours active de la dimension créatrice de l'humain dans son aptitude à la sociabilité, à la communication et à la production de sens nouveaux et universalisables.

Le travail de l'œuvre et notamment de l'œuvre d'art pourrait donc éclairer le processus culturel par sa dimension à la fois imprévisible et contraignante, événementielle et instauratrice de sens nouveau. La création artistique est alors inscription poïétique de l'altérité dans l'expérience du même. Les apparitions que sont les œuvres, toujours circonstancielles et pourtant prégnantes défient constamment les désignations et le sécurisant retour à l'habitude ; bien plus elles dotent la référentialité d'un sens autre. Celle-ci devient le champ de productions représentantes, identifiables certes, mais toujours ouvertes à la possibilisation et aux indéterminations qui président à leur apparition.

L'exemplarité de l'art dans sa mise en œuvre fonctionne donc comme reprise créatrice et projectuelle de notre rapport à l'institué. Elle est révélatrice de notre historialité.

Le processus de création, en libérant des dogmes et des scléroses qui guettent toute culture, s'avère en fait régulateur parce qu'il réinscrit, à chaque fois, les pratiques culturelles dans leur dimension authentiquement temporelle. Il réaffirme la temporalité du vivre ensemble dans l'infini possibilité des événements qui ne constituent par une anarchie mais le lien relationnel et fondateur entre passé, présent et avenir d'une communauté dont la vie est un ressourcement projectuel.

L'approche poïétique de la création artistique peut donc permettre de comprendre la fonction vitale des différences et des transgressions dans le champ culturel. Cette dynamisation est propre à l'être de l'art ; c'est parce que l'artiste, par une sorte d'engagement, transgresse l'expérience ordinaire en se libérant des évidences et en exhibant l'absolue contingence des choses, qu'il ouvre à une vision critique des phénomènes socioculturels.

À ce niveau, les pratiques artistiques peuvent être identifiées dans des formes de régime esthétique impliquant des politiques. Jacques Rancière en distingue deux : la politique du devenir-vie de l'art et la politique de forme résistante (adornienne), « la première, écrit-il, identifie les formes de l'expérience esthétique aux formes d'une vie autre. Elle donne comme finalité à l'art la construction de nouvelles formes de vie commune, donc son autosuppression comme réalité séparée. L'autre enclôt au contraire la promesse politique de l'expérience esthétique dans la séparation même de l'art, dans la résistance de sa forme à toute transformation en forme de vie »[1].

Les deux formes restent, chacune à sa manière, opératoires pour identifier les créations comme dynamique critique : la forme qui lie l'art à la vie sociale reste plus explicite quant à notre objet.

En effet, les pratiques artistiques comprises sous le régime esthétique relationnel sont une figure symbolique pertinente qui fait fonction de micro-politique.

L'esthétique relationnelle de Nicolas Bouriaud qui s'appuie sur les pratiques d'art contemporain comme les installations et les happenings répond à la question de créer une forme de socialité, en provoquant des liens ludiques et conviviaux entre les artistes et les citoyens qui sont sollicités dans leur aptitude à la création. Cette esthétique dessinerait une forme de résistance à la « réification imposé par le système marchand ». Les actions artistiques rompent avec la conception iconique ou fétichiste de l'œuvre d'art pour des « formes d'expérimentations », sortes « d'utopies de proximité ». Ces rapprochements participatifs entre public de différentes cultures et artistes créent un espace d'intersubjectivité.

L'émancipation démocratique de la société peut être pensée par le biais d'une poïétique pluriculturelle où le potentiel culturel des uns et des autres est susceptible de devenir une force qui rende la société créative parce qu'ouverte à l'altérité. L'éthique communicationnelle y serait renforcée par une poïétique relationnelle.

C'est pourquoi la capacité de vie démocratique saisie dans sa dimension culturelle pourrait se juger à ses potentialités de création, d'invention et de renouvellement. Plus une culture considérée comme organisme créateur est capable de vivre de sa critique, plus elle est traversée d'une éthique où la tolérance et le respect de l'autre constituent des valeurs indispensables au développement de la société civile.

---

[1]. Jacques Rancière, *Malaise de l'esthétique*, Galilée, Paris 2004, p. 62.

Mohamed Turki

Gouvernance et démocratie dans le monde arabe.
Une lecture à partir de Hisham Sharabi

À la mémoire de Hisham Sharabi

1. Introduction

Avant de s'engager dans le fond du problème et de procéder à une explication de la conception de la gouvernance et de la démocratie dans le monde arabe à partir de la lecture faite par le penseur palestinien Hisham Sharabi qui vient malheureusement de nous quitter au début de cette année et auquel nous rendons hommage par cette communication, il s'avère utile de situer cette problématique dans le contexte sociopolitique actuel. Quelques événements peuvent ici nous aider :
- l'expérience électorale libanaise après la mort de Rafiq Hariri,
- les résultats des élections présidentielles en Egypte,
- la proclamation de la nouvelle constitution de l'Irak et son évaluation,
- les élections législatives anticipées en Allemagne et leur enjeu.

2. *Le printemps libanais après la mort de Rafiq Hariri*

La mort tragique de l'ex-premier ministre libanais Rafiq Hariri au début de l'année 2005 a bouleversé aussi bien le Liban que la communauté internationale et a remis en cause tous les rapports qui l'ont géré depuis la guerre civile, y compris l'ingérence étrangère dans le système de gouvernance en vigueur. Le triste événement mit le feu à la brousse et fût le point de départ d'un printemps qui a permis au peuple libanais d'exprimer ouvertement ses aspirations et d'exiger ses droits. L'appel lancé vers une démocratisation des institutions reflète à vrai dire la conséquence logique et tout à fait légitime tirée de la crise qui déchire ce pays. Le peuple libanais est sorti tout d'un coup en masse dans la rue pour demander le retrait des forces étrangères stationnées dans le pays et la tenue de nouvelles élections parlementaires qui doivent tenir compte de la transformation des structures politiques régnantes basées principalement sur les proportions communautaires qui datent de la fin de la seconde guerre mondiale et qui semblent ne plus répondre aux nouvelles constellations dans le pays.

Or le déroulement de cette expérience libanaise a mis aussi en évidence l'enjeu des facteurs aussi bien endogènes tels que le communautarisme et son rôle majeur dans la formation du tissu politique, que l'impact des facteurs externes qui pèsent lourd sur ce mode de démocratie de connivence tels que l'ingérence flagrante des pays riverains dans les affaires intérieures du pays ou l'influence indirecte mais omniprésente des grandes puissances. Ces deux aspects méritent à vrai dire une analyse beaucoup plus détaillée pour comprendre la situation et en tirer les conséquences quant à la réalité politique vécue quotidiennement mais aussi pour s'adonner aux prospections possibles concernant l'avenir de ce pays de longue tradition démocratique, même si celle-ci n'est pas parfaite.

3. Les résultats des élections présidentielles en Egypte

Cet événement qui a eu lieu au début du mois de Septembre 2005 et fût l'éloge des mass média égyptiens qui le considèrent comme historique, étant donné que pour la première fois le président de la république n'est plus élu par le Parlement mais directement par le suffrage universel, n'a dégagé en vérité qu'un seul grand vainqueur, celui de l'absentéisme dû au boycottage des élections par la grande majorité de la population. En effet le taux des électeurs qui ont participé à ces élections n'a pas dépassé selon les chiffres rendus officiellement publiques les 23% dont 88% du scrutin étaient au profit du président en exercice et 7% seulement pour le candidat de l'opposition. Le reste des électeurs n'est pas allé aux urnes ou a, paraît-il, suivi le mot d'ordre du mouvement « Kifaya » qui veut dire « ça suffit » et qui a appelé au boycottage des élections considérées comme une farce plébiscitaire et non l'expression véritable d'un choix politique. Le résultat de ces élections montre de manière tragique la gravité de la situation en Egypte et atteste le refus radical de légitimation à toute forme de gouvernance envisagée par le régime et imposée par le biais d'une pseudo démocratie soldée par un suffrage définitif de 15% de la totalité des électeurs.

Ce constat déplorable d'une déficence de la démocratie dans le pays le plus peuplé du Monde arabe n'est pas surprenant. Il confirme simplement ce qui a été annoncé dans le « *Rapport arabe sur le développement humain des Nations Unis de 2004* »[1] rédigé par la PNUD concernant la situation des Droits de l'homme et les formes de gouvernance dans la majorité des pays du Monde arabe. Ce rapport décrit justement la crise de légitimité dans laquelle se trouve actuellement la majorité des régimes dans cette région du globe et déplore les moyens répressifs dont elle fait usage pour maintenir son pouvoir.

4. La proclamation de la nouvelle constitution de l'Irak

Après de longues discussions et une suite de tractations suivies de suspensions des travaux, le Conseil constitutionnel chargé de rédiger la nouvelle constitution de l'Irak, a remis enfin son projet au parlement sans l'aval de la fraction sunnite. Ce projet qui devrait être soumis plus tard au plébiscite populaire prévoit la création d'un Irak fédéral, démocratique, multiethnique et multiconfessionnel. Il a été pourtant rejeté par la fraction sunnite au sein du Conseil constitutionnel qui ne cache pas sa peur de voir dans ce projet le danger de désintégration de l'unité territoriale du pays et la perte d'une participation de leur région à ses ressources pétrolières.

Il faut dire que, malgré les bonnes intentions affichées par les membres du conseil constitutionnel de mettre sur pied une constitution répondant aussi bien aux aspirations populaires qu'aux critères de la Charte des Nations Unis, le contexte dans lequel ce projet est en train de se faire ne répond pas aux conditions minimales de l'État de droit, étant donné que le pays est encore sous occupation étrangère perpétrée sans aucune légitimation internationale. À cela s'ajoutent les difficultés d'instituer un fédéralisme basé sur des particularités ethniques et confessionnelles qui peuvent plutôt déchirer le pays que contribuer à son unité. Le déclenchement d'une guerre civile semble ainsi programmé.

---

[1]. *Rapport arabe sur le développement humain 2004*, New York 2005.

5. Les élections législatives anticipées en Allemagne

Contrairement à tout ce qui vient d'être évoqué concernant le Liban, l'Egypte et l'Irak, l'Allemagne a vécu dernièrement une des campagnes électorales les plus chaudes et les plus intéressantes de son histoire. Dans l'espoir d'obtenir un soutien pour la majorité de son gouvernement, le chancelier a procédé à des élections législatives anticipées. L'opposition, quant à elle, encouragée par les sondages qui lui ont annoncé une majorité absolue, a cru gagner ces élections et remplacer le gouvernement en cours. Or le résultat de ce scrutin fût l'un des plus surprenants. Il a transformé le paysage parlementaire de l'Allemagne et n'a permis à aucun des grands partis d'avoir la majorité nécessaire pour constituer le gouvernement. Des trois partis qui se partageaient selon la coalition le pouvoir jusqu'aux années 80, l'Allemagne est passé depuis au multipartisme dans le vrai sens du terme, c'est-à-dire vers une répartition des sièges sur cinq partis. Ce changement dans l'échiquier électoral n'exprime pas seulement le choix des électeurs, il dévoile en même temps les transformations qui se développent au niveau des « mouvements sociaux », touchés le plus par la crise économique. Il a, semble-t-il, déclenché une crise politique et juridique, mais renforcé aussi le processus démocratique qui ne traduit plus la volonté du souverain d'une manière formelle. La représentation parlementaire répond de plus en plus aux aspirations des groupes à la base et ne tient pas seulement compte des intérêts de ceux qui soutiennent directement ou indirectement les partis.

Tous ces événements cités plus haut nous placent devant la question cruciale qui est au centre de notre problématique, celle de savoir si le Monde arabe est aujourd'hui apte à la démocratie ou si, au contraire, il n'est pas encore mûr pour amorcer un tel processus, c'est-à-dire pour respecter l'État de droit et opter pour la Charte des Droits de l'homme *de jure* comme de fait. En d'autres termes, y a-t-il vraiment une différence nette à ce propos entre l'Occident et l'Orient ? Par ailleurs, est-il nécessaire et même souhaitable d'imposer la démocratie de l'extérieur comme c'est actuellement le cas en Irak ou faut-il plutôt activer de l'intérieur les mécanismes qui lui permettent de s'épanouir au sein de la société arabe. Enfin, comment peut-on vaincre les systèmes politiques actuels en place tant qu'ils jouissent encore du soutien économique, logistique et financier de la part des grandes puissances qui pensent plus à leurs propres intérêts stratégiques dans le contexte de la mondialisation qu'au sort des peuples soumis ou à l'avenir de la démocratie et au respect des Droits de l'Homme ? Ces questions nous ramènent tout d'abord à faire le constat par l'exemple.

6. De la différence entre l'Occident et l'Orient

Lors de la préparation de la nouvelle constitution de l'Irak, l'historien allemand Heinrich August Winkler essaie dans un article de l'hebdomadaire « *Die Zeit* » publié le 4 Août 2005 sous le titre « *Befreiung bedeutet noch nicht Freiheit* » (Libération ne veut pas dire également liberté)[2] de faire un rapprochement entre l'Irak de 2003 et l'Allemagne de 1945, c'est-à-dire entre l'Irak après l'invasion américaine et l'éviction du régime dictatorial d'un côté, et l'Allemagne après la chute du troisième Reich, de l'autre. Cette comparaison des deux événements historiques n'est pas arbitraire. Elle tente plutôt de répondre à la question de base qui touche notre problématique, à la question de savoir si l'Irak est capable aujourd'hui d'adopter la démocratie et de s'intégrer à la communauté internationale par le biais de la nouvelle constitution. Elle reprend aussi les thèses avancées par l'administration américaine pour légitimer l'invasion de l'Irak en 2003. Celle-ci n'a pas manqué de mettre en valeur les points de ressemblance de la guerre en Irak avec la libération de l'Allemagne du joug du fascisme après la deuxième guerre mondiale et l'amorce du processus de démocratisation engagé par la suite dans les secteurs ouest du pays. Winkler ne se contente pas de se référer à cette approche dans le sens apologique qui lui a été donné afin de l'appliquer à la nouvelle situation politique créée en Irak ; il s'efforce plutôt de discerner les points de divergence qui séparent les deux événements et procède même à une mise en cause des arguments avancés par l'administration américaine à partir des conclusions qui paraissent tout à fait opposées aux prémisses fournies au début de cette approche. Voici en résumé l'essentiel de son argumentation :

La première thèse présentée par Winkler se résume dans le fait que l'Allemagne, contrairement à l'Irak, a déjà vécu une expérience démocratique qu'elle a certes perdue avec l'avènement du fascisme national-

---

2. Heinrich August Winkler, *Befreiung bedeutet noch nicht Freiheit*, in : *Die Zeit*, 4-8-2005, Nr.32, p. 35. Heinrich August Winkler est un Historien allemand. Il a publié un livre en deux tomes intitulé : « *La longue marche vers l'Ouest* » en 2000.

socialiste mais qui lui permet tout de même de se ranger dans la tradition démocratique. Cette expérience s'est manifestée à plusieurs reprises : tout d'abord, bien que sans succès, lors de la Révolution de 1848. Les forces libérales n'ont pu en ce temps-là réaliser la double finalité de leur action, à savoir l'unification du pays sous la bannière d'un État national et la proclamation d'une constitution démocratique libérale. La deuxième expérience a eu lieu après la guerre de 1914-18 sous la République de Weimar entre 1918 et 1933. Celle-ci s'est faite en vérité dans la continuité du processus démocratique entamé déjà par le Chancelier Bismarck à la fin du XIXème siècle mais tout en le renforçant au niveau de la charte électorale, c'est-à-dire en introduisant le droit de vote aux femmes et en appliquant le principe de majorité pour la constitution du gouvernement.

La deuxième thèse de Winkler touche à l'histoire et à la culture de l'Allemagne, qui diffèrent totalement de celles de l'Irak. L'Allemagne fait partie de l'Occident et a connu depuis le Moyen-Âge une certaine forme de séparation des pouvoirs, particulièrement la séparation du pouvoir politique et du religieux. Par ailleurs, il y a eu une distinction nette au sein de la société entre les différentes composantes qui la constituent, à savoir la noblesse, le clergé et le tiers-état en tant qu'éléments qui ont renforcé l'aspect pré-moderne de la séparation des pouvoirs propre à l'Occident « latin » par comparaison avec l'empire byzantin qui n'a jamais connu une telle séparation. Enfin, l'Allemagne a contribué de manière efficace aux mouvements culturels d'émancipation des temps modernes tels que celui de l'humanisme, de la Réforme et des Lumières. Winkler concède que l'évolution politique de l'Allemagne a été tout à fait différente de celle de la France et de l'Angleterre puisqu'elle n'a pas suivi assez tôt le pas vers l'État national ni adopté à temps le concept de démocratie. Au contraire, les teneurs du pouvoir en Allemagne ont réfuté jusqu'à la fin de la première guerre mondiale les « Idées de 1789 » et lui ont opposé « l'esprit de soumission à l'égard de l'État et une culture d'intériorité – *Innerlichkeit* – par rapport à la civilisation matérialiste de l'Occident démocrate »[3].

Cependant il affirme que les facteurs cités plus haut ont joué un rôle déterminant dans le processus de démocratisation de l'Allemagne après 1945. La « République de Bonn » née de la libération du fascisme a pu en

---

[3]. *Ibid., op. cit.*, p. 35.

effet apprendre quelque chose des fautes commises par la « République de Weimar » et en tirer les conséquences lors de la conception et la rédaction de la nouvelle constitution – *Grundgesetz* – de 1948/49. « La voie de la libération vers la liberté n'a pu être suivie que parce que l'Allemagne a eu la possibilité de se rallier à une tradition démocratique libérale et juridique déjà préexistante qu'il a suffi de réactiver à nouveau ». Or cette tradition est, selon Winkler, tout à fait absente de la culture et de l'histoire de l'Irak.

La troisième thèse annoncée par Winkler touche à la procédure démocratique et aux conditions de son fonctionnement. La démocratie n'est pas seulement un système basé sur le pouvoir de la majorité. Elle exige avant tout le consensus en ce qui concerne les principes et les valeurs qui déterminent la constitution. Elle garantit le dialogue, voire même le débat controverse qui doit se dérouler dans un esprit de reconnaissance et de respect mutuel et doit défendre le droit des minorités. Dans ce sens, la démocratie doit cultiver une culture de paix et de coexistence malgré les intérêts divergents qui subsistent entre ses membres. Or la répartition des mandats au sein de la nouvelle constitution de l'Irak selon l'appartenance ethnique et religieuse pose problème et rend le consensus presque impossible. Et pour conclure, Winkler réfute la thèse des apologistes de faire usage d'une telle analogie et les prévient des enjeux et des dangers qui cernent cette expérience. Il se demande aussi si les conditions internes à Irak permettent effectivement l'amorce d'un tel processus.

Sans procéder ici à une analyse critique de l'article de Winkler, il me paraît que cette approche met en exergue les différences qui séparent les deux événements, mais elle ne manque pas aussi de dévoiler la perception de l'historien et sa vision du monde qui reste, semble-t-il, prisonnière d'un préjugé eurocentriste par rapport à l'Orient. Ses conclusions laissent au fond entendre que l'Irak, de par son histoire et sa culture, est incapable d'adopter la démocratie.

On peut bien sûr se demander si cette tare de déficience démocratique est structurelle ou si elle répond au préjugé qui persiste dans l'opinion internationale et qui ne cesse d'être nourri aussi bien par les faits que par l'intelligentsia de tout bord, particulièrement en Occident, qui réduit ce phénomène à la spécificité de la culture et l'esprit de soumission dû au « despotisme oriental » et qui sous-entend que « les arabes sont inaptes à la démocratie ». Le rapport de la PNUD mentionne tout de même à ce propos que « la principale raison de l'échec de la démocratisation dans de nombreux pays arabes n'est pas due à la culture, mais à un ensemble de structures sociales, politiques et économiques qui ont veillé à éliminer ou à empêcher l'émergence de forces sociales et politiques réglementées, capables d'exploiter la crise des régimes autoritaires et totalitaires »[4] et de la transformer en une force réelle d'impulsion démocratique.

C'est justement dans ce sens que la réflexion sur les causes qui inhibent le processus de démocratisation dans le Monde arabe ou le bloquent totalement, pourrait être poursuivie. Il faut rappeler d'ailleurs qu'elle n'est point récente et qu'elle n'a pas vu le jour avec le plan américain d'« ingérence démocratique » proposé en 2003 et propagé sous le titre de « *Greater Middle East* ». L'histoire du mouvement culturel arabe qui a précédé l'émergence des forces nationalistes souligne la présence d'une aspiration très forte des peuples arabes vers la liberté et la démocratie.

Ce mouvement connu sous le nom de la « Renaissance » a vu le jour au milieu du XIXème Siècle et a été soutenu par un grand nombre de penseurs et réformistes arabes tels que A. Kaouakibi, Kheireddine, Jamaleddine Al-Afghani, Mohammad Abdu, Farah Antoun et tant d'autres[5]. Leur exploit se manifeste dans leur intransigeance à vouloir transformer le système de gouvernance en place et à appeler à une réforme de la législation religieuse. Depuis quelques décennies plusieurs penseurs arabes ont repris de nouveau cette problématique et l'ont analysée à partir de différentes perspectives. Qu'on pense à Sadek J. al Azm et sa « *Critique de la pensée religieuse* » en 1968 ou à Abdallah Laroui, Hichen Djait, Mohammed Arkoun, Muhammed `Abid al Gabiri et Hisham Sharabi. Tous ont participé à ce débat pour la démocratie et contribué à la clarification des causes qui bloquent actuellement le processus démocratique dans le Monde arabe. Dans ce qui suit nous nous concentrons sur un modèle, celui de Hisham Sharabi qui a essayé de déconstruire les systèmes de gouvernance dans le monde arabe et de dévoiler les structures qui les déterminent.

---

[4]. *Ibid.*, p. 9.
[5]. Hisham Sharabi, *Arab Intellectuals and the West : The formative Years, 1875 – 1914*, The Johns Hopkins University Press, Baltimore 1970.

7. Les clôtures dogmatiques de gouvernance : le néopatriarcat

Dans la plupart de ses œuvres, Hisham Sharabi procède à une analyse profonde des mécanismes ou, pour reprendre l'expression de Mohammed Arkoun, « des clôtures dogmatiques de gouvernance » qui freinent ou bloquent l'accès véritable des peuples du Monde arabe à la modernité et par là, à la démocratie. Il n'est pas possible selon lui de parler aujourd'hui de démocratie sans connaître au préalable les conditions sociopolitiques qui règnent dans la région et les acteurs qui détiennent le pouvoir. Cette situation se caractérise par la présence en force d'un pouvoir géré par deux systèmes semblables dans leurs structures :
- celui du patriarcat où la domination revient à un type de gouvernance absolutiste légitimée par la tradition et qui rappelle le type de pouvoir traditionnel décrit par Max Weber dans « *Economie et Société* »[6] ;
- celui du « Néopatriarcat » où le pouvoir est aux mains de groupes issus de la société patriarcale qui optent pour la modernisation dans l'économie et la gestion sans renoncer pour autant aux structures de gouvernance despotique et aux valeurs de la société traditionnelle. Le néopatriarcat est en quelque sorte un système hybride qui vacille entre deux visions du monde tout à fait opposées mais qui les exploite selon la conjoncture sociopolitique et culturelle : celle de la tradition et du modernisme. Ainsi on ne s'étonne pas de voir des régimes 'libéraux' et d'autres de tendance progressiste usant du même pouvoir absolu tout en le drapant du sceau de la légalité et même de la démocratie.

Sharabi met en évidence la différence qui existe entre l'État moderne et l'État patriarcal ou néopatriarcal en ces termes : « Le premier est géré par le Droit alors que le second est gouverné par le potentat même si cet État jouit d'une constitution. Chez le premier, le citoyen est souverain, alors qu'il est chez le second, un simple sujet »[7]. Dans ce sens la carence de la démocratie est propre aux deux systèmes de gouvernance cités précédemment.

Par son analyse Sharabi dévoile la déficience des modes de gouvernance dans le monde arabe bien avant le rapport du PNUD de 2004 qui vient justement souligner le même constat. Ainsi lit-on dans ce rapport :

---

[6]. Max Weber, *Wirtschaft und Gesellschaft*, Tübingen 1980, p. 130 sv.
[7]. Hisham Sharabi, *An-Naqd al-Hadhari, liwaqi` al-Mugtama`al-`arabi al-mu`asar*, Beyrouth, 1991, ed. Nelson 2000, p. 197.

« En l'absence d'une légitimité tirée de la volonté de la majorité, la plupart des régimes arabes se sont basés sur des légitimités traditionnelles (religieuses/tribales) ou révolutionnaires (nationalistes /de libération) ou paternalistes, qui appellent à placer la société sous la tutelle du 'père de famille' »[8]. Sharabi voit que tous ces régimes ont un même dénominateur commun qui est celui du « Néopatriarcat » et exige par conséquent une « critique civilisationnelle de la société arabe contemporaine »[9]. Tel est aussi le titre de l'un de ses écrits publié en 1991 et réédité au début de ce millénaire. Et bien qu'il reprenne dans ce livre les thèses déjà développées dans son œuvre principale connue sous le titre : « *Le néopatriarcat, une théorie d'un changement déformé dans le monde arabe* »[10], publiée d'abord en anglais avant d'être traduite en arabe, il concentre ici son approche sur les conditions de possibilité d'un vrai processus de démocratisation dans la région.

La première thèse de Sharabi se résume dans le fait que « la société patriarcale pose elle-même problème et présente un handicap pour le développement réel et l'accès des peuples arabes à la Modernité, étant donné qu'elle tient en main les instruments du pouvoir à tous les niveaux des structures sociales : la famille, l'école, les lieux de travail et les institutions de l'État »[11]. Ainsi peut-elle freiner tout processus de transformation ou de réforme des structures sociales et bloquer toute possibilité d'émancipation. Le maintien actuel du patriarcat au niveau politique exprime en vérité son échec dans la démarche civilisationnelle puisqu'il n'a pu concrétiser les conditions minimales de la société civile telles que le respect des droits de l'homme, l'application de l'état de droit et la démocratie. Le patriarcat, que ce soit dans son ancienne forme ou dans sa nouvelle version, s'est intéressé certes au développement économique de la région et à la modernisation aussi bien que de l'infrastructure et des moyens de production, mais il ne les a pas pour autant fait suivre d'un véritable accès aux valeurs constitutives de la

---

[8]. *Ibid.*, p. 14 du résumé du Rapport.
[9]. Hisham Sharabi, *An-Naqd al-Hadhari, liwaqi` al-Mugtama`al-`arabi al-mu`asar*, Beyrouth, 1991, ed. Nelson 2000.
[10]. Hisham Sharabi, *Neopatriarchy, A theory of distorted change in Arab Society*, Oxford University Press 1988 ; version arabe sous le titre : *An Nidham al-abawi wa ishkaliet takhalluf al-Mugtama`al-arabi*, ed. Nelson, Beyrouth 2000.
[11]. Hisham Sharabi, *An.Naqd al-hadhari*, *op. cit.*, p. 172.

modernité telles que le respect de la liberté du citoyen et de ses droits politiques. Au contraire, le patriarcat tente d'instaurer son pouvoir partout et manifester son autorité dans toutes les instances de la société, à commencer par l'enfant, en passant par la femme pour atteindre enfin le citoyen. C'est de tout un dispositif alternant entre l'approbation et la répression dont « il fait usage pour soumettre la société à ses lois et ses prérogatives ». Pour conclure, Sharabi se demande : comment peut-on sortir de l'impasse créée par le système patriarcal, c'est-à-dire par quels moyens est-il possible de briser les clôtures dogmatiques de son mode de gouvernance et de se libérer de ses structures ancestrales afin de s'engager effectivement sur la voie de la modernité et opter pour la démocratie ?

La réponse consiste selon Sharabi avant tout en une prise de conscience réelle de la situation et dans son dépassement vers la modernité. Il s'agit d'une sortie du stade de minorité, tel que Kant l'a décrite dans « *Qu'est-ce que les Lumières ?* » et auquel les peuples arabes sont encore soumis. Cela nécessite un bouleversement radical du système patriarcal ou néo-patriarcal. En d'autres termes, et comme il l'annonce déjà dans son ouvrage « *Le Néo-patriarcat* », « il ne peut y avoir de changement ou de libération sans l'éviction du père connu à la fois en tant que symbole et comme autorité et sans l'émancipation de la femme *de jure* comme de fait »[12]. Quant aux moyens proposés pour réaliser cette tâche, Sharabi les résume en trois facteurs :

1. L'éducation : C'est à partir d'un changement intégral dans la conception de l'éducation de l'enfant que ce processus peut commencer. L'éducation est la première étape qui engendre une transformation profonde dans le tissu social et prépare l'abolition du patriarcat en tant que forme de gouvernance. En effet la construction d'une société libre où règne l'égalité entre ses membres ne peut se concrétiser sans rendre à l'enfant son autonomie et l'inciter à la propre initiative, choses qui manquent totalement dans la société patriarcale. Celle-ci pense plutôt à imposer son pouvoir paternaliste à l'enfant et à le renforcer par la suite à l'école à travers l'éducateur qui ne fait que prolonger l'autorité du père. Sharabi compare dans ce contexte deux modèles concrets : celui de l'éducation de l'enfant dans le milieu américain et celui de l'enfant vivant

---

[12]. Hisham Sharabi, *An-Nidham al-abawi*, *op. cit.*, p. 28.

dans la société arabe traditionnelle. Alors que l'enfant dans le premier cas est incité par ses parents à assumer ses responsabilités et à prendre l'initiative pour s'imposer en tant qu'individu et pour contribuer ainsi à forger sa propre personnalité, il est dans le second cas obligé de se soumettre toujours aux conventions et aux mœurs et à respecter la tradition. Toute aspiration à la liberté est de prime abord limitée, si ce n'est réprimée et réduite par des contraintes familiales, confessionnelles ou tribales. L'enfant vit alors, comme tout membre de la société patriarcale, déchiré entre deux principes contradictoires : celui de l'autonomie d'un côté, et l'hétéronomie ou la dépendance, de l'autre[13]. Cette dépendance est elle-même source d'allégeance et de soumission, deux aspects qui caractérisent plus tard la personnalité du citoyen dans cette société et le poussent à vivre dans l'ambiguïté de deux systèmes de valeurs, celui de l' « éthique de l'autorité », d'un côté et celui de l' « éthique de la liberté », de l'autre. Un changement dans les rapports sociaux au sein de la société patriarcale dépend par conséquent de la manière dont les parents et l'éducateur incitent l'enfant à développer ses aptitudes et encouragent à assumer ses responsabilités sans pour autant le soumettre à des contraintes qui répriment sa liberté ou inhibent son esprit d'initiative. Une telle démarche ne peut bien sûr réussir sans l'instauration de rapports d'égalité et de respect entre l'enfant et les parents au sein de la famille, qui constitue elle-même le premier noyau de la société[14].

2. L'émancipation de la femme : il ne suffit pas d'avoir une bonne intention ni d'exprimer à travers des discours éloquents cet aspect noble, mais d'envisager de manière concrète l'émancipation de la femme. Celle-ci implique naturellement l'égalité des sexes, c'est-à-dire l'application de l'égalité aussi bien dans la législation qu'au sein de la famille, à l'école et au lieu du travail[15]. Le renforcement des droits dans la législation permet à la femme d'être en sécurité contre toute atteinte de la part des institutions et de l'autorité patriarcale. Il lui accorde aussi le droit au travail, à l'héritage équitable, au divorce, à la sécurité sociale et à la prise en charge des enfants. Il lui ouvre ainsi la voie pour jouer un rôle plus

---

[13]. Hisham Sharabi, *An.Naqd al-hadhari*, *op. cit.*, p. 173.
[14]. *Ibid.*, p. 177.
[15]. *Ibid.*, p. 178.

effectif dans la gestion sociale et économique de la société et l'encourage à participer directement au processus de démocratisation politique.

Sharabi remarque d'ailleurs que le discours féministe actuel, du moins dans le monde arabe, a dépassé les revendications propres à la femme et a commencé à affronter des problèmes de fond tels que l'ambiguïté qui prédomine dans la pensée et l'agir des hommes ainsi que le rapport de la femme au pouvoir. En effet la femme arabe doit faire face selon Sharabi à deux sortes de pouvoir[16] : le pouvoir politique avec ses différentes institutions, d'une part et le pouvoir religieux qui s'introduit dans la vie quotidienne de la société, et particulièrement la vie de la femme, de l'autre, notamment dans les pays de gouvernance théocratique. L'une des revendications du discours féministe en cours consiste justement dans l'appel à une participation de la femme aux décisions prises aussi bien à son égard qu'à celles d'intérêt général. Ce qui implique sa présence dans les instances politiques et sociales et la prise en considération de ses opinions, surtout lorsqu'il s'agit des affaires qui la concernent de très près. Cette stratégie développée par le mouvement féministe arabe est en train d'accorder au discours féministe plus de crédibilité et tente d'ouvrir une brèche dans la structure patriarcale afin de la démanteler de l'intérieur et de lui ôter tout aspect hégémonial[17].

3. *Le Renforcement de la petite famille :* Sharabi considère que la société patriarcale se base principalement sur la grande famille avec ses relations ethniques, tribales ou confessionnelles très renforcées et sur son pouvoir pyramidal, qui tire sa légitimité de la structure même de ces rapports. « Tant que ces rapports existent, l'enfant ne peut avoir aucune chance d'évoluer dans un espace libre, et la femme n'a non plus aucune chance de s'émanciper et de recouvrir sa dignité, ni l'individu, de récupérer son autonomie »[18]. L'émergence de la petite famille est le premier moyen efficace pour déconstruire la société patriarcale et désintégrer ses structures périmées. C'est à travers la petite famille, dite « famille noyau », que les conditions objectives pour une transformation radicale de la société patriarcale sont données puisqu'elle offre l'espace convenable à la création de rapports d'égalité entre les membres de la famille et réduit par là l'autorité hiérarchique. La petite famille ne se plie

---

[16]. *Ibid.*, p. 183.
[17]. *Ibid.*, p. 130.
[18]. *Ibid.*, p. 178.

plus aux valeurs et aux conventions patriarcales, mais cherche à créer ses propres valeurs. Son aspiration à la liberté la rend résistante par rapport au pouvoir patriarcal et l'oriente vers d'autres modes de vie et d'autres alternatives, telles que la société civile et les formes de gouvernance horizontales. En d'autres termes, la petite famille renforce le processus de démocratisation et contribue en même temps à la désintégration de la société patriarcale et à son dépassement.

La deuxième thèse de Sharabi s'appuie sur le rôle que doit assumer l'intellectuel arabe dans le processus de démocratisation. Contrairement à Michel Foucault qui refuse une ingérence directe de l'intellectuel dans l'engagement politique, Sharabi insiste sur sa présence et sur sa participation active dans ce processus : « Il ne suffit pas de s'intéresser aux recherches théoriques et académiques, comme c'est le cas des intellectuels occidentaux ; il est du devoir des intellectuels des pays en voie de développement de s'engager effectivement dans le conflit social »[19]. Cette incitation peut paraître absurde à l'âge postmoderne, pourtant elle tient, à la manière de Gramsci, à lier l'intellectuel de façon organique aux mouvements sociaux et à lui accorder une fonction aussi bien d'orientation que de critique dans le processus d'émancipation et de démocratisation.

Sharabi constate que, depuis la Renaissance du monde arabe au milieu du XIX. siècle, la déficience des intellectuels arabes s'est manifestée sur trois fronts : au niveau du pouvoir politique, à celui du pouvoir religieux et sur le front sexuel (le rapport à la femme)[20]. Pour ce qui est du premier, les intellectuels arabes ont opté pour le nationalisme et la libération du colonialisme sans préparer le terrain pour la démocratie et le respect des droits du citoyen. Quant au deuxième volet, ils n'ont pas tranché dans la question du sécularisme et la séparation du pouvoir religieux du pouvoir de l'État. Enfin, en ce qui concerne l'émancipation de la femme, les intellectuels sont restés hésitants à cet égard à quelques exceptions près. Ces trois points sont à la source de l'échec du projet arabe de la modernité. Les intellectuels n'ont pu en effet attaquer de front les vrais problèmes de la société patriarcale. Ils se sont contenté simplement de réformer les aspects formels sans toucher pour autant aux structures de

---

[19]. *Ibid.*, p. 202.
[20]. *Ibid.*, p. 193.

fond et ont favorisé ainsi l'émergence du néopatriarcat. Sharabi concède pourtant que les acquis des intellectuels et réformistes de la première et deuxième génération de la 'Nahdha' – « la Renaissance arabe » – sont considérables par rapport à l'état précédent. Mais ils n'ont pas été suffisants pour ébranler les modes de gouvernance patriarcale. Il espère tout de même qu'une nouvelle génération d'intellectuels, telle qu'elle est en train de se constituer dans les dernières décennies, va remédier à cette carence et va contribuer à la création d'un discours critique d'envergure.

8. Récapitulation critique

Face à ce bilan, il s'avère nécessaire d'évaluer la démarche proposée par Sharabi et de l'aborder de manière critique. L'un des éléments essentiels avancés dans cette analyse, c'est l'insistance sur les facteurs de déficience intrinsèques à la société en ce qui concerne la rupture avec la modernité et l'amorce du processus de démocratisation. Longtemps on s'est contenté de lier la carence aux phénomènes extérieurs tels que le colonialisme, la dépendance et l'hégémonie culturelle occidentale. Le changement de perspective oriente ainsi le regard plutôt vers soi et exige une introspection profonde et critique des avatars qui entravent la démarche démocratique. Sharabi insiste particulièrement sur l'évolution interne dans le sens kantien d'autonomie et de souveraineté de l'*Aufklärung* selon laquelle « les Lumières, c'est la sortie de l'homme hors de l'état de tutelle dont il est lui-même responsable »[21].

C'est justement cet état de tutelle qu'exerce le patriarcat, c'est lui qui fait obstacle à l'émancipation des peuples arabes et qu'il faut tout d'abord rejeter. Les modalités du changement tels que l'éducation, l'égalité des sexes, etc... touchent bien sûr autant aux structures de base de la société qu'à la conscience des acteurs. Or ces éléments sont certes nécessaires, mais sont-ils encore suffisants pour engendrer le résultat attendu, à savoir l'abolition du patriarcat et la démocratisation de l'État ? Certains pays du monde arabe semblent prouver le contraire. Il n'est donc pas facile de réfuter la part de doute qui persiste encore quant à l'efficacité de cette stratégie.

---

[21]. Emmanuel Kant, *Qu'est-ce que les Lumières?*, in : *Aufklärung, Les Lumières allemandes*. Textes et commentaires par G. Raulet, Garnier Flammarion, Paris 1995, p. 25-31.

Ne faut-il pas inclure plutôt les facteurs externes qui perpétuent les structures patriarcales en tant que sources de déficience démocratique? Il faut mentionner ici que Sharabi n'a pas négligé totalement les déterminents extérieures de cette évolution, mais il les a placées au second rang. Il rejoint par ce biais la critique entamée déjà par d'autres penseurs tels que Mohammed Arkoun et Hichem Djait qui, eux aussi, ont souligné les aspects religieux et historiques impliqués dans le processus d'évolution déformée [22] des sociétés arabo-musulmanes.

Le deuxième point à signaler, c'est le manque de précision dans la définition de la modernité auquel Sharabi se réfère ou du système démocratique auquel il fait allusion. Dans les deux cas, le penseur n'offre aucune clarification et se contente d'indications plutôt générales alors que le débat à ce sujet bat son plein, du moins en Occident, entre les libéraux et les communautariens. Sharabi suit, semble-t-il, une conception minimaliste de la démocratie, une conception apte à créer un consensus entre les citoyens arabes et à dépasser le statut de la société patriarcale.

Dans son texte « *Pour une philosophie de la démocratie* », Hans Jörg Sandkühler présente une conception assez semblable de la démocratie. Il considère que « l'idée d'une démocratie, qui n'est jamais donnée une fois pour toutes, mais toujours à développer, est le résultat du constat que les hommes ne sont pas capables d'ériger la société idéale dont ils rêvent. La démocratie est la fin de l'illusion qui caractérise les hommes quant à la possibilité de réaliser leur idéal. Elle n'accorde à l'idéal que la fonction d'un principe régulateur et empêche ainsi la terreur au nom de l'idéal » [23].

Cette conception peut aussi s'accorder au projet lancé par Sharabi concernant l'amorce de la démocratie dans le monde arabe. Conscient de la situation sociopolitique actuelle et des enjeux stratégiques des grandes puissances dans la région, il voit que toutes les expériences amorcées jusqu'alors pour révolutionner les structures patriarcales ont été entérinées par un échec. Le désenchantement ne doit pourtant pas mener

---

[22]. Mohammed Arkoun, La grande rupture avec la modernité, in : *Le monde diplomatique*, Nr. spécial, p. 40-43 ; Hichen Djait, *La crise de la culture islamique*.

[23]. Hans-Jörg Sandkühler, Pour une philosophie de la démocratie. La faculté de juger comme condition de l'agir et de la responsabilité ? In : *L'agir philosophique dans le dialogue interculturel,* éd. par J. Poulain, H.J. Sandkühler, F. Triki, L'Harmattan, Paris 2006, p. 44.

à sombrer dans le pessimisme qui règne partout dans la région et ouvre la voie même à la terreur. Au contraire, et jusqu'à sa mort, Sharabi n'a pas cessé de plaider pour qu'on poursuive la marche vers la démocratie tout en tenant compte des réalités objectives qui peuvent ralentir ou arrêter parfois cette démarche. Pour cette raison il propose une stratégie à court terme qui consiste à :
- persévérer dans la déconstruction des structures patriarcales et néopatriarcales règnantes tout en revendicant les principes de l'état de droit afin de surmonter la situation paradoxale actuelle par rapport à la modernité ;
- penser à de nouveaux modes de gouvernance de type démocratique au sein des états en place tels que les syndicats, les ONG, les organisations de la société civile et les forums politiques dans le but d'activer tous les secteurs sociaux et essayer de changer le pouvoir de l'intérieur ;
- insister sur la caractère pacifique de démocratisation en cours pour ne pas avorter les acquis déjà réalisés[24] et renforcer les procédures démocratiques dans l'agir communicationnel de la société.

Il semble ainsi que Sharabi tente d'appliquer la démarche démocratique non en tant que modèle fixe à suivre, mais en tant que « tâche que les sujets doivent remplir et qu' « ils peuvent remplir »[25] selon la situation afin d'agir sur les structures réelles de la société. Dans ce sens, elle peut figurer comme un principe régulateur de l'action politique et éviter aux peuples de tomber dans le cercle de la violence et de la terreur.

Pour conclure il faut bien sûr revenir aux questions posées au début de ce travail et s'assurer de la validité des réponses déjà fournies à ce propos.
- La première se réfère à l'aptitude des peuples arabes à la démocratie. Les différents événements cités plus haut soulignent que le manque de démocratie dans la région n'a point de rapport avec la vision essentialiste avancée. Ce n'est ni la race ni la culture qui déterminent la déficience actuelle de démocratisation, mais plutôt les structures de gouvernance patriarcales qui gênent cette démarche. Que ce soit au

---

[24]. Hisham Sharabi, *ibid.*, p. 206.
[25]. Hans Jörg Sandkühler, *op. cit.*, p. 45.

Liban ou en Egypte, les peuples ont confirmé leur refus de rester sous tutelle de pouvoirs non légitimés par la volonté générale. C'est sûrement le début d'une longue marche qui porte les germes de la démocratie et les sème partout dans la région.
- Le deuxième point concerne la possibilité d'imposer la démocratisation de l'extérieur. Par son analyse, Sharabi a bien mis en évidence la complexité du tissu social dans les sociétes soumises au système patriarcal. Le mode de transformation de ce système ne peut se faire de façon abrupte car il s'agit d'un passage d'un ordre clos de gouvernance légitimé par un dispositif normatif du même genre vers un système ouvert. Ce qui risque de perturber les convictions des acteurs sociaux et les sombrer dans la terreur et l'anarchie. Aussi faut-il appliquer ce mode progressivement afin de l'enraciner profondément dans le tissu social et toucher la conscience des acteurs en puissance. L'exemple de l'Irak atteste du danger de déferlement des structures sociales non préparées à de tels bouleversements lors d'une ingérence extérieure. Les répercussions peuvent s'annoncer plus néfastes que prévues.
- La troisième question touche aux rapports internationaux dans l'amorce du processus de démocratisation. Sharabi souligne dans ses œuvres que les objectifs de l'Occident dans sa perception de l'Orient sont différents de ceux des peuples vivant dans cette région : « Ceux-ci espèrent l'accès direct à la modernité alors que l'Occident ne pense qu'au modernisme. Eux aspirent à l'indépendance et à la démocratie pendant qu'il tente lui de défendre ses intérêts et de conserver des liens très forts avec les régimes en place »[26]. En d'autres termes les rapports sont caractérisés par un paradoxe difficile à surmonter. Il faut néanmoins ajouter que ni l'Occident n'est monolithique dans sa constitution et ses visées stratégiques, ni les peuples du Monde arabe ne le sont dans leurs structures sociales et dans leurs objectifs. Tous deux portent leurs différences et vivent leurs contradictions, voire même leurs déchirures par rapport aux pouvoirs en place. Seule une solidarité au sein des deux pôles et un dialogue interculturel continu permettront peut-être de surmonter les obstacles et de renforcer la lutte

---

[26]. Hisham Sharabi, *Arab intellectuels and the West*, *Op. cit.*, p. 15.

commune pour un avenir meilleur commun, car comme l'a bien décrit Johann Wolgang Goethe dans son « *Divan occidental-oriental* »[27]:

« Celui qui se connaît lui-même et les autres
Reconnaîtra aussi ceci :
L'Orient et l'Occident
Ne peuvent plus être séparés »

---

[27]. Johann Wolfgang Goethe, *West-östlicher Diwan, Divan occidental-oriental*, cité d'après A. Khatibi, *Maghreb pluriel*, ed. Denoel, Paris 1983, p. 144.

Matthias Waltz

Les limites de l'égalité des êtres humains en tant qu'humains

Dans son livre « *Homo sacer* », Giorgio Agamben développe une thèse que l'on peut considérer comme une thèse sur ce qui fonde l'égalité des hommes dans les démocraties modernes. Formulée crûment, cette thèse dit que cette égalité est basée sur le fait que tout le monde est *homo sacer*, c'est-à-dire un homme qui peut être tué impunément par tout le monde et qui ne peut être sacrifié. Il faut expliquer cette thèse : *Homo sacer* est un terme du droit romain et s'applique à un homme accusé d'un crime à ce point fondamental – par exemple violence d'un fils envers ses parents – qu'il ne peut plus être jugé. L'homme s'est placé en dehors de l'ordre symbolique ; c'est pour cela qu'il n'est pas sacrifiable. Agamben s'appuie sur des textes de Carl Schmitt, de Walter Benjamin, de Foucault et de Hannah Arendt pour montrer que cette figure du *homo sacer* qui, à première vue, semble être une figure marginale fait en vérité apparaître un rapport fondamental pour la compréhension du pouvoir souverain, et cela particulièrement dans les démocraties modernes.

Le terme de *homo sacer* est étoffé par une série de concepts : d'abord par l'opposition aristotélicienne entre *zoe* et *bios*[1], c'est à dire entre la pure vie, la vie nue, naturelle, et la bonne vie, c'est à dire la vie en société, politique ou contemplative. Ensuite le concept du *ban*, dans le sens de *mettre au ban*. Ou bien la figure du loup-garou, de l'être qui n'est ni homme ni animal. Le rapport qu'Agamben établit entre vie nue et le *homo sacer* ne se comprend qu'à partir du concept de la biopolitique qu'Agamben emprunte à Foucault, l'idée que dans les états modernes le pouvoir ne s'adresse plus au citoyen, mais au corps, à la vie.

La figure du *homo sacer* doit être comprise comme un terme du couple pouvoir/vie. *Homo sacer* et pouvoir, ou bien souveraineté, se définissent réciproquement. Agamben emploie le terme de souveraineté dans un sens particulier. Il se réfère à Carl Schmitt qui voit le critère principal de la souveraineté dans le pouvoir de décider de l'état d'exception. Agamben trouve en outre un point d'appui dans les réflexions de Walter Benjamin

---

[1]. Agamben 2002, p. 12-13.

sur le rapport entre la violence qui fonde le droit et la violence qui le conserve. Ce qui intéresse Agamben dans le concept de la souveraineté n'est pas son exercice régulier, mais son exercice à la frontière entre l'état de nature et la vie sociale régie par le droit. C'est la zone de la décision sur l'état d'exception ; et, selon Agamben, dans les États modernes, l'état d'exception devient la norme. L'*homo sacer*, la vie nue, est le vrai vis-à-vis de ce pouvoir qui, sans énoncer aucune loi, est pour ainsi dire la loi pure. Ainsi Agamben peut dire que souverain est celui pour qui tous les hommes sont des *homines sacri*, et *homo sacer* est celui par rapport à qui tout le monde est souverain.

Jusque là, il s'agit d'une construction de philosophie politique très abstraite. Le texte accède à une dimension historique dans la discussion des effets des concepts de la démocratie, de la nation et des droits de l'homme. Agamben fait remarquer que les droits de l'homme ne sont pas des droits qui doivent être référés aux citoyens, mais à la vie nue. Ce sont des droits acquis avec la naissance[2] et ayant leur source en elle.

En même temps, le principe de toute souveraineté découle lui aussi de la naissance. Ainsi la nativité fonde les droits de l'homme et la souveraineté. Il y a là la fiction que la nativité soit immédiatement nation, qu'il n'y ait aucune différence entre les deux concepts. En fait cette différence s'est fait remarquer tout de suite. Sieyès dans les « *Préliminaires de la Constitution* » distingue les droits naturels et sociaux *pour le maintien* desquels les sociétés sont fondées, et les droits politiques *par* lesquels les sociétés se fondent. Il y a une différence essentielle entre l'homme en tant que protégé par la loi et le citoyen auteur de la loi en tant que souverain. Mais dans le principe de la nativité, cette différence est niée. On est homme et citoyen par la pure naissance. On voit tout de suite le problème posé par ce paradoxe : quel homme est un citoyen ? Quel allemand est un vrai allemand ? Qu'est-ce que c'est qu'un allemand ? Si quelqu'un n'est par un vrai allemand, est-il un vrai homme ?

Le point essentiel de cette discussion est le suivant : dans les sociétés anciennes l'opposition entre la souveraineté et la pure vie ne devenait manifeste que dans des cas exceptionnels. C'était l'opposition entre la société et ce qui lui était extérieur. Maintenant cette opposition fait partie

---

[2]. *Ibid.*, p. 136.

de la société elle-même, elle se trouve au centre. Et c'est une opposition floue, maniable arbitrairement. Voilà la structure qui rend possible l'éclosion de la biopolitique. Dans son expression extrême, le pouvoir se fonde sur la capacité de décider qui est déclaré non-homme, *homo sacer*, qui est placé dans ce domaine en dehors de tous les égards et de tous les droits. Dans cette perspective, les camps de concentration ne sont pas un fait exceptionnel, mais ils réalisent l'essentiel du politique dans les démocraties modernes. Le domaine politique est dominé par une scission fondamentale : d'un côté les hommes sont égaux entre eux en tant que *homines sacri* potentiels, de l'autre, ils sont égaux en tant que souverains, c'est-à-dire en traitant les autres en *homines sacri*. Cette thèse s'appuie sur la discussion d'un certain nombre de faits historiques : les apatrides, le traitement des minorités dans les États à base nationale, les camps de concentration – ici Agamben suit largement Hannah Arendt. On trouve facilement des exemples dans la vie actuelle.

L'expérience qu'il a été facile d'établir la distinction entre les hommes dont la vie a une valeur et ceux qu'on peut déclarer tuables a provoqué une angoisse intense et une foule de discours moralisateurs. Le grand mérite du livre d'Agamben, c'est d'avoir décrit ce phénomène comme révélateur de structures basales de la culture moderne. Ses vues sont situées dans une perspective qu'il appelle messianique, apparentée à celle de Walter Benjamin. Pour les discuter honnêtement, il faudrait faire place à cette perspective. Je me contenterai ici de les exploiter en les situant dans un autre contexte dont vous reconnaîtrez les coordonnées tout de suite.

Je commencerai par un épisode tiré d'un roman inachevé de Rousseau, « *Emile et Sophie* », qui devait faire suite à « *Emile* ». Le protagoniste se trouve captif de pirates venant d'Alger. Sous ces rudes maîtres, il fait un cours de philosophie plus utile que celui qu'il avait fait près de son maître[3] – c'est cet enseignement qui touche à notre sujet. Pour faire contraste avec l'attitude exemplaire d'Emile, Rousseau présente deux chevaliers de Malte dont Emile dit qu'ils avaient « par leur noblesse renoncé à leur état d'homme »[4]. Ils interprètent leur esclavage en termes d'honneur ; ils se sentent donc obligés de se venger de leur humiliation.

---

[3]. Rousseau 1969, p. 917.
[4]. *Ibid.*, p. 921.

Quand Emile les avertit que leurs projets de conspiration et d'évasion ne font qu'aggraver leur situation, le plus jeune répond fièrement qu'il « savait mourir ». À quoi Emile répond qu'il vaudrait mieux savoir vivre[5]. Le patron faisant travailler les captifs dans des conditions insupportables, Emile organise une grève et amène le patron à des concessions.

Les chevaliers avaient traité le turc en ennemi ; un ennemi est un pair, quelqu'un par qui on accepte d'être vu et jugé. En tant qu'ennemis, les chevaliers et leur maîtres sont partenaires du même jeu où l'honneur est l'enjeu. Par des voies qu'il serait trop long de décrire ici, Emile a appris que ces jeux sont futiles. Sa sagesse consiste à comprendre la relation entre personnes comme un rapport de choses : « Qu'un maître m'assomme ou qu'un rocher m'écrase, c'est le même événement à mes yeux »[6].

On peut voir dans les chevaliers de Malte, les représentants de l'univers prémoderne. Derrière eux se dessinent le monde de l'épopée, les sociétés féodales, les impératifs de l'honneur et de la vengeance, finalement les structures du don, de la dette et de l'honneur décrites par Marcel Mauss. Si on pose dans ce contexte la question qui nous intéresse ici, la question de ce qui fonde l'égalité entre les hommes, ou bien la question de la nature de la différence entre hommes en tant que souverains et hommes en tant que vie pure, il y a une réponse simple. Dans ces jeux de l'honneur et de la dette, devenir homme et devenir parti prenante dans ce jeu, c'est une seule et même chose. Les jeux constituent des sujets, ils produisent des hommes assujettis aux règles du jeu. Les hommes, au-delà de toutes les différences, sont égaux en tant joueurs. On ne naît pas homme, comme dans notre univers moderne, on est fait homme par un double acte, d'un côté, par le don du droit de participer au jeu et par la reconnaissance de ce droit par les représentants du collectif, de l'autre, par la confirmation du don et de l'appartenance par le sujet. À ce niveau d'abstraction où se situe cette description, l'argumentation vaut également pour les systèmes religieux.

Dans le monde ancien, la souveraineté, telle que la définit Agamben, n'appartient à personne. C'est le jeu, et lui seu, qui est souverain. Ce qui

---

5. *Ibid.*, p. 917.
6. *Ibid.*, p. 917.

est à l'extérieur, est *sacer*, il peut être tué. Ce qui peut être le cas des enfants avant qu'ils ne soient reconnus ; ou précisément des hommes qui ont si massivement ignoré les règles fondamentales qu'ils ne paraissent plus être punissables. Dans cette structure, du point de vue de l'appartenance, l'homme est égal à tous les hommes, c'est-à-dire qu'il retrouve cette égalité comme l'essence de lui-même, comme ce qu'il a décidé d'être et comme ce en quoi il se sait reconnu par les autres.

Au fond des jeux de l'honneur ou des systèmes religieux, il y a un lien primordial : on est ce qu'on est par un don qui oblige, par le don du père en tant que représentant du lignage ou par le don de dieu. La libération que présentent les lumières n'est pas seulement une délivrance des préjugés et de l'asservissement, c'est aussi une libération de ce lien fondamental qui lie l'homme à son état par la force du don. Un noble féodal *est* ce qu'il est, le représentant du lignage, un bourgeois quelque peu éclairé n'est pas son argent, il est un homme tout court, et un homme responsable et raisonnable, peut-être même un citoyen. Mais en tant que pur homme, et là, nous revenons à Agamben, il est en principe *homo sacer*. Dans les systèmes anciens, on devient homme par un procès d'inclusion et de reconnaissance mutuelle. On était reconnu homme en devenant sujet.

Dès que le statut d'homme n'est plus défini par la reconnaissance d'une appartenance, les choses se compliquent. J'ai déjà indiqué qu'il s'établit une nouvelle différence, celle entre les porteurs, les titulaires des droits actifs et les porteurs des droits passifs. D'un côté, il y a une appartenance que les membres du collectif s'accordent mutuellement, donc à base d'égalité ; les porteurs des droits passifs ont des droits qui, tout en étant des droits inaliénables, sont les droits que les autres veulent bien leur donner. Hannah Arendt l'a longuement montré : des droits ne sont des droits que quand il y a un pouvoir qui les garantit. Pour étoffer quelque peu l'argumentation, je vais esquisser rapidement comment cette différence se présente chez un auteur démocrate et humaniste des lumières. En fait la problématique de cette différence parcourt toute l'œuvre de Rousseau. Pour lui, il y a trois modes d'être homme : l'homme naturel qui est un animal qui ne se distingue des autres animaux que par le fait que chez lui les instincts sont déliés de leurs objets, l'homme social qui tire le sentiment de sa propre existence du seul jugement des autres[7] ; et finalement – si on laisse de côté le citoyen de la République – l'homme raisonnable qui, comme Emile, a compris la futilité et le pouvoir destructeur des jeux sociaux et a réussi à se libérer de l'emprise qu'ils exercent sur l'âme des gens ordinaires. L'opposition importante est celle entre dépendance et liberté. La différence est développée dans la description de la communauté utopique du Domaine de Clarens que Rousseau donne dans la « *Nouvelle Héloïse* ». D'un côté il y a les hommes de raison, en occurrence les patrons, de l'autre, les ouvriers et les domestiques. Ceux-ci ne peuvent, comme ce serait le cas dans la République, faire part de la communauté par des principes et de la vertu[8] ; par conséquent, les patrons ont créé toute une organisation de la vie où ces êtres, qui en fait ne sont pas capables de vivre d'une manière autonome et responsable, trouvent une vie qui, dans ces limites, soit la meilleure possible.

Dans cette utopie éclairée, se trouve établie la différence la plus profonde imaginable. Dans le monde ancien, toute personne est considérée comme responsable, c'est un effet du procès qui règle l'acquisition de l'appartenance. Ici on distingue les hommes qui sont incapables de distinguer le bien et le mal, incapables de gérer leur vie, et les autres, qui les prennent en charge. En réalité les domestiques sont des *homines sacri*, des exclus inclus selon la définition d'Agamben, et les patrons sont des souverains qui organisent un mode – évidemment assez « humain » – d'inclusion des exclus. Cela est rendu patent par le fait « qu'on se défait » de ceux qui n'acceptent pas de se laisser organiser leur vie[9]. Vous avez peut-être l'impression que je refais une très vieille critique du paternalisme. Mais la thèse que j'expose dit au contraire que cette structure n'est pas critiquable. Dans le monde ancien, c'étaient les lois transcendantes qui étaient souveraines. Maintenant nous sommes souverains. Nous sommes obligés de décider ce que c'est qu'un homme. Jusqu'à quand un fœtus dont on soupçonne qu'il va être handicapé, est-il tuable ? Ici la souveraineté est mise dans la décision d'une femme et le fait qu'une commission d'éthique a élaboré un avis ne va pas l'aider beaucoup.

---

[7]. Rousseau 1966a, p. 193.
[8]. Rousseau 1964, p. 453.
[9]. *Ibid.*, p. 455.

L'ancien procédé qui liait le devenir sujet de l'homme et sa reconnaissance comme faisant partie du collectif ayant disparu, nous ne savons pas – en tant que sujet, au fond de nous-même – si nous sommes égaux aux autres, si nous sommes non tuables. Je vous rappelle la phrase de Rousseau citée plus haut : « Qu'un maître m'assomme ou qu'un rocher m'écrase, c'est le même événement à mes yeux. » Si je ne fais pas de différence entre un homme et une pierre, les autres probablement font de même. Il semble bien que ce soit cette incertitude qui fonde la plus profonde égalité dans l'univers de la modernité.

Dans la deuxième partie de mon exposé, je vais interpréter le fondamentalisme comme une manière de manier la différence entre la souveraineté et le *homo sacer*. Quand je parlerai du fondamentalisme, il s'agira d'une construction conceptuelle. Je crois que ces concepts peuvent être éclairants dans certains contextes. La question de leur rapport à la réalité ne sera pas abordée ici. Mais il y a certainement des phénomènes classés comme fondamentalistes qui sont tout à fait étrangers aux structures dont je voudrais indiquer la logique dans les pages suivantes.

On peut distinguer dans l'ordre social deux couches. Il y a l'ordre officiel, celui qui se manifeste dans les doctrines, les constitutions, les lois et les discours. Et il y a l'ordre internalisé par les sujets, ce que Lacan appelle l'ordre symbolique. Ce n'est pas ce que pensent les sujets quand ils réfléchissent sur l'ordre, c'est l'inconscient des sujets, la structure dans laquelle, en tant que sujets identifiés, ils se situent. Le passage au monde moderne correspond à la séparation des deux ordres. La séparation est conséquence des événements auxquels j'ai fait allusion plus haut, de la disparition de l'ancienne forme de la constitution du sujet comme un fait éthique, comme un fait lié à l'entrée dans le collectif. Les ordres anciens étaient, comme on sait, extrêmement attentifs à ce que les principes de l'ordre soient ancrés dans l'âme de ses membres. Cela est évident pour les systèmes religieux, mais vaut aussi bien pour les systèmes de don et d'honneur. Les acquis des lumières, la tolérance, la liberté religieuse et de la conscience individuelle, la distinction entre le moral et le légal marquent la séparation des deux niveaux.

Un effet bien connu de cette séparation est l'éclosion de l'individualisme bourgeois, ou pour être plus exact, de cette multitude de minimondes qui caractérisent l'univers bourgeois. Mais il y a un autre effet, et c'est lui qui nous intéresse ici. Agamben décrit le rapport entre souveraineté et *homo sacer* comme étant au fond un rapport de non-rapport, un rapport d'abandon. Et pour Hannah Arendt, ce qui est à la base de tous les développements destructeurs dans l'histoire moderne, c'est la *Verlassenheit*, l'état d'abandon, ce qu'elle appelle aussi la perte d'un monde commun et partagé, la perte de la visibilité, terme chéri d'elle – c'est la réduction des hommes à des *homines sacri*. En effet, les ordres anciens ont été des mondes communs, on était sous un regard attentif, reconnu. Maintenant le statut d'homme est soumis aux aléas de l'histoire économique et des attributions politiques.

À cette distinction correspond une distinction qu'on peut voir dans le style d'aborder le politique. On peut donner à la politique la tâche de créer un ordre dans lequel les individus peuvent le mieux possible organiser leurs petits mondes où ils trouvent leur satisfaction. Un autre style part de la *Verlassenheit*, c'est à dire du fait que les hommes ne sont pas vraiment des hommes. Dans ce style, on donne au politique la tâche de créer un monde, de transformer les individus en hommes véritables, de faire, comme dit Rousseau, « d'un animal stupide et borné..., un être intelligent et un homme »[10], ou, dans les termes de Hannah Arendt, de leur donner une seconde naissance, de leur donner un vie digne d'un homme.

Ce style définit tout un espace qui comprend aussi bien le fondamentalisme que des auteurs comme Rousseau ou Hannah Arendt. Cette communauté dans la manière de concevoir la tâche du politique, bien que les solutions soient opposées, distinguent les analyses de Hannah Arendt, c'est pourquoi dans ce qui va suivre, je vais m'appuyer sur elle.

Le point de départ de tout groupe fondamentaliste est le contraste entre l'ordre perdu et le désordre actuel qui est vécu comme un état de délaissement. Il est essentiel que l'ordre ne soit pas un ordre menacé, encore vivant, mais un ordre perdu. Il faut qu'entre le passé et ce qu'on désire reconstituer se situe ce fossé, la catastrophe. Comme tout phénomène culturel collectif, un groupe fondamentaliste n'est évidemment pas la création d'un individu, mais une émergence. Un individu décide de s'identifier comme une partie de l'ordre perdu et cette décision fait groupe, elle est portée par des autres.

---

[10]. Rousseau 1966b, p. 364.

Se pose alors la question de savoir d'où vient la capacité de se décider, de se lier. Un des caractères de la *Verlassenheit* moderne est précisément le fait que l'individu est sans lien aucun. Et il est impossible de se lier par une pure décision. La décision elle-même est ce qu'elle est, momentanée et instable. Ne peut se lier que ce qui est préalablement lié. Il est utile d'introduire ici le fameux schéma lacanien du stade de miroir. Ce stade décrit l'établissement d'un lien. Ce qui lie – probablement pour la durée de la vie – le bébé à son image, c'est que, comme le montrent les gestaltistes, toute image est en soi image qui fait unité, image d'une perfection. Mais ce n'est pas l'image de la perfection en soi qui fait lien, mais l'image aperçue du point de vue de l'impuissance réelle. Sur ce fond, l'image peut être vue comme une offre à laquelle répond la décision triomphale : voilà ce que je suis. Et encore faut-il que cette identification soit confirmée par un regard tiers. Dans le schéma lacanien, c'est le regard de la mère, c'est-à-dire le regard d'une instance de toute-puissance. C'est ce qui donne à l'identification sa solidité. À cet égard la scène de l'émergence du groupe fondamentaliste se distingue du schéma du miroir. Le groupe qui admire et soutient la décision constituante n'a pas d'existence en soi, il est lui-même effet de la décision. Ce que le groupe admire, c'est la transformation miraculeuse d'un être perdu en une personne forte et sûre d'elle-même. La décision agit comme image de toute-puissance. Il y a donc une instabilité essentielle dans le groupe fondamentaliste, c'est un point auquel nous allons revenir.

La nouvelle de Sartre « L'enfance d'un chef » culmine dans le moment de l'émergence d'une identification fondamentaliste. Dans la première partie, le protagoniste est un jeune homme « triste et vague »[11], quelque chose comme une méduse flottant dans l'eau. Il est attiré par un groupe de jeunes gens d'extrême droite. Le point tournant est une scène dans laquelle il refuse de serrer la main à un juif qui lui est présenté. Il se retourne et quitte la salle. L'identification se construit après coup à la vue de l'effet que son acte a produit dans son entourage, un mélange d'admiration et de respect. L'identification prend forme dans l'image de lui-même vu par le juif offensé : l'image d'un large dos bossué par les muscles, qui s'éloigne avec une force tranquille[12].

---

11. Sartre 1972, p. 229.
12. Sartre 1972, p. 247/8.

On remarque l'indifférence envers tout contenu. Il faut bien qu'il y en ait un, quelque chose qui fasse différence absolue, mais n'importe quelle différence peut fonctionner. Il y a un pur phénomène de groupe : l'émergence d'une décision et d'un groupe à partir de la différence absolue entre le délaissement et la décision.

On peut extraire de l'analyse extrêmement riche du totalitarisme hitlérien et stalinien offerte par Hannah Arendt, l'ossature structurale qui se situe à ce niveau du phénomène de groupe. J'évoquerai brièvement ce qu'il faut pour avoir une idée du fonctionnement.

Il faut commencer par le pouvoir de décision, qui est effectivement une création *ex nihilo*. Il transforme des gens perdus en un groupe discipliné, sans scrupules et prêts à se sacrifier. C'est une expérience de toute-puissance qui dispense de croire dans la réalité de la réalité.

Les groupes ordinaires se composent de personnes qui resteraient des personnes, si le groupe se dissolvait. Le groupe totalitaire a créé les personnes dont il est composé. Ils existent par l'identification au groupe tout-puissant. C'est-à-dire que la dissolution du groupe est littéralement inimaginable, en avoir l'idée détruirait le sujet imaginant.

En même temps le groupe vit sous la menace permanente de la dissolution intérieure. Il ne persiste que par la répétition de l'expérience de la toute-puissance. Il n'a pas de permanence en soi, sa durée est la reconstruction permanente. Tout ce qu'il fait a pour but premier de se faire revivre comme groupe. Ce qui fait qu'il y a un désintérêt ou un aveuglement foncier par rapport à tout ce qui se passe à l'extérieur. Hannah Arendt analyse les différentes stratégies à ce propos. La plus importante est évidemment la répétition du geste qui sépare ceux qui – provisoirement – sont considérés comme des membres et ceux qui sont rejetés comme des non-hommes.

Bibliographie

Agamben, G., 2002, *Homo sacer. Die souveräne Macht und das nackte Leben*, Frankfurt am Main.

Arendt, H., 2000, *Elemente und Ursprünge totaler Herrschaft*, München/Zürich.

Rousseau, J.-J., 1964, *La Nouvelle Héloïse*, in : *Œuvres complètes* Bd.2, Éd. von Bernard Gagnebin et al., Paris.

Rousseau, J.-J., 1966a, *Discours sur l'origine et les fondements de l'inégalité*, in *Œuvres complètes*, Vol 3, éd. Bernard Gagnebin et al., p. 111-237, Paris.

Rousseau, J.-J., 1966b, *Du Contrat Social*, in *Œuvres complètes*, Vol. 3, ed. Bernard Gagnebin et al., p. 347-470, Paris.

Rousseau, J.-J., 1966c, *Emile et Sophie, ou les Solitaires,* in *Œuvres complètes*, Vol. 3, éd. Bernard Gagnebin et al., p. 881-924, Paris.

Sartre, J.-P., 1972, *L'enfance d'un chef,* in : *Le mur*, Paris.

Wolfgang Wildgen

La démocratie, la dynamique des jugements politiques et l'idéal de l'égalité : une approche systémique

1. Questions de méthode

Il est naturel et cela correspond à la méthode traditionnelle de traiter un problème comme *La démocratie au risque de l'égalité* de façon herméneutique, c'est-à-dire en opérant avec une définition de *démocratie* et d'*égalité* fondée sur un processus d'explication historique, par exemple chez Vico, Kant, Foucault ou autres. Cette méthode d'explication sémantique opère plus ou moins au sein de la sémantique naturelle des langues individuelles (italien, allemand, français) et ajoute les précisions philosophiques apportées par les auteurs tels que Vico, Kant, Foucault, etc... Il s'agit donc d'un accès fondé à la fois sur la langue naturelle et sur une tradition philosophique.

Il n'est pas question ici de critiquer cette méthode qui correspond à une rhétorique acceptée par les sociétés modernes, qui se sont séparées d'un code religieux qui avait restreint pendant longtemps le discours intellectuel. Je vais pourtant essayer d'appliquer une méthode différente, dérivée des sciences naturelles. Quand j'applique des couples de concepts comme : stabilité structurelle et catastrophe (René Thom), synergétique et coordination des systèmes (Hermann Haken) ou chaos et structures fractales (Benoît Mandelbrot), je ne suppose guère une réduction des processus politiques à la mécanique ou même à la dynamique des fluides. En vue de la grande quantité d'agents, de mouvements, de forces dans une société (même celle qui est présente dans une assemblée générale, disons de 500 à 5 000 personnes), cette totalité montre des effets d'auto-organisation qui réduisent souvent le poids des décisions, des jugements individuels et répondent aux lois de la dynamique. On peut par exemple facilement comparer le mouvement du trafic à celui d'un fleuve en dépit du fait que chaque conducteur a sa propre biographie, son propre profil intellectuel, ses propres opinions et convictions.

Cette méthode n'élimine pourtant pas les jugements individuels ; elle permet plutôt de comprendre comment et pourquoi le groupe, la société éliminent l'effet de certains jugements et donnent un pouvoir souvent destructif, parfois décisif et positif au jugement d'une minorité ou même d'un individu. Le problème de la démocratie est foncièrement lié à la qualité de la sélection des jugements dans une grande collectivité et le manque d'égalité renvoie à l'oubli d'une part ou à la dominance d'autre part dans l'ensemble des jugements politiques.

La relation entre la méthode dynamique et la méthode herméneutique dépend de façon sensible de la quantité des agents. L'individu qu'il soit perdu dans la masse ou qu'il la domine ou le groupe qui s'identifie avec la position d'un chef d'opinion peuvent être plus facilement décrits à la base d'une opération de compréhension (*Verstehen*) développée dans l'interaction verbale face à face (par exemple entre deux partis). Par contre, les effets de masse (et ceux-ci se montrent déjà à partir de trois partenaires indépendants) exigent une considération morphodynamique du flux des opinions, de leurs attracteurs, de la genèse et la stabilité des conventions (rituels) et enfin de l'auto-organisation des jugements collectifs. Les techniques de compréhension discursive (*Verstehen*) à petite échelle ne suffisent pas dans le contexte des sociétés caractérisées (depuis le néolithique) par la présence d'un grand nombre de forces souvent divergentes.

2. La dynamique des jugements (politiques)

L'acte de jugement dans le mode de l'assertion est défini par la possibilité d'une négation ou d'une affirmation. Les logiciens disent dans la tradition de Frege que le jugement a une valeur : Vrai ou Faux. Ces valeurs le rattachent au monde des faits, comme dit Wittgenstein (« *Was der Fall ist* »). Les actes de parole connaissent d'autres modes, tels la promesse, le commandement, la menace, etc... La morphologie des langues réduit cette pluralité souvent aux modes grammaticaux : indicatif, impératif ; la syntaxe de nos langues distingue clairement l'assertion, qui peut être nuancée par le subjonctif (conjonctif en allemand), l'optatif et avec plus de diversité par les adverbes comme peut-être, probablement, certainement, nécessairement etc., et l'impératif, la question.

Si le mode de l'affirmation apodictique est typique pour le discours démonstratif (par exemple dans la démonstration mathématique qui finit par un « *quod erat demonstrandum* »), la pluralité des modes est typique

pour la rhétorique de la cour de justice et pour la politique. L'agora, le forum, le sénat – là où les décisions politiques sont prises ou préparées – sont caractérisés non seulement par la pluralité des modes d'assertion, des actes de la parole, mais aussi par le grand nombre des individus souvent partisans d'un groupement politique, idéologique, religieux, etc... La démocratie (surtout de l'agora) demande en plus que cette pluralité ne soit pas rigide, qu'il y ait des mouvements, des interactions, des alliances spontanées. Nous pouvons donc considérer au moins trois niveaux d'une dynamique des jugements politiques :
(1) la dynamique au niveau de l'axe modal : exclus (faux), possible, probable, certain (vrai) ;
(2) la dynamique au niveau de l'ensemble des individus présents (de l'agora), ceux qui en vue d'une assertion comme : « Socrate est un séducteur de la jeunesse », pensent que c'est faux et ceux qui pensent que c'est vrai, avec toutes les conséquences (liberté, exécution de Socrate) ;
(3) la dynamique entre les groupes qui ont souvent des dirigeants. S'il y a deux groupes, leur poids peut changer et ce déséquilibre peut mener à la décision portant sur la vie ou la mort de Socrate. Naturellement ces groupes ont une sociogenèse et une sorte de stabilité dans le temps qui restreint les mouvements individuels au niveau (b). Dans ce cas les jugements individuels sont contrôlés, voire forcés par la position programmatique du groupe.

Si le public politique est très grand et se rassemble de façon spontanée, par exemple à la suite d'une grande démonstration politique, sa dynamique ressemble à celle d'un fluide ou même d'un gaz, et on peut penser à appliquer les lois de la dynamique découvertes en physique et en chimie. Les petits changements au niveau : (a) du mode d'assertion, (b) des jugements individuels, sont comme des fluctuations en principe stochastiques. Ce qui décide du mouvement final, c'est la force des grands « fleuves de jugements » et les déséquilibres produits au niveau (c). Ce sont eux qui constituent l'action collective. En physique, la contribution des éléments et sous-systèmes au système global est décrit par le mode de coordination, par exemple dans la « synergétique » de Hermann Haken. Ce qui compte, finalement, ce ne sont que les grandes forces, celles qui dominent les dynamiques partielles. Dans ce cas, on parle d'une *auto-organisation,* car normalement aucun agent rationnel ne peut vraiment contrôler cette dynamique. Pourtant la réalité politique montre qu'il est possible de mettre à son service cette auto-organisation ; ce qui permet alors à un groupe (un individu) de déclencher un effet de force, qui est beaucoup plus puissant que la somme des forces dont dispose le groupe dirigeant. Pour atteindre ce but, il faut que ce groupe (ou même un individu) prenne son parti de telle façon qu'il corresponde à un fleuve dynamique déjà existant. Ce parti ne produit pas vraiment l'effet politique et on peut se demander si l'agent est vraiment responsable ou s'il chevauche plutôt une onde ou se fait transporter par elle. Avant de regarder de plus près un exemple historique, la rhétorique de Hitler et Rosenberg, je vais poursuivre la métaphore thermodynamique et synergétique que je viens d'effleurer :

Si nous partons d'une notion de stabilité structurelle (voir Thom, 1977), un système dynamique peut montrer trois types de comportements :

1. Il est structurellement stable, c'est-à-dire que des changements mineurs (bruit, fluctuations, impacts extérieurs) sont éliminés. Ainsi le roseau se redresse et le chêne gémit sous les coups du vent (s'il n'est pas trop fort, dans ce cas le chêne brise, voir la fable de La Fontaine). La Figure 1 montre à gauche un système qui retourne automatiquement au point d'arrêt. Le système à droite ne connaît pas de point d'arrêt, il est instable.

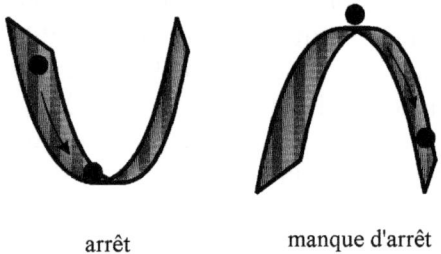

arrêt   manque d'arrêt

Figure 1 : La stabilité structurelle de la fonction $f(x) = x^2$ et l'instabilité de la fonction $f(x) = -x^2$.

2. Dans le cas des variations plus fortes, le système change d'état par un effet « catastrophique ». Certains systèmes ont pourtant une

évolution stable dans le cas du changement. Ainsi une bande de plastique ou d'acier soumise à une pression verticale montrée dans la figure 2 connaît deux états alternatifs.

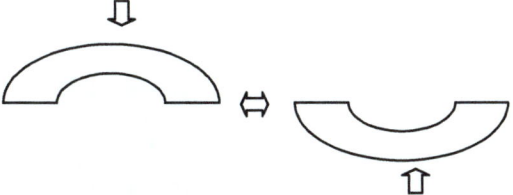

Figure 2 : Les deux états d'une plaque d'acier sous l'effet d'une pression verticale.

La théorie des catastrophes classifie ces évolutions stables dans un système dynamique. En termes mathématiques, la situation la plus simple est décrite par les cuspoïdes ou les systèmes dynamiques avec une variable interne ; ils donnent lieu à une série d'attracteurs. La figure 3 montre une région du déploiement stable du germe $f(x) = x^6$, le papillon, et un diagramme de Dynkin qui indique la constellation des attracteurs et répulseurs et la direction des champs de vecteurs :[1]

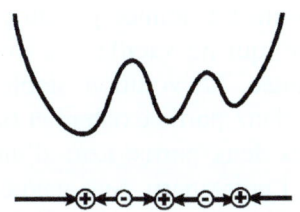

Figure 3 : Le « paysage » d'attracteurs du « papillon » avec trois attracteurs (+) et deux répulseurs (-).

---

[1]. Cette série est infinie de façon dénombrable. Pourtant les séries D (ombilics) et E ne contiennent que trois types. Pour plus de détails voir Wildgen 1985.

3. Les points singuliers des cuspoïdes sont des bifurcations. Si dans un processus donné les bifurcations se répètent et s'accumulent, on approche un système chaotique. L'arbre de Feigenbaum montre une série de bifurcations, qui s'accélère. Après une période avec peu d'alternatives (à gauche) le système entre dans un régime chaotique (qui a pourtant des îles d'ordre).

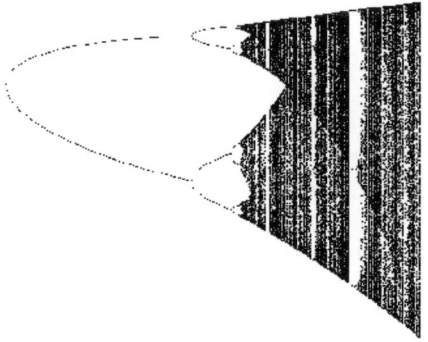

Figure 4 : L'arbre de Feigenbaum.

Pour revenir à notre exemple, la dynamique des jugements dans l'agora politique, la stabilité est donnée par un groupe fort, par exemple un parti religieux obstiné, qui ne vacille pas sous l'effet des arguments contre une position donnée. L'évolution stable, avec bifurcation correspond à la situation où deux partis existent et où la discussion politique peut changer le poids des deux partis. Lors d'un vote, le parti dirigeant peut perdre sa majorité, l'autre parti peut gagner. L'idéal démocratique serait le changement régulier des pouvoirs. Si 3, 4, 5 partis existent, des transitions plus compliquées (avec des coalitions changeantes) sont possibles ; c'est-à-dire que la dynamique dépend du nombre des sous-systèmes.[2]

---

[2]. Depuis Poincaré on discute de façon très systématique du problème du système avec trois forces. Un système avec deux forces correspond *grosso modo* au système-soleil – ensemble des planètes (dans un plan avec des écarts stables) ou à un système avec deux étoiles en couplage stable. Avec trois forces, le système va tôt ou tard s'effondrer /s'effacer, c'est-à-dire choisir un attracteur chaotique. Pourtant, un nombre de centres peut former un cluster (comme la série des planètes) et donc réduire la complexité. Ce

Enfin les changements (élections, renversements) peuvent se succéder avec un rythme accéléré, les règles du « jeu » démocratique peuvent changer par la suite, une guerre civile peut éliminer le concours politique. Au pire des cas, chacun devient l'ennemi de son voisin ; c'est la situation assumée comme originale par Hobbes : « *Homo homini lupus* » ; elle définit le chaos politique.

Hobbes fait surgir le géant « Léviathan », qui presse pour ainsi dire les individus politiques dans une forme « humaine » nouvelle : la société.

Figure 5 : Image du Léviathan de Hobbes.

Hobbes a pensé au roi, porteur du pouvoir spirituel (religieux) et politique ; mais cette « bête » peut aussi bien être un dictateur fasciste ou communiste (Hitler ou Staline).

---

problème se pose aussi en théorie des jeux, c'est-à-dire qu'un jeu avec trois ou plus d'agents indépendants est rarement stable, prévisible et calculable. Ceci limite les possibilités d'une politique rationnelle avec un grand nombre d'agents indépendants et explique la nécessité des coalitions. Cette thématique pourrait être poursuivie au sein d'une théorie des jeux appliquée à la politique (pour une application en théorie textuelle voir Wildgen 1994 : deuxième partie).

3. Le rôle des textes et la sémantique du discours politique

Je vais dans ce qui suit analyser des textes, donc le réseau des assertions (voir le deuxième niveau de la dynamique politique). Le niveau microscopique du texte ou du discours oral n'est pourtant pas nécessairement le centre, le noyau de ce qui se passe. Comme nous l'avons déjà suggéré, la dynamique invisible de la population, la dynamique des valeurs constitue l'arrière-fond auto-organisé qui est responsable de l'effet, du pouvoir de la rhétorique politique. Pour prévenir à un malentendu, je ne prétends donc guère que ce sont les textes ou les discours qui ont causé les évolutions politiques en Allemagne et en Europe après 1920. Ces textes sont plutôt témoins d'une sorte de fleuve, sur lequel les hommes comme Hitler et Rosenberg ont su naviguer. Surtout dans le cas de Rosenberg, l'effet politique était plutôt médiocre et la cour de justice de Nuremberg avait des difficultés à justifier la peine de mort qu'il a subie. Je vais pourtant laisser ouverte la question de la responsabilité de l'écrivain politique.

La logique (depuis Aristote) part de l'idéal d'un discours explicite où toutes les assertions, toutes les figures de déduction apparaissent clairement. Dans le cas de la rhétorique on accepte l'enthymème, c'est-à-dire la déduction avec lacunes, où les lacunes (faits présupposés, figures syllogistiques implicites) peuvent en principe être comblées. Les théories de l'argumentation modernes ont suivi cette trace pour reconstruire la rationalité du discours juridique et politique[3].

Pour la dynamique fluide, continue (et non discrète et syllogistique) de la formation de l'opinion publique et politique, ces mécanismes rationnels ont pourtant une portée très réduite. Ce qui compte, c'est plutôt une sorte de crypto-sémantique constituée par les réseaux de valeurs auxquels certains mots, certaines phrases contribuent de façon continue. La crypto-sémantique est comme un paysage avec des sommets, des vallées, des crêtes, des cols, des glaciers, des lacs, des cataractes et des gorges. Ce paysage est soumis a des changements lents (ce qu'on appelle le « *Zeitgeist* » (l'esprit du temps)) et le fluide de l'opinion publique coule dans ce paysage qui détermine son chemin. Comme dans une guerre, les groupes politiques choisissent des positions, les fortifient et les défendent.

---

[3]. Voir Toulmin 1958 et Toulmin, Rieke, Janik 1979.

C'est dans ce paysage sémantique que le jeu de l'opinion politique à lieu.[4]

Dans cette dynamique politique, les idéologies jouent un rôle constitutif. En général il faut affirmer que :
(1) la dynamique de l'opinion politique basée sur l'expérience historique des masses fournit les mouvements de base ;
(2) le discours politique utilise des discours philosophiques/ idéologiques sans être contrôlé par ceux-ci ;
(3) le texte/discours politique réutilise certains traits du discours philosophique, idéologique et essaie de contrôler l'évolution de l'opinion politique (1), dont il dépend de façon dramatique.

Le discours politique affecte les trois niveaux de contenu mentionnés et son effectivité dépend foncièrement de la dynamique générale dans la population (2). On ne peut donc guère donner la responsabilité seulement à l'écrivain politique qui a l'ambition de se faire le porte-parole d'une masse de porteurs d'opinions plus ou moins anonymes.

Dans le contexte d'une « crypto-sémantique » on peut renvoyer à ce que Cassirer a dit du mythe. Il le distingue du langage par son caractère continu (non discret), le manque d'une conscience de la différence entre le signe et son référent (entre le nom d'un dieu et celui-même), en somme une interprétation magique du signe.[5] La crypto-sémantique partage d'abord le premier trait, c'est-à-dire l'articulation discrète et combinatoire du langage qui reste non-pertinente, car l'effet (le signifié) est plutôt la conséquence d'une déformation continue du paysage des valeurs que le résultat d'une architecture argumentative basée sur les signifiés discrets. Quant à l'effet magique, il consiste dans le fait que le locuteur/écrivain désire une mobilisation de l'opinion publique qui n'est guère une conséquence logique de son argumentation mais apparaît plutôt comme une

---

[4]. Une autre analogie est donnée par les chemins des termites et leurs « cathédrales ». Chaque phrase contribue une petite portion de valeur à la construction totale. La masse des assertions produit des piliers et enfin une « cathédrale » de valeurs. Les leaders essaient de diriger cette construction. À la fin la « cathédrale » croit rapidement (ou elle s'écroule) sans avoir vraiment ni plan ni architecte.

[5]. Puisque nous renvoyons au mythe (dans sa définition par Cassirer), nous pourrions aussi établir un lien à la théorie Freudienne du rêve et à l'organisation du « langage » de l'inconscient. Pourtant la cryto-sémantique est plutôt un phénomène social (de masse), donc une sorte d'effet de résonance entre les contenus inconscients des individus (voir le chapitre : « Psychanalyse et langage » de Kristeva 1981, p. 263 sq.)

sorte de miracle sémantique, dès que les premiers succès se produisent. Après l'abolition des votes et des institutions démocratiques par Hitler, on avait détruit le moyen qui permettait de mesurer l'opinion publique et on utilisait des démonstrations de masse pour simuler une acceptation générale (ce qui fut certainement une illusion ou plutôt un acte de duperie politique).

En tout cas, nous pouvons associer la notion de crypto-sémantique à celle du mythe chez Cassirer. Dans son dernier livre : « *The Myth of the State* », il a appliqué sa philosophie des formes symboliques à l'analyse du fascisme allemand dont il était devenu la victime. D'un jour à l'autre, lui qui était le seul recteur juif d'une université allemande, il a dû quitter son poste et fut forcé d'émigrer d'abord en Suède, plus tard en Grande-Bretagne et enfin aux États Unis.[6]

Dans ce qui suit, je vais considérer la dynamique des valeurs dans les écrits de Hitler « *Mein Kampf* » (1924/25) et de Rosenberg « *Mythus des 20. Jahrhunderts* » (1930).

4. La dynamique des valeurs dans les textes fondateurs du fascisme allemand (Hitler, Rosenberg)

Si on fait abstraction des arguments de détail, on découvre un gradient très simple chez les deux auteurs. Ils opèrent avec un mythe négatif. Chez Hitler, la population juive servait d'attacteur généralisé. Tout ce qui pouvait être mis en relation avec cet attracteur était rangé du côté négatif. Au centre de cet attracteur sémantique, il imaginait un gouvernement fictif, le conseil mondial des juifs, les sages de Zion.[7] Chez Rosenberg, qui avait l'ambition de jouer le rôle de l'idéologue en chef du parti, on observe une élaboration de cet attracteur qui incorpore et même centralise

---

[6]. Son épouse Toni avait pressenti très tôt le danger, surtout quant elle revenait de l'Autriche et traversait l'Allemagne au temps où ils vivaient à Hambourg (à partir de 1919). Le climat intellectuel était en transition rapide (voir T. Cassirer 2003, p. 122-135).

[7]. Le mythe des sages de Zion était une construction élaborée par les agents du tsar de Russie. Il apparut la première fois en 1868 et fut probablement une défense contre l'émancipation des juifs qui avait commencé en Allemagne et en Autriche (après le règne de Napoléon). En même temps, ce mythe permettait aux autorités tsaristes de dissimuler que des milieux importants russes fussent contre l'autocratie tsariste. Le but ultime du mythe en Russie était plutôt le mouvement anarchiste que la population juive. Voir Cohn 1969 : 66 sq.

l'empire décadent de Rome, et surtout l'église romaine, avec le pape et les jésuites comme centres organisateurs.[8] Tant qu'Hitler avait besoin de l'appui des catholiques ou au moins de leur tolérance politique, cette élaboration idéologique fut négligée. On sait que la victoire « définitive » (le « *Endsieg* ») aurait mis fin à cette prudence et que l'église catholique aurait subi le sort des juifs.

L'attracteur positif était associé à la race nordique et à la pureté raciale qui devait être rétablie. Cet attracteur positif reste d'ailleurs très vague et lié à des aspects physiques (cheveux blonds, yeux bleus, grande stature droite) et à des traits de caractère assez abstraits. D'un point de vue morphodynamique, nous avons un champs bipolaire avec une prégnance forte du coté négatif. Tout l'univers sémiotique est contrôlé et réorganisé par cet axe bimodal. La figure 6 en donne une idée.

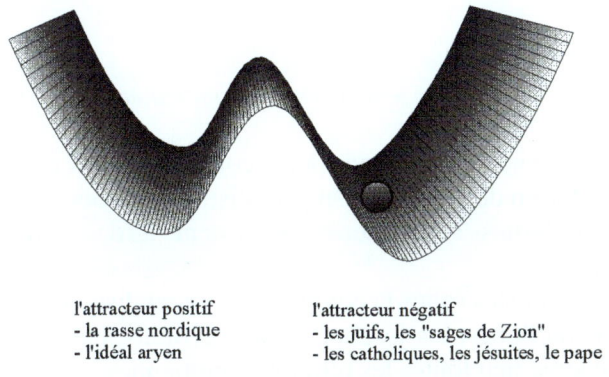

l'attracteur positif
- la rasse nordique
- l'idéal aryen

l'attracteur négatif
- les juifs, les "sages de Zion"
- les catholiques, les jésuites, le pape

Figure 6 : Le système bimodal de l'interprétation chez Hitler et Rosenberg.

Si on se demande, quelles raisons peuvent avoir donné naissance à cette polarisation, on peut d'abord considérer un schème très général déjà connu en psychologie sociale. Sous l'effet d'une tension émotionnelle ou autre, un continuum de choix possibles se « déchire », se polarise, et la polarité qui en résulte est normalement asymétrique (la symétrie est brisée). Cette configuration dynamique correspond au paramètre de

---

[8]. En cela Rosenberg a suivi Chamberlain (1857-1927).

séparation (« *splitting parameter* ») de la fronce[9]. La figure 7 montre l'effet.

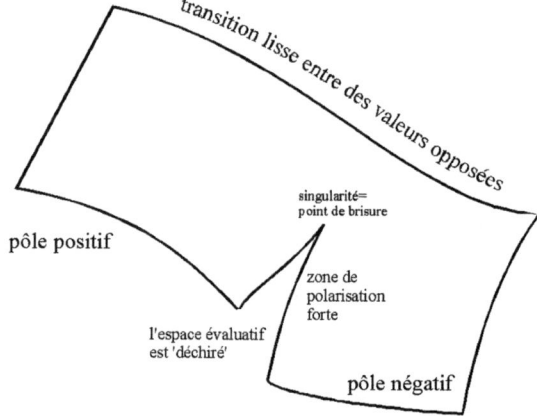

Figure 7 : La « tension » qui déchire le continuum des prises de position.

Ce modèle général peut servir pour réorganiser les « causes » possibles de cette évolution désastreuse. On peut distinguer trois domaines :
(1) Les polarités sous-jacentes renvoient à des forces opposantes comme :
- les capitalistes (pour la composante « socialiste » du mouvement),
- les catholiques, les jésuites (pour les mouvements néo-païens), en deuxième lieu toutes les religions chrétiennes,
- les juifs (avec des transitions lisses entre : personnes de religion juive, les juifs adaptés ou au contraire les juifs orthodoxes, les personnes de « race juive », les personnes ayant un « comportement juif », etc.),
- les francs-maçons, les libertins, etc.,
- les libéraux, démocrates,
- les communistes, etc.

Cette longue liste avec les interprétations diverses de ce que désigne : juif, chrétien, libéral, etc. se polarise ; par exemple si la « race juive » remplace la religion juive. Elle est concentrée de

---

[9]. Pour une introduction au paradigme morphodynamique en linguistique voir Wildgen 1999.

façon métonymique, dès que les juifs sont considérés comme la partie qui peut représenter tout l'ensemble des opposants.
(2) Le continuum des évaluations et des polarités qu'on vient de discuter se déchire et se concentre finalement dans le concept de la « solution finale » (« *Endlösung der Judenfrage* »). Cette discontinuité catastrophique parcourt plusieurs stades. De la razzia en 1938 (« *Reichskristallnacht* ») au marquage sémiotique, l'étoile juive cousue sur les vêtements, aux déportations dans les champs de travail et finalement, dans les fours et les chambres à gaz. Les architectes de l'antisémitisme allemand au 19ème siècle (par ex. Lagarde et Chamberlain, qui parlaient de restrictions politiques ou d'une émigration en Palestine) n'ont guère pu imaginer ces conséquences ultimes, cette avalanche sémiotique qui avait comme attracteur final la mort d'un peuple (le génocide).
(3) L'explosion tragique à partir de 1938 n'a absolument pas de parallèles dans les autres pays fascistes (l'Italie, l'Espagne, etc.) ou dans les mouvements antisémitiques en France, en Angleterre ou dans les pays nordiques. On se demande quelle est la cause spécifique, le schéma général de la concentration de cette avalanche sémiotique. Le caractère énigmatique de l'holocauste, qui n'a pu être expliqué par aucune théorie causale, ni compris de façon satisfaisante depuis la fin de la guerre, invite à douter du principe de la reconstruction causale pour ce type d'événements historiques. Je soupçonne qu'il s'agit plutôt d'un phénomène « synergétique » dans une situation de grande instabilité (politique et intellectuelle/morale). Dans l'auto-organisation synergétique, un grand nombre de sous-systèmes (qui correspondent à des causes possibles) crée dans une situation d'interaction forte un phénomène qualitativement nouveau et avec un niveau énergétique exceptionnel. Ce renvoi à la synergétique n'explique pas l'holocauste, mais il attire notre attention sur le mode d'interaction entre des causes diverses. En tant qu'hypothèse de travail on pourrait par exemple considérer l'isolement de l'Allemagne hitlérienne après 1938 et la perte des contrôles internes de la politique allemande comme le bord d'une situation qui a finalement produit une interaction très forte, qui avait tendance à éliminer le contrôle rationnel des événements.

On peut se demander : quel rôle joue le mythe dans cette opération sémiotique qui prépare les mesures politiques et militaires?

La construction du mythe forme un cadre d'interprétation homogène qui fournit une seule cause génétique pour la construction sémiotique. Les sources mythiques constituent une sorte de prégnance première au sens de René Thom avec la différence importante que Thom pense à des prégnances naturelles, telles que la lumière et les besoins primaires d'un système vivant (une plante, un animal). La prégnance imaginée (inventée) fonctionne-t-elle aussi comme un substrat de signifiés, une « matière » avec une valeur positive ou négative. Tout ce qui émane de cette matière (par ex. l'idée de la race nordique) est imaginée comme positif, tout ce qui s'y oppose ou même contribue à sa diffraction est négatif. Le « sang » (sa pureté, son mélange) devient le représentant de cette matière sémiotique primaire. Le récit mythique fonde une sémiose artificielle, celle-ci fournit une base sémiotique d'abord au discours raciste et nationaliste qui, dans le contexte de la guerre, prépare l'ethnocide.

Cette « explication » reste pourtant schématique ; ce qui manque, c'est le détail politique, économique, stratégique et la psychologie des agents (des personnalités dirigeantes et des masses). Elle permet cependant une réorganisation structurée de l'infinité des « causes partielles » dans le cadre d'une hypothèse morphodynamique.

5. L'idéal de l'égalité et son risque

Depuis l'antiquité, les trois formes du gouvernement : monarchie – aristocratie – démocratie définissent une échelle, sur laquelle les sociétés se déplacent. Dans les années vingt en Allemagne, la république de Weimar, qui avait éliminé les républiques communistes de 1919 (*Räte-Republik*), représentait la position démocratique pour le public allemand. Hitler et son parti d'un côté, et les communistes de l'autre, voulaient remplacer ce gouvernement. Leurs principes étaient contraires à la légalité démocratique. J'essaierai de décrire le principe du « *Führer* », comme préparation d'une sorte de monarchie nouvelle.

La construction de ce mythe semble être la contribution personnelle et originale de Hitler et elle va dominer les autres mythes : le mythe nordique, le mythe de la race supérieure (du sang). Vraisemblablement la source de ce mythe peut être trouvée dans l'expérience du jeune Hitler à

Vienne. Il avait pu observer la carrière idéologique du nationaliste autrichien Schönerer, qui se fit appeler « *Führer* », introduisit le « *Heil* » comme forme de salut et le principe que le « *Führer* » ne se trompe jamais. Tout en imitant les comportements politiques de ses précurseurs, Hitler savait éviter quelques-unes de leurs erreurs stratégiques. La situation de désorientation créée par la défaite de 1918, par les révolutions de 1919 et par la faiblesse de la démocratie de Weimar avaient créé le cadre dans lequel Hitler a pu appliquer avec succès les recettes politiques apprises à Vienne avant la guerre. Le mythe du « *Führer* » a un lien vague avec la figure du « *Übermensch* » de Nietzsche et même avec le messianisme juif. Le but primaire de ce mythe était la divinisation de sa propre personne (dans le style des empereurs romains). On trouve ici une forme extrême du mythe d'origine, car le créateur du mythe dit : « Je suis l'origine des temps futurs ». Il s'agit d'une sorte de mythologie inversée. Au lieu de chercher une origine (idéale) dans le passé pour se consoler de l'état imparfait du présent, Hitler prend le présent et sa propre personne comme origine et construit l'avenir à partir de ce point de départ.

En principe, on peut se demander : existe-t-il un cadre sémiotique dans lequel les deux types de mythe, celui qui renvoie au passé et celui qui renvoie à l'avenir, se rejoignent? Je pense que la religion chrétienne contient la clef. Le messie est la réincarnation de l'origine (Dieu). Si on applique cette formule, Hitler devrait être la réincarnation des dieux germaniques. De quel Dieu? De Wuotan, du dieu de la colère, de la puissance sauvage, appelé « *tyrannus, herus malus* » par les chrétiens, ou de Donar le dieu de l'éclair, du tonnerre, de la pluie, celui qui rend la justice, le père ?

Le mythe du « *Führer* » fut vite généralisé par Hitler[10]. Chaque unité du parti, puis ‚de l'armée, eut ses « *Führers* », qui formaient donc une énorme pyramide du pouvoir. Chacun d'eux avait dans sa position un pouvoir pratiquement illimité, ce qui donnait même au sergent le sentiment d'être une personne responsable du succès du système dont il était une partie essentielle. Chaque porteur de fonction rivalisait avec les « *Führer* » du même niveau (voir les flèches doubles). La figure 8 donne

---

[10]. Le principe du parti communiste en tant que groupe régnant dans la société s'est développé après la prise de pouvoir de Staline vers une nouvelle forme de monarchie ; il suivait donc la même ligne que Hitler (et Mussolini). En ce sens il était disciple de Hitler, comme celui-ci fut disciple de Mussolini.

une illustration de cette organisation très efficace (surtout dans les domaines de responsabilité limitée).[11]

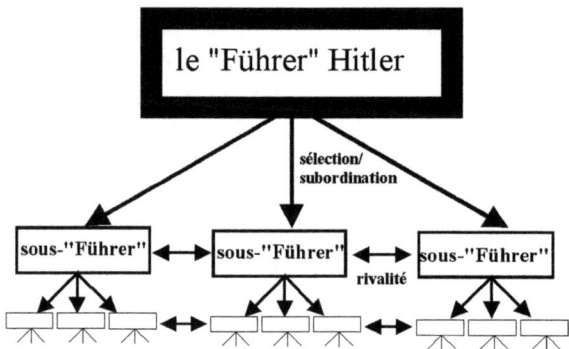

Figure 8 : La topologie hiérarchique du mythe du « Führer ».

Hitler et Rosenberg fondaient ce principe sur l'idée d'inégalité fondamentale des races (voir Gobineau 1853/55 : « *Essai sur l'inégalité des races humaines* »), sur l'idée empruntée par usurpation à Nietzsche de l'« *Übermensch* » et celle des créateurs d'une culture (« *Kulturschöpfer* ») menacée par la mutilation des races (voir les écrits de Houston Chamberlain, 1857-1927). Je vais discuter le risque de l'égalité dans ce conflit.

• Le principe d'inégalité généralisé par le principe du *Führer* a eu pendant une courte période et dans des contextes spécifiques des effets de stabilisation, car il produisait une sorte d'architecture politique stable au coeur du régime.[12] Ainsi Hitler a pu consolider sa propre position vis-à-vis de son entourage (Goebbels etc.) qui se paralysait dans la concurrence (pour son appréciation). Enfin l'application du principe à l'organisation du parti et de l'armée a pro-

---

[11]. Behrenbeck (1996) analyse la propagande nazie et l'utilisation du « *Führer* » comme « nom de marque ». A l'aide des affiches à partir de 1932, elle trace la présentation de cet « article » jusqu'en 1942. Après le début des échecs militaires la propagande a présenté un Hitler plus distancé et à partir de 1943 le mythe du « *Führer* » s'est effondré ; voir *Ibid.*, p. 71).

[12]. L'architecture (maximaliste) fut une des obsessions de Hitler.

La démocratie, la dynamique des jugements politiques et l'idéal de l'égalité

curé du pouvoir à un grand nombre d'individus avides d'avancer dans l'ordre social. Dans l'armée, le principe a réduit la hiérarchie traditionnelle et a donné une certaine liberté d'action aux petits chefs (lieutenant, sous-lieutenants) qui pouvaient mobiliser des forces nouvelles (dont les succès militaires des premiers stades de la guerre témoignent).

• Par ses fondements dans une idéologie rigide et raciste le principe a d'abord exclu une grande partie de l'intelligentsia (juive, de gauche, chrétienne) qui fut poussée vers l'émigration ou le silence. Il a étouffé le discours politique par manque de liberté. Le résultat fut un gradient croissant d'inadéquation des décisions politiques surtout après 1933 et le cul-de-sac politique après le début de la guerre (d'ailleurs comparable à la paralysie politique de la monarchie et de l'amirauté allemande après 1916).

Si on applique ces observations pour évaluer le principe d'égalité appliqué dans la démocratie, on peut conclure que l'instabilité démontrée en plein public dans la démocratie de Weimar avait ses sources dans une situation et un discours politique difficiles et pleins de pièges. L'autocratie fasciste dissimulait et finalement éliminait le discours politique nécessaire et imposait des modèles de « solutions » archaïques qui n'avaient aucune chance de résoudre les problèmes politiques. Pour revenir à la modélisation systémique, nous pouvons dire, que dans une situation sans solutions claires, l'égalité permet d'explorer une grande quantité de chemins possibles. Cette expérimentation générale risque pourtant d'engendrer une dynamique chaotique qui, selon ce que j'ai esquissé au début, multiplie les bifurcations et crée une complexité souvent insupportable à la population. On peut appliquer la dynamique de Feigenbaum (voir la figure 4) aux positions politiques qui se ramifient. Ainsi a-t-on pu observer un nombre croissant de partis politiques ou de groupes divergents à l'intérieur de partis politiques ; la Figure 9 en donne une image systémique.

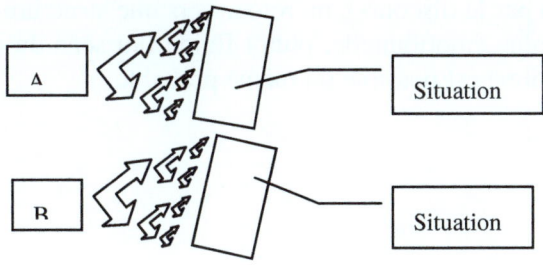

Figure 9 : Au départ deux groupes politiques A, B :
 bifurcations répétées à partir de A, B

Le risque de l'égalité qui permet des bifurcations sans fin est compensé par le fait que le grand nombre de solutions élaborées constitue la base pour un bon choix. Dès qu'une chance de réalisation se présente, et c'était le cas au début des années trente quand la situation économique et politique s'améliora, la démocratie peut choisir dans le champ des positions en concurrence et s'adapter de façon optimale à la nouvelle situation. Cela est comparable à la dynamique du cerveau qui prépare une réaction de perception et de reconnaissance. L'attracteur chaotique permet une transition très rapide à une stabilité de reconnaissance car il se trouve en proximité de toutes les solutions possibles (voir les travaux sur l'olfaction de Freeman, 1995).

Le principe « *Führer* » par contre perpétue une stabilité forcée en éliminant la richesse des choix et en appliquant des solutions préétablies (souvent ancestrales). Dans la situation de grand risque, de conflit, de guerre, il manque de choix et court à sa propre perte.

On peut résumer cette délibération en disant que l'égalité permet un discours politique polycentrique au risque de la stabilité politique. Une population sans expérience politique ou trop jeune et dans une atmosphère d'angoisse ou de revanche supportera mal la période chaotique qui prépare la solution politique, et cela donne une chance aux démagogues.

Le discours démocratique de l'égalité a en général un caractère rationnel et il est pour cela menacé par des fleuves d'opinion irrationnels ou des fleuves « mythiques » (au sens de Cassirer). Il a pour condition de succès un stade dans l'évolution discursive qui demande une socialisation intellectuelle souvent non atteinte dans des civilisations préindustrielles (par exemple, sans alphabétisation ni scolarité) ou dans celles où les couches sociales bien instruites ont peu de pouvoir.

Surtout dans les situations de crise (qui font peur, détruisent la confiance dans une solution par le discours), un retour vers une structure discursive plus primitive, plus émotionnelle, plutôt fluide (au sens du concept de mythe chez Cassirer) est possible ou même probable.

6. Conclusion

L'analyse des formes symboliques du discours politique chez Cassirer et l'utilisation des concepts systémiques de stabilité structurelle, bifurcation et chaos permettent de structurer le problème de la démocratie en tant que forme de communication politique, de préciser le rôle des valeurs sous-jacentes, l'organisation des réseaux de communication, de la propagande et de l'instruction politique par les écoles et les médias. Finalement une compréhension de ces mécanismes pourra restreindre ou même éliminer les risques de la démocratie et du principe d'égalité.

Bibliographie

Altmann Gabriel et Walter A. Koch (Éds.). 1998. *Systems*. New Paradigms for the Human Sciences, de Gruyter, Berlin.

Behrenbeck, Sabine, 1996. « *Der Führer* ». *Die Einführung eines politischen Markenartikels*, in : Diesener, Gerald et Rainer Gries (Éd.), 1996. *Propaganda in Deutschland. Zur Geschichte der politischen Massenbeeinflussung im 20. Jahrhundert*, Wiss. Buchgesellschaft, Darmstadt : 51-77.

Cassirer, Ernst, 1925/1973. *Philosophie der symbolischen Formen*, vol. 2. Das mythische Denken, 1925. Nouvelle édition par : Wiss. Buchgesellschaft, Darmstadt (1973).

Cassirer, Ernst, 1949. *Vom Mythos des Staates* (Original : *The myth of the state*, Yale U.P., 1946), Artemis, Zürich.

Cassirer, Toni, 2003. *Mein Leben mit Ernst Cassirer*, Meiner, Hamburg (typoscripte de 1948).

Cecil, Robert, 1972. *The myth of the master race*. Alfred Rosenberg and Nazi ideology, Batsford, London.

Chamberlain, Houston St., 1919. *Rasse und Nation*. Flugblatt aus Deutschlands Erinnerung, Lohmann, München.

Cohn, Norman, 1969. *Die Protokolle der Weisen von Zion*, Kiepenheuer und Witsch, Berlin (le livre parut d'abord en anglais : Warrant for Genocide).

Dörner, Andreas, 1995. *Politischer Mythos und symbolische Politik*, Westdeutscher Verlag, Opladen.

Favrat, Jean, 1979. *La pensée de Paul de Lagarde (1827-1891). Contribution à l'étude des rapports de la religion et de la politique dans le nationalisme et le conservatisme allemands au XIXe siècle.* Thèse de l'université de Paris IV, Librairie Champion, Paris.

Field, Geoffrey, G., 1981. *Evangelist of Race. The German Vision of Houston Stewart Chamberlain*, Columbia U.P., New York.

Freeman, W.J., 1995. The Creation of Perceptual Meanings in Cortex through Chaotic Itinerancy and Sequential State Transitions Induced by Sensory Stimuli, in : Stadler/Kruse, 1995 : 421-437.

Haken, Hermann, 1983. Synergetics. An Introduction (Third revised and augmented edition), Springer, Berlin.

Hamann, Brigitte, 1996. *Hitlers Wien. Lehrjahre eines Diktators*, Piper, München.

Hitler, Adolf, 1940. *Mein Kampf*, Zentralverlag der NSDAP, München.

Kristeva, Julia, 1981. *Le langage, cet inconnu. Une initiation à la linguistique*, Seuil, Paris.

Mandelbrot, Benoît, 1987. *Die fraktale Geometrie der Natur* (traduit de l'Américain : *The Fractal Geometry of Nature*), Birkhäuser, Basel.

Rosenberg, Alfred, 1941. *Der Mythus des 20. Jahrhunderts. Eine Wertung der seelisch-geistigen Gestaltungskämpfe unserer Zeit*, Hoheneichen-Verlag, München.

Stadler, Michael und Peter Kruse (Éd.), 1995. *Ambiguity in Mind and Nature*, Springer, Berlin.

Thom, René, 1977. *Stabilité structurelle et morphogenèse*, 2ème édition, InterEditions, Paris.

Toulmin, S., 1958. *The Uses of Argument*, Cambridge.

Toulmin, S., R. Rieke, and A. Janik, 1979. *An Introduction to Reasoning*, New York.

Wildgen, Wolfgang, 1985. *Archetypensemantik. Grundlagen für eine dynamische Semantik auf der Basis der Katastrophentheorie*, Narr, Tübingen.

Wildgen, Wolfgang, 1994. *Process, Image, and Meaning. A Realistic Model of the Meanings of Sentences and Narrative Texts*, Benjamins, Amsterdam

Wildgen, Wolfgang, 1996. *Die Gewalt des politischen Mythos : Eine Analyse anhand von Hitler*. Conférence donnée à Bilboa en 1996.

Manuscrit accessible dans l'internet : http:// www.fb10.uni-bremen.de/homepages/wildgen/pdf/MythosGewalt.pdf.

Wildgen, Wolfgang, 1999. *De la grammaire au discours. Une approche morphodynamique*, Lang, Berne.

Wildgen, Wolfgang, 2004. *The Evolution of Human Languages. Scenarios, Principles, and Cultural Dynamics*, Benjamins, Amsterdam.

Wolfgang Wildgen und Laurent Mottron, 1987. *Dynamische Sprachtheorie. Sprachbeschreibung und Spracherklärung nach den Prinzipien der Selbstorganisation und der Morphogenese*, Studienverlag Brockmeyer, Bochum.

Jaleddine Saïd

La démocratie selon Spinoza
En quel sens la démocratie est-elle le secret de la longévité d'un État ? Quelle démocratie ? Et pour quel État ?

Selon Spinoza, la politique, à l'instar de l'éthique, est une science qui suppose la connaissance de la nature humaine, une science qui s'applique à des cas concrets et réels ; car « ce n'est pas des enseignements de la raison, mais de *la nature commune des hommes*, c'est-à-dire de leur condition, qu'il faut déduire les causes et les fondements naturels des pouvoirs publics »[1].

En s'appliquant à la politique, Spinoza n'a pour ambition que d'établir « par des raisons certaines et indubitables *ce qui s'accorde le mieux avec la pratique* »[2].

Tout d'abord il rejette toute conception qui verrait dans l'État un produit ou un épiphénomène de la Nature : « La Nature ne crée pas des nations » écrit-il dans son *Traité théologico-politique* (T.T.P.).

Ensuite, Spinoza reste bien loin de ces théoriciens qui dessinent le plan chimérique d'une Cité idéale en présumant que la théorie peut se convertir en pratique et s'appliquer à toute réalité historique pour lui imprimer le sceau de l'éternité. Au lieu de partir des actions réelles des hommes, la solution utopique prétend déduire ces actions conformément à un plan préconçu. Pourtant, même si les institutions rêvées sont cohérentes entre elles, il reste la solution de créer les hommes pour ces institutions, solution qui ne peut consister qu'en une sorte d'éducation absolue. Or, tel n'est pas le point de vue de Spinoza, car bien que figurant au programme du *Traité de la réforme de l'entendement* (T.R.E.), la science de l'éducation n'est pas envisagée comme la panacée attendue pour l'édification d'une société libérale[3].

---

[1]. B. Spinoza, *Traité politique* (T. P.), chap. 1, § 7, souligné par nous ; nous nous référons ici et dans ce qui suit à la traduction de Charles Appuhn, éd. G-F, Paris 1966.
[2]. *Ibid.*, § 4, souligné par nous.
[3]. En effet il est question, chez l'auteur du T.R.E., de fonder tout d'abord une société telle

La méthode de Spinoza ne consiste donc pas à dégager les conditions de possibilité d'une société humaine idéale, mais à élaborer une vision réaliste qui tienne compte du procès historique des nations. C'est en ce sens que l'État libéral, quel que soit son régime, monarchique, aristocratique ou démocratique, est conçu par notre auteur, non comme devant s'appliquer à toute collectivité humaine sans tenir compte de la perspective temporelle et de l'action historique des individus, mais comme une réalité individuelle vivante qui évolue à l'instar du corps humain. En citant Machiavel, ce « très pénétrant florentin », Spinoza écrit que « dans un État, tous les jours, comme dans le Corps humain, il y a certains éléments qui s'adjoignent aux autres et dont la présence requiert de temps à autre un traitement médical »[4].

Et il est assez remarquable, en ce sens, que Spinoza ne s'attarde guère dans son T.P. à la description d'un régime imparfait ou d'un État instable et décadent. Son intention, en effet, celle-là même qui a présidé à l'élaboration de l'*Ethique*, n'est pas tant de décrier l'erreur que d'établir la vérité. Il s'agit, non pas de méditer sur la faiblesse, la maladie et la mort de l'État, mais de chercher les secrets de sa bonne santé et de sa longévité.

C'est ainsi que Spinoza se détache de la tradition platonico-aristotélicienne qui associe à chaque régime politique sa forme pervertie et dégénérée : la tyrannie à la monarchie, l'oligarchie à l'aristocratie, la démocratie à la république. Spinoza refuse d'introduire, en effet, dans son système politique des notions telles que celles de *bon* ou de *mauvais* régime dont l'un servirait de modèle à l'autre qui n'en serait qu'un exemplaire vicié.

C'est pourquoi, malgré sa nette prédilection pour le régime démocratique, Spinoza ne récuse ni la monarchie, ni l'aristocratie. Les régimes politiques sont autant de formes possibles que la Cité peut revêtir, et chaque régime peut avoir une « *bonne forme* », la forme la plus cohérente et la plus rationnelle, celle où la théorie s'accorde le mieux avec la

---

qu'on puisse s'y appliquer à la science de l'éducation ainsi qu'à la philosophie morale. Ce n'est pas la science de l'éducation ni la philosophie morale qui doivent préparer les hommes à vivre dans la société libérale, mais la société libérale qui doit permettre de s'appliquer à l'éducation civique et morale des individus devenus citoyens (Cf. T.R.E., § 5).

4. T.P., chap. 10, § 1.

pratique. Spinoza veut montrer que chaque type de régime est viable, à condition toutefois que son application concrète s'accorde le mieux avec ses principes.

Et il n'est peut-être pas très exact de dire que les préférences de Spinoza vont exclusivement vers le régime démocratique. Car il y a lieu, en effet, d'accorder un double sens au mot « *démocratie* »[5] : il y a, d'une part, la « démocratie – régime » qui s'oppose, en tant que telle, à la monarchie et à l'aristocratie et, d'autre part, la « démocratie – fondement » qui est à l'origine de tout régime politique, dans la mesure où elle est le principe même du pacte et dans la mesure où le droit de nature de chacun est remis par tous à la souveraineté. Tous les régimes sont donc d'origine démocratique, mais c'est le régime démocratique seul qui est d'essence vraiment démocratique, puisque les prémisses n'y sont pas dissociées de leurs conséquences : tous les individus se désistent de leur droit de nature, mais tous aussi détiennent le pouvoir politique.

Si l'on compare l'État démocratique à lui-même ou aux États monarchique et aristocratique, en prenant pour critère le degré de perfection de leur *conatus*, c'est-à-dire de leur effort pour se conserver en tant que tels, il faut dire que l'État démocratique est le plus sain et le plus rationnel. Mais, étant donné qu'il y a des degrés de santé et de maladie, il est naturel qu'il puisse y avoir d'autres régimes que le démocratique, et de concevoir que les régimes monarchique et aristocratique soient viables, dans la mesure où leurs institutions s'inspirent de la norme immanente à l'essence de l'État démocratique. En ce sens, il est vrai de dire, avec Sylvain Zac[6], que, pour Spinoza, la démocratie est la raison de l'État, de même que la tyrannie est la folie de l'État. Il n'en reste pas moins, toutefois, qu'on ne choisit pas arbitrairement tel ou tel régime, puisqu'on se trouve toujours dans une situation historique donnée, dans une Cité qui a déjà une tradition politique ancestrale.

En outre, la démocratie n'est pas le meilleur régime pour n'importe quel peuple et à n'importe quelle époque. Un peuple de barbares ne peut détenir le pouvoir sans aller directement vers sa perte. Et il en est de même pour n'importe quel régime : il ne s'agit pas tant de l'imposer à

---

[5]. Cf. R. Caillois, Métaphysique et politique chez Spinoza, in *Les Etudes Philosophiques*, Juillet /Septembre 1972, N° 3.

[6]. S. Zac, État et Nature chez Spinoza, in *Revue de Métaphysique et de Morale*, Janvier /Mars 1964, N° 1.

n'importe quelle société ou de le remplacer par un autre, que de l'améliorer et de le perfectionner dans le cadre même de ses institutions. La thèse de Spinoza est que « chaque État doit conserver sa forme de gouvernement qu'il ne peut changer sans être menacé de ruine totale »[7]. Ainsi, par exemple, « il est funeste pour un peuple qui n'est pas accoutumé à vivre sous des rois et qui a déjà des lois instituées, d'élire un monarque. Ni le peuple en effet ne pourra supporter un pouvoir aussi grand, ni l'autorité royale ne pourra souffrir des lois et des droits du peuple institués par un autre d'une autorité moindre que la sienne (...) Ainsi est-il arrivé que le peuple a bien pu changer de tyran, mais non jamais supprimer le tyran, ni changer un gouvernement monarchique en un autre d'une forme différente »[8].

Faut-il voir dans ces passages une attitude anti-révolutionnaire de Spinoza ?

Certes, mais la répulsion de Spinoza pour la révolution et la violence ne l'empêche aucunement d'admettre le droit du peuple à l'insurrection. Le peuple qui se désiste de ses droits naturels ne les transfère pas en totalité au souverain, mais il s'en réserve une grande part[9]. La puissance de l'État est toujours limitée par celle du peuple, et, « si ample que nous concevions le droit et le pouvoir de celui qui exerce la souveraineté dans l'État, encore ce pouvoir ne sera-t-il jamais assez grand pour que ceux qui en sont détenteurs, aient puissance absolue sur tout ce qu'ils voudront »[10]. D'ailleurs, comme le remarque Spinoza, le souverain a toujours intérêt à ne pas provoquer la colère et la haine de son peuple[11], car si le pouvoir devait revenir à celui qui est le plus craint, c'est à ce dernier qu'il reviendrait, puisque le tyran a toujours du peuple la plus grande crainte[12].

Changer radicalement de régime politique au cas où celui qui est en vigueur ne répond plus aux intérêts de la masse, ou améliorer le régime défaillant et faire en sorte qu'il passe d'une moindre à une plus grande perfection, tel est le choix qui se présente à Spinoza, et c'est la deuxième solution qu'il adopte, *celle qui se déduit le mieux de ses prémisses*

---

[7]. T.T.P., chap. 18, p. 310.
[8]. T.T.P., chap. 17, p. 279.
[9]. T.T.P., chap. 16, p. 267.
[10]. T.T.P., chap. 17, p.279.
[11]. T.T.P., chap. 18, pp. 308-309.
[12]. T.T.P., chap. 17, p. 279.

éthiques. Car de même, en effet, qu'un individu ne peut changer de nature sans s'auto-détruire, de même un État ne peut changer totalement de structure sans risquer de sombrer dans le chaos et de régresser vers l'état de nature. Appliquer un régime étranger à une quelconque société politique peut s'avérer souvent aussi vain et aussi désastreux que de greffer dans un Corps malade un organe artificiel à la place de l'organe déficient. Le résultat serait le même : *le rejet*. Guérir l'organe malade ou, du moins, pour ainsi dire, *faire avec*, est parfois plus salutaire que de lui en substituer un autre. Néanmoins, il est permis de se demander si une solution radicale n'est pas parfois requise : notamment lorsque l'organe lésé est incurable, lorsque le régime incriminé est irrécupérable.

La réponse que Spinoza pourrait fournir est que chaque peuple a le régime qu'il mérite, et que le droit de tout peuple se mesure à la force de son *conatus* face au *conatus* du souverain. La tension entre le *conatus* du peuple et celui du souverain est la marque même de la vie de l'État. Tant que l'équilibre des forces – c'est-à-dire des intérêts – demeure sauvegardé, alors la paix et la stabilité de l'État sont par là même assurées. L'équilibre est-il rompu ? La stabilité de l'État s'en trouve réellement menacée.

Si l'État existe, en définitive, c'est dans la mesure où les citoyens le veulent bien. Cesseront-ils de le vouloir ? Son existence devient aussitôt précaire et il est voué tôt ou tard à disparaître. L'inverse se vérifie également : si les sujets sont citoyens, c'est que l'Autorité politique le veut bien. Cessera-t-elle de le vouloir ? C'est alors le règne de la tyrannie et la porte ouverte à tous les excès. « Par suite, ajoute Spinoza, le gouvernement le meilleur est celui sous lequel les hommes passent leur vie dans la concorde et celui dont les lois sont observées sans violation. Il est certain, en effet, que les séditions, les guerres et le mépris ou la violation des lois sont imputables non tant à la malice des sujets qu'*à un vice du régime institué*. Les hommes en effet ne naissent pas citoyens, mais le deviennent »[13].

Ainsi donc, si la rationalité et la santé d'un État se mesurent au degré d'organisation et d'équilibre des forces qu'il implique, on peut dire qu'est plus sain et plus rationnel l'État qui est capable de subir un plus grand degré de désorganisation sans être dénaturé en son fond. Peu importe, dès

---

[13]. T.P., chap. 5, § 2 (souligné par nous).

lors, que cet État soit monarchique, aristocratique ou démocratique, pourvu que la fin toujours poursuivie soit la paix, la stabilité et la sécurité.

En raison de cela, et au moment d'établir les lois, le souverain doit tenir compte d'un facteur décisif : *les mœurs dominantes*. Car, en effet, les citoyens ne sont pas conditionnés uniquement par les institutions politiques. En deçà des lois, il y a *les mœurs*, infrastructure spontanée de la vie sociale que l'État ne peut organiser sans en tenir compte. Ainsi que l'affirme justement Spinoza, « seules (...) les lois et les mœurs peuvent faire que chaque nation ait une complexion singulière, une condition propre, des préjugés à elles »[14]. Les mœurs sont, sans doute, déterminées, pour une part, par les institutions existantes, mais il y a des facteurs plus importants, tels que le milieu naturel environnant et le passé historique dont les traces se font sentir à travers la conscience collective de tout le peuple.

C'est pourquoi n'importe quelles institutions ne conviennent pas à n'importe quelles mœurs : un gouvernement démocratique demeurera inopérant chez un peuple d'esclaves ; une législation religieuse libérale restera sans effet sur des sujets foncièrement intolérants ; un régime économique strictement égalitaire ne pourra être supporté par un peuple mercantile et avide de commerce. Le meilleur des régimes est voué à l'échec s'il entre en contradiction avec les mœurs des individus à gouverner. L'incompatibilité entre les institutions gouvernementales et les mœurs dominantes est l'un des principaux facteurs du dépérissement de l'État. Pour cette raison, et bien que le régime démocratique jouisse d'un privilège notable chez Spinoza, il est vain d'instituer un régime qui ne convienne pas aux mœurs déjà existantes, de même que, selon une observation d'A. Matheron[15], nul ne persuadera jamais, par exemple, un roi, de la supériorité du régime démocratique.

En définitive, Spinoza contresignerait bien cette idée de Kant selon laquelle le problème du fondement de l'État peut être résolu même pour un peuple de démons[16].

---

[14]. T.T.P., chap. 17, p. 295.
[15]. Cf. A. Matheron, *Individu et communauté chez Spinoza*, Paris, Ed. De Minuit 1969, p. 429.
[16]. Cf. *Projet de paix perpétuelle*, 1er Supplément.

Georges Navet

G.B. Vico et l'intenable égalité

Le moment où s'atteint chez Vico la plus grande égalité – une égalité qui est à la fois politique et civile [1] – est celui des républiques populaires, appelées aussi républiques démocratiques. Le moment est simultanément celui sur lequel l'auteur de la *Scienza nuova* est le moins disert. Le lecteur a de la sorte le sentiment qu'il s'agit pour Vico du régime le moins durable. En bonne logique vichienne, aucun régime, que ce soit celui des républiques aristocratiques qui précèdent les républiques populaires, ou celui des monarchies qui leur succèdent, ne peut durer indéfiniment. Tous sont voués à disparaître, à plus ou moins long terme.

Tout se joue dans ce plus ou moins long terme : un régime peut « tenir » plus ou moins longtemps. Vico loue les patriciens romains d'avoir résisté pied à pied aux revendications des plébéiens, de ne leur avoir cédé des droits que peu à peu, faisant ainsi durer le plus longtemps qu'il était possible la république aristocratique, en l'occurrence la république patricienne. De même les régimes monarchiques « tiennent-ils » d'une part grâce à l'autorité du monarque, d'autre part grâce au travail héroïque des jurisconsultes qui unissent en leur personne sagesse savante et sagesse vulgaire, raison et sens commun. Rien d'analogue ne peut, semble-t-il, avoir lieu dans les républiques populaires. Les républiques aristocratiques reposaient sur une essentielle inégalité – à la fois politique et civile – entre patriciens et plébéiens. Les monarchies conserveront l'égalité civile entre les « citoyens », mais au prix de leur retirer les droits politiques, si bien que « citoyens », ils ne le seront plus qu'au sens d'une appartenance à la cité. C'est donc l'égalité politique qui paraît « intenable ».

Les aristocrates ou patriciens des républiques aristocratiques s'appelaient eux-mêmes « héros », fils des dieux. La figure par excellence du

---

[1]. Vico prenant pour modèle dominant l'histoire de Rome, il s'ensuit qu'il faut entendre par « la plus grande égalité » celle qui régit les rapports entre « hommes », au sens masculin du terme. Cette exclusivité masculine va tellement de soi pour le Napolitain qu'il n'éprouve à aucun moment le besoin de la thématiser.

héros est celle d'Hercule, fils de Jupiter. Le héros, chez Vico, est toujours, selon des modalités diverses, un héros de la synthèse, de l'*andar raccogliando*, de l'aller en recueillant, en rassemblant. Il s'élève contre la menace de dispersion, d'effritement temporel, de rechute dans l'animalité ou la monstruosité, contre la régression en général. Il ne saurait le faire en maintenant les choses en état, il le fait en produisant une avancée : en liant le passé au présent et en le lançant pour ainsi dire vers l'avenir, il effectue une synthèse du temps – il produit un temps linéaire et cumulatif qui s'oppose au risque toujours menaçant d'une retombée dans le temps cyclique. Le héros redresse la courbure du temps, il le « linéarise ».

Le héros ne maintient (le passé, l'acquis) qu'en portant plus loin ce qu'il maintient. Faut-il dire qu'il n'y a pas d'héroïsme dans les républiques populaires ? Il est difficile de ne pas voir dans leur instauration même un acte héroïque. Mais le collectif qui en est le porteur semble voué à se disséminer dans les individus, de sorte qu'il faudrait que chacun se conduise à titre personnel en héros pour que le régime continue. Or, le héros, s'il peut constituer un idéal pour tous (ou pour toute une « classe »), ne s'incarne de fait que dans des individus par définition exceptionnels. Tous peuvent-ils continûment s'élever à l'exceptionnel ?

La réponse vichienne est clairement négative. Mais si tous ne le peuvent, ne suffirait-il pas que quelques-uns le puissent ? Le concept de « héros démocratique » contient en lui-même sinon une contradiction, du moins une ambiguïté, puisqu'un tel héros se montre supérieur aux autres dans le moment même où il les appelle à être ses égaux.

Intenables, les républiques démocratiques ne sont pas pour autant impossibles. Elles le sont d'autant moins qu'elles constituent, dans l'histoire telle que la pense Vico, un passage indispensable : avec elles, après l'âge divin (âge des familles monastiques, âge donc anté-politique où tout, sous la houlette d'un père poète théologien, paraît être dirigé par les dieux) et l'âge « héroïque » (âge où s'instaurent les cités, dirigées par les « héros » qui monopolisent les pouvoirs politiques, juridiques et religieux), s'effectue l'entrée dans l'âge humain (dont feront aussi partie les monarchies). L'entrée en question est une reconquête par les hommes de leur humanité, et elle est si importante qu'elle ne va pas sans une transformation du langage et de la pensée. On passe de sociétés qui hiérarchisent des êtres d'essences différentes (le Père, les « *famoli* », les « héros », les plébéiens) à une société où ces différences d'essence disparaissent et où chaque élément est subsumé sous le concept d'homme, ce qui signifie en sens inverse, que le concept d'homme se distribue également en chaque individu : naissance (politique) de la pensée et du langage conceptuels, et naissance corrélative de la philosophie : « or, puisqu'il est certain qu'il y eut d'abord les lois, et ensuite les philosophes, c'est nécessairement en observant que les citoyens athéniens, lorsqu'ils faisaient les lois, s'accordaient ensemble sur l'idée d'une utilité égale commune à tous et à chacun, que Socrate commença à ébaucher ses genres intelligibles ou universaux abstraits, avec l'induction qui est un recueil de particularités ayant entre elles quelque chose de commun, pour former un genre de ce en quoi il y a en elle communauté »[2].

L'égalité apparaît d'abord dans une pratique politique qui s'effectue sur la place publique, avant de se répercuter dans le langage et de se réfléchir dans la philosophie. La conquête de l'égalité – et il s'agit principalement ici de l'égalité politique – s'avère être au fondement et du langage et de la pensée, et ce fondement restera le même dans les monarchies. Il appert que le moment démocratique, loin de relever de l'erreur ou de l'errance, est d'une importance cruciale et, comme tel, laissera des traces profondes dans le moment qui suivra.

Nous nous trouvons précisément ici au point où il devient possible de comprendre comment la pensée de Vico, qui a été abondamment utilisée par des conservateurs ou des traditionalistes prônant l'inégalitarisme, a pu l'être aussi, et peut-être à meilleur escient, par des gens du bord opposé (nous pensons à P.S. Ballanche, bien sûr à J. Michelet et, dans une moindre mesure, à E. Quinet). Vico ne jette pas l'anathème sur la démocratie ; elle n'est pas pour lui un régime absurde ou vil, c'est plutôt le contraire qui est vrai : elle n'est pas intenable parce que contradictoire ou basse en son essence, mais parce que les hommes, dans leur concrétude, ne parviennent pas à demeurer à sa hauteur. La démocratie se déchire entre son concept et sa réalité. Il n'est peut-être pas vain, dans cette optique, d'interroger l'écart qui sépare, chez Vico, le concept de démocratie de sa réalité, qui est aussi l'écart qui sépare l'idée d'égalité de sa pleine et entière réalisation

---

[2]. *La science nouvelle*, § 1040, traduction par Alain Pons, Fayard, 2001, p. 501.

1. De l'horizon démocratique

L'instauration des régimes démocratiques correspond dans l'histoire vichienne à une conquête, ou à une reconquête ; elle a pourtant un autre aspect, qu'il ne faut pas négliger. Avec ces régimes, pour la première fois dans l'histoire telle que la conçoit Vico, le collectif apparaît friable, exposé à la menace interne de se défaire, de se disperser en ses éléments. L'histoire d'un peuple, d'une nation, peut fort bien s'arrêter en ce point, par dissolution sur place du régime, et la cité redevenir « forêt », s'il n'en surgit pas l'équivalent d'un Auguste ou si elle n'est pas conquise par un peuple plus jeune. En d'autres termes, le risque est que la synthèse du temps sur laquelle repose le temps historique s'efface pour laisser place à un retour au temps cyclique de la nature. Si l'héroïsme consiste toujours à redresser le temps, le régime démocratique aurait plus qu'aucun autre besoin d'héroïsme pour continuer sur sa propre lancée. Cette lancée, qui serait la ligne propre de la démocratie – non pas son simple maintien, mais son développement –, ne se réalise pas dans l'histoire effective. Vico nous donne toutefois les moyens de la penser.

Du *bestione* originel à l'homme démocratique se trace une ligne ascendante continue. Jusqu'alors, quand Vico parlait du passage d'une forme du collectif à une autre (du passage des familles aux cités, puis des cités aristocratiques aux cités populaires), il employait le verbe « devenir », *diventare*. Pour la première fois, avec les républiques démocratiques, il use du verbe « se corrompre ». Les démocraties, au sens strict, ne « deviennent » pas : avec elles cesse le mouvement ascendant continu. Vico parle des monarchies comme d'un remède ; mais comme d'un remède qui ne guérit pas de la maladie, qui la tient seulement en respect : c'est un remède à réadministrer chaque jour. Les monarchies héritent certes du langage et de la conceptualité qu'ont créés les démocraties, mais aussi de la corruption qui s'est introduite en elles. Vico parle aussi du moment monarchique comme du moment où « les nations vont se reposer » [3] ; il veut dire par là qu'il n'y aura plus d'actes héroïques collectifs. Comment pourrait-il en être autrement quand « la majorité des citoyens ne s'occupent plus du droit public » et que, « les citoyens étant

---

3. C'est le titre du chapitre II de la 13ème section du livre IV : « d'une éternelle et naturelle loi royale, par laquelle les nations vont se reposer dans la monarchie », *La science nouvelle*, éd. cit., p. 485.

devenus étrangers à leur nation, il est nécessaire que les monarques la dirigent et la représentent dans leur propre personne » [4] ?

Il est difficile de ne pas penser qu'en dépit des éloges appuyés que Vico dispense aux monarchies, elles ne font pour lui que « sauver les meubles », que sauver ce qui peut l'être, et que quelque chose d'essentiel a été perdu, ou raté, au cours de la période démocratique. La démocratie produisait une lancée qui n'a pas été suivie, qui aurait constitué une continuation de la ligne ascendante. La monarchie apparaît par contraste avec cette ligne comme un infléchissement, un début de courbure du temps. Pour l'exprimer plus nettement : les démocraties sont le point culminant de l'histoire humaine, le point à partir duquel les hommes pris dans leur ensemble ne peuvent que redescendre. Mais pour ne pas redescendre, il aurait fallu qu'ils poursuivent leur ascension, et c'est de cette ascension dont ils ne sont de fait, pour Vico, pas capables.

Que se passe-t-il dans les démocraties ? Chacun, en tant qu'il participe égalitairement à la confection de la loi, est citoyen ; lorsque la loi ainsi confectionnée revient sur lui, il devient, tout aussi égalitairement, sujet. L'émetteur et le récepteur étant (ou paraissant être) le même, on pourrait dire tout aussi bien, en parodiant Rousseau, que chacun n'obéit plus qu'à sa propre autorité, ou que les hommes se sont affranchis de toute autorité. Nous touchons là, avec l'autorité, un point crucial, sur lequel nous reviendrons.

Vico recourt plusieurs fois dans la *Scienza nuova* à l'image des fleuves puissants qui, en se jetant dans la mer, y conservent longtemps la douceur de leurs eaux. Il veut souligner le fait qu'une époque, quoique finie, a des prolongements dans la suivante. Cela s'applique aux républiques démocratiques : tant que s'y fait encore sentir la rigueur, la rudesse de mœurs héritées du régime qui les a précédées, les républiques en question se conservent. L'inquiétant est que la chose signifie que lorsque ce supplément non démocratique aura disparu, la démocratie ne pourra pas tenir par elle-même. En d'autres termes, il faut que l'ombre des héros disparus (et non démocratiques) exerce encore une certaine « autorité ». Les mœurs démocratiques qui ancreraient l'homme dans sa nature et le feraient persévérer tant dans l'élaboration égalitaire des lois que dans leur respect pourraient jouer ce rôle de supplément ; elles n'apparaissent pas.

---

[4]. Op. Cit., § 1008, *éd. cit.*, p. 485 et p. 486.

Le supplément, l'ombre des héros, fonctionne comme une contrainte extérieure renvoyant plus ou moins directement à la religion. La religion, Vico la définit comme « crainte de Dieu ». Crainte s'entend par opposition à amour. C'est lorsque, avec le péché originel, avec la chute, l'amour de Dieu a disparu, qu'il a fallu des religions. L'être le plus éloigné de Dieu est chez Vico le *bestione* errant dans les forêts, nu, gigantesque, solitaire, sans langage. Il est même erroné de le dire loin de Dieu ; il est plutôt sorti de l'orbite de Dieu, il est hors Dieu. Il faudra, comme on sait, qu'il soit littéralement épouvanté par la foudre et le tonnerre et que son imagination les attribue à un dieu courroucé, violent et féroce, pour que l'histoire commence. L'histoire commence avec l'*autorité* de ce dieu.

L'autorité vient toujours de l'extérieur, et elle est inséparable d'une obscurité. Mais elle n'existe, elle n'est autorité, qu'en étant reconnue, avec plus ou moins d'obscurité justement, comme valide. L'autorité du dieu, puis des dieux, régit la vie de ceux qui sont de la sorte arrachés à l'état de *bestioni*. Dans la mesure où ces géants originels imaginent les dieux, on pourrait dire qu'ils ne sont que les récepteurs de messages qu'ils s'envoient à eux-mêmes par l'intermédiaire d'émetteurs qui ne sont que des projections d'eux-mêmes. On s'explique alors le double caractère de reconnaissance et d'obscurité qui s'attache à l'autorité : le géant la reconnaît parce que son origine est en lui ; elle lui demeure obscure parce qu'il croit à son extériorité (il croit en ses dieux, il les craint : il est religieux). Il ne faut pas pour autant faire de Vico un Feuerbach avant la lettre : que les géants créent les dieux signifie surtout qu'ils en créent l'image, l'aspect, la représentation ; ils ne sauraient créer ce qu'enveloppe cette image, ce qu'elle exprime et cache à la fois sous les oripeaux qu'ils lui prêtent : le divin. L'origine de l'autorité n'en est pas moins en eux, au sens où le divin est en eux. Ce que l'éclair a réveillé ou réactivé, c'est ce rapport interne avec le divin, un rapport qui ne peut être vécu, dans un premier temps, que comme un rapport externe, un rapport d'autorité et de contrainte, un rapport religieux.

Nous posions la question de ce qui se passe dans les démocraties. Avec elles, la philosophie supplante la religion. La philosophie, pour Vico, n'éloigne pas de Dieu ; au contraire, elle y ramène *via* la raison et le savoir ; le rapport au divin n'y est plus externe, il devient un rapport interne, c'est-à-dire un rapport vrai, un rapport éclairci : un rapport qui n'a plus besoin ni de contrainte extérieure, ni d'obscurité. Avec la philosophie s'ouvre la possibilité de revenir de la contrainte (donc de la religion) à l'amour de Dieu. Mais que s'ouvre cette possibilité ne signifie pas, loin de là, que tous s'y engouffrent. Que, selon l'image des fleuves puissants, la démocratie ait besoin, pour demeurer un certain temps fidèle à ses propres principes, de la rigueur héritée de l'âge précédent, est déjà un très mauvais signe, car qu'exprime ce besoin, sinon la nécessité d'un reste d'autorité, à l'heure où elle devrait s'abolir ?

« Puisque désormais les actions vertueuses n'avaient plus à être suscitées par des sentiments de religion (…), ce serait à la philosophie de faire comprendre les vertus dans leur idée, et, grâce à cette réflexion, les hommes, même s'ils manquaient de vertu, auraient au moins honte de leurs vices, car c'est le seul moyen de maintenir dans le devoir les peuples portés à mal agir. » [5] Il revient à la philosophie de « faire comprendre » : c'est dire qu'il faut (qu'il faudrait) passer par une réflexion d'ordre intellectuel, alors que la religion opérait, de manière plus efficace, par « sentiment ». La nécessité d'en passer par un détour intellectuel sera d'autant plus fatale que les philosophes ne tarderont guère à se transformer en rhétoriciens désireux seulement de briller ou de gagner de l'argent, ou encore, selon le reproche que leur adresse plus généralement Vico, à se retirer à l'écart, loin des soucis politiques, dans une vie de contemplation.

Le principe démocratique enveloppe une exigence, ouvre un horizon qui ne se dessine qu'en pointillés : l'exigence, l'horizon, selon lesquels tous, sinon deviennent philosophes, du moins s'engagent sur la voie de la compréhension des vertus « dans leur idée ». Le principe démocratique est porteur, en puissance, d'une fin de l'autorité et de la religion comme contrainte externe, à la condition que chacun s'ouvre, à l'intérieur de soi, vers le plus que soi qu'est la divinité. Le principe démocratique exige des hommes qu'ils soient plus que des hommes. La puissance ne s'actualisera pas dans son universalité. Tout se passe comme si les hommes renonçaient à eux-mêmes, et c'est ce renoncement que Vico appelle corruption. La puissance n'en demeure pas moins puissance, actualisable par exemple dans le domaine de la connaissance [6].

---

[5]. Op. Cit., § 1101, *éd. cit.*, p. 535.

[6]. Vico écrit dans son *De Mente Heroïca*, qui s'adresse aux étudiants de l'Université royale de Naples : ce que j'attends de vous est supérieur à votre condition humaine : j'attends qu'en vous soit célébrée la nature quasi divine de l'esprit ! » (*De l'esprit*

2. Du « remède » monarchique

Vico écrit [7] : « les hommes souhaitent d'abord sortir de la sujétion, et désirent l'égalité : nous avons alors les plèbes dans les républiques aristocratiques, qui finalement deviennent des républiques populaires. Ensuite, ils s'efforcent de l'emporter sur leurs égaux : nous avons alors les plèbes dans les républiques populaires qui se corrompent en républiques des puissants. Enfin, ils veulent se mettre au-dessus des lois : nous avons alors les anarchies, ou républiques populaires sans frein, qui sont les pires des tyrannies, car il s'y trouve autant de tyrans qu'il y a d'hommes audacieux et dissolus dans les cités. Alors les plèbes, éclairées par leurs propres maux, cherchent un remède dans la protection des monarchies. »

La distinction entre patriciat et plèbe était d'ordre qualitatif. Se fondant sur l'histoire romaine et sur la division en trois classes effectuée par Fabius Maximus (sénateurs, chevaliers et plébéiens), Vico dit que dans les républiques démocratiques, cette distinction qualitative est remplacée par une différence quantitative, selon le plus ou moins de cens payé, c'est-à-dire selon la plus ou moins grande richesse. La première différence était inamovible (on naissait noble ou on naissait ignoble, et on le restait) et discontinue (il n'y avait pas de troisième terme : l'enfant d'un patricien et d'une plébéienne, ou d'un plébéien et d'une patricienne était un monstre mi-animal, mi-humain, représenté sous la figure du centaure ou du satyre – comme Marsyas que le noble Apollon écorche vif [8]) ; la seconde est mobile (il est possible tout aussi bien de s'enrichir que de s'appauvrir) et continue (on est plus ou moins riche).

Sa mobilité et sa continuité rendent la richesse plus compatible avec l'égalité, mais jusqu'à un certain point seulement. Avec la richesse s'introduisent le désir de compter plus que son voisin, la possibilité donc de pervertir le principe d'égalité (en achetant des voix par exemple) et en conséquence de convertir sa richesse en puissance, enfin le refus de plier son arbitre au respect des lois.

---

héroïque, traduction par Georges Navet, in *Vico, la science du monde civil et le sublime. Autour de la traduction de* La science nouvelle *par Alain Pons*, textes réunis par Alain Pons et Baldine Saint Girons, Université Paris X Nanterre, 2004, p. 133).

[7]. *La science nouvelle*, § 292, *éd. cit.*, p. 120.
[8]. *Op. Cit.*, § 647, *éd. cit.*, p. 327.

Contrairement au désir d'un partage plus juste ou au désir d'émancipation, un tel désir ne peut engendrer par lui-même aucune nouvelle forme politique, aucun nouvel *andar raccogliando*. Les conflits qu'il engendre sont plutôt vecteurs de dispersion ou d'éclatement du collectif. Vico écrit que « les puissants des républiques populaires (subordonnent) l'intérêt public aux intérêts privés de leur propre puissance » [9]. On ne saurait pourtant incriminer le seul petit nombre des puissants ; puissants, ils n'ont pu en effet le devenir que sur le fond d'une propagation de plus en plus large et de plus en plus profonde du désir d'avoir plus et d'être plus. Il y a puissance dès que la richesse se convertit en pouvoir politique ; le fait que la richesse inclut toujours cette possibilité (ou ce danger) ne saurait masquer cette évidence, que la possibilité ne se transforme en réalité qu'en trouvant une clientèle d'hommes prêts à céder à leur attrait.

Jusqu'à ce moment, le développement de l'histoire coïncidait pour Vico avec le développement du vrai ; pour la première fois se développe quelque chose d'à la fois intrinsèquement historique (c'est-à-dire qui naît de circonstances liées à un certain degré d'élaboration du vrai) et de négatif. En même temps que s'ouvre l'horizon d'une avancée vers davantage de vrai, se fait jour un chemin qui, tout en reposant sur le vrai qui a été acquis, conduit à des errances d'un genre inédit.

Le « remède » consiste à donner le pouvoir politique à un seul, c'est-à-dire à le placer hors concurrence en renonçant à l'égalité politique. Vico, en dépit de maints passages sur la douceur et la mansuétude du monarque, ne se fait guère d'illusion : il sait que c'est le plus habile, le plus fort ou le plus féroce des puissants qui l'emportera. Mais parce qu'il a besoin d'avoir le peuple de son côté, le monarque est obligé de gouverner de manière populaire et cherchera par les lois à rendre ses sujets égaux : il n'abolit pas la richesse et les différences qu'elle engendre, il l'empêche de se transformer en puissance. Il y a tout intérêt, s'il ne veut pas que se recréent des concurrents : ainsi est-il l'allié naturel des gens du peuple. Lesquels consentent par son détour à être contraints de se conduire comme ils auraient dû le faire s'ils avaient bien assimilé le principe égalitaire de l'époque précédente. L'autorité du prince se substitue à l'assemblée populaire défaillante. Il y a bel et bien retour de

---

[9]. Op. Cit., § 1006, *éd. cit*,. p. 484.

l'autorité sous une forme nouvelle : le prince n'est pas un tyran, puisque son pouvoir est reconnu comme légitime, et la reconnaissance en question émane du sens commun, qui apporte la certitude que quelque chose est vrai ou juste sans être pour autant capable d'en exposer les raisons.

Le monarque, soulignons-le, n'est pas un héros au sens vichien du terme. Il ne se distingue des puissants qui confondaient l'intérêt public et leur intérêt privé, que par le fait de l'avoir emporté sur eux. Mais dès lors qu'il a gagné, la logique lui impose, s'il veut se maintenir, de faire de l'intérêt public son intérêt propre. Comme il ne peut gouverner seul, il s'entourera des gens dont il aura besoin pour rédiger les lois, les appliquer et les interpréter – des jurisconsultes, pour l'essentiel. À lui et à ce petit groupe revient ce que Vico appelle « le soin » des affaires publiques. L'*andar raccogliando*, l'acte de rassembler, de tenir ensemble les hommes avait été un moment, avec les républiques populaires, à la fois inhérent et coextensif au collectif. Avec les monarchies, il s'extériorise. L'égalité que les hommes ont voulu et qu'ils auraient dû persévérer à vouloir et à maintenir par eux-mêmes, leur est maintenant imposée.

La monarchie n'en est pas moins un régime traversé par une tension qui finira par lui être fatale, la tension entre le privé – qui va vers toujours plus de particularité, de singularité –, et le public – qui doit préserver quelque chose de général à travers les lois. La tendance qui porte chacun vers toujours plus de particularité et de singularité est centrifuge et doit sans cesse être accordée au maintien de l'existence d'un collectif, c'est-à-dire aussi au maintien de l'égalité civile. Cet incessant travail, qui mobilise une perpétuelle capacité d'invention, est celui des jurisconsultes, qui méritent en conséquence bien plus que le monarque d'être qualifiés de héros. À la fois juristes et philosophes, leur tâche consiste à tenir ensemble, en pratique, le plus universel et le plus particulier. Ils s'élèvent sans doute pour Vico à la plus grande hauteur que puisse atteindre un être humain. Une hauteur que la démocratie n'a de fait pas permis d'atteindre, mais qui donne une idée du type de développement humain que requerrait l'horizon qui s'ouvrait avec elle.

3. Des héros et des hommes

Du *bestione* privé de langage et d'orientation qui erre dans les forêts au citoyen des démocraties et au sujet des monarchies en passant par les féroces géants créateurs des premières familles et des héros créateurs des cités, Vico nous présente un processus d'humanisation. Il reste que coexistent chez lui deux concepts d'hommes. Le premier est un concept large, non thématisé comme tel, qui subsume aussi bien les géants créateurs des familles que les sujets des monarchies hyper-civilisées. Sans doute est-ce par facilité de langage que Vico parle des « hommes » des premières familles : parce qu'il a besoin d'un terme sous lequel se subsument aussi bien ces géants que leurs descendants revenus à une taille normale.

Le second est plus précis et, du coup, plus spécifiquement « vichien ». « Les « héros » prirent le nom de « dieux » « pour marquer leur supériorité sur les plébéiens de leurs cités, qu'ils appelaient « hommes » (de la même façon que dans les temps barbares revenus, les vassaux étaient appelés *homines* »[10]. *Hommes* est ici l'appellation péjorative que les héros donnent à ceux qu'ils considèrent comme leurs inférieurs. D'autres passages confirment cet usage spécifique : « ainsi les Francs, qui provoquent l'étonnement de Bodin, sont-ils les mêmes que les vassaux rustiques dont Hotman s'étonne qu'ils aient été appelés *homines*, et qui composèrent, comme nous l'avons montré dans cet ouvrage, les plèbes des premiers peuples, qui étaient des peuples de héros »[11]. Ou : « à ces temps divins succédèrent certains temps historiques, en conséquence du retour d'une certaine distinction entre des natures presque différentes, l'héroïque et l'humaine. C'est là la cause de cet effet dont s'étonne Hotman, et qui est que les vassaux rustiques s'appellent dans le langage féodal *homines*. Ce mot doit être l'origine des deux mots féodaux *hominium* et *homagium*, qui signifient la même chose. *Hominium* est dit pour *hominis dominium*, qu'Helmodius, comme le remarque Cujas, considère comme plus élégant qu'*homagium*, qui est dit pour *hominis agium*, c'est-à-dire le droit qu'a le baron de mener son homme ou vassal là où il veut »[12].

---

[10]. Op. Cit., § 437, *éd. cit.*, p. 194.
[11]. Op. Cit., § 1017, *éd. cit.*, p. 489.
[12]. Op. Cit., § 1057, *éd. cit.*, p. 512.

Hommes, dans le sens le plus précis du terme, désigne à proprement parler les plébéiens. Les plébéiens sont les descendants des *famoli*. Le terme désigne chez Vico ces serfs, ou esclaves, qui travaillaient dans les champs, ou ailleurs, pour les fondateurs des premières familles ; ils sont, au point de départ, des *bestioni* qui ont continué à errer en forêt, et que la faim a conduit à se soumettre, sans combat et sans condition, aux pères de famille. Cela signifie que les *famoli* ne sont pas passés par la crainte d'un quelconque dieu, ils sont restés impies. Ils se soumettent par désir de ce que Vico appelle les « utilités » (les biens consommables). C'est le même désir des « utilités » qui les poussera plus tard à se révolter. Lorsque, plus tard encore, ils mèneront des luttes pour conquérir des droits (jusqu'à l'égalité), c'est qu'ils auront compris que pour obtenir les utilités, il faut passer par le droit. Le but reste les utilités.

Il y a deux origines chez Vico. La première s'incarne dans les géants pieux, qui créent les dieux et les familles. La seconde s'incarne dans les géants impies, sans lesquels l'histoire s'arrêterait aux familles monastiques. Le conflit entre les deux origines porte sur le partage des utilités. L'accent peut porter sur *partage* ou sur *utilités*. S'il porte sur *partage*, la logique qui prévaut est une logique symbolique où le droit, soutenu par le politique, structure le naturel ; s'il porte sur *utilités*, prévaut une logique naturelle où le champ des utilités s'étend jusqu'à inclure le politique et, au moins jusqu'à un certain point, le juridique. L'entrée dans l'âge « humain », avec les démocraties, devrait, dans la ligne de la première origine, voir triompher une logique symbolique redéfinie sur une base égalitaire. Ce qui a lieu en fait est un peu différent : la ligne de la seconde origine ne se glisse que momentanément dans celle de la première (le temps que se perde le respect pour le symbolique en général issu du régime précédent), la logique des utilités (des richesses) finissant par prévaloir. Logique « humaine », trop humaine. Entre le moment où elles s'instaurent et le moment où elles se corrompent, les démocraties sont le lieu où se manifeste à nu le conflit entre les deux logiques.

Le conflit n'en perdure pas moins, quoique de manière moins visible, dans les monarchies. Il affecte désormais le droit de l'intérieur, un droit qui pour cette raison même tend à proliférer, tout en ne trouvant d'appuis effectifs que dans un politique placé autant que faire se peut hors de portée de la logique « utilitaire » et dans ce qui reste de sens commun chez les justifiables.

Vico et l'intenable égalité

Ce n'est pas la lettre de Vico qui est susceptible d'intéresser nos contemporains. On pourrait multiplier les reproches et les critiques, lui reprocher par exemple de ne penser la démocratie que sur le mode antique et d'ignorer le système représentatif, de ne voir de « remède », au moins temporaire, que dans les monarchies, etc.

Mieux vaudrait se demander si le système représentatif constitue un meilleur remède. En quoi en effet échappe-t-il à la description que propose Vico des démocraties comme habitées de l'intérieur par un conflit entre deux logiques, même si leur entrelacs se manifeste en l'occurrence dans une figure qui ne se trouve pas dans les textes du Napolitain ? Qui pourrait à l'heure actuelle affirmer sans rire que nos systèmes échappent à la corruption, qu'elle ait trait au politique ou au juridique ? Que la prolifération du droit permet trop souvent d'en obscurcir ou d'en brouiller les principes, et notamment le principe d'égalité ?

La logique des utilités a, dans l'histoire vichienne, besoin de la logique symbolique égalitaire pour advenir pleinement. Mais à l'inverse, celle-ci a eu besoin de celle-là pour s'instaurer. Les deux sont inséparables, quoique l'une tende à pervertir l'autre. Qu'est-ce que la monarchie selon Vico, sinon une nouvelle figure de l'entrelacs, où l'équilibre est momentanément rétabli entre les deux ? Est ainsi pour lui sauvé ce qui peut l'être de l'égalité, au prix d'extérioriser le politique.

Entrelacées dans l'histoire, les deux logiques sont parfaitement distinctes dans l'idée. Le héros est celui qui, optant résolument pour l'idée, l'inscrit dans le réel (c'est pourquoi, au philosophe contemplateur Vico préfère le jurisconsulte qui, lui, met en pratique la philosophie). Le héros des régimes monarchiques peut prendre appui sur un pouvoir politique placé au-dessus de la logique des utilités. Le héros des régimes démocratiques ne pourrait, lui, trouver un appui analogue, *mutatis mutandis*, que si le plus grand nombre tenait son pouvoir politique au-dessus de la même logique. C'est là pour Vico le point intenable. Mais, en toute rigueur, le « remède » monarchique n'est-il pas lui aussi intenable ?

Il ne correspond guère, en tout cas, à la réalité d'aujourd'hui, où nous voyons la logique « utilitaire » à l'œuvre au cœur de tous les pouvoirs. Le seul remède envisageable n'est-il pas alors, plutôt que dans une périlleuse et idéaliste extériorisation du politique, dans son intériorisation ? Non pas sur le modèle global dans lequel tous devraient tenir à temps complet sur l'égalité, mais sur le modèle, toujours local et relatif à une situation particulière, de ces luttes, mouvements, protestations, etc., souvent du reste (mais pas toujours) liés à un problème de partage des utilités, où se recrée pour un moment plus ou moins long une logique de l'égalité, où se rouvre l'horizon démocratique ?

Fethi Meskini

Droit de résistance, suicide et martyre selon Kant.
Une rencontre casuistique avec le dernier musulman

> « Est-ce un suicide (*Selbstmord*) que de se précipiter (comme Curtius) au-devant d'une mort certaine pour sauver la patrie ? Ou bien faut-il considérer le martyre volontaire (*das vorsätzliche Märtertum*) qui consiste à se sacrifier pour le salut de l'humanité en général, de même que l'action précédente, comme un acte héroïque ? ».
>
> Kant, *Doctrine de la vertu*.

1. Introduction

Quel est, aujourd'hui, l'intérêt d'une *rencontre* avec Kant (le mot « rencontre » devrait être pris ici dans tous ses états dissimulés : coup de dés, hasard, combat, opposition, face à face, direction, choc...), et notamment au sujet de l'idée d'un *droit de résistance* ?[1] N'est-il pas vrai que Kant a explicitement rejeté tout *droit* de résistance, en affirmant qu' « il n'y a contre le souverain législateur de l'État aucune résistance légale du peuple, car ce n'est que par la soumission à sa volonté universellement législatrice qu'un état juridique est possible »[2] ?

Kant est, sans conteste, un défenseur dévoué de l'ordre établi. Il ne cessait de conseiller le peuple de ne pas « discuter » de « l'origine du pouvoir suprême de l'État », car discuter c'est déjà rendre « contestable » un droit auquel il doit « obéir », ce qui n'est pas seulement « une ratiocination entièrement oiseuse », mais n'en est pas moins une affaire

---

[1]. Sur l'histoire philosophique du concept de *droit de résistance*, voir : Jean-Fabien Spitz, « Droit de résistance », in : *Dictionnaire de philosophie politique*. Sous la direction de Philippe Raymond et Stéphane Rials (Paris : P.U.F. 1996), pp. 147-152.
[2]. E. Kant, *Métaphysique des mœurs, Théorie du droit* VI, 320. – *Œuvres philosophiques* III (Paris : Gallimard 1986).

« dangereuse pour l'État »[3]. Un mot d'ordre traverse tous les textes politiques de Kant : *obéissez*. Mais à qui ? La réponse de Kant est cyniquement simple : au « chef d'État du moment », « à l'autorité maintenant régnante », « au pouvoir législatif actuellement existant »[4], etc... Selon Kant, la loi est « sacrée (inviolable) », d'origine « infaillible ». En douter, « en suspendre l'effet un moment » est un « crime » dont le prix est la mort ou le « bannissement » en tant que « hors-la-loi »[5].

Et pourtant, l'examen des *textes* de Kant nous permettra de voir que sa *position du problème* portant sur le droit de résistance est beaucoup plus compliquée que ne le laisse croire son interdiction apparemment rigoriste de ce droit[6]. Sa position est à la fois *multiple, dissimulée et différée*. À maintes reprises, le droit de résistance est réservé, quoi que dans un langage indirect et amplement *autocensuré*[7].

Pour ce faire, je propose de soulever deux problèmes qui, tout en étant imbriqués, pourraient être distingués d'après leur statut : l'un est simplement *juridique,* tandis que l'autre est curieusement *éthique*[8]. Je les formule comme suit :

(1) Comment pourrions-nous interpréter le caractère ambivalent de la position kantienne de la question du « *droit de résistance* »,

---

[3]. *Ibid.* VI, 318.
[4]. *Ibid.* VI, 319.
[5]. *Ibid.*
[6]. Cf. Losurdo, D., *Autocensure et compromis dans la pensée politique de Kant* (Lille, Presses Universitaires de Lille, 1993), p. 124.
[7]. *Ibid.,* p. 35. Toutefois, la « duplicité » de la négation kantienne du droit de résistance », (la *Duplicität* dont parle Schelling à Fichte à propos de Kant), soulignée par Losurdo, ne l'a conduit qu'à nous donner « des exemples significatifs d'utilisation réactionnaire de droit de résistance » (p. 37). Dans le jeu qu'il a dégagé entre son « autocensure » au niveau de l'écriture et son « compromis » avec le pouvoir en place au niveau de la pratique, il n'a pu détecter qu'un pauvre souci d' « *Akkomodation* » (p. 237), et, par conséquent, il s'est clairement interdit de nous proposer une issue positive et interne à ladite « duplicité » kantienne.
[8]. Il faudrait prendre cette division dans la perspective de la distinction faite par Rawls entre « désobéissance civile » et « objection de conscience ». Voir : John Rawls, *Théorie de la justice* (Paris : Seuil / Nouveaux Horizons 1967) § 56. Mais c'est à Françoise Proust que l'on doit l'éclaircissement interne et positif de la difficulté authentique du problème du « droit de résistance » dans les écrits de Kant. Elle, seule, a réussi à donner à la résistance une structure de sens propre, indiquée sous le titre marquant de « l'expérience de la République ». Voir : F. Proust, *Kant et le ton de l'histoire* (Paris, Payot, 1991) ch. VI.

s'exprimant dans sa version finale en 1797, comme un dédoublement critique : *non* à la « résistance active », *oui* à la « résistance négative » ?

(2) En quel sens devrions-nous comprendre les « questions casuistiques » que Kant a soigneusement attachées au paragraphe 6 de la *Doctrine de la vertu* portant sur le sens du « suicide », au cas où il se révèle comme un « martyre volontaire » en vue de « sauver sa patrie » ou pour « le salut de l'humanité en général » ?

Notre analyse va être menée en deux temps, distingués sur la base de *l'ambiguïté* du concept de *droit*, en tant qu'il est, selon Kant, d'une part, une « liberté extérieure »[9] ou un « devoir extérieur »[10], mais, d'autre part, « un pouvoir » émanant d'une « législation intérieure »[11].

En premier lieu, l'analyse se fera du point de vue de l'*état juridique*, ayant pour but de mettre en relief les *déplacements* qui traversent les textes que Kant avait écrits sur le droit de résistance de 1793 à 1798, lequel est alors strictement envisagé en tant que *droit de citoyen*, au sein d'une communauté politique. Le second volet abordera le droit de résistance sous un angle *éthique*, et essayera, par conséquent, de l'expliciter en tant qu'il exprime cette fois, non plus un droit de citoyen mais précisément un *droit de l'homme*, le seul dont on peut dire qu'il est inconditionnellement imputable à l'humanité en notre personne.

2. Citoyenneté et résistance : non à la « résistance active », oui à une « résistance négative »

Nous pouvons, sans conteste, énumérer dans le corpus kantien quatre textes capitaux où il a été directement question du droit de résistance, à savoir les passages célèbres de *Théorie et pratique* de 1793 (VIII, 297-307), du *Projet de paix perpétuelle* de 1795 (VIII, 382-383), de la *Remarque* du § 49 de la *Doctrine du Droit* en 1797 (318-323, 371-372), et finalement le § 6 de la Deuxième Section du *Conflit des facultés* de 1798 (VII, 85-87).

Dans ces quatre endroits, la position de Kant vacillait entre deux mouvements obscurément décalés : le premier est organisé autour du concept

---

[9]. E. Kant, *Doctrine du droit, op. cit.* VI, 214.
[10]. *Ibid.* VI, 220.
[11]. *Ibid.* VI, 227.

de *légalité*, tandis que le second est alimenté par un usage inédit du concept de *publicité*.

2.1 Droit et légalité : non à la résistance active

Ce mouvement s'organise autour de la proposition majeure qui suit : le *droit de résistance* est incompatible avec la notion même de *constitution civile*. L'argument de Kant[12] est presque le même, tour à tour, en 1793, 1795 et 1797, lequel peut être décomposé en trois éléments de base :

a – Le but du droit n'est pas le *bonheur*, car « personne ne peut me contraindre à être heureux »[13], mais d'établir des lois qui « assure (ent) à chacun sa liberté »[14]. C'est là le premier traitement de l'idée d'un droit de résistance que nous offre Kant en 1793 : on ne peut pas réclamer le droit d'être heureux comme justification suffisante pour se rebeller contre une mauvaise législation[15].

b – Si le « législateur peut certes être dans l'erreur »[16], les sujets « ne sont pas autorisés à en juger »[17]. Car « dans une constitution civile déjà existante, le peuple n'est plus en droit de conserver un jugement pour déterminer comment elle doit être administrée »[18]. Alors, pour résister, il faut se réserver le droit de le faire dans une clause de la *constitution*[19]. Or, il n'existe aucun État qui accepterait d'intégrer dans ses lois « une maxime qui, généralisée, annihilerait toute constitution civile »[20].

c – Une *résistance active* à « l'autorité maintenant régnante »[21], n'est pas seulement « illégale », mais c'est une « haute trahison », un « assassinat de sa patrie », car elle mène à un « conflit entre le peuple

---

12. Cf. G. Raulet, *Kant. Histoire et citoyenneté* (Paris, P.U.F., 1996), pp. 175-181.
13. *Théorie et Pratique*, VIII, 290. *Œuvres philosophiques* III (Paris, Gallimard, 1986).
14. *Ibid.* VIII, 298.
15. *Ibid.* VIII, 297-298.
16. *Ibid.* VIII, 299.
17. *Ibid.* VIII, 298, note.
18. *Ibid.* VIII, 299-300.
19. Cf. John Rawls, *Théorie de la justice. Op. cit.* Le § 53 sur « Le devoir d'obéir à une loi injuste » et les §§ 55,57, 59 sur la définition, la justification et le rôle juridiques de la « désobéissance civile ».
20. *Théorie et Pratique. Op. cit.* VIII, 299.
21. *Doctrine du droit*, VI, 319

et le souverain », entre pouvoir législatif et pouvoir exécutif, en l'absence totale de « juge »[22] légitime. – L'exemple type qui a hanté l'analyse kantienne et l'a directement conduite à un bannissement militant du droit de résistance est « l'exécution en bonne et due forme »[23] des souverains au nom de la révolution, comme Charles Ier (1600-1649), roi d'Angleterre et de Louis XVI (1754-1793), roi de France. Ces exécutions sont qualifiées par Kant de « suicide de l'État », de « crime » et de « meurtre »[24], en attirant l'attention à ce que l'on prenne son attitude non pas comme « un sentiment esthétique » de sympathie avec les victimes, mais comme un « sentiment moral dû au renversement complet de tous les concepts du droit »[25].

2.2 Droit et publicité : oui à la résistance négative

Un tel mouvement peut être décrit en deux temps. D'abord, en examinant la critique qu'a adressée Kant à la position des juristes modernes concernant ce qu'ils appelaient « le droit de nécessité ». Ensuite, en essayant de dégager les éléments qui constitueraient le contenu positif du concept kantien d'une « résistance négative ».

a) Un droit de résistance équivoque : le droit de nécessité

L'énoncé kantien de ce « droit de nécessité » est comme suit : « Ce prétendu droit serait l'habileté, dans le cas où je serais en danger de

---

[22]. *Ibid.* VI, 320.
[23]. *Ibid.* VI, 320, note.
[24]. *Ibid.* Il est devenu fortement recommandé aujourd'hui de se demander : peut-on encore défendre la position de Kant ? Ne faudrait-il pas plutôt accepter d'examiner les questions que Kant a soigneusement évitées, à savoir « que m'est-il permis d'utiliser comme force pour résister ? », « quand est-ce qu'il y a un droit de résistance ? », « qu'est-ce qui est moralement justifiable ? », « quelles sont les formes de résistance ? » Cet examen n'est pas une erreur de jugement, mais une exigence d'équité. Cf. Mathias Kaufmann, *Aufgeklärte Anarchie* (Berlin, Akademie Verlag, 1999), pp. 142-148 ; « Wer darf welche Rechte mit Gewalt verteidigen ? », in : H. J. Sandkühler / F. Triki, *Gewalt und Recht in transkultureller Perspektive. Violence et droit dans une perspective transculturelle* (Frankfurt am Main, Peter Lang, 2004), pp. 80-95.
[25]. *Doctrine du droit*, VI, 320, note. Cf. A. Tosel, *Kant, révolutionnaire. Droit et politique* (Paris, P.U.F., 1988), pp. 86 sq.

perdre ma propre vie, à ôter la vie à un autre qui ne m'a fait aucun mal »[26].

L'intérêt d'un tel droit résiderait, aujourd'hui, dans le fait qu'il exprime en un sens une version anticipée des *actes de terreur* au temps des guerres civiles mondiales actuelles. Les agresseurs prétendent agir, en prenant en otages ou en exécutant des innocents, selon une sorte de droit de nécessité, à savoir *l'autoconservation par la violence*.

Quant à la position de Kant, son intérêt n'est pas doctrinaire, mais critique. Deux aspects expriment cette position. D'abord, le fait qu'il reconnaisse que le droit de nécessité est un cas qui réclame, dit-il, « une décision juridique », mais pour laquelle « on ne peut toutefois trouver personne qui tranche »[27]. Les juristes modernes restent, selon Kant, indécis et donc désorientés à l'égard du droit de nécessité. Selon eux, s'auto-conserver par la violence ne peut pas être « considéré comme *non coupable,* mais seulement comme *impunissable* »[28].

D'autre part, Kant nous révèle l'origine de *l'ambiguïté* du droit de nécessité, à savoir une confusion entre « impunité subjective », – puisque celui qui tue pour sauver sa vie ne peut pas risquer une perte plus grave que sa mort-, et « impunité objective », car l'attitude du survivant risque de passer pour une action conforme à la *légalité*[29].

Le résultat à retenir de ce débat avec les juristes est que « l'on ne prend pas le concept de droit dans le même sens »[30] des deux côtés : l'acte est *coupable* en tant que droit objectif, mais *impunissable* en tant que droit subjectif.

---

[26]. *Doctrine du droit*, VI, 235.
[27]. *Ibid.* VI, 233.
[28]. *Ibid.* VI, 236.
[29]. *Ibid.*
[30]. *Ibid.*

b) résistance négative : la publicité comme jonction transcendantale entre obéissance et liberté

Il faudrait peut-être commencer par définir le sens du mot « négative ». Pourquoi Kant n'a-t-il pas dit *passive* ? C'est depuis *l'Essai* de 1763, sur les grandeurs négatives que Kant a introduit en philosophie « la vertu négative » de nos actes, parlant du *déplaisir* comme un « plaisir négatif »,[31] de la laideur comme « une beauté négative »[32], des erreurs comme « des vérités négatives » ou du vice comme « une vertu négative »[33]. Un exemple est à retenir : sa remarque que « les défenses sont des commandements négatifs »[34].

Aussi faut-il rappeler que le droit lui-même se définit selon Kant par son « habileté à contraindre », c'est-à-dire à « résister à une résistance à la liberté »[35]. Ce qui signifie que « l'essence de la contrainte n'est pas le pouvoir d'obliger, mais de résister, et qu'il n'y a résistance à la liberté que parce que la liberté elle-même est *pouvoir de résister* »[36]

C'est dire d'un seul et même geste que *l'obéissance* à la loi est elle-même une résistance négative. En quel sens ?

« Il faut qu'il y ait dans toute communauté, dit Kant, une *obéissance* au mécanisme de la constitution politique d'après des lois de contrainte, mais en même temps un *esprit de liberté* étant donné que chacun exige, en ce qui touche au devoir universel des hommes, d'être convaincu par la raison que cette contrainte est conforme au droit, afin de ne pas se trouver en contradiction avec soi-même. »[37]

L'obéissance est donc un *esprit de liberté négatif*. Car, « l'obéissance sans l'esprit de liberté est la cause de la naissance de toutes les *sociétés secrètes* »[38]. Résister dans la clandestinité résulte selon Kant de ce qu'il appelle « un saut de désespoir »[39] dont la base n'est plus le droit, mais la

---

[31]. E. Kant, *Essai pour introduire en philosophie le concept de grandeurs négatives*, II, 180. *Œuvres philosophiques* I (Paris, Gallimard, 1980).
[32]. *Ibid.* II, 182.
[33]. *Ibid.*
[34]. *Ibid.* II, 184.
[35]. *Doctrine du droit*, VI, 231.
[36]. F. Proust, *Kant et le ton de l'histoire, op. cit.* p. 186.
[37]. *Théorie et Pratique*, VIII, 305.
[38]. *Ibid.*
[39]. *Ibid.* VIII, 306.

force. Quel remède peut-on faire à ce genre de désespoir ? La réponse de Kant est émouvante : c'est la *liberté d'écrire*, reconnue juridiquement, qui « constitue l'unique palladium des droits du peuple »[40], la forme *publique* fondamentale de la résistance négative[41]. Son précepte est : *obéissez, mais pensez librement !* Résister négativement, c'est-à-dire sans « contre-violence », mais avec « un esprit de liberté », est selon Kant la propriété de ce qu'il nomme les « citoyens actifs »[42], qui ne se limitent pas à être de « simples consorts de l'État »[43].

La publicité est une sorte d'usage extérieur d'une liberté interne. Dans le *Conflit des Facultés*, Kant confie cette tâche difficilement double à l'Université. Celle-ci, en effet, est traversée par un dédoublement positif : d'une part, les « maîtres publics » (*öffentliche Lehrer*) sont des « instruments du gouvernement », ayant « une influence légale sur le peuple […] un usage public du savoir », rigoureusement soumis « à la censure des facultés » ; mais, d'autre part, ces professeurs, sans avoir certes « le pouvoir de légiférer », ont « en partie le pouvoir exécutif » de « créer » des titres, constituant par là « une sorte de république savante […] possédant son autonomie (car seuls des savants peuvent juger des savants comme tels) »[44].

La publicité est la liberté d'écrire et d'enseigner à *l'intérieur* de l'espace public et pourtant en *dehors* de l'État. Selon les mots de Derrida, « Kant définit aussi bien une Université garantissant les formes les plus totalitaires de la société que le lieu de résistance la plus intraitablement libérale à tout abus de pouvoir, et une résistance qu'on peut tour à tour juger la plus rigoureuse ou la plus impuissante »[45].

On comprend maintenant plus aisément le sens d'une « résistance négative » : elle est négative parce qu'elle « ne chercherait pas à s'ériger

---

40. *Ibid.* VIII, 304.
41. F. Proust, *Kant et le ton de l'histoire*, op. cit. p. 186 : « Déjà la liberté morale se définissait comme pouvoir de résister à la nature (…). Mais c'est la liberté *publique* qui se pose tout entière dans ce pouvoir de résister. »
42. *Doctrine du droit*, VI, 314.
43. *Ibid.* VI, 315.
44. *Conflits des facultés*, VII, 17-18.
45. J. Derrida, « Mochlos ou le Conflit des Facultés », in : *Du droit à la philosophie* (Paris, Galilée, 1990) p. 417.

(*aufstehen*), ni à ériger de nouveaux principes ou fondements politiques » mais « elle serait plutôt l'expérience d'une volonté « négative » »[46].

Mais il reste néanmoins à se demander : comment est-il possible de « s'élever de (l)'état (d'un citoyen) passif à l'état (d'un citoyen) actif »[47] ? – Pour cela, il faut une « éthique ».

3. *L'éthique de la résistance : La civilité comme faculté de dignité*

L'idée directrice que je voudrais mettre à l'épreuve est la suivante : il semble bien qu'il existe, dans la textes *éthiques* tardifs de Kant, comme la *Doctrine de la vertu*, *La Religion* ou *l'Anthropologie*, des moyens théoriques suffisants, – comme ses idées édifiantes sur la « dignité »[48], « l'honneur »[49], la « colère »[50] et le « courage »[51], ses remarques sur la mort *religieuse* « exemplaire » du Christ[52], ou sur la mort *révolutionnaire* contre une « injustice publique »[53], – pour justifier le bien-fondé tacite et non formulé d'une *éthique de la résistance*[54].

Quant au concept directeur d'une telle éthique, il pourrait être cherché du côté du § 28 de la *Critique de la faculté de juger*, où l'on tombe sur l'heureuse expression de « faculté de résister « (*ein Vermögen zu widerstehen*) »[55]. Mais, d'une faculté de *sublime*, dont l'effet est de nous faire « parvenir à la conscience de notre supériorité sur la nature en nous et

---

[46]. F. Proust, *Kant et le ton de l'histoire*, op. cit. p. 189.
[47]. *Doctrine du droit*, § 46, VI, 315.
[48]. *Doctrine de la vertu*, §§ 4, 11-12, 38, 42, in : *Œuvres philosophiques* III (Paris, Gallimard, 1986).
[49]. *Ibid.* § 4.
[50]. E. Kant, *Anthropologie*, § 76, in : *Œuvres philosophiques* III (Paris, Gallimard, 1986).
[51]. *Anthropologie* § 77. *Doctrine de la vertu*, § 7, 53.
[52]. E. Kant, *La religion dans les limites de la simple raison*, AK, VI, 81.in : *Œuvres philosophiques* III (Paris, Gallimard, 1986).
[53]. *Anthropologie*, § 77, AK, VII, 259.
[54]. Il est fort utile d'indiquer que Françoise Proust a déjà mis en œuvre une « analytique de la résistance », où elle a essayé, quoi que dans un cadre qui déborde les propos de Kant, de dégager « le transcendantal de toute résistance quelle qu'elle soit », sans viser par là autre chose qu'une éthique du « *non* (qui) n'est que l'envers d'un *oui* ». Voir : Françoise Proust, *De la résistance* (Paris, Ed. Du Cerf, 1997).
[55]. *Critique de faculté de juger*, § 28, V, 261, in : *Œuvres philosophiques* II (Paris, Gallimard, 1986).

hors de nous »⁵⁶, il faudrait peut-être la reconduire sur le plan *éthique* comme une faculté de *dignité*, seule capable de nous offrir les moyens légitimes d'exprimer ce que Kant a sobrement nommé le « *veto* du peuple »⁵⁷ (*Weigerung des Volks*).

Quel est le problème directeur de cette faculté de résistance ? Et comment fonctionne-t-elle ?

Une alternative insondable s'offre aussitôt : ou bien la résistance est radicale, c'est-à-dire *suicidaire*, ou bien elle se limite à des actes de liberté, traduisibles dans des *affects civiques*.

3.1 Résistance et suicide

Dans sa *Doctrine de la vertu* et lors d'une sorte de vacance transcendantale appelée curieusement « questions casuistiques »⁵⁸ (*kasuistische Fragen*), Kant a *anticipé* d'une façon fort curieuse la question qui ne cessait depuis quelques années de nous acculer, à savoir l'usage du corps propre comme une machine de guerre, je veux dire l'attentat suicide :

« Est-ce un suicide (*Selbstmord*), dit-il, que de se précipiter (comme Curtius) au-devant d'une mort certaine pour sauver sa patrie ? Ou bien faut-il considérer le martyre volontaire (*das vorsätzliche Märtertum*) qui consiste à se sacrifier pour le salut de l'humanité en général, de même que l'action précédente, comme un acte héroïque ? ». (n. s.).⁵⁹

Pour nous, arabes-musulmans, cette interrogation résonne fortement, car elle recoupe l'un des axes les plus déroutants de notre fragilité politique, le *suicide patriotique* comme forme exemplaire de *résistance*.

Or, une voix sourde commence depuis peu à se faire entendre : n'est-il pas effrayant de considérer le martyre volontaire comme un acte héroïque ? En termes-limites, *le martyre peut-il être un impératif catégo-*

---

⁵⁶. *Ibid.* V, 264.
⁵⁷. *Doctrine du droit*, § 49, AK, VI, 322.
⁵⁸. Selon D. Henrich, la négation du droit de résistance n'a pas interdit à Kant d'adopter cependant « une attitude casuistique » face aux événements qui présentent un « caractère authentiquement révolutionnaire ». Cité et commenté par : Losurdo, D., *Autocensure et compromis dans la pensée politique de Kant, op. cit.,* p. 126.
⁵⁹. *Théorie de la vertu*, § 6, VI, 423.

rique ? Question ambiguë, mais significative de l'embarras dans lequel on se trouve[60].

Pour aider à sentir l'ampleur de l'ambiguïté que commande la reconstitution kantienne du sens du suicide et du § 6 de la *Doctrine de la vertu* sur le suicide, il ne faudrait retenir que cette remarque :

« *L'homicide* volontaire commis sur soi-même ne peut être appelé *suicide* que s'il est possible de prouver qu'il s'agit en tout état de cause d'un crime perpétré soit sur notre personne soit encore, par le biais de ce suicide, sur la personne d'autrui. »[61]

On entrevoit dans cet élément de définition une réserve étrange : la condamnation n'est donc pas inconditionnelle. Kant distingue bien entre « homicide » (*Entleibung*, littéralement le fait de nier le corps) et « suicide » (*Selbstmord*, se tuer). « Le suicide est un crime »[62], nul ne soutient le contraire. Un crime *religieux*, envers Dieu d'avoir « abandonné sans en avoir été relevé le poste qui lui a été confié dans le monde » ; *politique*, « envers les autorités ou ses concitoyens » ; et *éthique*, envers soi-même d'avoir « disposer de soi comme d'un simple moyen en vue d'une fin quelconque », et par ce biais, « dégrader l'humanité en sa personne »[63].

Or, si le texte de Kant laisse comprendre que *l'Entleibung*, la négation du corps, n'est pas nécessairement un crime, on est alors enclin à se demander : en quel sens pourrait-on penser notre propre homicide autrement que comme un crime ? À quelles conditions notre mort propre serait-elle à même de se révéler non plus le simple fait de « rejeter fièrement sa vie comme un fardeau », ce qui serait sans doute « un lâche abandon à l'attrait de l'animalité », mais un acte qui « exige au contraire de l'homme du courage en lequel le respect pour l'humanité en sa propre personne trouve encore place »[64] ?

---

[60]. On assiste là à un dilemme fort embarrassant : le *suicide* (et, éventuellement, l'attentat suicide), est-il un crime ou un martyre ? Et, la solution souhaitable, est-elle *déontologique* (condamnation des moyens) ou *conséquentialiste* (éloge des résultats). Pour une analyse de ce problème du suicide et de son caractère double, sur le terrain de Kant, voir : Isabelle Pariente, « Kant et le suicide : deux lectures des questions casuistiques ? », in : *Philosophie*, n° 63, pp. 55 sq.

[61]. *Théorie de la vertu*, VI, 422.

[62]. *Ibid.*

[63]. *Ibid.* VI, 422-423.

[64]. *Ibid.* § 7, VI, 425.

En deçà de cette question, Kant nous renvoie au plus loin du suicide criminel, et nous offre le concept difficilement traitable de « martyre volontaire » (*das vorsätzliche Märtertum*). Du même coup, les dites « questions casuistiques » cessent soudain d'être sans réponses. Leur langage indirect (la méthode des questions) et son mouvement silencieux (le retrait des réponses) font partie d'une écriture *à retardement*. Aussi si l'*Entleibung* est-elle subtilement distincte du suicide, c'est qu'elle pourrait être un acte héroïque, dont l'idiome exemplaire est la notion de « martyre volontaire ». Mourir pour sa patrie[65] ou pour le salut de l'humanité n'est pas un suicide, mais un usage *négatif* de son corps.

Kant réplique aussitôt : « mais je n'ai nul désir d'en défendre la moralité »[66].

Une demande reste, alors, en souffrance : que devrions-nous faire pour que les humains ne soient plus dans le besoin de se sacrifier pour conserver leur dignité ?

3.2 Résistance et civilité ou la faculté des affects civiques (culture de soi, dignité, courage et laïcité)

Ce dont il s'agira maintenant est de dégager les structures de base régissant *l'éthique de résistance*, qui fonderait la législation intérieure de l'homme libre. Contrairement au droit qui ne concerne que la *forme* de notre liberté extérieure, l'éthique en revanche travaille directement sur la « matière » humaine[67], en ce sens qu'elle s'organise autour des « devoirs de *liberté interne* »[68] que le sujet a envers soi-même. À regarder de près, l'éthique ne signifie pas autre chose que « la conservation morale de soi-même », laquelle « relève de la *culture* de soi » (*Kultur seiner selbst*)[69], et rien de plus.

---

[65]. Cf. Losurdo, D., *Autocensure et compromis dans la pensée politique de Kant*, op. cit., p. 125 : « Kant a soutenu avec enthousiasme la Révolution américaine devant un anglais inconnu, et avec un tel enthousiasme que celui-ci aurait voulu le provoquer en duel ». Voir aussi la note du § 65 de la *Critique de la faculté de juger*, consacrée selon H. Arendt à la révolution américaine ; H. Arendt, *Juger. Sur la philosophie politique de Kant* (Paris, Ed. du Seuil, 1991) p. 34.
[66]. *Anthropologie*. VII, 259.
[67]. *Doctrine de la vertu*. VI, 380.
[68]. *Ibid*. VI, 406.
[69]. *Ibid*. VI, 419.

Ce cadre interprétatif étant posé, nous voilà en mesure de voir l'ampleur du rôle que pourrait jouer la notion de résistance dans l'édification de l'éthique en tant que culture de soi. Un tel champ s'articule autour de trois thèses :

1° La *dignité* est un devoir envers soi-même.
2° Le *courage* est une faculté de sublime civil.
3° La résistance est un acte *laïque* radical.

1° La dignité est un devoir envers soi-même

L'élément nouveau chez Kant est de rendre *l'estime de soi* un devoir envers soi-même, et non pas simplement un droit extérieur à réclamer.

Aussi le devoir fondamental de l'homme envers soi-même est-il, selon Kant, le respect de « la *dignité* de l'humanité en sa personne »[70], de convenir que « l'humanité elle-même est une dignité ». Résister signifie alors s'interdire « de faire de soi une chose »[71], ne jamais accepter d'être « utilisé par aucun homme (ni par d'autres, ni même par lui-même) simplement comme un moyen, mais (on) doit toujours être traité en même temps comme fin »[72].

Résister recommande ainsi de posséder une dignité, c'est-à-dire « une valeur intérieure absolue »[73]. Car même si sur l'échelle de l'univers l'homme reste « un être de médiocre importance », il est, en tant que porteur de l'humanité en sa personne, « au-dessus de tout prix » (*über allen Preis*)[74].

Mais c'est dans le § 12 de la *Doctrine de la vertu* que Kant nous livre le précepte de dignité le plus remarquable :

« Ne devenez point esclaves des hommes. Ne souffrez pas que votre droit soit impunément foulé aux pieds par les autres. »[75]

Il est significatif qu'une langue autre vienne ici reprendre la question de la dignité, pour l'entraîner vers un discours qui se tient ailleurs, je veux dire dans une faculté de résistance avouée.

---

[70]. *Ibid.* VI, 420.
[71]. *Ibid.*
[72]. *Ibid.* VI, 462.
[73]. *Ibid.* VI, 435.
[74]. *Ibid.* VI, 434.
[75]. *Ibid.* VI, 436.

2° Le courage est une faculté de sublime civil

Il faudrait reconnaître qu'on tombe ici sur un propos choquant, en ce sens que la jonction entre *le sublime et le civil* pourrait être déroutante. En quel sens le courage civil peut-il être sublime ?

« Le pouvoir et la résolution réfléchie, dit Kant, d'opposer une résistance à un adversaire puissant mais injuste, s'appellent le *courage*, et, s'agissant de l'adversaire de l'intention morale en nous, il s'appelle *vertu*. »[76]

Le courage est, avec la vertu elle-même, une faculté majeure de *résistance*. Résistance, et non pas *rébellion* ou *insurrection*. Mais sur quoi peut-on fonder une résistance sans aucun acte de violence ? La réponse de Kant est étrange : résister ne concerne point un obstacle ordinaire ; on ne résiste vraiment que lorsqu'on est poussé par le sentiment de pouvoir résister à l'irrésistible. Or, c'est là le sentiment du sublime[77].

Depuis le § 29 de la Critique de 1790, Kant nous a avertis :

« Tout affect du genre *courageux* (qui nous fait prendre conscience de nos forces nous permettant de vaincre toute résistance) est *esthétiquement sublime* »[78].

Il suffirait maintenant de transformer cette fonction sublime du courage d'un précepte *esthétique* (car toute « esthétique des mœurs »[79] reste passive) à un précepte *éthique*. C'est dans ce cadre précis qu'il faudrait lire cette affirmation troublante de Kant : « lorsqu'elle est conduite avec ordre et dans le respect sacré des droits civils, la guerre elle-même est en quelque manière sublime »[80]. Toutefois, si la guerre peut être sublime, « il n'y a aucune *esthétique* guerrière »[81].

---

[76]. *Ibid.* VI, 380.
[77]. *Critique de la faculté de juger*, § 28, V, 260.
[78]. *Ibid.*, § 29, V, 272.
[79]. *Doctrine de la vertu*, VI, 406.
[80]. *Critique de la faculté de juger*, § 29, V, 263. Un propos qui est à lire dans le contexte de l'intérêt de plus en plus porté au concept de *sublime* dans la relecture de la philosophie politique de Kant (Derrida, Lyotard, Nancy, Proust, Richir). Cf. Henri d'Aviau de Ternay, « De l'opportunité d'une relecture de la philosophie du Droit de Kant à partir de la troisième Critique », in : *Revue de Métaphysique et de Morale*, N°2 / 1996, p. 226.
[81]. Françoise Proust, *Le ton de l'histoire, op. cit.* p. 191.

Kant préfère le guerrier au chef d'État[82]. Il va sans dire : cette guerre n'est pas coloniale[83], ni punitive[84] mais strictement défensive, où « tous les moyens de défense sont permis »[85] et où le « droit (...) contre un ennemi injuste n'a pas de limites »[86]. Or une guerre défensive est une « guerre de résistance », car « l'essence de la guerre n'est pas la souveraineté, mais la liberté », laquelle n'est pas une conquête mais « une *position* à tenir »[87].

Tenir une position, cela demande du courage mais aussi, dit Kant, « la colère et même le désespoir (du moins du désespoir *indigné* (*entrüstet*), et non pas de celui qui est *découragé* »[88]. L'indignation, « l'emportement est la vertu de résistance »[89]. À la question quand a-t-on foncièrement besoin de s'indigner ? Kant nous répod compendieusement : lorsqu'on « souffre dans l'innocence »[90].

3° La résistance est un acte laïc radical

Malgré toutes les analyses précédentes, il reste une question embarrassante de savoir si la religion ne pourrait-elle pas être le socle caché de cette idée de résistance qui prône le martyre volontaire comme un acte de liberté. Or, c'est là que Kant a fait faire un grand pas à la discussion en introduisant la catégorie du *sublime*.

L'idée force est celle-ci : l'homme est « au-dessus de tout prix », et foncièrement travaillé par « le sentiment de la sublimité de sa destination »[91]. C'est pour cette raison qu'il annonce avec audace que : « [...] S'agenouiller ou se prosterner jusqu'à terre, même si c'est pour se rendre sensible le culte des choses célestes, est contraire à la dignité humaine. »[92]

---

82. *Critique de la faculté de juger*, § 29, V, 263.
83. *Doctrine de la vertu*, VI, 348
84. *Ibid.* VI, 347.
85. *Ibid.*
86. *Ibid.* VI, 349.
87. Françoise Proust, *Introduction* à Kant, *Vers la paix perpétuelle et autres textes*. Paris, GF 1991, pp. 27 sq.
88. *Critique de la faculté de juger*, V, 272.
89. Françoise Proust, *Introduction*, *op. cit.* p. 28
90. *Anthropologie*, VII, 238.
91. *Doctrine de la vertu* VI, 437.
92. *Ibid.* VI, 436.

Résister est donc un acte *laïc* radical, qui ne trouve son origine dans aucun devoir religieux. Selon Kant la vertu, c'est-à-dire la « force morale » de l'homme, « brille tellement qu'elle semble au regard des hommes assombrir la *sainteté* elle-même »[93]. La vertu comme faculté de dignité est « une intention morale en lutte », disait Kant depuis 1788, et non point « une *sainteté* dans la possession présumée d'une *parfaite pureté* »[94].

Or, c'est dans ce cadre laïc de l'éthique que Kant a été conduit, depuis La *Religion dans les limites de la simple raison*, à interpréter *la mort du Christ comme un acte de résistance*[95].

« Il devait donner sa vie, écrit-il, pour avoir suscité une résistance dans un empire étranger (possédant la force). (...) Cette mort justement – le degré suprême de la souffrance d'un homme – était la représentation du bon principe, je veux dire de l'humanité en sa perfection morale, comme exemple proposé à l'imitation par tout un chacun. La représentation de cet exemple devait et pouvait avoir pour son temps – et peut même l'avoir pour tous les temps – la plus grande influence sur l'âme humaine. »[96]

Par ce dire, Kant est intervenu dans un débat se déroulant sur la signification de la mort de martyr, inventé par le Christ. Contre ses contemporains, Kant affirme que le Christ n'a pas « cherché sa mort » comme dans un roman – car ce serait un suicide, c'est-à-dire « disposer de soi et de sa vie comme d'un moyen » – ni « risqué sa vie » dans un but politique. Sa mort était bien plutôt le signe d'une « révolution *publique* » qui, même échouée, « a ouvert la porte de la liberté à quiconque veut mourir à tout ce qui le tient enchaîné à la vie terrestre et porte préjudice à l'éthique »[97]. Par là Kant nous indique une décision précieuse : « l'éthique ne peut s'étendre au-delà des limites des devoirs de l'homme envers lui-même et envers les autres »[98]. L'éthique de la résistance se fonde sur l'humain, et même le *trop humain*, du moment que « seules

---

[93]. VI, 396.

[94]. *Critique de la raison pratique*, V, 84, in : *Œuvres philosophiques* II (Paris, Gallimard, 1986).

[95]. *La Religion*, VI, 81-83.

[96]. *Ibid.* VI, 81.

[97]. *Ibid.* VI, 82.

[98]. *Doctrine de la vertu*, VI, 491.

nous sont compréhensibles les relations morales de l'*homme* envers l'*homme* »⁹⁹. Quant au recours aux dieux politisés des sous-hommes modernes, vivant sous le toit symbolique de la sous-humanité, il ne pourrait se justifier que par « une relation entre Dieu et l'homme (...) [qui] nous est absolument incompréhensible »¹⁰⁰.

C'est pourquoi toute résistance de nature religieuse est une dérive *théologique* d'un problème *civil*. À ce titre, un peuple glisserait nécessairement dans un usage suicidaire du sublime. Or, le sens propre de la résistance négative consiste, précisément, dans l'usage civil d'une sorte de « publicité dépolitisée »¹⁰¹ qui, loin d'être un concept négatif décrivant une nouvelle « populace » globalisée, pourrait, au contraire, nous aider à décrire un public *civil et actif*, mais pas nécessairement *politisé*. Pour Kant, c'est « le civique, et non pas le social ou le communautaire, (qui) est l'originaire. La République est, de fait, selon lui, l'origine du politique »¹⁰².

4. Conclusion : Kant et nous, ou une rencontre casuistique avec le dernier musulman

Si, sauf erreur, Kant n'a fait usage du mot « Islam » qu'une seule fois, qui remonte d'ailleurs à un essai précritique, à savoir les *Observations sur le sentiment du beau et du sublime* (II, 252), la présence de Mahomet dans le corpus de Kant est tout à fait surprenante¹⁰³. Deux idées suffisent pour illustrer l'acuité de notre rencontre avec Kant : 1° qu'il n'y a pas de « conflits de religion », mais simplement des différences de « confession

---

99. *Ibid.*
100. *Ibid.*
101. Cf. Gérard Raulet, « En quel sens le peuple est-il encore un enjeu de la philosophie politique contemporaine ? », in : Hélène Desbrousses, Bernard Peloile, Gérard Raulet, *Le Peuple. Figures et concepts. Entre identité et souveraineté* (Paris, O.E.I.L., 2003) p. 285. Aussi : G. Raulet, *Apologie de la citoyenneté* (Paris, Ed. du Cerf, 1999), pp. 105-114.
102. Henri d'Aviau de Ternay, « De l'opportunité d'une relecture de la philosophie du Droit de Kant à partir de la troisième Critique », *op. cit.* p. 241.
103. Mahomet n'a pas cessé de recouper les problèmes de Kant non seulement au sein de *la Religion dans les limites de la simple raison,* où sa fréquence est la plus haute, mais tout autant dans beaucoup d'autres textes comme la *Critique de la raison pratique* (V, 120, 274), la *Métaphysique des mœurs* (VI, 428), le *Conflit des facultés* (VII, 50 note, xxiii, 438) ou *l'Anthropologie* (VII, 401).

(juif, musulman, chrétien…) ; au niveau *public* le mot « religion », selon Kant, est dangereux, il faudrait le réserver à l'élite[104]. 2° que *l'Islam* (Kant utilise le mot « *Mohammedanism* ») « se distingue par l'orgueil » et que « ses pratiques sont toutes d'essence courageuse »[105]. Kant reconnaît ainsi au musulman deux droits capitaux généralement méconnus : qu'il fait partie intégrante de la tradition spirituelle judéo-chrétienne et qu'il participe à la vertu principale de l'éthique, à savoir le *courage*, force morale majeure, que Kant a qualifiée dans L'introduction de la *Doctrine de la vertu* comme « la plus grande, l'unique véritable bravoure de l'homme »[106].

La question est alors : comment aider le dernier musulman à se passer du besoin d'aller à la mort ? – Kant nous a offert un pas dans cette direction : au lieu du *suicide*, il faudrait opter pour une *résistance négative* qui donnerait à la civilité la forme d'une faculté de dignité, dont le fondement est le droit de l'humanité en notre personne. On voit venir déjà une ère où le dernier musulman aura finalement compris que l'ennemi n'a plus de visage, qu'il n'est pas un tyran ou même un occupant, mais le fait qu'il n'ait pu arriver à se soucier de sa *civilité*, c'est-à-dire du rôle crucial de l'usage public de sa raison, que sur le tard.[107]

---

104. *La Religion*, VI, 108.
105. *Ibid.* VI, 184, note.
106. *Doctrine de la vertu*, VI, 405.
107. Sur le chemin de cette perspective voir : F. Meskini, « Résistance et responsabilité. Essai phénoménologique sur le martyr », in : J. Poulain, H.J. Sandkühler, F. Triki (Ed.), *L'agir philosophique dans le dialogue transculturel*, Paris, L'Harmattan, 2006, pp. 129-143. Voir aussi : « Lumières et Sécularisation », in : *Revue Tunisienne des Études Philosophiques*, N° 22/23 (1999), pp. 79-85 ; « Imagination et éternité. Al-Farabi revisité au temps de l'empire », in : *Le réel et l'imaginaire dans la politique, l'art et la science*. Actes de la huitième rencontre internationale de Carthage (8-13 mars 2004). Académie tunisienne des sciences, des lettres et des arts Beït al-Hikma, 2005, pp. 245-266.

Sarhan Dhouib

Egalité et droits de l'homme chez Ernst Tugendhat

« Respecter une personne signifie la reconnaître en tant que sujet de droits [moraux][1] ».

La controverse actuelle sur les droits de l'homme témoigne non seulement de l'ambivalence de la modernité mais aussi des paradoxes de la mondialisation : d'une part, les différentes déclarations sur les droits de l'homme proclamées dans divers textes légaux, telles que la *Déclaration des droits de l'homme et du citoyen* de 1789 ou la *Déclaration universelle des droits de l'homme* de 1948, sont l'expression de la croyance de l'homme moderne en sa propre liberté, son autonomie et sa dignité. De plus, ces documents juridiques révèlent à quel point l'homme est en mesure de déterminer les normes de sa vie sociale et politique. D'autre part, il est significatif de relever que ces mêmes droits présentent aussi « le contrepoint de la modernité »[2], au sens où l'abstraction inhérente au concept de l'homme rend confus le contenu de ses droits et risque de les détourner de leur positivité pour faire de leur usage une rhétorique, un *flatus vocis*, vide d'effectivité historique et de contenu social.

Aussi faut-il remarquer avec H. Bielefeldt dans son ouvrage *Philosophie der Menschenrechte* que la mondialisation est à la fois une chance et une menace[3] : une chance parce qu'elle revendique, du moins théoriquement, une validité universelle et une normativité minimale des droits de l'homme, chose qui donne à l'idée kantienne d'un *ius cosmopoliticum* une actualité incontestée[4] ; une menace, car les multinationales, de plus en plus puissantes, représentent un danger réel pour la liberté et les espaces du droit. La mondialisation engendre non seulement des dérégulations entre les États, mais aussi des injustices sociales au sein d'une

---

[1]. E. Tugendhat 1993, p. 363, trad. fr., 1998, p. 375.
[2]. C. Höffe 1990, p. 11.
[3]. Bielefeldt 1998, p. 32.
[4]. Cf. Lutz-Bachmann / Bohman 1996.

même société, des inégalités entre les citoyens d'un même État, ce qui met en question la validité universelle proclamée par les droits de l'homme.

Cela étant, l'interrogation sur le rapport de l'égalité aux droits de l'homme doit éveiller une attention particulière tant pour les questions théoriques portant sur la justice, l'égalité et le droit que pour les problèmes pratiques – politique, social et moral – qui touchent à l'applicabilité et la validité de ces concepts.

L'approche des droits de l'homme est confrontée à un problème philosophique, à savoir sa justification normative. En fait, la détermination formelle de ces droits comme universels, égalitaires et catégoriques[5] demeure problématique, car elle laisse de côté les questions de la contextualité, de l'historicité et de la positivité de ces droits : de quel homme parle-t-on lorsqu'on parle des droits de l'homme ? Comment faut-il entendre son droit ou ses droits ? Quel est le contenu de ces droits ? La revendication universelle et égalitaire de ces droits est-elle morale ou juridique ?

Rappelons brièvement qu'on distingue depuis Jellinek entre trois types de droits : (1) les droits de liberté négative, dans la mesure où ils assurent l'absence des obstacles, des contraintes et de la violence, expriment le *status negativus* du citoyen ; (2) les droits à la participation politique déterminent le *status activus* du citoyen en garantissant les conditions nécessaires de son action politique et sociale et en respectant son autonomie ; (3) les droits sociaux concernent le *status positivus* du citoyen car ils exigent les mêmes conditions de vie pour tous les sujets[6].

De plus il est possible de saisir la positivité historique de ces droits par la métaphore des trois générations. Il s'agit là non d'une simple « succession » des générations ou d'une « addition » des différents types de droit, mais d'une explication dynamique des trois composantes – liberté, égalité et solidarité – d'un même principe juridique : la 1ère génération concerne les droits de la liberté civile et politique (XVIIIème siècle) ; la 2ème touche aux droits de l'égalité sociale et économique (XIXème siècle) ; la 3ème porte sur les droits sociaux et culturels (XXème siècle)[7].

---

[5]. Lohmann 1998, p. 63.
[6]. Cf. Alexy 1994, p. 229 sq. ; Sandkühler 1999, p. 820 sq.
[7]. Bielefeldt 1998, p. 80-111 ; Mohr 2000, p. 315-318 ; Sandkühler 1999, p. 820-821.

Loin de chercher une approche historique du rapport de l'égalité aux droits de l'homme, nous nous contentons dans ce qui suit d'abord ce rapport d'un point de vue bien déterminé, à savoir celui d'Ernst Tugendhat[8]. En partant de l'étude des deux textes publiés par cet auteur en 1993, *Conférences sur l'éthique*[9] et la *Controverse sur les droits de l'homme*[10], notre démarche tentera de montrer que la conception des droits de l'homme chez Tugendhat est morale aussi bien dans son fondement que dans sa fin. Trois questions majeures orientent notre analyse de cette approche morale des droits de l'homme :

(1) dans quel sens et sous quelles conditions « la morale du respect universel et égal » est-elle capable de fonder une conception universelle et égalitaire des droits de l'homme ?
(2) Dans quelle mesure le concept de la légitimité étatique pourrait être interprété dans la perspective morale égalitaire ?
(3) Quelle est la limite de la conception libérale des droits de l'homme ?

1. Le fondement moral des droits de l'homme

Dans les *Conférences sur l'éthique* l'agir social et politique de l'homme est appréhendé dans une perspective morale dont la valeur fondatrice pourrait être révèlée selon deux niveaux complémentaires : tout d'abord, l'agir politique, le débat social sur la justice et les droits des immigrants, l'avortement, l'euthanasie, etc., sont animés par une morale immanente à l'agir de l'homme. Tugendhat met en valeur cette idée dès la première conférence en soulignant que « les concepts de démocratie et de droits de l'homme qui occupent les débats politiques contemporains

---

[8]. Pour une autobiographie partielle, cf. Tugendhat 1992, p. 7-16 ; trad. fr., 1993, p. 13-22.
[9]. Il s'agit essentiellement de la 17ème conférence intitulée *Les droits de l'homme*, cf. Tugendhat, 1993, p. 336-363 ; trad. fr., 1998, p. 349-376.
[10]. L'étude de Tugendhat *Die Kontroverse um die Menschenrechte* fut à l'origine une conférence prononcée le 1er octobre 1993 à Vienne à l'occasion d'un colloque organisé par l'*Institut Wiener Kreis* (Cf. Tugendhat, 1998, p. 48) et fut publié tout d'abord en 1993 dans la revue *Analyse und Kritik* (N 15, p. 101-110) avant d'être reprise ultérieurement avec les actes d'un colloque international organisé en 1995 à Berlin et publiés en 1998 par Gosepath et Lohmann sous le titre *Philosophie der Menschenrechte* (Gosepath / Lohmann 1998, p. 27). La même étude est parue encore une fois dans un recueil d'articles publié par l'auteur en 2001 (Cf. Tugendhat, 2001, p. 27 sq.).

ont, en effet, une signification non seulement politique, mais également morale, de même que les débats sur la justice sociale – que ce soit au niveau des gouvernements ou au plan mondial »[11]. La primauté de la morale se confirme, dans un second plan, par la critique adressée par l'auteur à la théorie critique de la société : pour Tugendhat la critique normative de la société et l'analyse de ses conditions socio-économiques chez Adorno et Horkheimer supposent déjà un jugement moral qui ne présente pas le résultat de ses structures, mais son point de départ. C'est pourquoi « si importante qu'elle soit, une théorie critique de la société ne peut remplacer l'éthique, et elle présuppose nécessairement une morale »[12].

De plus, à la différence de Habermas qui insiste dans *Droit et Démocratie* sur le caractère légal des droits de l'homme et leur origine juridique[13], Tugendhat subsume ces droits sous « la morale du respect universel et égal »[14] et envisage dans ce sens une correspondance entre les « devoirs moraux » et les « droits moraux »[15].

Ainsi esquissé, le point de départ de l'approche des droits repose sur l'obligation morale à un « respect égal et universel » de tous les êtres humains qui prend en considération leurs « intérêts ». Pour cette raison l'instance du jugement moral ne doit plus être appréhendée comme une autorité transcendante qui prescrit au préalable les obligations morales, mais comme une instance impartiale et immanente capable de déterminer les normes[16]. Dépouillée des prémisses transcendantes comme des prémisses naturelles, l'instance morale chez Tugendhat est définie comme une instance « plausible » qui reconnaît l'autre comme un sujet de droit ou un « partenaire de coopération »[17].

Que tous les hommes, en effet, soient équitablement respectés exige, dans un premier moment, que les intérêts de tous les destinataires moraux

---

[11]. Tugendhat 1993, p. 11 sq. ; trad. fr., 1998, p. 4.
[12]. *Ibid.*, p. 18 ; trad. fr., p. 10.
[13]. Habermas 1994, p. 136 ; trad. fr., 1997, p. 121. Concernant la différence des conceptions de Tugendhat et Habermas sur le fondement des droits de l'homme, cf. Lohmann 2002, p. 444 ; Tietz 2005, p. 136-145 ; Wild, 1998, p. 125 sq.
[14]. Tugendhat, *ibid.*, 1993, p. 336 ; trad. fr., p. 349. Traduction modifiée.
[15]. *Ibid.*, p. 337 ; trad. fr., p. 350.
[16]. *Ibid.*, p. 87 ; trad. fr., p. 86.
[17]. *Ibid.*, p. 336 ; trad. fr., p. 349.

soient incontournables pour l'instance du jugement impartial, et que, dans un second moment, cette instance soit l'autorité qui se substitue aux membres de la communauté morale. De ce point de vue, l'instance morale plausible demeure donc l'unique référence morale, même si ses membres sont substituables.

Ainsi, la morale est conçue en premier lieu comme un phénomène social qui repose sur un système normatif d'obligations réciproques entre les individus et qui engendre des sanctions dans le cas de l'inaccomplissement des devoirs. Mais si les droits de l'homme s'inscrivent dans cette conception morale, il convient de montrer comment cette conception se rapporte elle-même à l'idée du « bien ». Sous ce terme Tugendhat entend une détermination qui serait universellement valable et reconnue par tous les hommes en s'appuyant sur la 2ème formulation de l'impératif catégorique de Kant : « *Agis de telle sorte que tu traites l'humanité aussi bien dans ta personne que dans la personne de tout autre toujours en même temps comme une fin, et jamais comme un moyen* »[18].

La première ainsi que la dix-septième conférence énoncent le principe de la « morale du respect universel et égal » comme suit : « Tu dois respecter chacun de manière égale et tu ne dois instrumentaliser personne ! »[19]. Ce principe implique, d'une part, une formulation négative : « n'instrumentalise pas autrui ! » et suggère, d'autre part, une connotation positive : « respecte les fins d'autrui ! »[20]. Partant donc d'une lecture des *Fondements de la métaphysique des mœurs* de Kant, l'enjeu majeur de Tugendhat consiste à fonder l'objectivité du principe du respect universel et égal et de tous les jugements moraux. Un jugement moral objectif n'est dit tel que s'il est universellement applicable et reconnu par tous les hommes. Dès lors, la distinction entre une justification relative et une autre, absolue de la morale – qui doit surgir de prémisses indubitables – permet à Tugendhat de se distancier à la fois du concept traditionnel de la morale et de celui des contractualistes pour prouver l'aspect universel et égalitaire de la morale.

---

18. Kant 1903/11, p. 430 ; trad. fr., 1985, p. 295.
19. Tugendhat, *ibid.*, p. 28 ; trad. fr., p. 20 ; *ibid.*, p. 336 ; trad. fr., p. 349.
20. *Ibid.*, p. 146 ; trad. fr., p. 147. Cf. Brezina 1999, p. 235 sq. ; Geuss 1997, p. 99 ; Gosepath 2004, p. 154 sq. ; Wingert 1997, p. 505 sq.

Le concept traditionnel, parce qu'il puise sa légitimité dans la croyance, se réfère strictement à des prémisses transcendantes[21] et ne peut, par conséquent, proclamer une validité universelle. Bien que le contractualisme, tel qu'on le trouve chez J.L. Mackie[22] par exemple, renonce aux prémisses transcendantes, il demeure, toutefois, incapable de penser un concept universel du bien et reste sur ce point prisonnier d'une conception égoïste et individuelle : « la caractéristique décisive du contractualisme est de ne disposer d'aucune conception du bien ; cette position se fonde uniquement sur un concept relatif de ce qui est « bien ou bon pour… ». »[23].

Ce souffle égalitaire qui traverse l'approche de la morale dans les *Conférences sur l'éthique* est plus manifeste dans l'étude *Egalité et universalité dans la morale*[24]. Si nous accordons une attention particulière à cette conférence, c'est parce qu'elle nous aide à mieux saisir le principe du respect des intérêts de tous. En s'inscrivant, en fait, dans une approche morale de l'égalitarisme, Tugendhat ne prétend pas défendre l'idée d'une distribution égale des biens, ni proposer une conception prescriptive de l'égalité, mais justifier la norme d'après laquelle tous les hommes ont les mêmes droits moraux. Une telle idée de la norme morale constitue le fil d'Ariane dans la détermination de l'intérêt. C'est donc le primat de l'égalité morale de tous les hommes qui fonde l'universalité des droits. Appréhendée sous cet angle, la morale ne saurait être, selon Tugendhat, qu'un système d'obligations réciproques déterminées par des normes[25]. Il s'agit donc d'une morale qui renonce à l'instrumentalisation et à la discrimination de l'autre : « Selon ma conception, écrit Tugendhat, la morale est un système normatif qui ne repose pas sur la violence, c'est-à-dire sur des peines, mais sur des sanctions réciproques internes, c'est-à-

---

[21]. Il convient de remarquer que Tugendhat critique, dans les *Conférences sur l'éthique*, la fondation transcendante – non transcendantale – de la morale, celle qui se réfère à une instance divine ou suprasensible (cf. Tugendhat, 1993, p. 23 ; trad. fr., 1998, p. 15). La traduction française de « *Transzendent* » par transcendantal ne rend pas justice à l'approche de Tugendhat (cf. *Ibid.*, p. 23, p. 23, p. 68, p. 69 ; trad. fr., p. 15, p. 16, p. 64, p. 66, etc.). Pour cette raison il est plus convenable de réserver transcendant pour « *transzendent* » et transcendantal pour « *transzendental* ».
[22]. Mackie 1977, chapitre 3.
[23]. Tugendhat, *ibid.*, p. 76 ; trad. fr., p. 72. Cf. Pauer-Studer, 1997, p. 109 sq.
[24]. Tugendhat 1997, p. 3 sq.
[25]. Tugendhat 2001, p. 7.

dire effectives. Et cela veut dire donc que chaque individu qui doit se justifier par rapport à une communauté morale, doit se soumettre librement à ses sanctions intérieures réciproques »[26].

Toutefois, deux difficultés demeurent inhérentes à cette approche morale et égalitaire du droit chez Tugendhat : la première porte sur le passage de l'universel au particulier, d'une communauté représentant toute l'humanité à une communauté morale restreinte représentant une partie ou la totalité d'une société : l'universalisme proclamé par la morale égalitaire néglige apparemment la diversité des instances morales et étatiques ; la seconde difficulté touche à la détermination de cette notion d'intérêt qui constitue la fin de la morale du respect universel et égal : l'interprétation morale de cette notion ne s'opère-t-elle pas aux dépens de son contenu matériel ?

Ajournons l'examen de la dernière question à la troisième partie de notre étude et essayons maintenant d'aborder la première difficulté à la lumière des *Conférences sur l'éthique*. Il est clair que la conséquence de la morale du respect universel et égal, développée jusqu'à présent par Tugendhat, est de reconnaître l'autre non seulement comme un sujet de droit, mais aussi comme un sujet de devoirs. Dans ce contexte, nous devons comprendre « notre devoir comme une réaction par rapport à son droit »[27]. Le concept de droit serait donc le corrélat du concept de devoir. Une telle corrélation entre devoir et droit sollicite encore quelques éclaircissements.

Un droit moral est dit tel parce qu'il se fonde sur la conscience morale de l'homme et sur le respect de sa dignité. De plus, dans la mesure où la première phrase du premier article de la Constitution allemande soutient que « la dignité humaine est inviolable », l'homme est donc autorisé à revendiquer légitimement des droits moraux à l'égard de l'État. Ceci implique que l'État doit se comporter moralement en vue d'assurer la dignité humaine de ses sujets. C'est en partant de la norme selon laquelle la conscience morale est ce qui fonde le droit, que Tugendhat prend position, en 1986, quant à la question du droit d'asile. Il affirme que l'asile n'est pas une faveur, mais « un droit moral fondamental ». C'est un droit parce qu'il figure dans l'article 16 de la constitution allemande ;

---

[26]. Tugendhat 1997, p. 15. Ma traduction.
[27]. *Ibid.*, 1993, p. 348 ; trad. fr., p. 361. Traduction modifiée.

ce droit est moral parce qu'il renonce à l'humiliation de l'autre et vise à assurer le respect égal entre les hommes[28].

Schématisant ce rapport de correspondance ou de symétrie entre devoir et droit, l'auteur admet dans *Egalité et universalité dans la morale* que « pour tout x et y, doit valoir que quand x a un devoir vis-à-vis de y, y a donc, quand il est simultanément une personne et non identique à x, un droit correspondant »[29]. Dans ce sens, il est impératif de situer ce rapport de correspondance des deux notions dans son contexte normatif. Une telle correspondance n'est exigible et ne peut devenir positive qu'au sein d'une communauté morale qui adhère au même système normatif moral et légal. Dès lors le problème auquel se confronte l'idée de la normativité est celui, justement, de structurer le rapport du droit au devoir d'un point de vue qui soit à la fois juridique et moral, c'est-à-dire d'un point de vue qui soit en mesure d'exiger les devoirs correspondant aux droits et d'imposer, en outre, les sanctions nécessaires au respect du droit.

Même si le droit moral n'est donné ni par Dieu, ni par la nature, ni encore par la raison, mais déterminé par un « devoir moral collectif »[30] qui renvoie, lui aussi, à une « instance légale du droit », il reste profondément dépendant de l'instance étatique. Le devoir moral exige ainsi la création d'une instance légale qui représente le caractère propre d'une société : « Il y aurait ainsi une obligation *morale* à créer une instance légale qui représenterait tous les individus, ce qui signifie donc qu'il y aurait une exigence morale à créer un État »[31]. Ainsi confrontée à la diversité des instances étatiques et morales, l'universalité du respect égal risque de tomber dans le formalisme tant qu'elle ne sera pas assurée par des normes juridiques.

Si les *Conférences sur l'éthique* délimitent le cadre théorique au sein duquel Tugendhat a essayé de développer sa conception de la morale du respect universel et égal ainsi que de justifier la correspondance entre le droit et le devoir, la *Controverse sur les droits de l'homme*[32] détermine,

---

[28]. *Ibid.*, 1992 a, p. 67-69 ; trad. fr., 1993 a, p. 71-80.
[29]. *Ibid.*, 1997, p. 5. Ma traduction.
[30]. *Ibid.*, 1993, p. 350 ; trad. fr., 1998, p. 363.
[31]. *Ibid.*
[32]. *Ibid.*, 1998, p. 48-61. Nous citons le texte publié en 1998, cf. Bibliographie. Les passages cités dorénavant de ce texte sont notre propre traduction.

en partant d'une approche critique de la « légitimité », les conditions pratiques pour mettre en œuvre cette morale de l'égalité.

2. L'interprétation morale de la légitimité

La légitimité, entendue dans un sens moderne, c'est-à-dire définie comme « légitimité étatique »[33] résultant du consentement des individus libres et égaux et aboutissant ainsi à un ordre étatique démocratique, fournit, selon Tugendhat, le fondement nécessaire des droits de l'homme permettant leur justification universelle. L'universalité de ces droits ne reçoit sa validité théorique que si elle est fondée sur un principe qui peut être partagé par tous les hommes. Ce principe n'est rien d'autre que « l'ordre étatique légitime »[34] qui doit avoir pour fin la morale du respect égal et universel.

Bien que l'émergence des droits de l'homme soit attachée à des conditions historico-culturelles propres à l'histoire moderne de l'Europe et de l'Amérique du nord, il n'en reste pas moins important de souligner que ces droits, une fois libérés de l'approche historique et culturelle faisant de ceux-ci le propre d'une culture ou d'une nation et une fois abordés philosophiquement, c'est-à-dire considérés du point de vue de leur fondement légitime qui soit partagé par toutes les cultures, peuvent être considérés comme le propre de l'Homme. Mais même si Tugendhat n'aborde pas assez explicitement la signification de l'universalité des droits de l'homme, se contentant seulement de relever la validité universelle de son fondement, il semble que le critère de la légitimité étatique est le seul à l'aune duquel il est possible de juger de la validité de ces droits envisagés du point de vue moral. Dans ce sens, « une justification faible »[35] de l'universalité des droits de l'homme pourrait être envisagée.

Ainsi déterminée dans son fondement comme dans sa fin, l'analyse philosophique du droit chez Tugendhat, met en question, dans un premier moment, l'approche pré-étatique des droits de l'homme chez les philosophes du droit naturel : étant conférés par une instance légitime, l'État démocratique, les droits ne sont pas attribués à l'Homme par la

---

[33]. *Ibid.*, p. 48.
[34]. *Ibid.*
[35]. Lohmann 2002, p. 441.

nature, mais sont sa propre acquisition au sein d'un ordre étatique légitime. Les droits naturels n'ont, pour cela, qu'un « sens métaphorique »[36], voire mythique.

L'approche de Tugendhat, rejette, dans un second moment, toute justification transcendante de la légitimité, donc du droit qui prend racine dans l'acception traditionnelle de la légitimité. Le concept traditionnel de la légitimité, étant « pré-donné »[37], suppose toujours une justification transcendante et extérieure qui émane par exemple de la religion ou de la tradition ; il puise sa légitimité dans la croyance des individus dans le pouvoir divin ou surnaturel du souverain. Cependant, la légitimité traditionnelle perd toute sa valeur fondatrice dès que nous la confrontons au principe du « respect universel et égal » ou, ce qui revient au même, au principe de « la considération égale des intérêts de tous »[38], car rien n'explique, en effet, pourquoi un individu est doté d'une valeur plus élevée qu'un autre. Rien ne justifie, d'un point de vue moral universel, ce que Tugendhat appelle dans *Egalité et universalité dans la morale* une « discrimination primaire normative »[39]. C'est pourquoi une telle inégalité inhérente au concept traditionnel de la légitimité rend difficile l'appréhension des droits de l'homme au cours de la période qui s'étend de la *Magna Charta* (1215) jusqu'à la déclaration du *Bill of Rights* (1689).

Le concept moderne de légitimité dont la source n'est rien d'autre que « la volonté des individus »[40], forme le cadre privilégié au sein duquel l'idée des droits de l'homme serait pensable. Deux conditions favorisent, en effet, le déploiement des droits universels de l'homme : la suppression du concept traditionnel de légitimité et la fondation de ces droits sur l'idée de légitimité étatique, idée fondatrice de la démocratie moderne comme le souligne Tugendhat : « On doit voir dans le passage à la démocratie le pas le plus décisif au sein duquel la légitimité du pouvoir politique s'est transformée d'une légitimité traditionnelle pré-donnée à une autre fondée sur la volonté des individus eux-mêmes »[41]. Les

---

[36]. Tugendhat 1998, p. 48.
[37]. *Ibid.*
[38]. *Ibid.*, p. 49.
[39]. Tugendhat 1997, p. 22.
[40]. *Ibid.*, p. 50.
[41]. *Ibid.*

citoyens ne sont plus écartés ou exclus du pouvoir, mais ils participent activement à son élaboration.

L'ordre politique légitime serait ainsi celui qui résulte nécessairement de la volonté de ses citoyens et prend équitablement en considération leurs intérêts, ce qui ne saurait être possible, aux dires de Tugendhat, qu'au sein d'une démocratie libérale : « Il apparaît cependant que la démocratie libérale est le seul ordre politique légitime, car elle apparaît la seule à pouvoir structurer le pouvoir politique de façon à ce que, premièrement, les individus ensemble soient les porteurs du pouvoir politique et, deuxièmement, ils gardent – en tant qu'individus – un espace d'action »[42]. Seul un concept moderne de la légitimité étatique interprété dans une perspective morale, c'est-à-dire sous l'égide de la morale du respect universel et réciproque sera donc capable de garantir l'expansion des droits de l'homme : « un État ne peut être jugé moralement bon que lorsqu'il garantit également les droits de l'homme au sens large, autrement dit, lorsqu'il garantit la dignité humaine et donc les droits économiques de ses citoyens »[43].

Toutefois, il convient paradoxalement de souligner que ni la démocratie de Rousseau, ni le libéralisme de Locke n'assurent, selon Tugendhat, le principe inébranlable de la légitimité étatique. Les deux approches ne satisfont pas le critère moral des intérêts de tous. En fait, l'inclusion de l'individu dans la volonté générale risque de ne plus lui assurer d'espace juridique qui lui permette de s'affirmer en tant qu'individu et de se distinguer face à « la tyrannie de la majorité »[44]. Ainsi remarquera-t-on que l'auteur du *Contrat social*, en admettant la volonté générale comme le principe unique de la souveraineté, relègue « les droits individuels » et « l'autonomie particulière »[45] à un rang secondaire. L'état civil chez Rousseau voile la situation dans laquelle se trouve l'individu, car en tant qu'il est particulier et dans la mesure où il participe à ladite autonomie collective, il perd sa propre autonomie[46]. En revanche, chez Locke, bien que le pacte social exige le consentement libre des individus et la confiance envers lui, il demeure incapable

---

[42]. *Ibid.*, p. 52.
[43]. *Ibid.*, 1993, p. 364 ; trad. fr., 1998, p. 377.
[44]. *Ibid.*, 1998, p. 51.
[45]. *Ibid.*, p. 52.
[46]. *Ibid.*, p. 51.

d'assurer « la vie, la liberté et la propriété » pour la majorité de ses citoyens. La propriété n'est donc pas partagée par tous les citoyens mais elle est le privilège légal d'une minorité. Chez Rousseau comme chez Locke, la légitimité étatique, malgré son importance indéniable, ne respecte effectivement pas les intérêts de tous. Elle souffre donc d'une orientation unilatérale qui empêche d'instaurer la morale du respect universel et égal.

Les analyses précédentes nous amènent à remarquer, que malgré l'importance fondatrice du concept moderne de la légitimité étatique tout en étant le cadre unique capable d'accueillir les droits de l'homme, de revendiquer leur auto-normativité et d'assurer leur expansion, il demeure incapable de fonder, chez Rousseau comme chez Locke, le respect universel et égal des individus. Dès lors deux interrogations s'imposent dans ce contexte : quelles sont les conditions d'une égalité normative qui peuvent imposer le principe moral thématisé par Tugendhat ? Si la légitimité étatique ne suffit pas pour exiger la considération équitable des intérêts de tous, « un système politico-social de l'égalité normative »[47] ne serait-il pas une simple utopie ?

Tout en demeurant fidèle à la perspective libérale, Tugendhat exige un examen critique des carences du libéralisme en vue de saisir la portée universelle morale des droits de l'homme. Les enjeux de cette critique consistent à revendiquer « des espaces de droits pour les individus »[48] et à proclamer le respect de leur autonomie singulière. Ce n'est donc pas la légitimité étatique moderne qui est mise en question mais le système normatif qui en résulte.

3. Limite de la conception libérale des droits de l'homme

Ce que l'on retient pour le moment, c'est avant tout le diagnostic critique que présente Tugendhat quant au fondement libéral des droits de l'homme, la liberté, que ce soit dans la 17ème conférence des *Conférences sur l'éthique*[49] ou la *Controverse sur les droits de l'homme*[50]. Dans ce dernier texte, Tugendhat considère « le système libéral des droits de

---

[47]. *Ibid.*, p. 57.
[48]. *Ibid.*, p. 52.
[49]. Tugendhat, 1993, p. 353 ; trad. fr., 1998, p. 366.
[50]. Tugendhat, 1998, p. 56.

l'homme comme illégitime quant à son contenu conceptuel, car, premièrement, il ne considère pas les intérêts des différentes parties de la population et engendre, deuxièmement, un nouveau rapport de pouvoir au profit de la classe privilégiée »[51]. En jugeant ainsi la liberté fondatrice des droits de l'homme dans la perspective morale de l'impartialité, Tugendhat touche respectivement, vers la fin de ses deux textes auparavant indiqués[52], au statut controversé des « droits sociaux »[53] dont le « droit à l'assistance »[54] demeure, pour lui, le plus important.

La question qu'il faut prendre au sérieux afin de saisir les carences du libéralisme, est celle qui consiste à se demander pourquoi la liberté est incapable de fonder l'idée des droits de l'homme dans la perspective de l'impartialité. S'agit-il alors chez Tugendhat d'un rejet de la légitimation des droits de l'homme fondée sur la liberté ?

Pour répondre à cette question, il convient de souligner que la critique qu'il adresse au libéralisme ne sollicite pas un critère extrinsèque à cette tradition, mais invoque un critère juridique qui lui est intrinsèque et qui se réfère expressément à « l'idée du droit »[55]. Mais un tel critère juridique n'acquiert de valeur que s'il est fondé moralement, c'est-à-dire de manière à permettre la justification des droits sociaux. Ainsi interprété moralement, la portée philosophique du critère juridique est double : d'une part, elle ne rejette pas la légitimité étatique, la pierre de touche des droits de l'homme ; d'autre part, elle relève, en même temps, ses limites en montrant les conséquences qui résultent de la méconnaissance libérale de la justification morale du droit. Une telle méconnaissance est susceptible

---

[51]. *Ibid.*
[52]. *Ibid.*, p. 57 sq. Cf. aussi, Tugendhat, 1993, p. 352 sq. ; trad. fr., 1998, p. 365 sq.
[53]. Cf. Alexy, 1994, p. 410 sq. ; Gosepath, 1998, p. 146 sq. ; trad. fr., 2002, p. 245 sq. ; Shue, 1980, p. 35 sq. Dans le premier paragraphe de son étude *Pour une fondation des droits sociaux*, Gosepath propose cette définition de ces droits : « par droits sociaux (ou droits sociaux fondamentaux), on entend par exemple des droits à une assistance sociale, au travail, à un domicile, à la formation, donc des droits-créances dans un sens restreint (*Leistungsrechte*). Ce sont des droits-créances, ou des droits de l'individu, à des biens sociaux, économique et culturels face à une communauté (exigible de l'État quant il s'agit des droits fondamentaux). Ils représentent une prétention à une juste distribution de biens vitaux nécessaires ». Gosepath 1998, p. 146 ; trad. fr., 2002, p. 245.
[54]. Tugendhat, 1998, p. 59 ; Tugendhat, 1993, p. 354 ; trad. fr., 1998, p. 366.
[55]. Tugendhat, 1998, p. 54.

de nuire aux « droits des autres »[56] et de mettre en danger les intérêts de tous.

Il n'empêche pas moins qu'il faille s'interroger maintenant sur l'enjeu de la critique de la liberté en tant que concept fondateur des droits de l'homme au sein du libéralisme. Révéler les limites de ce concept en partant de l'idée du droit interprété moralement serait donc une tâche critique dont le but consisterait à fonder « un système politico-social de l'égalité normative »[57] au sein duquel les droits des malades, des handicapés, des enfants, des abandonnés, des vieillards, etc…, seraient pris équitablement en considération. Ceci impose de fonder les droits sociaux dont le droit à l'assistance fait partie.

Il faut néanmoins ajouter que l'analyse présentée par Tugendhat du principe fondateur des droits de l'homme qu'est la liberté, suppose la distinction établie déjà par I. Berlin, dans *Two concepts of Liberty*, entre une liberté positive et une autre négative[58]. Le point de vue libéral exige la « liberté négative », entendue comme l'absence d'obstacles extérieurs qui empêchent la réalisation de notre autonomie, pour proclamer l'égalité de tous les citoyens. Rien n'empêche, en principe, les pauvres de s'enrichir légalement ; ils disposent tous, selon l'argument libéral, de la même liberté pour devenir riches. Aussi la liberté négative n'est-elle pas une fin en soi mais un moyen qui rend possible la « liberté positive », laquelle est généralement conçue comme une liberté pour l'organisation de la vie sociale, politique et économique des hommes, pour l'assurance de leurs conditions de l'action et pour le respect de leur autonomie privée et publique[59].

Mais afin d'être positivement libre selon Tugendhat, c'est-à-dire pour profiter des conditions de l'action, il est nécessaire de jouir non seulement de « la capacité » mais aussi de « l'occasion »[60] et des « res-

---

[56]. *Ibid.*
[57]. *Ibid.*, p. 57.
[58]. Berlin 1969, p. 118 sq.
[59]. L'exemple de l'alpiniste proposé par Hayek auquel se réfère Tugendhat montre à bien des égards l'inégalité qu'engendre la fondation des droits de l'homme sur la liberté dans la tradition libérale : « un alpiniste qui tombe dans une crevasse est libre au sens négatif, du fait que personne ne l'empêche d'en sortir, mais il n'est pas libre au sens positif puisqu'il est incapable d'en sortir. » Tugendhat, 1993, p. 359 ; trad. fr., 1998, p. 372.
[60]. Tugendhat, 1998, p. 55

sources ». Dès lors, « une personne est privée de sa liberté, au sens négatif, lorsqu'elle est entravée par autrui (ou par une contrainte). Mais cette personne n'est pas libre non plus en un autre sens, positif cette fois, lorsqu'elle n'a pas la capacité ou les ressources pour agir comme elle l'entendrait »[61]. Or, faut-il le rappeler, toutes les catégories sociales déjà indiquées ne jouissent ni de cette capacité, ni de ces ressources ; elles sont donc originairement incapables de devenir positivement libres, ce qui rend impossible l'application du principe des intérêts de tous. La liberté ne pourrait donc pas être le concept fondateur des droits de l'homme, car elle engendre aussi bien des inégalités sociales et politiques que le privilège des uns aux dépens des autres.

Cependant, Tugendhat ne dévalorise pas les deux significations de la liberté, il les juge seulement insuffisantes pour la morale du respect égal. Cela ne peut signifier que la liberté doive être rejetée, mais seulement qu'elle doive être comprise autrement, c'est-à-dire redéfinie sous l'égide « des intérêts égaux des sujets »[62]. Un tel principe, qui refuse l'inégalité entre les hommes et revendique une légitimation juste et équitable des droits de l'homme au sein d'une société libérale, ne comprend donc plus la liberté négativement, mais la saisit comme un espace d'épanouissement. Dans ce contexte, Tugendhat propose de redéfinir la liberté dans son rapport avec ce qu'il appelle l'espace de la prospérité et de l'épanouissement : « Les espaces de droit de chaque individu que doit admettre l'ordre étatique légitime, ne sont pas simplement des espaces libres, mais [...] des espaces propres de développement et d'épanouissement [personnels] »[63]. La portée de cette nouvelle définition est double : d'abord, elle compense légalement l'inégalité causée par l'usage tant négatif que positif de la liberté ; elle sollicite, ensuite, la mise en œuvre d'un droit social légitime, à savoir le « droit à l'assistance ». Toutes les catégories sociales incapables de devenir positivement libres ont ainsi droit à l'assistance. Et c'est pourquoi, note Tugendhat, « il faut reconnaître le droit à l'assistance qui doit leur être accordée comme un droit humain, qu'ils détiennent à l'encontre de la collectivité politique, si l'on

---

61. Tugendhat, 1993, p. 359 ; trad. fr., 1998, p. 372. Cf. Tugendhat, 1992 b, p. 352 sq.
62. Tugendhat, 1998, p. 59.
63. *Ibid.*, p. 58.

veut que celle-ci puisse être légitimée. Ils revendiquent légitimement cette assistance, c'est un devoir et non une grâce »[64].

L'ambition de fonder le droit sur l'idée du bien, dans la perspective de l'impartialité et du respect, exige une justification universelle de l'égalité qui soit la pierre angulaire des droits de l'homme : il s'agit donc de l'égalité morale entre les hommes. Cette exigence théorique du respect des droits dans un horizon moral n'est tenable, dans la pratique sociale, qu'au sein d'un État qui repose sur une légitimité étatique, c'est-à-dire au sein d'une société libérale. Mais la fondation des droits de l'homme sur le concept de liberté risque pourtant de faire de l'inégalité une norme sociale, car ni la signification négative de la liberté, ni sa signification positive ne favorisent le respect des intérêts de tous les citoyens. Les enfants, les vieillards, les handicapés sont incapables de devenir positivement libres. C'est pourquoi la légitimité du droit à l'assistance est, aux yeux de Tugendhat, très significative, car elle permet de réduire l'inégalité entre les hommes et de réaliser effectivement le respect égal des droits de l'homme. Du coup, ce n'est plus la liberté qui est le concept fondateur de ces droits, mais la « dignité humaine ». Seule une telle dignité, entendue comme une « valeur inconditionnelle », est capable d'assurer le respect égal du droit.

---

[64]. *Ibid.*, p. 59-60.

Bibliographie

Alexy, R., 1994, *Theorie der Grundrechte*, Frankfurt/M.

Berlin, I., 1969, *Two concepts of Liberty*, in : *Four Essays on Liberty*, Oxford.

Bielefeldt, H., 1998, *Philosophie der Menschenrechte. Grundlagen eines weltweiten Freiheitsethos*, Darmstadt.

Brezina, F. F., 1999, *Die Achtung : Ethik und Moral der Achtung und Unterwerfung bei Immanuel Kant, Ernst Tugendhat, Ursula Wolf und Peter Singer*, Frankfurt/M.

Geuss, R., 1997, *Gleichheit und Gleichgewicht in der Ethik Ernst Tugendhats*, in : *Deutsche Zeitschrift für Philosophie*, 1997, Hefte 1.

Gosepath, S., / Lohmann, G., 1998, *Einleitung*, in : Gosepath, S. / G. Lohmann, (Ed.), *Philosophie der Menschenrechte*, Frankfurt/M.

Gosepath, S., 1998, *Zu Begründung sozialer Menschenrechte*, in : Gosepath, S., / G. Lohmann, (Ed.), *Philosophie der Menschenrechte*, Frankfurt/M.

Gosepath, S., 2002, *Pour une fondation des droits sociaux*, in : Sosoe, L. K., *Diversité humaine. Démocratie, multiculturalisme et citoyenneté*, Paris.

Gosepath, S., 2004, *Gleiche Gerechtigkeit. Grundlagen eines liberalen Egalitarismus*, Frankfurt/M.

Gosepath, S./ G. Lohmann, (Ed.), *Philosophie der Menschenrechte*, Frankfurt/M.

Habermas, J., 1994, *Faktizität und Geltung. Beiträge zur Diskurstheorie des Rechtes und des demokratischen Rechtsstaats*, Frankfurt/M.

Habermas, J., 1997, *Droit et démocratie. Entre faits et normes*. Traduit de l'allemand par Rochliz et Bouchindhomme, Paris.

Höffe, O., 1990, *Kategorische Rechtsprinzipien. Ein Kontrapunkt der Moderne*, Frankfurt/M.

Kant, I., 1903/11, *Gesammelte Schriften*, Akademie-Ausgabe, Vol. IV., Berlin, 1907.

Kant, E., 1985, *Fondements de la métaphysique des mœurs*, in : *Œuvres philosophiques* II, Paris.

Lohmann, G., 1998, *Menschenrechte zwischen Moral und Recht*, in : Gosepath, S. / G., Lohmann, (Ed.), *Philosophie der Menschenrechte*, Frankfurt/M.

Lohmann, G., 2002, *Diversité culturelle et universalité des droits de l'homme. Le cas du Japon*, in : Sosoe, L. K., *Diversité humaine. Démocratie, multiculturalisme et citoyenneté*, Paris.

Lutz-Bachmann, M. / J. Bohman, 1996, *Frieden durch Recht. Kants Friedensidee und das Problem einer neuen Weltordnung*, Frankfurt/M.

Mackie, J.L., 1977, *Ethics. Inventing Right and Wrong*, New York.

Mohr, G., 2000, *Menschenrechte, demokratische Rechtskultur und Pluralismus*, in : M. Plümacher / V. Schürmann / S. Freudenberger, (Ed.), *Herausforderung Pluralismus. Festschrift für Hans Jörg Sandkühler*, Frankfurt/M.

Pauer-Studer, H., 1997, *Vernunft, Rationalität und der Konstruktualismus. Einige Fragen zu Ernst Tugendhats Vorlesungen über Ethik*, in : *Deutsche Zeitschrift für Philosophie*, 45.

Sandkühler, H.J., 1999, *Menschenrechte*, in : Sandkühler, H.J. (Ed.), *Enzyklopädie Philosophie*, Vol. 1, Hamburg.

Shue, H., 1980, *Basic Rights*, Princeton.

Tietz, S., 2005, *Zwischen Recht und Moral. Eine philosophische Betrachtung des Status von Menschenrechten*, in : *MenschenRechtsMagazin*, 10. Jahrgang, 2005, Heft 2.

Tugendhat, E., 1992, *Rückblick im Herbst 1991*, in : Tugendhat, E., 1992, *Ethik und Politik*, Frankfurt/M.

Tugendhat, E., 1992 a, *Asyl : Gnade oder Menschenrecht?* In : Tugendhat, E., 1992, *Ethik und Politik*, Frankfurt/M.

Tugendhat, E., 1992 b, *Liberalism, Liberty and the Issue of Economic Human Rights*, in : Tugendhat, E., 1992 b, *Philosophische Aufsätze*, Frankfurt/M.

Tugendhat, E., 1993, *Aperçu Rétrospectif (automne 1991)*, in : *Être juif en Allemagne. Conférences et prises de position des années 1978-1991*. Traduit par Rochlitz, Paris.

Tugendhat, E., 1993 a, *L'asile, une faveur ou un droit de l'homme?* In : *Être juif en Allemagne. Conférences et prises de position des années 1978-1991*. Traduit par Rochlitz, Paris.

Tugendhat, E., 1993, *Vorlesung über Ethik*, Frankfurt/M.

Tugendhat, E., 1997, *Gleichheit und Universalität in der Moral*, in : Willaschek, M., (Ed.), Ernst Tugendhat : *Moralbegründung und Gerechtigkeit*, Münster.

Tugendhat, E., 1998, *Die Kontroverse um die Menschenrechte*, in :

Tugendhat, E., 1998, *Conférences sur l'éthique*. Traduction de l'allemand par M-N. Ryan, Paris.

Tugendhat, E., 2001, *Aufsätze 1992-2000*, Frankfurt/M.

Wild, A., 1998, *Menschenrechte und moralische Rechte*, in : Gosepath, S., G. Lohmann, (Ed.), *Philosophie der Menschenrechte*, Frankfurt/M.

Wingert, L., 1997, *Gott naturalisieren? Anscombes Problem und Tugendhats Lösung*, in : *Deutsche Zeitschrift für Philosophie*, 45.

Driss Bellahcène

Folie et altérité chez Michel Foucault

Il est toujours question dans l'œuvre de Foucault de l'Autre. L'autre dans sa singularité et sa différence. Cet autre peut être le fou, le délinquant, l'homme infâme, etc... Ainsi, comme Foucault le rappelle dans l'introduction de son ouvrage *Les Mots et les choses* : « *L'histoire de la folie serait l'histoire de l'autre, – de ce qui pour une culture, est à la fois intérieur et étranger, donc à exclure (pour en conjurer le péril intérieur) mais en l'enfermant (pour en réduire l'altérité) ; l'histoire de l'ordre des choses serait l'histoire du Même, – de ce qui pour une culture est à la fois dispersé et apparenté, donc à distinguer par des marques et à recueillir dans des ide*ntités. » [1]

Mon intervention se focalisera essentiellement sur cet Autre qui est le fou[2] et tentera de démontrer que l'aliénation du fou ou son exclusion de la société s'inscrit chez Foucault dans un processus non démocratique.

Michel Serres montre dans *La communication*[3] comment la raison du réel est toujours prise de pouvoir, en tant qu'elle opère une exclusion, par principe arbitraire. La structure de la raison sépare deux espaces par une limite, une frontière : l'espace de la raison et celui de la déraison. Le fou est l'objet d'un sujet qui le définit en le rejetant – rapports d'exclusion du fou en même temps que de protection du normal, rapports de réciprocité lorsque le fou se révèle l'inverse du normal. Les modèles de ces struc-

---

[1]. Michel Foucault, *Les Mots et les choses*, Introduction, Gallimard 1966, p. 15.

[2]. Les philosophes se sont toujours intéressés à la folie, Erasme, Pinel, Voltaire, etc. Ce dernier dans son dictionnaire philosophique décrit la folie comme suit. Sa définition me semble juste et reflète l'acception ou le sens qu'on donne à la folie au sein de nombreuses sociétés : « *La folie c'est d'avoir des pensées incohérentes et la conduite de même (...) une maladie qui empêche nécessairement un homme de penser et d'agir comme les autres. Ne pouvant gérer son bien, on l'interdit ; ne pouvant avoir des idées convenables à la société, on l'exclut ; s'il est dangereux, on l'enferme ; s'il est furieux, on le lie. Quelquefois on le guérit par les bains, par la saignée, par le régime* » ; Voltaire, *Dictionnaire Philosophique*, Garnier Flammarion, Paris 1964, pp. 196-198.

[3]. Michel Serres, Hermès I : *La communication*, Editions de Minuit, Paris 1969, pp. 167-205.

tures sont eux-mêmes multiples : le fou est toujours l'autre, l'aliéné[4], le discriminé, celui que l'on éloigne, mais l'aliénation médicale n'est qu'un modèle parmi d'autres de la séparation et de l'exclusion ou du bannissement. En effet, Pinel n'aurait pas, selon Foucault, « libéré » les fous, mais il les aurait « aliénés » en remplaçant les chaînes par l'internement, en donnant à la maladie mentale le statut de « folie morale » et en la chargeant donc de toutes les anti-valeurs de la société. En effet, nous explique l'auteur de *l'Histoire de la folie*, le fou, libéré de ses chaînes, reste enchaîné par le discours autoritaire et monovalent du psychiatre, il se trouve bien plus prisonnier que lorsqu'il était physiquement attaché.

Le « mythe de Pinel »[5] serait bien le point de départ de la psychiatrie[6] mais en tant qu'elle aurait produit de toutes pièces l'aliénation mentale par un « partage » reléguant hors de la société la folie qui aurait dû lui appartenir comme une de ses figures « normales » et non comme maladie. Selon Foucault, il faudrait distinguer la folie, à laquelle toute société aurait « droit » en quelque sorte, et la maladie mentale créée arbitrairement par des techniques de partage : « *Ce qu'on appelle « maladie mentale » n'est que la folie aliénée, aliénée dans cette psychologie qu'elle-même a rendue possible.* »[7] Quant aux techniques de partage, elles seraient essentiellement des « valeurs » appartenant au domaine éthique et non au domaine scientifique : ce ne serait par conséquent, que par un geste décisoire illicite et arbitraire que la médecine se serait annexé le monde de la folie : « *Ces tactiques de partage servent de cadre à la perception de la folie. La reconnaissance qui permet de dire : celui-ci est un fou, n'est pas un acte simple ni immédiat. Il repose, en fait, sur un certain nombre d'opérations préalables, et surtout, sur ce découpage de l'espace social selon les lignes de la valorisation et de l'exclusion. Lorsque le médecin croit diagnostiquer la folie comme un phénomène de nature, c'est l'existence*

---

[4]. Aliéner : rendre fou. En regard de l'étymon, le verbe signifie « faire devenir quelqu'un comme étranger à lui-même. »

[5]. Michel Foucault, *Histoire de la folie à l'âge classique* 1961, p. 577.

[6]. En psychiâtrie, aliénation signifie à la fois une perte du contact normal à la réalité et avec autrui, et une atteinte profonde de la liberté morale.

[7]. *Maladie mentale et psychologie*, 3è éd. 1966, p. 90.

de ce seuil qui permet de porter le jugement de folie. Chaque culture a son seuil particulier et il évolue avec la configuration de cette culture. »[8]

La tâche stratégique, pour la raison, c'est de ménager une séparation stable des deux espaces, c'est-à-dire d'assurer un fondement convenable à la structure de séparation ; or le fondement ne sera convenable que si la séparation est rationnellement justifiée, que si elle est « fondée en vérité », d'où le paradoxe. Il faudrait que la séparation et l'exclusion stratégiques que décrète la raison reposent sur une séparation réelle, sur une altérité véritable et clairement définie du fou et du raisonnable. Or cette séparation dépend précisément pour sa définition de l'exclusion elle-même.

En effet, l'historien ou l'archéologue, analysant les diverses structures de séparation, découvre que toute définition de la folie peut se réduire purement et simplement à un type d'exclusion ou de séparation. Il n'y a pas d'altérité préalable de la folie et de la rationalité. C'est l'opération d'exclusion même qui définit la folie comme l'autre de la raison, en opposant par exemple un espace où se mélangent indiscernablement les misérables, les asociaux, les malades, à un espace pur, clair et distinct. La raison sépare deux espaces et cela même produit une altérité qui se révèle plus révélatrice de la raison, qui sépare et isole, que de la folie qu'on isole : il n'y a de fous que pour une culture et chaque culture engendre ses fous.[9] Ce qui traduit que la folie est à la fois solitude et socialité, tout en conservant sa dimension personnelle et privée, elle n'abolit en aucune manière la relation à autrui. Cette relation avec autrui, dans sa concrétude et son immanence constitue le lieu originaire où se révèlent la transcendance et la signification. Foucault met en scène un sujet seul, à la fois maître d'une existence conquise sur l'anonymat et enchaîné fatalement à lui-même. L'altérité que recèle la folie met en échec la pensée philosophique, récuse le modèle de la représentation et de la lumière ou la clarté qui commande toute intelligibilité. Hermétique et énigmatique, elle est réfractaire à toute lumière.

---

[8]. *Ibid.*, p. 93.
[9]. *Ibid.*, p. 184. En fait, si le 17ème siècle mélangeait les fous avec les vagabonds et les chômeurs, cela se faisait au nom de sa propre perception de la folie. C'est au nom d'une sensibilité collective de la folie au 17ème siècle qui fonde son assimilation de la folie avec les vagabonds, les chômeurs, etc...

L'autre que le sujet rationnel une fois défini comme son autre ou comme son objet, ce sujet ne le connaît pas puisqu'il a projeté sur lui en négatif toutes ses valeurs : il n'y reconnaît que son inverse, son miroir. Le sujet objective l'objet, le clôt, le naturalise, l'empêche de parler sa langue propre en lui imposant la sienne. Par là, il se sépare de la chose qu'il prend pour objet. C'est bien le drame de la représentation que de perdre la chose en soi.

Préalablement à la séparation et à la représentation que celle-ci permet, il y avait un espace unique, mélangé, chaotique, indéfinissable, où la frontière évanouissante entre le normal et l'anormal pouvait se trouver partout, où le fou était partout présent, aussi voisin que l'on voulait ; non pas un espace où tout était confondu, mais un espace où chacun pouvait se révéler l'autre d'un autre, où chacun pouvait être sujet pour des objets et se représenter soi-même par rapport à son autre, un espace où toutes les structures de représentation et de signification étaient possibles, où on laissait parler aussi le fou. Le fou était une personne comme tous ses semblables.

Pour sortir de la structure de représentation, il faut rejoindre cet espace encore indéterminé où tout est possible. Foucault y réussit en montrant que les deux espaces séparés de la raison et de la folie sont symétriques, donc en naturalisant, en objectivant tour à tour la raison classique alors qu'elle se croyait universelle ; il la révèle en tant que structure de représentation particulière, propre à une culture. Ce n'est possible que parce qu'il objective la structure et qu'en la considérant comme un espace sensé, référencié : « *Le lieu du langage structural est précisément l'ici – ailleurs. Il groupe, en énonciations multivalentes, plusieurs domaines où le sens restait univoque (il groupe plusieurs sites). Il est, à la fois, formel, pluraliste et non référencié* »[10]. Il n'est pas attaché à un lieu fixe puisqu'une même structure peut nous transporter dans divers champs de savoir, dans divers domaines de sens. L'espace de l'archéologue structuraliste est bien l'ensemble indéterminé de tous les sites, l'espace transcendantal des structures. « *L'archéologue cherche à se mettre en situation d'interception univer*selle »[11]. Son discours n'a pas de source, il entrecroise les savoirs. Il ne représente pas la folie, il l'exhibe, il la

---

[10]. M. Serres, *Hermès II : L'interférence*, Editions de Minuit, Paris, 1974, p. 145.
[11]. M. Serres, *La communication, op. cit.*, p. 200.

présente à travers ses différentes structures et c'est par là qu'il parvient à laisser parler son objet au lieu de parler de lui. Dans la représentation, en effet, « *l'objet se trouve (...) emprisonné derrière le faisceau d'un langage perspectif où la vérité est au centre, dans la bouche du sujet récitant. Ce dernier est compris, et non, ce dont il parle* »[12]. Tandis que le langage structural n'a pas de sujet ; ça parle, dit-on, ça échange des formes et de l'information. La langue des structures est la langue des choses et, dans l'espace structural, chaque chose tour à tour en tant qu'elle porte une structure, peut être référence et parler des autres choses. L'espace transcendantal n'est pas lui-même référencié ni structuré.

Liberté et Altérité

« Je est un autre » disait Rimbaud. Il le disait afin d'exprimer cette dissociation du moi entre une instance consciente et une instance plus trouble et plus insaisissable, ce que les psychanalystes appellent inconscient. Cet autre est une personne qui m'est équivalente, semblable. En effet, je ne suis personne ou quelqu'un qu'à la condition de considérer autrui comme une personne. Si autrui n'est pour moi qu'une exigence ou une utilité, une fin, une visée ou un objectif, un danger, je le considère comme une chose, je le fais chose parmi les choses et sa différence, son altérité, son autonomie et sa liberté me font peur, m'angoissent. Moi-même ne suis plus, dans ce cas, que souci de mon confort et de ma sécurité. En revanche voir dans autrui un besoin, une nécessité épanouissante de ma propre mise en question, c'est le percevoir autrement, l'estimer et l'apprécier autrement, ne pas le considérer comme quelque chose mais comme une personne, le considérer comme quelqu'un, en le considérant comme un but, une fin en soi, « l'appel et l'adresse du répondre de mes actes. » Dès lors je deviens moi-même quelqu'un, en tant qu'auteur d'actes libres, par lesquels j'affirme ma responsabilité en gage de ce que je suis.

Autrui en est la condition de ma liberté. La responsabilité s'avère un risque, s'engager envers autrui c'est se mettre en gage. Cependant voir l'autre comme une menace altérante, me fait peur et cette peur se transforme en exaltation, notamment celle que j'expérimente et risque par l'honneur d'être une personne libre : tel est le « voir différemment » la

---

[12]. *Ibid.*, p. 168.

même altérité, celle du risque d'autrui. Selon Nietzsche[13], L'homme responsable est celui qui reste fidèle à lui-même ; celui qui « devient ce qu'il est » pour qui, le passé n'est pas vraiment évanoui, le passé (avec toutes ses expériences) constitue l'actualité de ce qu'il est devenu aujourd'hui. Être responsable, c'est être libre. Cependant on n'est pas par nature libre. Si on est libre, c'est parce qu'autrui reconnaît notre liberté comme celle qu'on revendique et dont on répond.

La liberté est un exploit dont le triomphe suppose d'assumer ses actes, autrement dit, la volonté personnelle de répondre de ses actes (même si, hélas, les exigences légitimes de la vie sociale ne permettent pas toujours cette précaution). La liberté, contrairement à ce qu'avance Kant, n'a pas besoin d'être postulée par la raison ; elle est demandée certes, mais au sens de sollicitée, réclamée empiriquement par l'homme responsable dans chaque relation humaine particulière.

Ainsi pour Foucault, l'esthétique de l'existence ou le souci de soi est une forme d'exaltation ; or celle-ci ne s'éprouve que dans l'ouverture à l'*Autre* : dès son origine, cette ouverture commence par une fermeture. La condition de l'exaltation est non seulement de viser l'autre, mais d'y trouver son origine et son énergie. Je ne suis pas seulement responsable devant autrui, mais j'en suis également responsable, tel est le sens qu'il faut donner au souci de soi foucaldien. Le souci de soi foucaldien suppose implicitement de reconnaître l'autre tel qu'il est ou tel qu'il se présente à nous. Or, reconnaître le fou tel qu'il est, tel qu'il se manifeste par lui-même, laisse présager, me semble-t-il, de la part de Foucault comme étant la principale condition démocratique. En effet, la démocratie

---

13. Cf. *Ainsi parlait Zarathoustra*. « Va dans ta solitude » dit Zarathoustra (1ère part., « Le chemin du créateur »). Dans cette solitude « deviens ce que tu es » (*Ibid.*, IVème part., chap. 1 : « L'offrande du miel », c'est-à-dire assume pleinement, « deviens activement ce que tu étais par hasard » (cette formule n'est pas de Nietzsche, mais de Merleau-Ponty). Toutefois l'idée nietzschéenne est bien celle-là (Cf. *op. cit*, IIème part., chap : « de la Rédemption »), dis : « c'est moi qui l'ai voulu », jusque dans la nécessité et l'adversité des choses et des événements. C'est aussi cela *l'amor fati* nietzschéen. (Cf. IIème part., chap. 2, p. 153) Ce ne sont pas de vains mots, il en va de toute une ascèse : revendiquer la responsabilité de mes actes, c'est répondre aujourd'hui de ce que j'étais, de ce que j'ai fait ou dit hier. J'ai à être toute l'antériorité de ce que je suis devenu ici et maintenant, je ne dois rien regretter, n'avoir aucun ressentiment à l'égard des choses et du monde tels qu'ils sont : il faut tout assumer, affranchir le passé dans l'homme et transmuer tout ce qui a été, jusqu'à ce que le vouloir déclare : « Mais je l'ai voulu ! Et c'est ce que je voudrais désormais. » (IIème part., chap.; de la Rédemption) (ARA, pp., 201-202.)

présume d'accepter ce que l'on ne partage pas avec l'autre (la folie du fou, le crime du criminel, etc.), voire ce que l'on hait chez lui et de s'ouvrir sur lui. L'homme démocratique est celui qui use de la raison et de la force qui s'en dégage pour son bien autant que pour le bien de la société et de son environnement, celui qui se soucie d'autrui et qui partage l'heur et le malheur des autres. Le souci de soi se révèle une manière et une pratique pour entretenir une altérité indéfectible, une altérité non contraignante : « *On peut empêcher d'agir et de parler, on ne peut pas, même en me rendant fou, violer l'originalité du « sentir vivre » et hélas souffrir. L'empire du tyran s'arrête aux frontières du sentiment intime de ses sujets. De même, mon ami ou mon amour les plus sincères ne peuvent pas vivre la qualité vécue de ma propre souffrance et de ma propre angoisse.* »[14]

Dans l'*Histoire de la folie à l'âge classique*, c'est la psychiatrie qui est visée, dénoncée. Cette science qui juge la raison, ce savoir sur la folie s'avère comme un pouvoir constituant. Celui-ci invoque incontestablement la démocratie. Si la raison triomphe sur la folie et si la raison est souveraine, cela signifie chez Foucault que la souveraineté s'inscrit dans l'opposé de la démocratie. Bref, la raison souveraine est une « forme de gouvernementalité » qui tend à l'exercice du pouvoir. Elle est un processus de transition qui libère le pouvoir constituant, un processus de rationalisation qui « *dévoile l'énigme de toutes les constitutions* ».

On trouve dans l'*Histoire de la folie* une approche du pouvoir et de la politique où Foucault nous montre la raison comme l'une des figures du pouvoir, qui fonctionne comme modèle de l'exclusion et qui permet à l'homme de dominer l'homme. Les menaces qui pèsent sur l'ordre démocratique sont d'abord engendrées par des idéologies fondées sur la discrimination et l'exclusion. Ainsi, l'exclusion du fou, semble vouloir nous dire Foucault, est une forme de violence, or l'exigence de la démocratie est de construire une société libérée de l'emprise de toute forme de violence, y compris de celle du discours. C'est en tant que philosophe que Foucault scrute et étudie la folie. Si la philosophie affirme originairement la puissance du dialogue contre le pouvoir du discours, c'est-à-dire l'utilisation du discours comme l'instrument par lequel on peut l'emporter sur autrui, « *le discours peut n'être que le moyen cultivé,*

---

[14]. Bernard Ibal, *Aux risques de l'autre*, Ed. du Cerf, Paris, 1988, p. 44.

voire raffiné, d'exercer la violence et d'imposer, par des procédés plus subtils que le simple recours à la force nue, les caprices, les intérêts ou les passions de celui qui parle »[15], entre autres, le discours discrétionnaire, despotique selon Foucault, du psychiâtre sur la folie.

La question de l'autre est de même chez Foucault la question de savoir comment penser l'homme sans lui donner une valeur purement abstraite comme le faisait toute philosophie du sujet et de savoir comment le penser, sans lui conférer une valeur sociale et politique tout en le maintenant dans un espace intersubjectif, bref, l'homme n'est définissable que par ses liens à l'Autre, par les liens qui l'associent à d'autres hommes. Autrui m'est certes transcendant, il est une conscience autre, mais cette altérité ne se manifeste en l'homme responsable que comme expression toujours renouvelée de lui-même. Foucault voulait faire de la folie et du fou une volonté de puissance, une affirmation de soi. Il voulait, à mon sens, réhabiliter la personne du fou, la faire accepter au sein de la société, et non l'exclure, comme étant un sujet à la fois égal et différent. Faire du fou un sujet souverain dans une société démocratique.

---

[15]. François Châtelet, *Hegel*, Seuil 1968, p. 37.

Partie II

INDIVIDU ET SOCIALITÉ

Fathi Triki

Introduction à la deuxième partie

Le travail philosophique peut et doit s'inscrire dans l'événement du présent, non pas pour constater et relater à la manière du journaliste, les événements de la quotidienneté, mais pour décider à la fois de « l'importance de ce qui arrive », de déterminer ses conditions de possibilité et de localiser les moyens réflexifs que nous avons pour améliorer cette partie du monde où nous vivons.

Or, à notre avis, l'événement se situe, aujourd'hui, dans la grande fragilité des multiples frontières entre les zones de l'individu et les zones de la communauté, fragilité qui peut avoir pour effet immédiat la perte progressive du sens de l'humain et la généralisation de la violence. Certes, il peut y avoir une jonction entre individu et socialité. Elle se fera évidemment par la médiation de la *subjectivation*. Mais, la sociabilité, en tant que processus d'intersubjectivation peut devenir, dans sa forme extrême, une façon de mettre en danger la liberté de l'individu et l'individuation, en tant que subjectivation soutenue, peut, elle aussi, devenir un égoïsme moral et un solipsisme social.

Pour libérer donc l'individu de l'individualisme, il faudrait réexaminer la signification intersubjective de la socialité. Pour libérer la sociabilité de l'impérium du communautaire, il faut redonner à l'individu son rôle moteur dans le processus de subjectivation. À vrai dire les enjeux critiques de la relation entre individu et socialité nous incitent à analyser le droit transculturel, la violence, le concept de responsabilité ou encore celui de la démocratie dans le dialogue interculturel, pour justement tracer le profil du citoyen à venir, citoyen socialisé sans pour autant perdre sa liberté originelle.

Ces problèmes ont été abordés dans nos différentes rencontres quand nous avons analysé les questions inhérentes à la citoyenneté comme celle de la violence, ou celle de l'étranger et la justice ou encore celle de la démocratie transculturelle. Mais toutes ces idées et tous les débats qui ont eu lieu dans nos rencontres, publiés dans quatre ouvrages en Allemagne et en France, nécessitent encore des approfondissements, des critiques, des évaluations et des réflexions philosophiques. L'un des approfondissements possibles et qui nous est apparu nécessaire et même fondamental lors de notre dernière rencontre à Paris sur la démocratie est celui du nouveau rapport entre l'idée d'individu et celle de socialité.

Quand Aristote qualifie l'individu qui ne se soumet pas à la structure du vivre-ensemble de « très au-dessus ou très au-dessous de l'homme »[1], c'est pour insister à la fois sur le caractère naturel de la « policité », sur la spécificité de la sociabilité qui se fait naturellement par la parole[2]. Le discernement et le respect du droit qui forment le lieu de la vie civile sont pour ainsi dire l'effet de la raison qui est la base première de la socialité.

Si la sociabilité de l'homme est un fait naturel, sa socialité est l'effet de sa prise de conscience de sa raisonnabilité. Elle le libère, dans une certaine mesure, du royaume clos de l'ordre pulsionnel et donne un sens à son exister qui se traduit par des significations imaginaires sociales. En même temps, elle humanise l'ordre rationnel et s'ouvre à l'affect et aux modes de vie de l'homme.

La socialité parfaite et idéale n'est pas actuellement le point fort de notre monde caractérisé essentiellement par un processus gigantesque d'exclusion et de violence. Nous avons toujours montré, ici dans nos différentes rencontres, que la socialité s'avère être un objectif fondamental de la philosophie. Je voudrais rappeler les deux conditions fondamentales de cette socialité idéale : la raisonnabilité et la résistance.

1. La raisonnabilité

L'éthique de la socialité, grâce aux interférences des espaces de la pensée, l'espace mythique, l'espace religieux et l'espace épistémique et philosophique, met en œuvre une conception éthico-politique capable de penser le bonheur humain. Ce bonheur consiste chez Fârâbî dans l'accomplissement de l'homme, en ce que l'âme « arrive à une telle perfection dans l'être qu'elle puisse subsister sans matière, qu'elle

---

[1]. Aristote, *La politique*, Introduction.
[2]. « Mais nous avons de plus (que les animaux), sinon la connaissance développée, au moins tout le sentiment obscur du bien et du mal, de l'utile et du nuisible, du juste et de l'injuste, objets pour la manifestation desquels nous a été principalement accordé l'organe de la parole. C'est ce commerce de la parole qui est le lien de toute société domestique et civile ». Aristote, *Ibid.*

devienne une substance séparée et se fixe à jamais dans cet état »³. Fârâbî traduit cette vertu intellectuelle, cette disposition « accompagnée de raison juste, tournée vers l'action et concernant ce qui est bien et mal pour l'homme »⁴, par *ta'aqul* (la raisonnabilité). Le terme *ta'aqul* lui permet d'insister à la fois sur la possible concrétisation (*mutabaqa*) de la raison (*al 'aql*) dans la vie quotidienne des hommes et sur la dimension humaine de l'éthique. Pour Fârâbî, la raisonnabilité est aussi ce qui donne à la raison sa dimension sociale puisqu'elle peut être à l'origine du tissu de relations avec les autres comme critère fondamental de tout humanisme. Elle est donc cet ensemble de critères théoriques et de dispositions pratiques, dont la réalisation à l'intérieur de l'activité quotidienne de l'homme rendrait l'individu raisonnable, vivant selon les exigences de la raison et pouvant persévérer dans son être, pour parler un langage spinozien.

La socialité exige une forme d'appropriation du sujet pour le mettre à l'abri à la fois de l'égoïsme et du totalisme de la communauté. Toute communauté crée son sens et établit son réseau d'images et de représentations qui s'institue comme « infra-pouvoir », pour utiliser un terme de Castoriadis⁵, voulant se perpétuer éternellement et s'absolutiser à l'instar du mythe ou de la religion qui s'emparent de l'institution de la société. Le totalisme communautaire n'admet ni la différence, ni la diversité. Il ne supporte pas l'altérité. Non seulement il opère une dénégation de la pensée libre comme expression singulière de l'individu, mais, par des procédés complexes d'identification, il instaure un ensemblisme identitaire exclusif et terrifiant.

Toute la modernité est fondée sur la défense du sujet, c'est-à-dire sur le possible octroi à l'individu d'une singularité propre et d'une dignité sociale. C'est la lumière naturelle pour la philosophie classique, c'est le travail du concept pour Hegel, c'est finalement la quintessence de la rationalité.

Il est vrai cependant que la critique radicale de la raison par Nietzsche a réduit cette rationalité, surtout aux yeux des philosophes de la différence, à son statut de métaphore qui cacherait une volonté de puissance

---

3. Youssef Karam, in Fârâbî, *Idées des habitants de la cité vertueuse*, Beyrouth et le Caire 1980, p. 7.
4. Aristote, *Ethique à Nicomaque*, VI, & 4.
5. Cornelius Castoriadis, *Le monde morcelé*, Le Seuil, Paris 1990, p. 119.

en reproduisant sans cesse les formes modernes de l'exclusion et de la violence. Mais il n'en reste pas moins que la raison épurée de sa prétention à une domination absolue, je veux dire la raisonnabilité, est l'élément essentiel de toute socialité.

En effet, la socialité présuppose la mise en relief de la rationalité comme moyen universel de gérer et l'individu et la société. Elle présuppose aussi une éthique de la vie commune sans sacrifier la singularité irremplaçable du sujet. L'individu qui rompt avec la socialité ne peut jamais être citoyen et conquérir sa liberté et son humanité. La socialité présuppose aussi la mise en place d'un corpus de lois juridiques voulu et compris qui permettent aux citoyens de vivre en harmonie et en paix. Elle présuppose en fin une esthétique de la vie et un souci de l'individu qui sont à la base de toute convivialité.

Ces quatre instances de la socialité : l'épistémique, l'éthique, le juridico-politique et l'esthétique sont nécessaires pour une forme idéale du vivre-ensemble dans la dignité. Dans la vie quotidienne, il y a plusieurs formes de socialité plus ou moins accomplies selon le degrè d'ouverture de la société à la singularité et à la subjectivité. En effet, l'élément fondateur de la socialité, faut-il le rappeler, reste la subjectivité créatrice et libératrice faisant de l'individu un être conscient de ses choix et responsable de ses actes.

Par l'expérimentation de la liberté et de la responsabilité, par l'expérimentation pragmatique de la volonté de vivre avec, le sujet cesse d'être « une fiction ». Nietzsche, comme vous le savez critique l'assimilation du sujet au fait impersonnel de penser, donc à la vérité et à la connaissance. Mais, cette critique ne doit pas conduire à une approche irrationnelle de l'individu. Manfred Frank signale à juste titre que « même si cela est désagréable, il est utile de se rendre compte à quel point la thèse aujourd'hui à la mode (surtout depuis le néo-structuralisme) de « la mort du sujet » est en accord avec les pseudophilosophèmes de (…) Spengler mais également avec les théories de la lutte pour le pouvoir et le darwinisme social allègrement ressuscités par la philosophie de Lyotard ». (L'ultime raison du sujet).

Habermas nous a souvent mis en garde contre l'approche anti-rationnelle de la philosophie du sujet. Il est effectivement très difficile de penser la rationalité en dehors de la subjectivité : c'était la leçon de

Descartes, de Leibniz, de Hegel et de Husserl, c'est aujourd'hui la leçon de Foucault, de Deleuze et de Negri.

En tout cas, la rationalité est un élément essentiel dans le passage de l'individualité à la subjectivité. L'individu devient sujet à partir du moment où il conjugue sa capacité de penser à sa capacité de vivre en commun dans la dignité. La singularité de l'individu, aussi irréductible qu'elle soit, ne s'exprime pleinement que dans la subjectivité.

Le sujet identifié comme le moi fait apparaître l'idée d'autoréflexivité de la représentation. Mais cela ne résout pas la problématique de l'identité transconstitutionnelle qui reste malgré tout temporalité. J'ai souligné ailleurs que les différentes significations de l'identité reposaient sur des interprétations individuelles sans exclure l'exigence de l'intersubjectivité. Elles donnent sens à l'être en le projetant activement vers son avenir. Il n'y a pas d'invariants de l'identité en dehors de la temporalité.

La raisonnabilité donne l'occasion à l'individu de quitter sa singularité radicale sans la perdre pour une socialité réfléchie. Elle l'aide à s'inscrire dans le temps pour conquérir sa liberté et sa dignité. Mais cela ne peut pas se faire sans lutter quotidiennement conte le solipsisme de l'individu et le totalisme de la communauté. C'est pourquoi, le deuxième terme de la jonction de l'individu et de la socialité résiderait dans la résistance comme mode d'être du sujet rendu nécessaire par l'hégémonie du système technologique et politique qui règne actuellement sur l'individu.

2. La résistance et la lutte

Dans une lettre qu'a adressée Jaspers à Hannah Arendt au lendemain de la deuxième guerre mondiale, on peut lire cette proposition : « La philosophie doit devenir pratique et concrète, sans pour autant oublier un seul instant ses origines »[6]. La philosophie ne cesse depuis de crier au scandale, de dénoncer les crimes de guerre abominables, de redéfinir l'idée d'humanité à travers celle de responsabilité, de dénonciation, de lutte contre tous les intolérables. La philosophie politique contemporaine a, comme objectif urgent, de dévoiler les mécanismes de l'exclusion et du refus de l'altérité en se posant la question angoissante suivante : comment peut-on mettre à son service tous les acquis des sciences et des technologies pour dominer et réduire l'autre ? Une pratique originelle de la phi-

---

[6]. Cf. Young-Bruehl, *Hannah Arendt*, trad. J. Roman et E. Tassin, Anthropos 1986, p. 281.

losophie ne serait pas seulement de penser autrement et ne se fait pas seulement par la compréhension spéculative de l'événement. Elle doit se faire aussi et surtout à travers l'expérience de l'espace public, l'expérience de la dénonciation et l'expérience de la résistance. La philosophie, dans cette pratique originale, ne doit pas seulement dénoncer l'inhumain, elle doit surtout expliquer comment l'inhumanité devient possible, comment la « policité », condition préalable du vivre-ensemble, devient, par les guerres, par les crimes et par toutes les autres formes d'exclusion, une gestion de l'inhumain ? La politique internationale actuelle n'est-elle pas en train de soumettre les peuples démunis, comme celui de la Palestine, à une souffrance voulue ? La gestion des affaires courantes de la politique internationale se fait maintenant de plus en plus d'une façon violente et inhumaine.

Il faut dire que la philosophie, tout au long de son histoire moderne, a piétiné dans sa réflexion sur les totalitarismes sous toutes leurs formes où la socialité est purement et simplement sacrifiée, pour être toujours quadrillée et soumise à toute forme de violence. Sans aller jusqu'à dire, qu'il y a, dans ces attitudes, d'une façon sous-jacente et insoupçonnée, « compréhension », sinon « justification », par des détours et malentendus, du nazisme, du fascisme, du totalitarisme et du terrorisme, il est pertinent de préciser que c'est déjà l'indice d'un refus de la subjectivité, et de la liberté inconditionnelle de l'individu.

Dans ce cas, la philosophie pratique et concrète devient un combat nécessaire, mené par la pensée contre cette main mise sur l'individu pour chercher la signification politique, éthique, métaphysique même de l'idée du vivre-ensemble. Cela se fera par la réflexion sur la possibilité même de la violence, des crimes, de la guerre, de la terreur, de l'exclusion, de tous les excès de la politique ; mais il se fera aussi par la revendication toujours actualisée de la dignité de l'homme, de sa liberté, de l'équité, de l'égalité et de toutes les valeurs que certains veulent réduire à l'archaïsme et à l'anachronisme. C'est par là que commence la résistance contre l'inhumain et l'intolérable qui, pourtant, s'instituent, par le capital, pour le capital, en système. Nietzsche, dans *Le gai savoir*, nous a prévenu que « tout bonheur sur la terre est dans la lutte, amis ! »[7]. La philosophie

---

[7]. Nietzsche, *Le gai savoir*.

autrement, celle qui, à l'instar des nomades, voyage à la recherche de l'amitié, est une lutte constante, une résistance, un « filet de voix » dirait Desanti, pour que notre monde soit habitable.

Hans Jörg Sandkühler

Sur la dignité humaine

> Il y avait un homme originaire de Bosnie ; un jour, ils lui ont cassé la main droite, une autre fois, la main gauche. Un autre s'appelait Seddeeq et était originaire du Turkménistan ; ils lui ont attrapé les jambes et les lui ont tordues dans le dos. Beaucoup de prisonniers ont subi des déchirures musculaires. Moi-même, je ne sens plus mon doigt – celui-ci ; je ne peux plus m'en servir comme des autres.
>
> *Khalid Mahmoud al-Asmar,*
> *Prisonnier à Guantanamo*[1]

1. « *La dignité humaine est inviolable. Elle doit être respectée et protégée.* »[2]

Quel est le statut de cette proposition ? La dignité de l'homme est-elle *par essence* inviolable ?[3] De la dignité de qui s'agit-il ? Faut-il entendre par cette proposition qu'il est impossible de *ravaler* l'homme ? Est-il

---

[1]. *Paroles de Guantanamo* – Roger Willemsen interviewe d'anciens détenus, Frankfurt/M. 2006, p. 57.

[2]. *Traité établissant une Constitution pour l'Europe* (version du 29 octobre 2004), Partie II : « *La Charte des droits fondamentaux de* l'Union », Titre I, Article II-61 : « *Dignité humaine* ». Le préambule stipule que « consciente de son patrimoine spirituel et moral, l'Union se fonde sur les valeurs indivisibles et universelles de dignité humaine, de liberté, d'égalité et de solidarité ». Dans les « *Explications relatives à la Charte des droits fondamentaux* » on peut lire en outre que « La dignité de la personne humaine n'est pas seulement un droit fondamental en soi, mais constitue la base même des droits fondamentaux. [...] Dans son arrêt du 9 octobre 2001 dans l'affaire C-377/98 Pays-Bas contre Parlement européen et Conseil, rec. 2001, p. 7079, points 70 à 77, la Cour de justice a confirmé que le droit fondamental à la dignité humaine faisait partie du droit de l'Union. Il en résulte, notamment, qu'aucun des droits inscrits dans cette Charte ne peut être utilisé pour porter atteinte à la dignité d'autrui et que la dignité de la personne humaine fait partie de la substance des droits inscrits dans cette Charte. Il ne peut donc y être porté atteinte, même en cas de limitation d'un droit. »

[3]. Voir Wetz 1998, 2005.

juste de dire qu'on ne peut retirer à personne sa dignité et que seul le droit au respect peut être mis à mal ?

Les idées et concepts de dignité humaine contiennent les réponses aux questions « Qu'est-ce qu'un individu ? Qu'est-ce que vivre en société ? » S'agit-il de réexaminer le bien-fondé des notions modernes *d'individu, de personne et de sujet* dans la perspective du vivre-ensemble et à la lumière des nouvelles instances de socialité et de transculturalité, alors les déclarations sur la dignité humaine nous confrontent à des problèmes philosophiques, anthropologiques et juridiques.

J'esquisserai en premier lieu quelques-uns de ces problèmes, puis je me référerai brièvement à l'archéologie du concept et à la pluralité de ses définitions concurrentes, et je défendrai la thèse selon laquelle seule la conceptualisation de la dignité humaine comme *principe, notion et norme juridiques* permet de cerner de manière adéquate ce que la garantie de la dignité est tenue de protéger : la liberté et l'égalité de tous ceux qui sont hommes.

Pourquoi cette thèse ? Et premièrement qu'est-ce qu'elle *ne* signifie *pas* ? Elle ne signifie pas que le « droit positif (de l'État de droit) » n'incorpore aucun principe de moralité et de justice ou de droit rationnel.

La prémisse de cette thèse est que les hommes sont hommes en tant qu'*individus*. Si les énoncés d'existence opérant avec le verbe « être » sont liés au monde empirique, il n'existe ni *l'*homme, ni *la* personne, ni *le* sujet, pas plus que *la* société. Mais il y a *l'*individu. *Un* homme a une dignité, *chaque* homme a une dignité. La dignité est une notion relative, un moyen terme dans lequel est inscrit le respect mutuel de tous pour chacun. Tenir pour accordé d'avance qu'une atteinte à la dignité déborde la sphère de l'individuel n'a jusque là rien d'obvie : l'idée régulatrice de « genre humain » ou d'« humanité » offre une perspective pour comprendre l'« humanité » dont il est question quand, depuis les procès de Nuremberg, on parle de « crime contre l'humanité ». Mais de facto, l'« humanité » dont parle la philosophie ne saurait être dépouillée de sa dignité. C'est à *cet* individu, à *cette* personne que la dignité est soustraite ; elle l'a été hier, l'est aujourd'hui et le sera demain aussi longtemps que les individus ne seront pas assez forts pour défendre leur dignité, et que les sociétés ne seront pas composées d'individus pourvus précisément de cette force. La présupposition commune aux moralistes, aux juristes et aux politiques, selon laquelle on ne porterait jamais atteinte qu'au droit au respect de la dignité, et non pas à la dignité elle-même, est à mon sens un sophisme. Elle domestique les hommes pour en faire des individus faibles, demeurant sous le joug d'une violence qu'ils supportent.

En réalité, le manque de respect de la dignité humaine est un phénomène très répandu et de ce fait, tout dépend d'une défense de son principe. La pauvreté croissante, l'exclusion et les autres formes d'inégalité augmentent la vulnérabilité des hommes, les privant du droit à la vie, à la dignité et à jouir d'une bonne santé. L'intolérance, la discrimination et l'exclusion des « étrangers » relèguent des individus et des groupes à la marge de la société.

Le préambule de la *Déclaration universelle des droits de l'homme* (de 1948) associe étroitement deux aspects essentiels indispensables pour comprendre la dignité humaine : (1) les droits de l'homme sont déclarés « considérant que la reconnaissance de la dignité inhérente à tous les membres de la famille humaine et de leurs droits égaux et inaliénables constitue le fondement de la liberté, de la justice et de la paix dans le monde. Considérant que la méconnaissance et le mépris des droits de l'homme ont conduit à des actes de barbarie qui révoltent la conscience de l'humanité et que l'avènement d'un monde où les êtres humains seront libres de parler et de croire, libérés de la terreur et de la misère, a été proclamé comme la plus haute aspiration de l'homme. » ; (2) on pourrait comprendre à tort la déclaration qui prescrit de « reconnaître le caractère inné de la dignité » dans le sens ontologique d'une dignité « toujours déjà donnée », si elle ne se situait dans le contexte de la « reconnaissance » et des droits égaux et inaliénables ; c'est parce que la dignité humaine n'est pas « donnée », qu'il est « nécessaire [...] de protéger les droits de l'homme par la souveraineté du droit. »[4]

En conséquence, les propositions sur l'intangibilité de la dignité ne sont en rien des propositions *descriptives. Elles expriment, sous la forme d'un devoir posé comme un être, la forme de normativité la plus puissante.* La proposition selon laquelle la dignité doit être respectée et protégée part de sa vulnérabilité. Si la dignité était une entité substantielle, en d'autres termes un en-soi qui se réalise et s'affirme par lui-même, elle

---

[4]. *Déclaration universelle des droits de l'homme*, résolution de l'ONU 217 A (III) du 10 décembre 1948, Préambule.

n'aurait besoin d'aucune protection. Si les hommes étaient créés par Dieu, ou la Nature, de telle sorte que leurs besoins, leurs intérêts et leurs actions soient compatibles, et forment une unité universelle et une harmonie stable, la protection de la dignité ne serait pas un problème.

La dignité ne devient un problème que dans la mesure où il y a discorde, conflit et pluralisme, tant épistémiques que pratiques, dans le déroulement historique de la vie humaine. Le concept de dignité intervient dans le chaos des individualités isolées et dans l'incertitude de la vie. *La « dignité » n'est pas un concept substantiel, mais fonctionnel.* Il exerce son office avec le souci de créer du commensurable et de l'ordre par la médiation des mots, des concepts, des règles, des principes et des normes. Sa fonction est d'asseoir, lorsque la liberté est mise en péril, un signe « de la nostalgie de cette certitude que l'homme *in fine*, malgré et contre toutes les expériences historiques, ne saurait être anéanti »[5] – le signe que la dignité ne se protège pas elle-même, mais qu'elle nécessite une protection institutionnelle, juridique. Le concept de « dignité humaine » est un *étalon* ; c'est une forme de *constitution d'invariants* dans un monde instable. Le présupposé de la dignité renferme ces invariants comme un miroir de notre vision du monde, comme un symbole d'unité dans un monde hautement hétérogène ou un rempart contre le Léviathan

L'obligation qui nous est faite de protéger la dignité humaine est, comme toute norme, un *schéma d'interprétation*. Il s'ensuit qu'elle n'est pas à l'abri des conflits d'interprétation.

Les débats actuels sur la dignité humaine – surtout chez les philosophes et les juristes – ne contredisent pas la condition humaine ; ils la corroborent au contraire. Lorsque les philosophes affirment que le concept de dignité est « vide » de toute substance, c'est là l'expression d'une limite de la philosophie comme science théorique, limite au-delà de laquelle il y a une pratique de vie qui n'est plus accessible à la philosophie. Les philosophes exigent des concepts clairs dont la signification univoque puisse être définie. Nombreux sont ceux qui ont des difficultés avec la dignité humaine parce que celle-ci est *un principe fonctionnel et une règle* de la vie pratique, qui *précèdent* même tout *concept* philosophique,

---

[5]. Schlink 2003, p. 50.

tout concept en quelque manière *a priori*. Et lorsque les comportementalistes – comme B. F. Skinner dans *Beyond Freedom and Dignity* (Par-delà la liberté et la dignité) – tiennent le principe de dignité pour superflu parce que ce n'est pas l'homme autonome qui a le contrôle de lui-même, mais bien son environnement qui le contrôle, cela montre la limite de ce que peuvent dire les sciences de la nature. On ne devrait ainsi pas faire passer pareille limitation pour le signe d'une supériorité.

Je plaide pour qu'on philosophe librement sur la dignité *et* pour qu'on ne remette pas en jeu la fonction du principe de dignité humaine au nom des exigences d'*ultime rationalité conceptuelle* particulières à la philosophie. Car cela pourrait coûter cher : déjà, « l'idée selon laquelle l'éthique des droits fondamentaux demande à être également vécue de manière active par les citoyens »[6] paraît insuffisamment développée. Ce n'est pas un hasard si nous – les individus en passe de devenir les sujets autonomes de notre existence sociale – avons appris à travers l'histoire de notre émancipation à préférer à la philosophie un autre moyen de protéger notre dignité. Cette protection à laquelle nous confions notre dignité est celle que nous avons nous-mêmes instituée : la protection *du droit, de la norme et de la sanction*.

À l'origine, la « dignité » n'était pas un concept juridique. Elle se rapportait au « rang », à la « condition », à la « fonction », à l'« honneur » et à l'« autorité ». La dignité se laissait comparer : il y avait des degrés de dignité, un plus et un moins. Ce sens était donc inégalitaire ; dans la mesure où la dignité était liée à une fonction, à un rôle social, elle pouvait être retirée en même temps que la fonction. La dignité dont nous parlons aujourd'hui s'est affranchie de toutes ces connotations, comme de celles discriminantes de « race » ou de « sexe ». Elle est absolue en un sens non-métaphysique, c'est-à-dire absolue en étant référée à la sphère d'existence du droit positif et donc en ce sens « *relativement* absolue ».

2. La dignité humaine en question

Depuis plusieurs années, la notion de dignité humaine suscite un débat virulent au sein des communautés philosophiques et juridiques. Le débat est paradoxal. Nombreux sont ceux qui disent que l'usage inflationniste du mot « dignité » est inversement proportionnel au fait qu'il n'a pas de

---

[6]. Limbach 2001, p. 73.

signification constante, et donc pas de sens. Certes, l'expression « dignité humaine » est souvent employée avec une signification très vague, comme une formule creuse, ce qui encourage l'usage inflationniste dont elle fait parfois l'objet. De même, elle est quelques fois utilisée de manière abusive comme un argument facile et rapide (« *knock-out argument* »), afin d'éviter les difficultés propres aux discussions éthiques et pour s'épargner d'avoir à apporter des explications supplémentaires. Parmi les détracteurs de ce concept, Schopenhauer est un témoin privilégié. Pour lui, le terme de « dignité » était, déjà en 1840, un « *Schibboleth* pour tous les moralistes embarrassés et irréfléchis qui dissimulent derrière cette expression imposante de « dignité humaine » leur manque d'un fondement pour la morale, qui soit réel ou qui, du moins, qui veuille dire quelque chose. »[7]

Ne serait-il pas plus approprié de conclure des différents contextes du mot (dans le discours religieux, comme catégorie phare de l'éthique, comme concept juridique et comme outil du combat d'opinions politique) au besoin qu'ont les hommes de protéger leurs droits ? À l'ordre du jour figurent des questions existentielles, comme celle de la recherche sur les cellules-mères d'embryon, du diagnostic de préimplantation, de l'euthanasie, des droits des migrants, de la protection contre la pauvreté, ou enfin la question, de toute première importance, du relâchement de l'interdiction faite aux États de pratiquer la torture[8].

Qu'est-ce à dire que, dans ce débat, un éminent juriste français explique que la « dignité de la personne humaine » est « le plus flou de tous les concepts », un « abracadabra dont la prolifération liturgique accompagne l'édiction de toute loi pour fonder symboliquement l'autorité de celle-ci grâce au ressort magique de sa forme sacrée »[9] ? Qu'est-ce à

---

[7]. Arthur Schopenhauer, *Le fondement de la morale* in *Les oeuvres complètes* en cinq tomes, éditées par L. Lütgehaus, Tome III, Zürich 1988, p. 522.

[8]. Voir Amnesty International, Document public, Index AI : AMR 51/146/2004, ÉFAI, Londres, 27 octobre 2004 ; Guantanamo : United Nations Human Rights Experts Express Continued Corncern About Situation of Guantanamo Bay Detainees. UN-Press HR/4812, 4/2/2005.

[9]. Voir l'article d'Olivier Cayla, directeur de recherches au Centre d'études des normes juridiques, Ecole des Hautes Etudes en Sciences Sociales (EHESS) : « *La dignité humaine : le plus flou de tous les concepts* », in *Le Monde*, 31 janvier 2003, p. 14.

dire qu'une bioéthicienne américaine, dans un article publié dans le *British Medical Journal,* qualifie la dignité humaine de « concept inutile » en éthique médicale car il ne signifierait pas autre chose « que ce qui est déjà contenu dans le principe éthique du respect des personnes ». Aussi cette notion pourrait-elle être tout simplement abandonnée, sans aucune perte[10]. Mais, dans ce cas, devrions-nous également renoncer aux autres grandes notions de l'éthique – le bien, la justice, l'amour –, parce qu'elles ont une signification très large et ne satisfont pas à l'exigence d'une clarté *conceptuelle* irrécusable ?

Le débat autour des interrogations que suscite la dignité humaine est paradoxal en ce sens où il s'accompagne *de facto* d'un très net processus international qui transforme des règles culturellement tabou dans l'État de droit[11] en règles juridiques[12], un processus qui touche au principe de dignité de la personne d'une manière toute particulière, à savoir sous l'horizon de la *neutralité* religieuse et idéologique à laquelle le droit et l'État sont astreints. Les détracteurs de cette thèse plaident – consciemment ou inconsciemment – pour une « dérégulation », en d'autres termes pour une *déjuridicisation* des exigences de respect en démocratie. La dignité humaine est reléguée dans la sphère des opinions personnelles, hors de l'espace public dévolu à l'ordre juridique de caractère démocratique. La conséquence en est que la dignité humaine, à l'intérieur comme au-delà de l'ordre juridique, n'est plus absolue.

---

[10]. Macklin 2003, p. 1419. A l'opposé, la Cour constitutionnelle allemande a établi qu'il fallait faire dériver le statut moral et juridique de l'embryon humain de l'article 1 alinéa 1 de la Loi fondamentale (Arrêt de la Cour constitutionnelle allemande n°39, 1 [41]). Dans la Déclaration universelle sur le génome humain et les droits de l'homme (UNESCO 1997) la dignité humaine est réputée la « valeur clé de la bioéthique » A propos des contextes bioéthiques du débat, voir notamment Düwell 2001, Höffe 2001, Herms 2004, Sève 2006. Concernant « l'inflation du concept de « dignité humaine » dans la bioéthique allemande », voir Birnbacher 1996. Pour un plaidoyer en faveur de la « liberté de recherche » dans les « sciences de la vie », voir Markl 2001.

[11]. Voir Maihofer 1968, Denninger 2000. Toutes les constitutions récentes des États d'Europe de l'ouest (Suède, Portugal, Espagne, Grèce, Suisse), édictées après 1975, désignent la dignité humaine comme fondement de l'ordre politique et juridique.

[12]. Voir Henkin 1979, Girard/Hennette-Vauchez 2005.

3. La « dignité humaine » : un principe dynamique

L'archéologie de la notion de « dignité humaine »[13] montre qu'il s'agit d'un principe qui progresse dans le temps. Voilà ce que pourrait nous faire voir un aperçu du trajet historique, commencé à la Renaissance, au cours duquel la « dignité humaine » est devenue l'expression du *respect inconditionnel* dû à tout homme en vertu de son humanité, indépendamment par conséquent de ses qualités ou de ses performances.

La compréhension chrétienne de la dignité de l'homme, en tant qu'il est « façonné à l'image de Dieu », était liée à une dévalorisation de la vie terrestre. Ce à quoi, à partir de la Renaissance, des auteurs comme Pic de la Mirandole tournèrent le dos : « ils n'interprétèrent plus « la dignité et la supériorité de l'homme » comme simplement le reflet du rapport privilégié de l'homme à Dieu, mais plutôt (voyez, par exemple, le célèbre discours de Pic de la Mirandole : *De la dignité de l'homme,* 1496) comme sa capacité et son droit à façonner activement sa vie sur terre. La philosophie moderne se rattacha à cela et mit en relief trois grands moments de la dignité humaine. (a) la nature non-fixe de l'homme : tandis que la Nature ou Dieu prescrivent à tous les autres êtres leur mode d'existence, l'homme est libre de choisir son mode de vie ; c'est à lui que revient la possibilité de l'autodétermination créatrice. (b) sa nature raisonnable : autrement dit, sa capacité à penser et à agir rationnellement. (c) son autonomie : l'homme crée ses normes et ses valeurs. Ce qui, avec Kant, se formule ainsi : « On peut donc dire que l'autonomie est le principe de la dignité de la nature humaine et de toute nature raisonnable. » [14]

À l'orée de la modernité et à l'époque des Lumières, la conception de la dignité comme liberté se trouve étroitement associée à la conception stoïcienne de la dignité comme participation à la raison. On lit chez Pascal : « L'homme est fait pour penser, c'est toute sa dignité et tout son mérite. »[15] Pufendorf, le théoricien du droit de l'État et du droit des peuples, qui influença la *Constitution de Virginie* de 1776, voit aussi la

---

[13]. Voir Horstmann 1980, Spaemann 1985/86, Böckenförde/Spaemann 1987, De Koninck 1996, Bayertz 1999 et Dreier 2004, p. 142-153.

[14]. Bayertz 1999 et Bayertz 1995.

[15]. Pascal, *Pensées*, fragment 146 ; voir aussi frgt. 346. A propos de Pascal et de Kant, voir Klein 1968.

dignité dans la liberté qu'a l'homme, de choisir et de réaliser ce qui est reconnu par la raison. Il associe la dignité à l'idée d'égalité de tous les hommes.

Mais c'est à Kant, dans sa *Métaphysique des moeurs*, que nous devons une conception maîtresse entre toutes, et ce, jusqu'à nos jours. On peut en effet y lire au § 38 : « L'humanité elle-même est une dignité ; car l'homme ne peut être utilisé par aucun homme (ni par d'autres, ni même par lui) simplement comme moyen, mais il faut toujours qu'il le soit en même temps comme une fin, et c'est en cela précisément que consiste sa dignité (la personnalité), grâce à laquelle il s'élève au-dessus de tous les autres êtres du monde qui ne sont pas des êtres humains et qui peuvent en tout état de cause être utilisés, par conséquent au-dessus de toutes les choses. De même, donc, qu'il ne peut se dessaisir de lui-même à aucun prix (ce qui entrerait en contradiction avec le devoir de s'estimer soi-même), de même il ne peut pas non plus agir à l'encontre de la toute aussi nécessaire estime de soi que d'autres se portent à eux-mêmes en tant qu'hommes : autrement dit, il est obligé de reconnaître dans le registre pratique la dignité de l'humanité en tout autre homme, et par conséquent repose sur lui un devoir se rapportant au respect qui doit être nécessairement témoigné à tout autre homme. »[16]

Le concept kantien de dignité humaine s'est vu confronté à un « mais » vers le milieu du XIXè siècle, dans les mouvements socialistes et communistes ; un « mais » dicté par la paupérisation réelle des masses : *mais* il faut des « *conditions* humainement dignes » pour que la dignité soit réalisée. En d'autres termes, la « dignité humaine » n'est rien qui soit *donné* partout et en tout le temps. Pour comprendre la dynamique historique par laquelle des significations ont été attribuées à ce mot, il faut considérer les deux présuppositions suivantes :

(1) La prémisse *anthropologique :* la nature humaine contient imperfection, diversité et ouverture au changement. De ce fait « toute tentative pour définir une nature humaine, une essence de l'homme, une substance humaine ou une image de l'homme, et

---

16. Kant, AA VI 462 ; Kant, *Métaphysique des moeurs*, Doctrine de la vertu, I, II, § 38, éd. GF-Flammarion, Paris 1994, traduit par Alain RENAUT ; Cf. aussi les § § 9, 12, 29. Sur la conception kantienne, voir Löhrer 1995 et Forschner 1998. Voir aussi J.G. Fichte, *De la dignité de l'homme* (*Über die Würde des Menschen*) et G.W.F. Hegel, *Principes de la philosophie du droit*, remarque du § 155.

pour les rendre obligatoires du point de vue normatif, va à l'encontre du noyau philosophique de l'idée de dignité humaine. »[17]

(2) Le présupposé *historico-social* : elle consiste en ceci que la dignité humaine, appréhendée comme principe, règlement et norme dans des contextes socio-économiques, politiques et culturels, est obtenue de haute lutte et fait l'objet d'une interprétation.

Dans ces contextes, les définitions se font concurrence (4è partie) et c'est encore par une mise en contexte que nous répondrons à la question du substrat de la dignité et du destinataire de sa garantie (5è partie).

4. Pluralité et concurrence des définitions

Innombrables sont les définitions, les explications et les justifications du principe de dignité humaine[18], postulé comme valeur ou décrit comme norme positive. Elles dépendent d'intérêts épistémiques et pratiques, d'images de l'homme et du monde, et du médium dans lequel elles sont formulées, que ce soit le discours quotidien, la philosophie, la théologie ou la science juridique. De même, qu'il s'agisse de définitions métaphysiques et substantielles ou pragmatiques et fonctionnelles, de leur pluralité découle la nécessité d'établir le fondement de la dignité humaine, et de reconnaître les cas où elle est bafouée. Le fondement ne résulte pas d'un statut ontique qui pour ainsi dire « parlerait pour lui-même », ni de besoins pratiques en eux-mêmes évidents, pas plus qu'il ne dérive de son concept « comme des vérités qui seraient contenues analytiquement dans ce dernier » appréhendé dans son « double rôle de catégorie éthique et anthropologique et de concept de droit constitutionnel. »[19]

Dans sa variante la plus faible, la notion de dignité de l'homme renvoie à une *vision* qui permet d'établir un certain nombre d'autres principes. Une variante un peu plus consistante affirme que la « dignité » est le principe phare, plus fondamental que la valeur « droit » car les droits de l'homme reposent sur lui, et plus précieux que le mot « liberté » car on conserve encore toute sa dignité même quand on a perdu l'usage de sa

---

17. Bayertz 1995, p. 479.
18. Pour une bibliographie, voir Haferkamp 1996.
19. Bayertz 1999.

liberté. Dans la variante la plus solide enfin, la dignité n'est en aucun cas une norme « fabriquée ». C'est un concept intimement lié à la nature humaine, et qu'il faut situer entre le Droit naturel et le Droit positif.

Selon une distinction approximative, les concepts substantiels de dignité, métaphysiques et anthropologiques (1), font concurrence aux concepts de dignité fonctionnels, anthropologiques ou plutôt pragmatiques (2).

(1) La « théorie de la dotation préalable » est tournée vers une *valeur* objective du point de vue substantialiste : la dignité humaine serait une valeur pré-positive, fondée dans l'existence de l'homme, telle que Dieu ou la Nature la lui ont attribuée.

(2) D'orientation fonctionnaliste sont les théories qui adoptent des *conceptions de l'agir et de la reconnaissance* : les hommes ont une dignité de par ce qu'ils accomplissent en propre, de manière autonome, et/ou du fait de leur besoin d'être respectés ainsi que de leur besoin d'une reconnaissance mutuelle de leur dignité. La dignité ne dérive pas d'une attribution, mais bien d'une reconnaissance du devoir de s'accorder mutuellement le respect de notre dignité[20]. D'où il résulte que le principe de dignité a pour fonction de servir à protéger l'individu contre toute atteinte à ce qui fait de lui un être humain dans sa liberté et son égalité de droits. La dignité de la personne humaine exige que l'homme soit reconnu comme sujet. Son rôle de protection fait du principe de dignité un *principe juridique*, un droit subjectif fondamental ; il le caractérise comme droit à se défendre et à revendiquer ses droits. Ce principe désigne alors le standard de ce qu'il est permis d'exiger d'un homme et la limite imposée non seulement aux agissements inhumains (notamment la torture, l'esclavage, la peine de mort) mais également aux négligences inhumaines (laisser par exemple quelqu'un mourir de faim ou tolérer qu'on persécute les minorités).

---

[20]. A propos de la théorie de la reconnaissance et de la proposition de Jürgen Habermas qui affirme que la dignité humaine « reposerait uniquement sur les relations interpersonnelles tissées par une reconnaissance mutuelle, sur le rapport égalitaire des personnes entre elles » (Habermas 2001, p. 67) et à propos du risque que nous fait voir Hofmann (1993) que la communauté où se joue cette reconnaissance soit identifiée de manière chauvine à la foule des co-sujets de droit au sein de l'État-Nation, voir Tiedemann 2005, p. 358 et suivantes.

La *pratique juridique,* considérant que les théories métaphysiques, anthropologiques et éthiques se font concurrence et qu'elles sont par nature abstraites et théoriques, définit la dignité humaine *ex negativo*, en d'autres termes « elle part de ce qui contrevient à la dignité humaine » et examine au cas par cas les atteintes portées à la dignité. Les constitutions évitent de définir le principe de dignité humaine de manière concrète (matériellement). Dans le cadre de leur compréhension de l'ordre objectif des valeurs en fonction duquel les droits subjectifs sont interprétés et à l'intérieur duquel ils se concrétisent, elles tracent bien plutôt les limites au-delà desquelles on peut établir que la dignité humaine est bafouée[21]. Elles décident si une action donnée, ou une mesure, entraîne un manquement à la dignité humaine. Du point de vue juridique, il n'existe en conséquence aucune réponse *a priori* qui vale pour chaque situation à venir.

Les théories de la dotation préalable, de l'agir et de la reconnaissance[22] sont unanimes à considérer que la dignité revient à tout homme. Abstraction faite de leurs divergences, les théories substantialistes comme les théories fonctionnalistes de la dignité humaine n'en laissent pas moins certains problèmes non résolus :

(1) La thèse selon laquelle on ne saurait retirer sa dignité à aucun homme, y compris quand on y contrevient, n'est pas compatible avec la perte du sentiment de sa dignité éprouvée par exemple dans la torture ;

(2) La thèse selon laquelle l'individu ne peut renoncer à sa dignité de personne humaine et aux droits qui en découlent puisqu'ils lui viennent précisément de sa qualité d'homme soulève la question de la dignité de qui ne respecte pas celle d'autrui. La théorie de l'agir part de l'idée que « c'est précisément l'individu lui-même qui détermine ce qui fait sa dignité. [Cette théorie] n'est néanmoins pas suffisante là où l'individu est dans l'incapacité d'agir ou de vouloir, là où il est hors d'état de se constituer une identité par ses propres actions. »[23]

---

[21]. Voir l'arrêt de la Cour constitutionnelle allemande n°30, 1, 25.

[22]. Pour une caractérisation des différentes théories et de leur discussion, voir Pieroth/Schlink 1994, n° en marge 384, Dreier 2004, n° 54-57 (en marge), et Haucke 2006.

[23]. Pieroth/Schlink 1994, n° en marge 385. Kunig (2006, p. 71) souligne le fait que la dignité est échue à tout homme, sans qu'il faille encore présupposer « la conscience de sa

Il y a toujours quelqu'un qui, *de facto,* ne respecte pas sa propre dignité, ni celle d'autrui. Pourtant, dans un État de droit, il faut traiter ce quelqu'un *comme s'il* était une personne dotée de dignité. Et c'est en cela qu'on voit l'avantage qu'offre une compréhension fonctionnaliste de la dignité sur une compréhension substantialiste.

(3) Dans l'histoire, les concepts tant substantialistes que fonctionnalistes de la dignité se sont avérés instables. La consistance du principe de dignité s'est modifiée conformément aux différentes fonctions de la constitution d'invariants. Quels sont donc les critères qui doivent valoir pour interpréter le principe dans son aspect éthique et de droit constitutionnel par-delà l'indifférence relativiste ?

Si l'on veut répondre à cette question il faut rendre compte de ceci : qui est porteur de la dignité ? qui est le destinataire de sa garantie ?

5. *La personne comme destinataire de la garantie de la dignité*

Dans une perspective pragmatique, cela n'a pas de sens d'ériger l'« humanité » au rang de sujet : l'« humanité » comme fin en soi, comme but, n'est en rien un sujet réel, c'est au contraire un sujet virtuel dont la dignité ne saurait être protégée. C'est pourquoi je propose un renversement copernicien : jusqu'à présent, les philosophes ont supposé que la dignité de l'humanité était la *condition transcendantale de l'attribution possible* de la dignité à l'homme pris individuellement. Seule une inversion de ce rapport ouvre la voie à un concept adéquat de la personne porteuse de cette dignité. Le principe de dignité devient opératoire, en pratique, seulement au niveau de l'homme comme fin en soi, de l'individu appréhendé comme *personne*.

La querelle théorique entre conceptions métaphysiques et conceptions morales du statut des personnes, substances ou agents moraux, n'intéresse pas ici notre propos. Les listes de capacités censées constituer l'être de la personne – notamment la rationalité, la conscience, l'intentionnalité (Daniel Dennett) ou l'auto-évaluation critique et l'autonomie (Harry Frankfurt) – ne sont pas exhaustives. Elles ne sont pas non plus à l'abri de l'objection selon laquelle tous les hommes, qui sont des êtres doués de dignité humaine, ne sont pas pour autant des personnes au sens juridique du

---

propre dignité, voire un comportement qui serait conforme à ce sentiment. »

terme, le droit étant cela même qui garantit le respect de la dignité (par exemple les embryons, les nourrissons ou les personnes atteintes de démence ; ce sont les personnes responsables d'eux qui les représentent juridiquement).

Qui est une personne ? Lucien Sève, philosophe et membre de longue date du Comité consultatif national d'éthique en France, a publié en 2006 un livre qui a pour titre *Qu'est-ce que la personne humaine ?* À la question de savoir si l'on doit tenir ou non l'embryon pour une personne – et si oui, dans quelle mesure –, il s'est, dit-il, souvent vu répondre : « *Personne* n'appartient pas aux concepts de la biologie, allez plutôt voir le juriste et le moraliste ». « Le juriste vers lequel nous nous tournons alors va nous le confirmer : la personne dont il fait profession de s'occuper se situe au-delà de tout fait empirique : c'est une fiction juridique. Est une personne, au sens où le verbe être ne décrit pas mais prescrit, le sujet titulaire de droits et d'obligations, et un tel sujet ne ressortit pas du tout aux données naturelles, mais aux institutions historiques ».[24]

Qu'est-ce à dire ? Avec la question du destinataire de la garantie de la dignité, question qui relève du droit et de la philosophie, sommes-nous confrontés au même problème que celui qui était déjà posé par la dignité même ?

Il existe, en fait, autant de réponses qu'il y a de philosophies : des réponses légitimes mais qui ne jouissent d'aucune sorte de primat sur le type de réponse que désire avoir la société pluraliste moderne. Selon Lucien Sève, la solution à ce problème est « d'essence laïque, puisqu'à vocation publique, et par principe exempte des difficultés de l'ontologisation [...]. Solution d'autant plus tentante que la culture juridique paraît jouxter en bien des cas la délibération éthique, voire lui faciliter la route. » Contrairement à lui, je ne tiens pas cette solution pour « intrinsèquement insuffisante » parce que « en se référant à la personne comme forme purement idéelle, elle conduirait forcément l'éthique à une réduction et une limitation inacceptables. » Car il ne résulte pas nécessairement de la définition juridique de la personne ce que Lucien Sève redoute : « l'obéissance à la factualité de décrets extérieurs » au lieu de « l'assentiment interne à des valeurs inconditionnelles ».

---

[24]. Sève 2006, p. 37.

Et la philosophie ? De l'avis de Sève, tel est le problème en sa dimension philosophique : « comment la personne humaine peut-elle bien n'être ni une réelle *substance* – physique ou métaphysique –, ni pourtant davantage une pure *fiction* juridique ou grammaticale? » Lucien Sève se réfère à la réflexion critique marxienne sur la grande question « Qu'est-ce que l'homme » ? : « l'essence humaine n'est pas une abstraction inhérente à l'individu pris à part. Dans sa réalité effective, c'est l'ensemble des rapports sociaux ».25 C'est pour cette raison que Sève propose de « penser la personne comme une *réalité,* mais une réalité d'essence *historico-sociale* – plus précisément : civilisationnelle – activement intériorisée et travaillée par chacune en une mesure variable, irréductible donc aussi bien à la substance qu'à la fiction ou même à la seule relation interpersonnelle, puisqu'elle a pour base immensément débordante par rapport à chaque individu ce que j'appelle l'*ordre de la personne,* ensemble de pratiques, institutions et représentations inséparablement objectif et subjectif en voie de devenir historique ».26

Je renverserai ici la question : le juriste confirmera-t-il que la personne est une fiction juridique ? Bien au contraire, le juriste sait qu'un *sujet de droit*27 n'est rien d'autre que l'individu vivant, un fait empirique, une réalité d'essence historico-sociale. Le droit de la personne apparaît à la fin de chaque combat pour la dignité, mené tout ensemble par l'individu et la société ; et c'est exactement la forme normative sous laquelle les individus comme fin en soi, à travers un processus d'individuation réussi, deviennent des personnes. Il n'est pas conforme aux intérêts particuliers des individus qu'ils se muent, dans et par le droit, en personnes *abstraites*. C'est pourquoi la *Déclaration universelle des droits de l'homme* unit de façon inséparable personne, dignité et respect. La dignité est un état de la personne qui garde dans *son* droit la maîtrise de soi et de la possibilité de rester autonome dans la société.

À quel droit et à quelle société avons-nous affaire là ? La reconnaissance sociale des droits fondés dans la dignité humaine nécessite des rapports sociaux où la protection des droits de l'homme est assurée par

---

25. Karl Marx/Friedrich Engels, *Oeuvres* [MEW], tome 3, p. 6.
26. Sève 2006, pp. 17-19.
27. Il faut ici considérer la différence entre « sujet de droit » (l'individu) et « personne morale » (par exemple une entreprise).

les institutions de l'État de droit et de l'État social.[28] Des rapports sociaux sans pauvreté et faim dans le monde, sans exclusion sociale, sans guerre, sans terreur.[29] Ce n'est pas la dignité qu'il faut mesurer à l'aune de ces rapports, mais bien ces rapports à l'aune de la dignité.

6. Constitution, État de droit et dignité humaine

La proposition qui énonce « l'inviolabilité de la dignité humaine » est une *proposition juridique* contraignante[30] ; la « dignité humaine », la norme qui est à la base des droits fondamentaux qui en découlent[31]. C'est seulement dans la proposition juridique que la dignité – au-delà de la querelle des justifications morales – devient le fondement ultime des exigences auxquelles nous avons le droit de prétendre comme individus et dont la protection doit nous être garantie sans conditions, de manière à la fois interpersonnelle[32] et collective, politique, sociale et culturelle. Certes, le principe de dignité est ouvert à une réflexion éthique ; mais la norme de la dignité n'en demeure pas moins en son essence intangible ; elle est protégée par la barrière de l'article 79 alinéa 3 de la Loi fondamentale qui formule son contenu essentiel. L'inconditionalité de la garantie exclut que l'État se saisisse de la norme juridique. « La dignité est *condition de la démocratie* et à ce titre, elle n'est pas à sa disposition. »[33]

---

28. Voir Sandkühler 1999, 2002, 2004.

29. C'est l'objectif du projet « Dignité humaine et exclusion sociale » (DHES), projet paneuropéen lancé en 1994 à l'initiative du Conseil européen.

30. Voir Kunig 2006, p. 76 : « Le concept de « dignité humaine » est un concept juridique [...] Qu'il soit au plus haut point indéterminé ne lui enlève pas sa qualité de concept juridique. »

31. Voir Hain 2006, p. 190.

32. Dans la Constitution suisse, l'association de la dignité humaine et de la responsabilité sociale de la personne est formulée plus nettement que dans la Loi fondamentale allemande (Cf. Hesselberger 1996, p. 60) : « Art. 6 Responsabilité individuelle et sociale : Toute personne est responsable d'elle-même et contribue selon ses forces à l'accomplissement des tâches de l'État et de la société. Art. 7 dignité humaine : La dignité humaine doit être respectée et protégée. »

33. Loi fondamentale, Podlech, 2è édition, Art. 1 alinéa 1, n° 16. Voir l'article 19 (2) de la Loi fondamentale (« En aucun cas un droit fondamental ne peut être bafoué dans son essence ») en relation avec l'article 79 (3) (qui interdit toute renonciation aux principes des articles 1 et 20 [« L'État fédéral démocratique et social'] en vertu d'une clause

La « dignité de la personne humaine » est devenue un concept juridique opératoire pour désigner ce qu'il y a d'humain dans l'homme, ce qui mérite donc d'être protégé. Tout ce qui tend à déshumaniser l'homme sera considéré comme une atteinte à cette dignité. Voici le bilan qu'on peut dresser : le principe de dignité humaine exige l'*inconditionnalité* de la garantie ; dans le même temps, qui dit « dignité humaine » dit principe de droit dynamique. *L'objection philosophique selon laquelle la possibilité d'une ultime fondation de nature normative ferait défaut n'est pas pertinente*. L'argument de Karl-E. Hain est convaincant : « L'article 1 alinéa 1 (page 1) de la Loi fondamentale peut bien incorporer dans le droit certains principes de la philosophie pratique : pareille détermination dépendra toujours de la codification instituée par l'auteur de la Constitution, qui fait de la norme un état de fait du droit positif en vigueur. *Sous l'angle de la philosophie pratique, l'acte de la codification pourrait être interprété (suivant une décision relevant d'un choix pratique) comme le point d'arrêt d'une régression à l'infini dans la quête d'une fondation. Considéré du point de vue de la théorie constitutionnelle, la décision fondamentale de l'auteur de la Constitution pourrait être remplacée par une autre. Néanmoins, dans le cadre de l'ordre constitutionnel positif en vigueur, la dignité humaine n'est pas davantage fondée et n'a pas non plus besoin d'une justification matérielle supplémentaire tant que l'acte de la codification instituée par l'auteur de la Constitution est accepté comme fondateur de la validité du droit constitutionnel positif.* »[34]

La dignité humaine rendue positive à titre de norme juridique découle d'une formation sociale du vouloir : on s'accorde à ne pas vouloir discuter *si* la dignité revient ou non aux hommes. Le lieu de cet accord est l'État comme forme politique de la souveraineté du peuple – non pas un État quelconque, mais l'État de droit en tant qu'État social[35]. L'expression « dignité humaine » ne veut pas seulement dire avoir des droits contre l'État, mais signifie une rupture « par rapport à la doctrine issue de

---

d'éternité [garantie éternelle]).
34. Hain 1999, p. 228.
35. Voir Dreier 2001, p. 233 : la garantie de la dignité humaine offre « au principe de l'État social que soit exigible la garantie étatique d'un minimum matériel pour vivre. A cet égard, la norme réfère à une composante sociale. »

l'optimisme libéral, selon laquelle la dignité humaine ne concernerait en rien l'État »[36].

Leur adhésion à un ordre social et étatique ne saurait être exigée des citoyens qu'à la condition que l'ordre juridique et étatique leur accorde des garanties minimales de dignité : (1) la garantie de la sécurité pour sa propre vie et d'une vie libérée de l'angoisse de l'existence ; (2) une garantie contre les discriminations de sexe, de race, de langue et d'origine sociale ; (3) la garantie du libre épanouissement de la personnalité[37], de la liberté d'opinion et de croyance ; (4) la garantie contre le recours arbitraire à la violence ; (5) le respect des droits fondamentaux à la vie et à l'intégrité physique[38].

Contre un État qui viole leur dignité en violant leurs droits fondamentaux, les citoyens ont un droit de résistance.[39] Seul un État de droit démocratique[40] dont la « norme fondamentale » se réfère à la dignité humaine comme valeur suprême a le pouvoir de garantir à tous les individus, d'une manière qui leur est appropriée, l'union de l'égalité[41] et de la liberté sous des conditions de justice, et de protéger ainsi la dignité individuelle en même temps que l'ensemble tout entier des droits fondamentaux et des droits de l'homme.

Que, dans nombre de sociétés, cet État de droit ne soit pas du tout réalisé, ou en partie seulement, je ne le conteste pas par cette déclaration normative. La normativité de ce qui fait le droit transnational et transculturel[42] des droits de l'homme est néanmoins la base de la critique

---

[36]. Dührig 1956, p. 118.

[37]. Voir Benda 1994.

[38]. *Ibid.*, n° 18-22.

[39]. Loi fondamentale, article 20 (4) : « Tous les Allemands ont le droit de résister à quiconque entreprendrait de renverser cet ordre, s'il n'y a pas d'autre remède possible. »

[40]. Voir Allan 1998.

[41]. A propos de la « politique » anti-égalitaire « de la dignité » prônée par Avishai Margalit, voir Krebs 1999.

[42]. Voir McDougal 1989, Roth/Weschler 1998. Voir aussi le préambule de « *La Charte des droits fondamentaux de l'Union* » (2000/C 364/01) : « consciente de son patrimoine spirituel et moral, l'Union se fonde sur les valeurs indivisibles et universelles de dignité humaine, de liberté, d'égalité et de solidarité ; elle repose sur le principe de la démocratie et le principe de l'État de droit. Elle place la personne au cœur de son action en instituant la citoyenneté de l'Union et en créant un espace de liberté, de sécurité et de justice. ».

des déficits de la démocratie ainsi que celle du combat social pour la démocratie. (Ce n'est pas ici le lieu de développer la question de savoir dans quelle mesure l'internationalisation, la supranationalisation, la mondialisation et la privatisation conduisent à des déficits de démocratie dans la gouvernance transnationale et si l'ordre constitutionnel national se borne à garantir les droits fondamentaux.) J'exposerai dans ce qui suit quelques-uns des éléments constitutifs de l'État de droit, tels qu'ils sont positivés dans le droit constitutionnel.

L'idée d'étayer les constitutions démocratiques sur le principe de la dignité humaine est récente. La constitution irlandaise de 1937 en est le premier exemple. Dans la Déclaration des droits de l'homme et du citoyen de 1791, le mot « dignité » n'apparaît qu'à l'article 6, dans le sens ancien du terme : « La loi est l'expression de la volonté générale. [...] Elle doit être la même pour tous, soit qu'elle protège, soit qu'elle punisse. Tous les citoyens, étant égaux à ses yeux, sont également admissibles à toutes dignités, places et emplois publics, selon leur capacité et sans autre distinction que celle de leurs vertus et de leurs talents. » La Constitution de l'empire allemand de 1919 (la « *Constitution de Weimar* ») ne connaît encore le principe de dignité qu'indirectement ; c'est sous le titre « La vie économique » qu'on peut lire à l'article 151 : « L'organisation de la vie économique doit correspondre aux principes de la justice et se proposer comme but de garantir à tous une existence digne de l'homme. À l'intérieur de ces limites, il faut assurer la liberté économique de l'individu. »

La valeur morale de la dignité humaine ne commence à triompher comme principe politique et juridique qu'après 1945, du fait des injustices dont on fit l'expérience et à partir des procès de Nuremberg et de Tokyo (où fut introduite la notion de « crime contre l'humanité » en tant qu'état de fait). L'idée neuve, désormais introduite dans le droit positif, que la personne humaine possède une dignité et des droits propres, opposables à l'État, intervient seulement après la deuxième guerre mondiale et les expériences de non-droit liées au facisme, au national-socialisme et à l'impérialisme nippon. Une inflation « normative » dans le domaine du droit des peuples et du droit intérieur a suivi la *Charte de l'ONU* et la *Déclaration universelle des droits de l'homme*. Désormais la dignité n'est pas seulement un droit fondamental ; elle constitue la base même des droits de l'homme. Le contexte est le même pour la Loi fondamentale de l'Allemagne : « Article 1 : (1) La dignité de l'être humain est intangible. Tous les pouvoirs publics ont l'obligation de la respecter et de la protéger. (2) En conséquence, le peuple allemand reconnaît à l'être humain des droits inviolables et inaliénables comme fondement de toute communauté humaine, de la paix et de la justice dans le monde. (3) Les droits fondamentaux énoncés ci-après lient les pouvoirs législatif, exécutif et judiciaire à titre de droit directement applicable. »

Il faut souligner :
- (1) que la reconnaissance « des droits inviolables et inaliénables » est reconduite, au moyen du syntagme « en conséquence », à son fondement, la dignité humaine comme valeur suprême et norme du droit[43]. « La dignité humaine est vis-à-vis des droits fondamentaux dans une relation de fondation »[44] : « Incontesté est le caractère de norme juridique de l'article 1 (1) de la Loi fondamentale, tout comme l'est son caractère fondateur. Il ne s'agit pas simplement d'une proposition programmatique, ni d'une profession de foi éthique, ni d'une déclaration solennelle ou d'une explication préliminaire des motifs, mais au contraire d'une *norme du droit constitutionnel objectif,* immédiatement contraignante. » Ce ne sont « pas seulement les droits fondamentaux pris séparément, mais les droits fondamentaux dans leur ensemble qui sont les concrétisations du principe de dignité humaine »[45].
- (2) Le droit constitutionnel montre que le principe de dignité humaine n'est pas conçu de manière statique, et pourquoi ce n'est pas le cas : il se développe par son interaction avec les représentations elles-mêmes changeantes des valeurs sociales.
- (3) La Loi fondamentale n'est nullement un ordre axiologiquement neutre, elle est plutôt « un ordre de valeurs objectif ».[46] La Loi fondamentale a acquis ce statut dans l'interprétation de droit constitutionnel avec « l'arrêt Lüth », à partir duquel la Cour constitution-

---

[43]. Voir Dreier 2004, Art. 1 I, n° 42.
[44]. Dreier 2004, Art. 1 I, D, n° 1.
[45]. Arrêt de la Cour constitutionnelle allemande n°93, 266 : « Les soldats sont des assassins ».
[46]. Voir l'arrêt Lüth du 15 janvier 1958 (Arrêt de la Cour constitutionnelle allemande n°7 198, http://www.oefre.unibe.ch/-law/dfr/bv007198.html). A propos de cet arrêt, voir Henne/Riedlinger 2004.

nelle allemande a écrit l'histoire du droit constitutionnel, en 1952. On peut y lire « que la loi fondamentale, qui ne se veut nullement un ordre axiologiquement neutre [...], a également établi dans les articles voués aux droits fondamentaux un ordre de valeurs objectif où précisément s'exprime un renforcement, sur le plan des principes, de l'autorité des droits fondamentaux [...] Ce système de valeurs, qui a pour centre de gravité la personnalité humaine libre de s'épanouir au sein de la communauté sociale, et sa dignité, doit valoir pour tous les domaines du droit comme décision première du droit constitutionnel ; c'est de ce système que la législation, l'administration et la jurisprudence reçoivent directives et impulsions. Bien évidemment, il exerce ainsi une influence également sur le droit civil ; aucune prescription de droit civil ne peut lui être contraire, chacune de ces prescriptions doit être interprétées dans son esprit.

(4) Néanmoins la Cour constitutionnelle allemande, jusqu'à aujourd'hui, n'a pas défini la dignité humaine de manière concrète (matériellement)[47]. Elle a plutôt étendu, à l'occasion de jugements prononcés sur des cas particuliers, le catalogue de ses implications[48].

Le spectre des positions que l'on trouve dans les commentaires et études sur la Loi fondamentale est en conséquence vaste. La position défendue entretemps par exemple par Starck est plutôt marginale : « Si la justification métaphysique de la dignité humaine et de la liberté venait à tomber dans l'oubli, les termes de la loi fondamentale seraient alors

---

[47]. Cela vaut aussi pour le système de droit français. En France, le droit à la dignité est un principe de valeur constitutionnelle. Néanmoins ce n'est pas la Constitution mais l'article 16 du Code civil qui le mentionne : « la loi assure la primauté de la personne, interdit toute atteinte à la dignité de celle-ci et garantit le respect de l'être humain dès le commencement de sa vie ». Le droit à la dignité humaine est également assuré par le Code pénal, plus récent, qui réprime les atteintes à la dignité de la personne. Ainsi, le Chapitre V intitulé « Des atteintes à la dignité de la personne », Titre II « Des atteintes à la personne humaine » du deuxième Livre « Des crimes et délits contre la personne ».

[48]. Voir Pieroth/Schlink 1994, n° en marge 389 : « On peut donc seulement essayer de préciser les atteintes spécifiques faites à la dignité humaine en fonction des domaines où elle intervient, et en particulier en fonction de ce que l'histoire nous apprend. Il faut au passage prendre en compte le lien déjà mentionné entre la dignité humaine et les droits à l'égalité et à la liberté pour le principe de l'État de droit et de l'État social. » Sur la place de « la dignité humaine dans la jurisprudence de la Cour constitutionnelle allemande », voir Dreier 2003.

ouverts à n'importe quelle interprétation. [...] La dignité humaine fondée métaphysiquement est le concept-clé du rapport de l'homme à l'État. »[49] Une entente subsiste quant au contenu essentiel de la garantie de la dignité humaine : « Ce noyau de sens comprend la reconnaissance et le respect de tout homme en tant que sujet autonome, substrat des droits fondamentaux, ainsi que la reconnaissance et le respect du droit au libre épanouissement de sa personnalité et à l'agir responsable. Il englobe aussi l'interdiction de dégrader l'homme, de l'instrumentaliser à l'instar d'une chose dont on pourrait disposer comme on veut. »[50] L'homme doit être respecté en tant que personne, il ne doit pas devenir un simple *objet* des activités de l'État.

Dès 1956, Günter Dürig, montrant la voie au droit constitutionnel allemand, a répondu à la question de savoir ce que représente la protection de la dignité humaine par la négative (à partir des atteintes qui lui sont portées), et par la formule kantienne de l'homme-objet, en raison de l'expérience des systèmes injustes subis tout au long du XXème siècle : « La dignité humaine est bafouée lorsque l'homme concret est dégradé au rang d'objet, de simple moyen, de valeur d'échange. »[51] Il est fait offense à la grandeur de la dignité humaine quand l'homme est soumis à un traitement qui remet en cause sur le plan des principes sa qualité de sujet. Torture, esclavage, épuration ethnique entament la dignité humaine, comme encore les déplacements de population, la soumission à des peines ou

---

[49]. Starck 1981, p. 463. Voir aussi Hain 2006 pour une défense prudente de l'impossibilité de se défaire des implications métaphysiques de la notion de dignité humaine.

[50]. Böckenförde 2006. Voir aussi Pieroth/Schlink 1994, n° en marge 382 : « A la différence de la plupart des autres droits fondamentaux, les implications juridiques de la garantie de la dignité humaine sont formulées en une proposition particulière : l'article 1 alinéa 1, p. 2, oblige tout ordre public à respecter et à protéger la dignité humaine. Tandis que le concept de « respect » signifie que nulle atteinte à la dignité humaine n'est permise, le concept de « protection » va au-delà. C'est l'un des rares passages dans le catalogue des droits fondamentaux de la Loi fondamentale où il est expressément demandé à l'ordre public d'entrer en action [...]. En d'autres termes, la dignité humaine n'est pas simplement une limite, elle est au contraire une tâche pour l'ordre public. »

[51]. Dürig 1956, p. 127. A propos de la « formule de l'homme-objet », de l'« universalité », de la « justiciabilité » et de la « compatibilité intuitive » comme critères auxquels un concept de dignité humaine doit satisfaire, voir Tiedemann 2005, p. 360 sq.

traitements inhumains ou dégradants, la stigmatisation, la destruction de vies « dépourvues de valeur » ou encore l'expérimentation humaine.

Dans le 42ème livraison supplémentaire (de février 2003) au commentaire de Maunz et Dührig de la Loi fondamentale, Matthias Herdegen a renouvelé l'exégèse de l'article 1 alinéa 1 de la Loi fondamentale, due originellement à Günter Dürig. Selon ce dernier, ce qui rend la garantie de la dignité humaine une garantie, c'est une « valeur éthique », un « ancrage dans le droit naturel » *antérieur* au droit constitutionnel positif et voué à établir l'obligation de respect et de protection de la dignité humaine comme intangible et soustraite à tout examen.

Herdegen va à l'encontre de cette thèse avec des arguments que je partage : « Du point de vue de l'analyse du droit étatique, seuls font autorité l'ancrage (intangible) dans le texte constitutionnel et l'interprétation de la dignité humaine comme concept du droit positif. Qui le conteste ne peut qu'avoir recours à la haute prêtrise d'une éthique au plus haut point personnelle et à la force de persuasion qu'elle recèle auprès de la communauté des exégètes de la dignité. Ce n'est qu'au sein d'une communauté homogène du point de vue de sa religion et de sa vision du monde qu'on obtient ainsi une interprétation de la constitution dont les résultats sont prévisibles. Ou par intolérance envers tous ceux à qui le véritable accès aux certitudes d'un ordre de valeurs métapositif est refusé. »[52] Les conclusions que tire Herdegen en se référant au statut et à la fonction de la norme de la dignité humaine ne résultent pourtant pas de cela : « Dans la structure de l'ordre des valeurs du droit fondamental, la position au sommet du droit fondamental, la déclaration du bien juridique intangible, le devoir explicite de protection (Loi fondamentale, alinéa 1 de l'article 1, 2è proposition) ainsi que la « tabouisation » de principe introduite par l'article 79 alinéa 3 assurent une validité prééminente. Il ne faut toutefois pas confondre ce rang particulier avec une domination absolue vis-à-vis des autres valeurs du droit fondamental. »[53] Comme norme constitutionnelle de même niveau, le principe de dignité humaine

---

52. Herdegen in Maunz/Dürig, *Commentaire de la Loi fondamentale*, Art. 1 alinéa 1, n° en marge 17.
53. *Ibid.*, n° en marge 22.

est sujet à délibération, ouvert aux différents regards portés sur son adéquation, sans limites clairement définies.[54]

Si l'on dresse un bilan, il apparaît clairement qu'il y a dans la philosophie du droit et dans le droit constitutionnel des conflits autour du statut et des déterminations du principe de dignité humaine, dans la mesure où un tel *principe*[55] ainsi que les *règles de droit* qui lui sont attachées n'ont aucune garantie ontique de stabilité (garantie donnée par l'être lui-même) et qu'au contraire leurs interprétations dépendent de présupposés, en quelque manière d'images de l'homme[56] et du monde, de préférences morales et surtout de rapports sociaux réels. Il existe encore des conflits autour de la dignité humaine comme *norme*, puisque les normes sont des schémas explicatifs dont l'application dépend d'abord des contextes. Ce qu'on voit d'emblée à travers une comparaison interculturelle.

7. La dignité humaine et la perspective inter– ou plus exactement transculturelle

On dit souvent que l'« Occident » va jusqu'à défendre devant ses tribunaux la dignité, les droits inaliénables et les *libertés de l'individu*[57], tandis que le « Sud » et l'« Orient » insisteraient, de par leur orientation communautariste, sur les *devoirs de l'individu à l'égard de la communauté*. La rhétorique et la pratique des gouvernements occidentaux, qui récusent que les droits économiques, sociaux et culturels aient la qualité d'exigences de l'individu, donnent au moins lieu à pareille thèse (par ailleurs fausse de bout en bout).

---

54. Voir in Böckenförde 2004, sa critique virulente de Herdegen. Pour une critique de la « logique de la délibération », voir Schlink 2003, p. 54. Concernant le problème de savoir si une telle délibération est possible, voir aussi Birnbacher 2002 et pour un plaidoyer en faveur de la possibilité de cette délibération associé en même temps à une critique de Herdegen, voir Hain 2006.
55. Voir Baer 2005.
56. Pour une mise en garde contre toute idéologisation de la dignité humaine par une « surdétermination » qui dépend du lieu où l'on se trouve ainsi que par l'ajout « d'opinions éthiques particulières » qui ont pour résultat de vider son principe de toute valeur, voir Dreier in Dreier 2004, Art. 1 I, D, n° en marge 169 ; voir aussi Dreier 2001.
57. Voir à ce sujet Mishima 2005.

De fait, le principe de dignité humaine recouvre différentes significations selon les différentes cultures[58]. Quelques éléments de comparaison devraient ici suffire, en guise de conclusion[59].

Dans la « *Déclaration du Caire sur les droits de l'homme dans l'Islam* » du 5 août 1990, l'article 24 confirme que « Tous les droits et libertés énoncés dans la présente Déclaration sont soumis aux dispositions de la Charia. » L'article 25 répète que « La Charia est l'unique référence pour l'explication ou l'interprétation de l'un quelconque des articles contenus dans la présente Déclaration. »[60] Les implications qui en découlent pour l'universalité juridique des droits de l'homme, et surtout pour les droits des femmes, font l'objet de débats virulents.[61] La « *Charte arabe des droits de l'homme* »[62], adoptée le 15 septembre 1994 par le Conseil de la Ligue des États arabes, émane – ainsi que le Préambule le stipule – « de la foi de la nation arabe dans la dignité humaine, depuis que Dieu a privilégié cette nation en faisant du monde arabe le berceau des révélations divines et le lieu des civilisations qui ont insisté sur son droit à une vie digne en appliquant des principes de liberté, de justice et de paix. » La Charte vise à « concrétiser les principes éternels définis par le droit musulman et par les autres religions divines sur la fraternité et l'égalité entre les hommes ».

La « *Constitution de la République tunisienne* » formule elle aussi son fondement « au nom de Dieu, Clément et miséricordieux » et proclame la volonté de ce peuple, qui s'est libéré de la domination étrangère grâce à sa puissante cohésion et à la lutte qu'il a livrée à la tyrannie, à l'exploitation et à la régression :

- de consolider l'unité nationale et de demeurer fidèle aux valeurs humaines qui constituent le patrimoine commun des peuples attachés à la dignité de l'homme, à la justice et à la liberté et qui œuvrent pour la paix, le progrès et la libre coopération des nations ;

---

58. A propos du Japon voir Mototsugu Nishino 2005, et à propos de la Chine Roetz 1996.
59. Pour une comparaison interculturelle et aussi sur la Déclaration africaine des droits de l'homme de Banjul, voir http ://www.unesco-phil.uni-bremen.de.
60. Voir le document contenant les Explications dans Al-Midani 2004.
61. Voir notamment Moller 1998.
62. Voir aussi la « *Déclaration islamique des Droits de l'Homme* » du 19 septembre 1981.

- de demeurer fidèle aux enseignements de l'Islam, à l'unité du Grand Maghreb, à son appartenance à la famille arabe, à la coopération avec les peuples qui combattent pour la justice et la liberté ;
- d'instaurer une démocratie fondée sur la souveraineté du peuple et caractérisée par un régime politique stable basé sur la séparation des pouvoirs. »

Dans l'article 5 de sa constitution donnée « par la grâce de Dieu », et qui est certainement la plus progressiste parmi les constitutions des États arabes, bien qu'en pratique elle soit très souvent mise à mal, la République Tunisienne garantit les libertés fondamentales et les droits de l'homme dans leur acception universelle, globale, complémentaire et interdépendante. La République tunisienne a pour fondements les principes de l'État de droit et du pluralisme et œuvre pour la dignité de l'homme et le développement de sa personnalité. Elle garantit l'inviolabilité de la dignité de la personne humaine et protège le libre exercice des cultes, sous réserve qu'il ne trouble pas l'ordre public.[63]

Le résultat d'une comparaison *inter*culturelle[64] avec les constitutions laïques et les déclarations ou conventions universelles des droits de l'homme est de montrer que la Charte arabe et la Constitution tunisienne ont recours, pour mettre en œuvre le principe de dignité humaine, aussi bien à des catégories métaphysiques (la « nation arabe », « Dieu ») qu'à des principes pragmatiques. Ce qui conduit, non seulement en théorie mais aussi en pratique, à des problèmes internes à la société et à des difficultés sur le plan du vivre-ensemble des cultures. Par ailleurs, il est *inhérent* au principe de dignité humaine qu'on ne puisse octroyer à personne une signification et une légitimité particulières. C'est pourquoi on ne saurait refuser aux cultures, aux sociétés et aux États un certain flottement : « C'est par nature que l'homme a une dignité – c'est là un élément de la culture mondiale actuelle – mais les ordres constitutionnels nationaux peuvent donner à leur édifice du droit fondamental une forme particulière, créer des catalogues du droit fondamental avec une coloration nationale qui leur est propre, voire peut-être interpréter à leur manière les

---

[63]. Voir notamment Al-Midani 2003.
[64]. Voir Benchenane, *Les droits de l'homme en Islam et en Occident*, 2003, http://www.fmes-france.net/article.php3?id_article=15 ; voir aussi Krieger 1999.

« droits de l'homme » énoncés dans les déclarations et conventions internationales et régionales, avec l'idée d'une « marge d'appréciation »[65] pouvant varier dans certaines limites.»

Le pluralisme factuel des présuppositions, des contextes et des justifications[66] ne risque-t-il pas d'affaiblir l'absoluité de cette norme universelle ? Pareil danger est évident. On ne doit pas néanmoins payer tribut à un relativisme culturel qui conduirait à tout accepter au nom de la diversité culturelle[67]. Prenons pour illustration cette expérience de pensée très simple : imaginons, par analogie avec la revendication par le monde islamique et arabe de droits de l'homme spécifiques à sa civilisation, que le président des États-Unis exige pareil droit particulier en insistant sur son fondamentalisme chrétien. Abstraction faite de ses applications spécifiques à chaque culture, le principe de dignité humaine se montre dans son universalité *trans*culturelle – et non pas soi-disant « occidentale »[68] ; de même, les déclarations et les constitutions réalisent le droit des droits de l'homme négocié internationalement au niveau du droit de la Déclaration universelle des droits de l'homme. Et cela vaut aussi pour le monde arabe et islamique[69]. Le discours interculturel[70] et la négociation de valeurs acceptables par toutes les cultures sont nécessaires au renforcement des principes et des normes reconnus transculturellement.

Dans sa Conférence générale de l'UNESCO intitulée « *Diversité, partenariat, respect* », prononcée en 2005, le Président de la République fédérale d'Allemagne, Horst Köhler, a ouvert une nouvelle perspective pour ce type discours : « La dignité humaine et la diversité culturelle – c'est facile à dire, ici et maintenant. Mais reportons-nous deux générations en arrière : la seconde guerre mondiale et l'holocauste perpétré par le national-socialisme ont été l'œuvre d'agresseurs qui ont systématique-

---

65. Häberle 1994, p. 299 et suivantes.
66. Voir Sandkühler 2004 pour des explications plus détaillées.
67. sVoir Hoppe 2002 à propos d'une entente sur les droits de l'homme interculturelle et affranchie des particularismes.
68. Voir aussi Cerna 1994 à propos des différentes applications du principe de dignité humaine selon les données culturelles des différents pays.
69. Voir Bielefeldt 1998a, 2000. A propos de l'importance des droits de l'homme et des controverses parmi les interprétations islamiques du Coran, voir notamment Mawdudi 1976, Schwartländer 1993, Wieland 1993 et Troll. Cf. www.sanktgeorgen.de/leseraum/
70. Voir Habermas 1997, Kettner 1999, Knoepffler 2005.

ment foulé au pied la dignité humaine et voulu éliminer la diversité culturelle partout où ils passaient. Les Nations Unies et l'UNESCO ont été fondées pour que de tels malheurs ne se reproduisent plus jamais. Aujourd'hui, nous savons que l'humanité n'a pas été libérée du fléau de la guerre et que la dignité humaine reste largement menacée par la pauvreté, le sous-développement, le terrorisme et l'absence de liberté. »

La dignité humaine est à la fois le fondement des droits et leur but ; les droits sont le moyen de sa protection ; les États et les organisations transnationales doivent les mettre en vigueur, les respecter et les protéger.

Traduit de l'allemand par Laure Cahen-Maurel

Bibliographie

AK-GG, 1989, Kommentar zum Grundgesetz für die Bundesrepublik Deutschland. Vol. 1, Art. 1-37. Bearbeitet von R. Bäumlin et al., 2. Auflage, Neuwied.

Alexy, R., ³1996, *Theorie der Grundrechte*, Frankfurt/M.

Al-Midani, M.A, 2003, *Les droits de l'homme et l'Islam. Textes des organisations arabes et islamiques*, édité par l'Association des Publications de la Faculté de Théologie Protestante, Université Marc Bloch de Strasbourg.

Al-Midani, M.A., 2004, *Islam/ Pays arabes et droits de l'homme. La Déclaration universelle des droits de l'homme et le droit musulman.* http ://www.aidh.org/Biblio/Txt_Arabe/Images/Droit%20musulman-midani.pdf.

Baer, S., 2005, *Menschenwürde zwischen Recht, Prinzip und Referenz*, in : Deutsche Zeitschrift für Philosophie, 53 (2005), H. 4.

Bayertz, K., 1995, Die Idee der Menschenwürde : Probleme und Paradoxien, in : *Archiv für Rechts– und Sozialphilosophie*, Vol. 81, H 4.

Bayertz, K., 1996, *Sanctity of Life and Human Dignity*, Amsterdam.

Bayertz, K., 1999, Art. Menschenwürde, in : H.J. Sandkühler (Ed.), *Enzyklopädie Philosophie*, Vol. 1, Hamburg.

Benchenane, M., 2003, *Les Droits de l'Homme en Islam et en Occident.* http ://www.fmes-france.net/article.php3?id_article=15

Benda, E., 2001, *Verständigungsversuche über die Würde des Menschen*, in : *Neue Juristische Wochenschrift*, 54 (2001).

Benda, E., ²1994, *Menschenwürde und Persönlichkeitsrecht*, in : E. Benda/ W. Maihofer / H.-J. Vogel (Ed.) *Handbuch des Verfassungsrechts der Bundesrepublik Deutschland*, Berlin/ New York.

Bielefeldt, H., 1998, *Philosophie der Menschenrechte. Grundlagen eines weltweiten Freiheitsethos*, Darmstadt.

Bielefeldt, H., 1998a, *Zwischen Scharia und Menschenrechten, Facetten der islamischen Menschenrechtsdiskussion*, in : Voigt, U. (Ed.), 1998, *Die Menschenrechte im interkulturellen Dialog*, Frankfurt/M.

Bielefeldt, H., 1999, *Universale Menschenrechte angesichts der Pluralität der Kulturen*, in : Reuter, H.-R. (Ed.), 1999, *Ethik der Menschenrechte. Zum Streit um die Universalität einer Idee*, I, Tübingen.

Bielefeldt, H., 2000, « Western » Versus « Islamic » Human Rights Conceptions? A Critique od Cultural Essentialism in the Discussion on Human Rights, in : Political Theory, Vol. 28, No. 1.

Birnbacher, D., 1996, Ambiguities in the concept of Menschenwürde, in : K. Bayertz (Ed.), Sanctity of Life and Human Dignity, Dordrecht

Birnbacher, D., 2002, Menschenwürde – abwägbar oder unabwägbar? In : M. Kettner (Ed.), Politik der Menschenwürde. Frankfurt/M.

Böckenförde, E.-W., 2004, Bleibt die Menschenwürde unantastbar? In : Blätter für deutsche und internationale Politik 10/2004.

Böckenförde, E.-W., 2006, Die Garantie der Menschenwürde. http ://www.bundestag.de/blickpunkt/101_Debatte/0604/0604053.htm.

Böckenförde, E.-W./ R. Spaemann (Ed.), 1987, Menschenrechte und Menschenwürde. Historische Voraussetzungen – säkulare Gestalt – christliches Verständnis, Stuttgart.

Brugger, W., 1997, Menschenwürde, Menschenrechte, Grundrechte. Würzburger Vorträge zur Rechtsphilosophie, Rechtstheorie und Rechtssoziologie, Heft 21, Baden-Baden.

Cerna, Ch., 1994, Universality of human rights and cultural diversity implementation of human rights in different socio-cultural contexts. In Human Rights Quarterly 16,4.

De Koninck, Th., 1996, De la dignité humaine, Paris.

De Koninck.Th./ G. Larochelle (Ed.), 2005, La dignité humaine. Paris.

Denninger, E., 2000, Menschenrechte, Menschenwürde und staatliche Souveränität, in : H. Dreier (Ed.), Philosophie des Rechts und Verfassungstheorie. Geburtstagssymposion für Hasso Hofmann, Berlin.

Di Fabio, U., 2004, Die Suche nach dem Kompaß. Wie kann Menschenwürde in einer fragmentierten Welt begründet werden? In : Frankfurter Allgemeine Zeitung, 26. 06. 2001, Nr. 145.

Dreier, H., 2001, Konsens und Dissens bei der Interpretation der Menschenwürde. Eine verfassungsrechtliche Skizze.In : Geyer 2001.

Dreier, H., 2003, Menschenwürde in der Rechtsprechung des Bundesverwaltungsgerichts, in : E. Schmidt-Aßmann et al. (Ed.), Festgabe 50 Jahre Bundesverwaltungsgericht, Köln et. al.

Dreier, H., 2005, Bedeutung und systematische Stellung der Menschenwürde im deutschen Grundgesetz, in : ders. (Ed.), Menschenwürde als Rechtsbegriff, Stuttgart.

Dreier, H., ²2004, Art. 1 I, Art. 1 II [Menschenwürde], in : ders. (Ed.) Grundgesetz-Kommentar, Vol. I, Präambel, Artikel 1-19, Tübingen.

Dreier, R., 1981, *Recht und Moral*, in : Ders., *Recht – Moral – Ideologie*, Frankfurt/M.

Dürig, G., 1956, *Der Grundrechtssatz von der Menschenwürde. Entwurf eines praktikablen Wertsystems der Grundrechte aus Art. 1 Abs. I in Verbindung mit Art 19 Bs. II des Grundgesetzes*, in : *Archiv des öffentlichen Rechts*, Vol. 81.

Düwell, M., 2001, *Die Menschenwürde in der gegenwärtigen bioethischen Debatte*, in : S. Graumann (Ed.), *Die Genkontroverse. Grundpositionen*, Freiburg.

Dworkin, R., 1977, *Taking Rights Seriously*, Cambridge.

Forschner, M., 1998, *Marktpreis und Würde oder vom Adel der menschlichen Natur*, in : H. Kössler (Ed.), *Die Würde des Menschen*, Erlangen.

Geddert-Steinacher, T., 1990, *Menschenwürde als Verfassungsbegriff. Aspekte der Rechtsprechung des Bundesverfassungsgerichts zu Art. 1 Abs. 1 Grundgesetz*, Berlin.

Geyer, Ch., 2001, *Biopolitik*. Die Positionen, Frankfurt/M.

Giese, B., 1975, *Das Würde-Konzept*, Berlin.

Girard, Ch./ S. Hennette-Vauchez, 2005, *La dignité de la personne humaine. Recherche sur un processus de juridicisation*, Paris.

Häberle, p., 1994, *Europäische Rechtskultur. Versuch einer Annäherung in zwölf Schritten*, Baden-Baden.

Habermas, J., 1997, Der interkulturelle Diskurs über Menschenrechte. Vermeintliche und tatsächliche Probleme, in : *Frankfurter Rundschau*, 4. 2. 1997.

Habermas, J., 2001, *Die Zukunft der menschlichen Natur. Auf dem Weg zu einer liberalen Eugenik?* Frankfurt/M.

Haferkamp, B., 1996, *The Concept of Human Dignity : An Annotated Bibliography*, in : K. Bayertz (Ed.), Sanctity of Life and Human Dignity, Dordrecht/ Boston/London.

Hain, K.-E., 1999, *Die Grundsätze des Grundgesetzes. Eine Untersuchung zu Art. 79 Abs. 3 GG*, Baden-Baden.

Hain, K.-E., 2006, *Konkretisierung der Menschenwürde durch Abwägung?* In : *Der Staat*, 45. Bd., 2006, H. 2.

Haucke, K., 2006, *Mitgift, Leistung, Anerkennung. Ein philosophischer Vorschlag für ein integrales Verständnis menschlicher Würde*, in : Ethica 14 (2006) 3.

Henkin, A. (ed), 1979, *Human Dignity, The Internationalization of Human Rights,* Dordrecht.

Henne, Th./ A. Riedlinger (Ed.) : 2004, *Das Lüth-Urteil in (rechts)historischer Sicht. Die Grundlegung der Grundrechtsjudikatur in den 1950er Jahren*, Frankfurt/M.Herms, E., 2004, Menschenwürde, in : *Zeitschrift für evangelisches Kirchenrecht*, Vol. 49.

Hesselberger, D., ^{10}1996, *Das Grundgesetz. Kommentar für die politische Bildung*, Neuwied.

Höffe, O., 2001, *Wessen Menschenwürde?. Was Reinhard Merkel verschweigt und Robert Spaemann nicht sieht*, in : Geyer 2001.

Höffe, O. 2002, Menschenwürde als ethisches Prinzip, in : Höffe, O./ Honnefelder, L./Isensee, J./Kirchhof, p. (Ed.), *Gentechnik und Menschenwürde,* Köln.

Hofmann, H., 1993, *Die versprochene Menschenwürde*, in : *Archiv für öffentliches Recht* 118 (1993).

Hoppe, Th., 2002, *Menschenrechte im Spannungsfeld von Freiheit, Gleichheit und Solidarität. Grundlagen eines internationalen Ethos zwischen universalem Geltungsanspruch und Partikularitätsverdacht*, Stuttgart.

Horstmann, R.P., 1980, Menschenwürde, in : J. Ritter/ K. Gründer (Ed.), *Historisches Wörterbuch der Philosophie*, Vol. 5, Basel/Stuttgart.

Jarras, H.D./B. Pieroth, ^{8}2006, *Grundgesetz für die Bundesrepublik Deutschland. Kommentar,* München.

Kettner, M., 1999, *Menschenwürde und Interkulturalität. Ein Beitrag zur diskursiven Konzeption der Menschenrechte*, in : Göller, Th. (Ed.), *Philosophie der Menschenrechte : Methodologie, Geschichte, kultureller Kontext,* Göttingen.

Klein, Z., 1968, *La notion de Menschenwürde dans la pensée de Kant et de Pascal*, Paris.

Knoepffler, N., 2005, *Menschenwürde im interkulturellen Dialog*, Freiburg/München.

Krebs, A., 1999, *Würde statt Gleichheit. Zu Avishai Margalits Politik der Würde*, in : *Deutsche Zeitschrift für Philosophie* 47 (1999).

Krieger, M., 1999, *Menschenrechte in arabo-islamischen Staaten. Am Beispiel Ägypten und Sudan*, Frankfurt/M et al.

Kühnhardt, L., 2002, *Die Unteilbarkeit der Menschenwürde als Bedingung der Universalität der Menschenrechte*, in : G.V. Lang/ M.F. Strohmer (Ed.), *Europa der Grundrechte? Beiträge zur Grundrechtecharta der Europäischen Union. Mit einem Geleitwort des Bundespräsidenten der Republik Österreich*, Bonn.

Kunig, Ph., 2006, Art. 1 (Würde des Menschen, Grundrechtsbindung), in : Jarras/Pieroth 2006.

Limbach, J., 2001, *Über die Menschenwürde* In : vorgänge. *Zeitschrift für Bürgerrechte und Gesellschaftspolitik*, H. 4, Dezember 2001.

Löhrer, G., 1995, *Menschliche Würde : wissenschaftliche Geltung und metaphorische Grenze der praktischen Philosophie Kants*. Freiburg/ Brsg.

Macklin, R., 2003, *Dignity is a useless concept*, in : *British Medical Journal*, vol. 327.

Maihofer, W., 1968, *Rechtsstaat und menschliche Würde*, Frankfurt/M.

Manetti, G., 1990 [1452], *Über die Würde und Erhabenheit des Menschen*, Hamburg.

Markl, H., 2001, Freiheit, Verantwortung, Menschenwürde. Warum Lebenswissenschaften mehr sind als Biologie, in : Geyer 2001.

Mattei, J.-F./ D. Folscheid/ M.-A. Ricard/ J.-F. de Raymond, *La dignité humaine. Philosophie, droit, politique, économie, médecine*, Paris 2005.

Maunz, Th./G. Dürig/R. Herzog/R. Scholz (Ed.), 2003, *Grundgesetz. Kommentar*, München.

Mawdudi, Abul A'la, 1976, *Human Rights in Islam*, Leicester.

McDougal, M.S./ H. D. Lasswell/ Lung-Chu Chen, 1989, *Human Rights and World Public Order, The Basic Policies of an International Law of Human Dignity*, New Haven, Conn.

Mishima, K., 2005, Menschenrechte als Traditionsbruch und Abschied von der Gewalt, in : L. Kühnhardt/ M. Takayama (Ed.), *Menschenrechte, Kulturen und Gewalt*, Baden-Baden.

Mohr, G., 2006, Rechtskultur, in : S. Gosepath/ W. Hinsch/ B. Rössler (Éd.), *Handbuch der Politischen Philosophie und Sozialphilosophie*, Berlin.

Moller, S.M., 1998, *Konflikte zwischen Grundrechten. Frauenrechte und Probleme religiöser und kultureller Unterschiede*, in : S. Gosepath/ G. Lohmann (Ed.), 1998, *Philosophie der Menschenrechte*, Frankfurt/M.

Montgomery, J. W., 1986, *Human Rights and Human Dignity*, Dallas.

Mototsugu Nishino, 2005, *Menschenwürde als Rechtsbegriff in Japan*, in : Dreier, H. (Ed.), *Menschenwürde als Rechtsbegriff*, Stuttgart.

Neumann, U., 1998, Die Tyrannei der Würde, in : *Archiv für Recht– und Sozialphilosophie*, 1998, n° 2.

Pieroth, B./B.Schlink, [10]1994, *Grundrechte. Staatsrecht II*, Heidelberg.

Podlech, A., 1970, *Wertungen und Werte im Recht*, in : *Archiv für öffentliches Recht* 99 (1970).

Poscher, p., 2004, *Menschenwürde als Tabu*, in : *Frankfurt Allgemeine Zeitung*, 2. Juni 2004, Nr. 126.

Reiter, J., 2004, *Menschenwürde als Maßstab*, in : *Aus Politik und Zeitgeschichte* B 23-24/2004.

Roetz, H., 1996, *Konfuzius und die Würde des Menschen. Der Kultur Chinas sind individuelle Freiheitsrechte nicht fremd*, in : *Die ZEIT* Nr. 47, 15.11.1996.

Roth, K./ J. Weschler, 1998, *Das Versprechen muß gehalten werden. Die Vereinten Nationen und die Menschenwürde*, in : G. Köhne (Ed.), *Die Zukunft der Menschenrechte. 50 Jahre UN-Erklärung, Bilanz eines Aufbruchs*, Reinbek b. Hamburg.

Sandkühler, H.J., 1999, *Menschenrechte*, in : ders. (Ed.), *Enzyklopädie Philosophie*, Vol. 1, Hamburg.

Sandkühler, H.J., 2002, *Il diritto, lo Stato e la democrazia pluralistica*, in : *Filosofi tedeschi a confronto, a cura di Massimo Mori*, Bologna.

Sandkühler, H.J., 2004, *Pluralism, Cultures of Knowledge, Transculturality, and Fundamental Rights*, in : ders./ Hong-Bin Lim (eds.), *Transculturality – Epistemology, Ethics, and Politics*, Frankfurt/M. et al.

Schlink, B., 2003, *Die überforderte Menschenwürde. Welche Gewißheit kann Artikel 1 des Grundgesetzes geben?* In : *Der Spiegel* 51/2003.

Schopenhauer, A., 1840, *Preisschrift über die Grundlage der Moral*, in : WW in 5 Bde., hg. v. L. Lütkehaus, Vol. III., Zürich 1988.

Schwartländer, J. (Ed.), 1993, *Freiheit der Religion. Christentum und Islam unter dem Anspruch der Menschenrechte*, Mainz.

Sève, L., 2006, *Qu'est-ce que la personne humaine? Bioéthique et démocratie*, Paris.

Spaemann, R., 1985/86, Über den Begriff der Menschenwürde, in : *Scheidewege. Jahresschrift für skeptisches Denken*, Jg. 15.

Spaemann, R., 1987, *Über den Begriff der Menschenwürde*, in : E.-W. Böckenförde/ R. Spaemann (Ed.), *Menschenrechte und Menschenwürde*, Stuttgart.

Spaemann, R., 1996, *Personen. Versuche über den Unterschied zwischen « etwas » und « jemand »*, Stuttgart.

Starck, 1981, *Menschenwürde als Verfassungsgarantie im modernen Staat, Juristen Zeitung*, 36. Jg., 17. Juli 1981.

Stoecker, R. (Ed.). 2004, *Menschenwürde. Annäherungen an einen Begriff*, Wien.

Tiedemann, p., 2005, *Zum Begriff der Menschenwürde*. Philosophische Grundlagen und juristische Anwendung, in : *Ethica* 13 (2005) 4.

Trinkaus, Ch., 1970, *In Our Image and Likeness. Humanity and Divinity in Italian Humanist Thought*, 2 vol., Chicago.

Troll, Ch., o.J., *Welchen Stellenwert haben Menschenwürde und Religionsfreiheit im Islam*.
http ://www.sankt-georgen.de/leseraum/troll18.pdf.

Vitzthum, W., 1985, *Die Menschenwürde als Verfassungsbegriff, Juristen Zeitung*, 40. Jg., 1. März 1985.

Werner, M., 2000, *Streit um die Menschenwürde*, in : *Zeitschrift für medizinische Ethik* 46.

Wetz, F.J., 1998, *Die Würde des Menschen ist antastbar. Eine Provokation*, Stuttgart.

Wetz, F.J., 2005, *Illusion Menschenwürde. Aufstieg und Fall eines Grundwerts*, Stuttgart.

Wieland, R., 1993, *Menschenwürde und Freiheit in der Reflexion zeitgenössischer muslimischer Denker*, in : Schwartländer 1993.

Ahmed Lamine Zarraï

L'avènement du Social et la dissolution du monde commun

Dans la pensée grecque antique, l'une des caractéristiques du propre, l'un de ses propres, en somme, est de pouvoir se décliner au pluriel, dans la mesure où, justement, un propre en appelle un autre. C'est le cas notamment pour le *prosôpon*, pour le visage. Il est superflu de préciser qu'il s'agit du visage humain, ce serait un pléonasme puisque le visage est la marque de l'homme, ce qui le démarque de tous les autres animaux. L'homme a un visage ; il est son visage. On peut rappeler que le concept platonicien fondamental, celui d'*Eidos*, qui est le fondement même de l'eidétique platonicienne, est traduit dans la phénoménologie de Husserl et de Heidegger par le terme « visage ».

Mais nous ne pouvons pas trop nous attarder sur cette identité de l'être et du paraître. On peut seulement signaler que parmi les auteurs contemporains, Hannah Arendt n'a cessé de souligner le fait qu'humainement et politiquement être et paraître sont identiques[1]. La réalité du monde est garantie aux hommes par la présence d'autrui, par le fait que le monde commun est ce qui apparaît à tous « *car ce qui apparaît à tous, comme le dit Aristote, c'est ce que nous nommons l'Etre.* »[2].

En clarifiant l'étymologie du mot grec pour « *visage* », *prosôpon*, Aristote mentionne que « *chez l'homme, ce qui est entre la tête et le cou s'appelle prosôpon, visage, (partie du corps) qui a reçu son nom de ce qu'elle agit (praxis), à ce qu'il semble : en effet, à cause du fait qu'il est, parmi les animaux, le seul (qui se tienne) droit, il est seul à regarder devant lui (prosoten opopé) et à émettre sa voix vers le devant* »[3].

Ce double pouvoir qui caractérise l'être humain, en lui permettant, à la fois, de diriger et d'orienter dans un sens privilégié, vers l'avant, et son regard et sa voix, n'est ni fortuit ni anodin. Il est constitutif à la fois de son humanité et de sa citoyenneté. C'est grâce à lui qu'il lui est possible, par le biais du visage, d'envisager les choses, de les fixer et de s'y arrêter.

---

[1]. Hannah Arendt, *Condition de l'homme moderne*, Calmann Lévy 1983, p. 223-224.
[2]. Aristote, *Ethique à Nicomaque,* 1172b36 sq.
[3]. Aristote, *Parties des Animaux*, III, I, 662b18-22.

Il est aussi ce qui lui permet d'aviser son interlocuteur, et de s'adresser à lui en tant que vis-à-vis.

Il faudrait même aller plus loin et remonter plus haut. Et c'est ce qu'Aristote ne manque pas de faire, quoique sur le mode de la simple allusion. Rappelons cette allusion, car elle mérite d'être invoquée. Ouvrant la voie qui sera suivie par son disciple, et par un jeu d'écriture et dans ce jeu même qu'est pour lui l'écriture, Platon, dans le *Cratyle*, s'amuse fort sérieusement à faire ressortir les liens étroits entre le visage et l'homme lui-même.

Platon explicite l'étymologie du nom *anthropôs* en soutenant que : « *ce nom d'anthropôs (homme) signifie qu'au rebours des autres animaux, qui n'examinent rien de ce qu'ils voient, qui ne raisonnent pas, qui ne contemplent pas (anathréï), l'homme n'a pas plutôt vu – c'est ce que signifie opôpé – qu'il applique ses regards et son raisonnement à ce qu'il a vu. Et voilà pourquoi, seul des animaux, l'homme a été justement nommé anthrôpos ; car il contemple ce qu'il a vu (anathrôn ha opôpé).* »[4]

À l'inverse des animaux, et d'une manière diamétralement opposée, l'homme, du fait qu'il a un visage, arrête son regard, celui du corps et celui de l'âme, sur ce qu'il a devant lui. Cette capacité de scruter et d'examiner ce qui se présente à lui est la même qui assure l'interlocution, le fondement même de l'existence politique, c'est-à-dire de l'ensemble des relations du soi à autrui.

Mon propos n'étant pas d'analyser les composantes et les dimensions du pouvoir théorique de l'homme, ni l'exposition de l'anthropologie physique de Platon et d'Aristote, je laisse de côté les rapports entre le visage et la station droite de l'homme et de la chaleur de son corps, qui sont les deux caractéristiques corporelles fondamentales relatives à la possession du visage.

Je voudrais seulement faire allusion à ce fait que le *logos* chez l'homme est d'emblée marqué par son intervention dans un face à face, et par sa caractéristique d'être émis à partir d'un visage et qu'il s'adresse à un visage. Alors que la voix de l'animal sort de ses organes phonateurs comme un flux qui se diffuse sans direction précise, l'homme adresse la parole à celui qu'il interpelle et vers lequel il se tourne.

---

[4]. Platon, *Cratyle*, 398e-399c.

Il n'est que trop évident que pour Platon, notamment dans le Phèdre, aussi bien que pour Aristote, le *logos* en l'homme ne saurait, en aucun cas, se réduire à la capacité de communiquer, dans la forme rudimentaire qu'elle recèle et qui peut déchoir jusqu'à n'être que le pouvoir d'émettre et de recevoir, et de s'appréhender comme celui à qui un discours est émis et qui est apte à le recevoir.

Le *logos* est essentiellement la capacité de s'ouvrir à l'universel, c'est même ce pouvoir de saisir l'universel que les deux philosophes thématisent explicitement, alors que la capacité d'émettre et d'interpeller demeure implicite la plupart du temps dans l'œuvre des deux philosophes.

L'accentuation de la portée universelle du *logos* est tellement appropriée à la dimension politique de la cité et du *zôon politikon* qu'elle ne pouvait être que mise en avant par les penseurs de l'antiquité dont le souci philosophique et les préoccupations politiques étaient portés par l'existence même de la cité et de la prévalence pratique qu'elle comportait. Il suffit de mentionner que l'ouverture à la totalité de l'être que ménage le *logos* converge avec la dimension d'universalité qu'implique la vie politique qui se distingue par la soumission à des lois qui ne sont telles que par le fait qu'elles valent universellement.

Toutefois, l'évocation du visage, de la station droite et des autres propriétés physiques que nous avons omis de mentionner, a d'abord une visée polémique et propédeutique relative au thème de l'avènement du social.

Cette visée polémique se rapporte à la manière dont Hannah Arendt, à plusieurs reprises, aussi bien dans « *Condition de l'homme moderne* »[5], que dans « *Crise de la Culture* »[6], et d'une manière plus allusive dans « *Essai sur la Révolution* »[7], présente la double définition aristotélicienne de l'homme, définitions devenues traditionnelles.

L'argument d'Arendt concerne principalement le Social en tant que processus, et ne se relie à Aristote que d'une manière secondaire. Elle charge le concept de « Processus » d'une acception qui peut être qualifiée de « *deînonique* », par référence au *deînon*, au *deînotaton*, terme par lequel Sophocle, dans le premier chœur de son Antigone, qualifie

---

[5]. Hannah Arendt, *Condition de l'homme moderne*, Calmann Lévy 1983, p. 36.
[6]. Hannah Arendt, *Crise de la culture*, Gallimard, p. 35.
[7]. Hannah Arendt, *Essai sur la révolution*, Gallimard, p. 21.

l'homme : « *Nombreux sont les deîna de la nature, mais de tous le plus deînon, c'est l'homme* ».

Le processus social consiste dans l'instauration expansive et corrosive d'un domaine qui ne correspond ni au domaine privé, ni au domaine public, tels que surtout ils ont trouvé leur localisation et leur déploiement dans le monde antique. Il s'agit d'un « *phénomène relativement nouveau, dont l'origine a coïncidé avec la naissance des temps modernes et qui a trouvé dans l'État-nation sa forme politique* »[8].

Cette réalité hybride qu'est le social procède par réduction de la complexité historique, complexité qui transparaît notamment à travers le redoublement par lequel Aristote détermine conceptuellement la Cité grecque en tant que communauté de Communautés. Décapitant la profusion de ce redoublement, le Social réduit les multiples modalités communautaires de la condition humaine qui se sont succédées à travers l'histoire des temps modernes à n'être que soit la société des propriétaires comme chez Locke, ou la société engagée dans un processus sous fin d'acquisition comme chez Hobbes, sinon la société de producteurs comme, chez Marx, ou la société d'employés comme la société contemporaine, ou la société de travailleurs comme dans les ex-pays socialistes et communistes.

Dans la variété et la multiplicité des cas que je viens d'énumérer, la société n'est pas une communauté de communautés, elle est tout simplement une communauté qui va de celle des propriétaires jusqu'à celle qui est entrain de s'universaliser, celle des consommateurs. En un mot, la société n'est rien d'autre qu'elle-même, autrement dit un rassemblement élémentaire autour de besoins vitaux.

En réussissant à faire de la vie le bien suprême des sociétés modernes, le processus social a décapité la sphère téléologique, celle où la cité en tant que communauté de communautés s'identifiait avec la fin ; chaque communauté réalisant une finalité spécifique et particulière, qui ne pouvait être qu'un moyen en vue d'une autre fin, l'ensemble de ces fins, par une succession de renvois conduit à la fin suprême et universelle qui ne renvoie qu'à elle-même et qui est la vie bonne.

---

[8]. Hannah Arendt, *Condition de l'homme moderne*, Calmann Lévy 1983 p. 37.

L'avènement du Social et la dissolution du monde commun

En décapitant l'*Eu-Zen*, le sens qui polarise la succession des renvois, le Social rend la société à elle-même, et la rabaisse à son niveau le plus élémentaire, celui du vivre et du Survivre. Ce procédé réducteur a notamment dévasté les anneaux intermédiaires. Comme l'a relevé l'école sociologique française de la 1ère moitié du vingtième siècle, les sociétés politiques se caractérisent par l'existence de groupes secondaires. Et c'est déjà ce que sentait Montesquieu quand il disait de la forme sociale qui lui paraissait la plus hautement organisée, à savoir la monarchie, qu'elle impliquait « des pouvoirs intermédiaires, subordonnés et dépendants ». L'importance de ces groupes secondaires est décisive. Ils ne sont pas seulement nécessaires à l'administration des intérêts particuliers, domestiques et professionnels qu'ils enveloppent et qui sont leur raison d'être, ils sont aussi la condition fondamentale de toute organisation plus élevée. L'existence des régimes totalitaires est l'exemple le plus patent par lequel le monolithisme de la société globale absorbe les groupes secondaires.

En plus de ce procédé de décapitation par lequel le sens politique se trouve réduit à l'utilité sociale, le social s'est déployé et s'est consolidé par une sorte d'inversion et de renversement dont la principale modalité a consisté dans la promotion d'un procédé pré-politique et son élévation jusqu'au sommet de l'existence pratique des hommes : il s'agit de la contrainte et de la violence.

La violence qui était un phénomène cantonné dans les limites du domaine privé de l'*oikia* et de la maisonnée, et dans les antagonismes qui pouvaient opposer une cité à une autre, a été promue et élevée à la plus haute sphère au point de s'identifier à la souveraineté de l'État, laquelle ne se manifeste plus que par le seul fait que l'État monopolise l'usage de la violence (Max Weber) ou décide de l'état d'exception, en s'exceptant lui-même de ce dont il a décidé (Carl Schmitt).

En ce sens, ce n'est plus le commun qui est au fondement de l'existence commune des hommes, mais c'est surtout le travestissement d'intérêts particuliers en intérêt et en bien Commun. À ces deux procédés inverses de décapitation et de promotion, s'ajoutent ceux de l'exclusion et de l'inclusion.

C'est notamment par l'inclusion dans le domaine public de cela même qui était soumis à l'exclusion, que le social s'est avéré et révélé. En installant le travail et la production au centre de l'existence de l'homme moderne, le social a exclu l'action et la parole, qui étaient les deux seules activités politiques ayant droit de cité dans la cité antique. L'exclusion de l'action s'est effectuée par son remplacement par le comportement, c'est-à-dire par une conduite nivelée, conforme aux modèles prévalents et prévisibles.

« *L'apparition de la société – l'avènement du ménage, de ses activités, de ses problèmes, de ses procédés d'organisation sortant de la pénombre du foyer pour s'installer au grand jour du domaine public, n'a pas seulement effacé l'antique frontière entre le public et le privé ; elle a si bien changé le sens des termes, leur signification pour la vie de l'individu et du citoyen, qu'on ne les reconnaît plus.* » [9]

Hannah Arendt ne manque pas de rappeler qu'il est significatif que le mot « *social* » soit d'origine romaine et n'ait pas d'équivalent dans la langue, ni dans la philosophie grecques. Même si le mot latin *societas* avait aussi, au début, un sens politique accentué, cette signification demeurait restreinte. *Societas* désignait une alliance conclue dans un but précis, par exemple par des gens qui s'allient pour fomenter un coup d'état ou pour commettre un crime. Toutefois, c'est seulement avec le concept plus récent de *Societas generis humani* que le mot « *social* » commence à prendre le sens général de condition humaine fondamentale.

Quant aux philosophes Grecs, Platon et Aristote, ils n'ont ni ignoré, ni négligé le fait que l'homme ne peut vivre hors de la société ; mais ils ne mettaient pas cette condition au nombre des caractéristiques spécifiquement humaines : au contraire, c'était un trait que la vie humaine avait en commun avec la vie animale et qui, pour cette simple raison, ne pouvait pas être foncièrement humain. En somme, ce que nous appelons la société et le social n'étaient tout au plus qu'une entrave imposée par les nécessités biologiques qui sont les mêmes pour l'animal humain que pour les autres animaux.

Le problème essentiel ne se pose donc pas au niveau de la société, mais au niveau de la Cité.

Arendt soutient que la traduction ancienne du *zôon politikon* d'Aristote par *animal socialis*, mieux que toute théorie, cette substitution du Social

---

[9]. *Ibid.*, p. 47.

au politique montre jusqu'à quel point s'était perdue la conception originale grecque de la politique.

Toutefois, elle va plus loin lorsqu'elle présente elle-même des versions différentes de la double définition aristotélicienne de l'homme.

Dans « *La crise de la Culture* », elle affirme que cette double définition de l'homme en tant qu'animal politique et de l'homme en tant qu'être doué de *logos*, c'est-à-dire de l'homme en tant qu'être accomplissant sa « *vocation la plus éminente dans la faculté de la parole et dans la vie de la polis était destinée à distinguer le Grec du barbare et l'homme libre de l'esclave.* Dans la « *Condition de l'homme moderne* », elle avait soutenu que par cette double définition, Aristote ne voulait ni définir l'homme en général, ni désigner la plus haute faculté humaine, qui pour lui n'était pas le *logos*, c'est-à-dire le langage ou la raison, mais le *noûs*, la faculté de la contemplation, dont le principal caractère est de ne pouvoir s'exprimer par le langage.

Elle précise sa pensée en soutenant que dans ces deux définitions les plus célèbres, Aristote ne faisait que formuler l'opinion courante de la *polis* sur l'homme et la vie politique, et d'après cette opinion, tout ce qui était en dehors de la *polis* – les barbares comme les esclaves – était *aneu logou*, ce qui ne veut évidemment pas dire privé de la parole, mais exclu d'un mode de vivre dans lequel le langage et le langage seul avait réellement un sens, d'une existence dans laquelle les citoyens avaient tous pour premier souci la conversation.

En ce qui me concerne, en abordant cette thématique, et de façon plutôt délibérée, par la question du visage, de la phonation, de la différence entre la voix et le bruit, et par les allusions à la station droite, je voulais montrer la perspective universalisante adoptée par Aristote.

La référence à Platon, qu'Aristote, à un certain niveau ne faisait qu'expliciter, montre également qu'Aristote ne vise pas seulement le citoyen Grec, dans son opposition à l'étranger.

Jusqu'à quel point Arendt avait-elle raison ? La plupart des commentateurs d'Aristote ne vont pas dans le sens adopté par Arendt. Mais le problème n'est pas là. Le problème, c'est la question de la citoyenneté et de la perte de la véritable citoyenneté par l'aliénation du monde commun.

Fethi Meskini

Qui est l'individu en Islam ?
Individualité et transcendance.
Essai sur l'individuation musulmane

« Le soleil de soi n'a pas de coucher »

Ibn 'Arabi

1. Introduction

Il est bien certain que nous avons besoin de lignes de partage pour pouvoir penser *en commun*. Une exigence, qui est tout ensemble une nécessité historique, une attitude délibérée et un souci supérieur. Il ne s'agit nullement d'une greffe morale. Engouffrés dans des sphères de soi bien soudées, les *individus*, que nous sommes par ailleurs sous des vocabulaires largement différents, semblent curieusement appeler à agir contre la définition même de *l'individu moderne*, lui, façonné à l'origine comme *individuum*, « corps indivisible ».

En essayant de me mettre sur le chemin de cette entreprise si risquée, sous le titre heuristique que j'ai proposé, « *qui* est l'individu en Islam ? », je suis conduit à exposer et à éclaircir la thèse suivante : Si l'Islam classique n'a pas connu le concept moderne *d'individu*, il n'en reste pas moins qu'il a développé maintes formes *d'individuation*.

Parce que l'Islam moderne reste encore absolument déchiré entre ses *sources de soi*, constituées en leur fin fond autour de l'idée de « *lieutenance* » (*istikhlaaf*), et la *facticité moderne de l'individu* (*al-fard*) dont l'effet majeur est de menacer l'essence même de la modernité, à savoir l'exigence existentielle et civile d'un *projet de soi* libre et authentique, habituellement désigné par la catégorie de « sujet », force nous est donc d'aller enquêter sur le lieu même de naissance de ce que nous considérions depuis longtemps comme *notre* image de soi, à savoir dans les textes fondateurs de *notre* tradition spirituelle, tels que le *Coran*, la *jurisprudence* et la *mystique*.

Cette enquête est inévitable et d'une acuité intense, d'autant plus que la forme de soi en vigueur en terre d'Islam se profilait, depuis un temps déjà, sous la figure d'un type d'homme que j'ai désigné, faute de mieux, par l'expression non encore établie de « *dernier musulman* », être qui se veut strictement *communautaire*, mais dont la modernité n'a pas cessé, en le poussant de plus en plus dans une sorte de *conflit des individuations*, d'empiéter sur ses espaces identitaires.

Afin d'aider à sentir l'ampleur du champ que commande la reconstitution de *l'individuation musulmane*, j'ai essayé de repérer deux types de soi fondamentaux, à partir desquels les autres seront possibles. Le premier est le « soi » coranique, dégagé comme une forme d'individuation qui se déroule sur un plan de transcendance ; le second, semble se présenter comme une individuation profane, mise à l'épreuve selon deux guises décisives, la « personne » juridique et « l'ipséité » mystique.

La conclusion de cet essai portera nécessairement sur la validité de cette enquête eu égard à la figure du « dernier musulman » que j'ai annoncée.

2. Le « soi » coranique : individuation et transcendance

2.1 Trois modes d'individuation : 'abd, makhlouk, bachar.

Il semble que l'histoire spirituelle de l'humanité actuelle ait été marquée par quatre grandes découvertes catégorielles, à savoir le *transcendant* abrahamique, *l'universel* grec, *l'infini* moderne et finalement, le *virtuel* des postmodernes. L'Islam classique a voulu se situer dans la première catégorie. Il s'est présenté comme la dernière humanité du transcendant. Son régime de soi se situe d'emblée sur un plan de transcendance. Aussi, la première signification que pourrait suggérer la notion d'individu est-elle, en effet, celle d'un personnage de transcendance.

L'intervention de la philosophie semble se ramener en dernière analyse à s'interroger sur la signification éventuelle d'une *individuation* qui se déroulerait sur un plan de *transcendance*. Ce qui nous conduira à s'interroger sur le socle théorique qui assurerait le rapport entre individuation et transcendance.

Le texte du Coran nous offre, en effet, trois *types d'individuation* essentiels que nous pourrions désigner par les vocables suivants :

a) *'Abd*, mot communément traduit par « serviteur », mais dont le sens authentique reste par là en retrait.

b) *Makhlouk*, le *ens creatum* des Latins, être de néant ou créature tirée de l'esprit de Dieu.

c) *Bachar* : le *humus* latin, artifice d'argile ou plante de la terre.

De tous les problèmes fort curieux qui se profilent dans ces trois notions, nous voudrions seulement signaler cet écart léger et presque inaperçu entre *'adb* et *makhlouk*, d'une part, et *bachar*, de l'autre. Les deux premiers vocables sont deux expressions typiques du « soi » coranique ; ils relatent une individuation qui est appelée à se constituer exclusivement par référence à un plan de transcendance. Quant au mot *bachar*, il est un simple emprunt profane du langage ordinaire ; il se limite à rappeler l'origine *terrienne* de l'être « homme » (*humus*), quelque soit son statut, croyant ou incrédule.

Mais, il faudra ajouter aussitôt que, dans le Coran, le personnage typique, auquel Dieu a adressé sa révélation, est ce type d'être appelé à s'identifier uniquement comme un *'abd*. Le mot *'abd* est habituellement traduit par « serviteur ». Cette traduction est encore de mise. Le sens originaire du *'abd* reste, néanmoins, fortement dissimulé. De l'acte *d'adoration*, car *'abada* signifie bien *adorer*, on ne retenait d'habitude que la fonction de *serviteur*, et par suite, la vocation de la servitude. Comment expliquer ce glissement sémantique constant dans le sens du *'abd* coranique ?

Afin de parvenir à resserrer l'écart grandissant entre *serviteur* et *adorateur* dans la notion coranique de *'abd*, il faudrait reprendre les choses par l'autre bout. C'est que cet être n'a été appelé à s'identifier en tant que *'abd* que parce qu'on a établi qu'il est, de par son essence, un *ens creatum*, un *makhlouk*, un être de néant, tiré de l'esprit de Dieu[1]. Cette référence au *néant* est à prendre comme une accusation ontologique *a priori*.

C'est à ce niveau qu'entre en jeu la notion de *bachar*, souvent traduite par « mortel »', mais qui est dérivée à l'origine de mots tels que *bachara*, ce qui apparaît de la *peau* ou des plantes de la *terre*, et par suite *bichaara*, c'est-à-dire la bonne nouvelle. – Dans le Coran, l'homme est dit *bachar*

---

[1]. *Le Coran*, Al Hijr, 28-29.

selon quatre acceptations. Il est *bachar* par son origine *terrienne*, étant créé *d'argile* [2], par sa *mortalité* [3], par sa *ressemblance* au reste des humains. C'est pourquoi l'argument d'autorité qui ne cesse de revenir est de rappeler que l'humain « n'est qu'un *bachar* »[4], y compris le prophète. Cette restriction indique une limite interne de la *bacharya* et non pas un simple jugement de valeur.

Trois notions décrivent, ainsi, le processus *d'individuation* auquel nous appelle le Coran : *'abd, makhlouk, bachar*. Par une sorte de syllogisme triste, le *bachar*, artifice d'argile et plante de la terre, est condamné à devenir un *'abd*, serviteur de son créateur, parce qu'il est, de par son essence ontologique, un *makhlouk*, un être créé de néant.

Cela seul suffirait à expliquer pourquoi le mot arabe pour dire « religion » est *dîn*. Le verbe *daana* signifie, dans le langage ordinaire, *prêter* de l'argent, *endetter*, et à partir de là, se rendre faible et *obéir*, et c'est par la suite seulement que l'on arriverait à parler de *récompenser, juger* et *gouverner*. L'attribut « madîn »[5] ou *être-jugé*, est donc de part en part un *être-en-dette*, qui se traduit en une forme d'obéissance, justifiant par ce fait même un art particulier de gouverner, dont le noyau est l'idée de juger et récompenser. La religion se présenterait pour une grande part comme l'art de gouverner le *madîn*, l'endetté et l'obéissant, le *'abd* assujetti à cause de ses dettes. Mais un être-en-dette peut-il aimer son créancier ?

2.2 Individuation et transcendance : une découverte eschatologique de la singularité

Il importe d'aborder cette question en mettant en exergue l'attitude fortement critique que le Coran n'a cessé de réitérer à l'égard de la notion d'homme, « *insaan* ».

Tout le long du Coran, en effet, la notion de « *insaan* » (homme) désignait sans relâche un personnage *profane*, constamment accusé, tour

---

[2]. Çad, 71.
[3]. Les Prophètes, 34.
[4]. Le Voyage nocturne, 93.
[5]. Ceux qui sont placés en rangs, 53. – Celle qui est inéluctable, 86.

à tour, de faiblesse[6], de misère[7], de désespoir[8], d'ingratitude[9], d'injustice[10], de précipitation[11], d'impatience[12], d'avarice[13], de versatilité[14], de libertinage[15], de désinvolture[16] et de querelle[17].

Et pourtant, celui qu'on appelle « homme », *insaan*, n'est pas en soi redoutable ; son nom même l'indique : *insaan* est un mot qui comprend le sens de la non-étrangeté (*al-anasou*), la sérénité (*al-insou*), le dire des femmes (*al-ounsou*), la bonne compagnie (*al-mouaanasa*). On dit un lieu est *ma'nous*, c'est-à-dire habité et non point désert. – *Insaan* est celui dont on ne saurait avoir peur, en vertu de son intimité et sa bonne compagnie. Il est le contraire même de *l'anthropos* grec décrit par Sophocle, dans le premier chœur de *l'Antigone* (v. 332-3375), comme τό δεινότατον, « ce qu'il y a de plus inquiétant »[18], parce qu'il est le plus « violent ». À la différence de ce *deinon* inquiétant, le *insaan* est un mode d'être foncièrement corrélatif de la sécurité d'autrui. On ne peut jamais être *insaan*, c'est-à-dire non menaçant, tout seul ou pour soi.

Comment expliquer ce contraste flagrant entre le sens originaire et l'usage coranique de la notion de *insaan* ?

Il semble que la notion originaire de *insaan* désigne un type d'individuation qui se situe d'emblée en dehors de l'entreprise de l'être-en-dette, proposée par le monothéisme. En un mot, *insaan* désigne l'homme *païen* anté-islamique, habitant de l'ici-bas, seul lieu de séjour qu'il reconnaît, menant sa vie mortelle d'une façon mortelle. Le païen, loin de s'identifier en tant que *'abd*, ne considère pas son statut de *bachar*, ou de mortel, comme une raison contre ce bas monde, mais bien

---

6. Les Femmes, verset 28.
7. La Cité, 4.
8. Houd, 9.
9. Houd, 9 et Jonas 12.
10. Abraham, 34.
11. Le Voyage nocturne, 11.
12. Les Prophètes, 37.
13. Le Voyage nocturne, 100.
14. Les Degrés 19.
15. La Résurrection, 5.
16. La Résurrection, 36.
17. La Caverne, 54.
18. M. Heidegger, *Introduction à la métaphysique*, Paris, Gallimard, 1967, p. 156.

au contraire comme une justification interne de son existence. Le devenir-*insaan* de l'homme est la seule voie, offerte à lui sur un plan *d'immanence*, pour supporter le fardeau de la finitude de l'être-*bachar*.

Or, c'est bien contre ce type d'individuation païen, qui réduit la raison d'être dans le monde à la bonne compagnie et la non-étrangeté de l'autre, que le Coran nous propose un régime de soi régi particulièrement par l'idée de *transcendance*.

Nous avons vu que le Coran ne s'adressait à ce type d'être appelé « insaan » qu'en termes d'accusation ontologique. Il y a comme un nihilisme méthodique qui sous-tend tous les jugements coraniques portés sur l'homme. Cependant, ce nihilisme ne comporte aucune haine de l'homme, mais s'exprime curieusement comme une sorte d'*amour déçu*, lequel est, peut-être, l'origine de tout sentiment religieux. Selon le dieu coranique, le *insaan* païen ne répond pas à ce qu'on attendait de lui, à savoir de *remercier* son créateur. Son souhait intime est le suivant : appeler le *insaan*, l'être-qui-fait-la-bonne-compagnie, à accéder au stade de se reconnaître en tant que *bachar*, être capable de remerciement. Le mot pour dire tout cela est 'abd, être capable d'adoration, par delà tout sens païen de l'amitié.

C'est pourquoi se reconnaître en tant que 'abd ne résulte en vérité d'aucune forme de servitude, mais bien plutôt d'un acte de *remerciement radical*. La 'ibaada signifie en effet *l'adoration* de son créateur en guise de gratitude totale, laquelle est, tout à la fois, une œuvre de culte, une forme de remerciement, mais aussi un acte éthique constitutif d'un horizon de compréhension de soi. À notre avis, ce sont les *Fukaha* et les *Oulémas* de la communauté qui ont délibérément omis le sens originaire de la *ibaada*, et l'ont remplacé par son résultat extérieur, la servitude volontaire. On a inventé la doctrine du 'abd comme serviteur en estompant son sens originaire d'adorateur.

L'individué coranique se constitue, contrairement à la logique de la jurisprudence de l'Islam officiel, au sein d'une expérience intime de *remerciement*. L'individuation se déploie sous forme d'une transcendance de la *bacharya* profane, non pas vers un au-delà abstrait et étranger, mais en vue d'une forme de soi, supérieure et plus originaire, baptisée 'abd, adorateur et lieutenant de l'auteur de son monde.

Loin de vouloir faire du *insaan* un *'abd*, au sens d'un serviteur ou même celui d'esclave, la pensée qui animait l'Islam des origines, et sous-tendait déjà toute la tradition abrahamique, visait en réalité à transformer l'affect de gratitude envers la source de soi en comportement ontologique total. C'est là précisément que réside le sens caché de la *transcendance*.

Étant un appel à lire les « signes » (*aayaat*) de l'auteur de toutes choses en soi et dans le monde, le Coran organise le régime de transcendance comme une sorte d'exode interne. Le *'abd* est appelé à *se* transcender, et à transcender tout ce qui n'est pas son auteur. Il s'agit en fait d'une sorte *d'esseulement* délibéré, une *Hijra* transcendantale, où l'acte de se transcender est lui-même l'acte de revenir chez soi.

Contrairement à l'apparence communautaire de l'Islam, s'esseuler est, en vérité, le moment essentiel de l'individuation coranique. Personne ne peut être un *'abd* à la place de personne. Adorer son auteur en guise de remerciement est toujours un acte signé et l'œuvre d'un être *singulier*. Naître[19], mourir[20], faillir ou répondre de ses actes[21], sont, dans le Coran, des niveaux d'être signés et personnels.

C'est là justement que le Coran vient enrôler la notion de « *fard* », que nous utilisons aujourd'hui bien loin de sa signification coranique pour rendre le sens *moderne d'individu*. Dans cinq occurrences du mot, le *'abd* n'est appelé à être *fard*, c'est-à-dire *seul* et *singulier*, que le jour de la Résurrection[22].

Qu'on ne se le dissimule point : ce que les Modernes ont inventé par le truchement d'une aventure *historique*, l'Islam classique n'avait pu l'apercevoir que d'une manière *eschatologique*. Est eschatologique, tout projet de soi qui s'oriente sur une culture de l'au-delà.

3. Le « soi » post-coranique ou l'individuation profane : chakhs ou Innya ?

Il est significatif que, dans la période post-coranique, une langue autre vienne reprendre la question de la singularité pour l'entraîner vers un discours qui se tient ailleurs. Avec le *Fikh*, science des actions profanes,

---

[19]. Les Troupeaux, 94.
[20]. Marie, 80.
[21]. Le Créateur, 18.
[22]. Marie, 95.

les *savoirs des Anciens*, notamment la médecine et la philosophie, et finalement les *écrits mystiques*, offrant une reprise radicale de l'expérience singulière du Prophète, l'ordre de discours au sein de l'Islam classique a vu émerger une nouvelle série de types d'individuation, que nous pourrions regrouper autour des deux notions suivantes : le *chakhs*, le pendant de la « personne » des juristes et des moralistes modernes, et la « Innya », *l'ipséité* des mystiques.

3.1 Chakhs / Personne : Le corps visible ou la construction de l'entité juridique du 'abd

Il faudrait, d'abord, signaler l'absence manifeste de la notion de « *chakhs* » dans le lexique du Coran. Les deux seules fois où le verbe « *chakhasa* » a été utilisé, il a été pris au sens ordinaire du « regard qui se fige » ou « des yeux qui se fixent sur quelque chose »[23]. Cette racine *optique* du sens premier du verbe *chakhasa* ne disparaîtra pas pour autant lors de l'élaboration de la notion post-coranique de « *chakhs* ».

En effet, l'on remarque que le *Fikh*, Droit musulman, se réduirait, selon un théologien du rang de Gazzali, à une étude raisonnée des différents modes de socialité profane qu'un *'abd* pourrait rencontrer durant sa vie d'ici-bas en tant que corps propre[24]. À ce titre, un *'abd* n'entrerait dans la sphère juridique du *fakih* qu'à condition qu'il soit doté des caractéristiques d'un *chakhs*. Or, *qui est le chakhs* ?

Chakhs se profilait en arabe classique au sein d'un champ sémantique où il désignait aussi le *voyageur* ou *l'angoissé*. Pour être identifié en tant que *chakhs*, il faut d'abord remplir un nombre de conditions, telles que la *visibilité*, la *mobilité* et la *vulnérabilité*. Ce sont là les trois aspects d'une personne au sens juridique musulman : un corps propre, auquel on peut infliger un châtiment, une capacité de travail et des droits à protéger.

Dans la *Vivification des savoirs religieux*, Gazzali définit l'homme de la manière suivante :

---

[23]. Abraham, 42 ; Les Prophètes.
[24]. Gazzali, *La Vivification des savoirs religieux*, I, 1. (Beirut : Dar Sader, 2004), p. 81.

« L'homme est homme par ce en vue de quoi il est considéré comme honorable, et non pas par la force de son *chakhs* car le chameau est plus fort que lui »[25].

Le mot *chakhs* est utilisé ici au sens *physique*, pour désigner le *corps propre (Jassad)*[26], en le prenant comme un être régi par « l'ordre du monde terrestre » et ayant des « parties » essentielles, comme le cœur ou le cerveau, et servantes, comme l'estomac ou les veines.[27]

Toutefois, le caractère organique d'un corps propre ne suffit pas pour être considéré comme un *chakhs*. Seul « le *'adb* raisonnable et majeur »[28] est en mesure de répondre de ses actes comme un *chakhs*. *Adoration, raisonnabilité et majorité* sont les trois conditions de la personnalité *juridique* en Islam classique.

Par ailleurs, Gazzali distinguait aussi entre « *chakhs mahsous* »[29], personne sensible, imagée et visible, d'une part, c'est la personne *profane*, et d'autre part, le « *chakhs alaa souratihi almaanawya* », la « personne selon sa forme intelligible ou morale »[30], c'est sa modalité d'être soi-même le jour de la résurrection.

Une telle distinction semble, aujourd'hui, d'un intérêt particulier, dans le cadre d'une justification profane de *l'autonomie* absolue de la personne humaine, de *se* choisir comme telle.

3.2 Innya : l'instance de soi ou l'expérience mystique de l'ipséité

Ce sont les mystiques qui ont fait faire un grand pas à la discussion musulmane classique à propos de la nature et du type d'individuation requis pour un *'adb* authentique. Avec eux, on assiste non seulement à une expérience inédite de « l'ipséité » (*Innya*), mais bien encore à une nouvelle manière d'organiser la personnalité humaine.

En prenant Ibn 'Arabi comme exemple, nous pouvons dire, sans conteste, que la mystique est en soi une *théorie radicale de l'individuation*. Et, il n'est pas un hasard si le seul discours où l'on tombe sur un

---

[25]. *Ibid.*, p. 23.
[26]. *Ibid.*
[27]. *Ibid.*, p. 30.
[28]. *Ibid.* 31.
[29]. *Ibid.*, p. 60.
[30]. *Ibid.*, p. 75.

usage fréquent et complexe de la famille des mots tournant autour de la notion de « *fard* » (individu), est bien le discours mystique.

Selon un épître d'Ibn 'Arabi, intitulé le *Livre de l'Unicité*, le fin fond du problème mystique porte sur le Soi divin déployé comme « l'impair dans son caractère d'impair » (*al-fardou fy fardyatihi*)[31], ce qui donne dans l'idiome qui nous donne à penser aujourd'hui, « l'individu dans son individualité ». Mais si c'est du Soi divin qu'il s'agit et non point du soi humain, l'organisation du problème de l'individuation est le même. Ibn 'Arabi ne cherchait, en fait, à dégager la nature du Soi divin que pour pouvoir fixer les conditions d'une expérience radicale de l'ipséité humaine.

Le caractère fondamental du *soi* mystique est qu'il soit « *fard* », c'est-à-dire *impair*, indivisible, sans égal ni pareil. Les mortels, il est vrai, ne sont pas fait pour accéder au stade de *l'unicité* du Soi divin. Si l'homme est, dans les termes d'Ibn 'Arabi, « la copie la plus achevée et la créature la plus parfaite »[32] de l'être, il ne pourrait dépasser le stade du « monisme » (*wihdaanya*) [33]. Le sens de cette distinction entre l'unicité du Soi divin et le monisme du soi humain est d'une importance capitale, car c'est à partir d'elle qu'Ibn 'Arabi a pu développer une sorte de *différence d'individuation*, séparant par un espace infini, le Soi divin du soi humain. Le mortel ne devrait pas revendiquer l'unicité cachée du Soi divin, mais seulement le monisme des choses, lequel est partagé par tous les étants.

Ce faisant, le mystique fait bouger une ligne de démarcation très chère aux *Fukaha* de la *Chariia* : celle qui sépare les croyants des incrédules. Selon Ibn 'Arabi, ce qui manque à l'incrédule n'est pas la reconnaissance de Dieu, mais l'épreuve de la *proximité*[34] de l'absent. Son malheur vient de ce qu'il ne peut croire qu'en un « monothéisme sensible »[35] (*wihdaanya hissya*). Dieu est, pour lui, « une personne là-devant »[36] (*shakhs mansoub*), ou il n'est pas. Comment vaincre le voile du sensible et accéder au stade du monisme authentique ?

---

31. Ibn 'Arabi, *Les Épîtres*, Beirut, Dar Al-Kotob Al-ilmiyah, 2004, p. 37.
32. *Ibid.*
33. *Ibid., p.* 38.
34. *Ibid.*
35. *Ibid.*
36. *Ibid.*

Qui est l'individu en Islam ?

Ibn 'Arabi propose ici une distinction subtile : il y a une différence entre l'un *(waahid)* et l'impair *(al-fard)*. On n'est pas soi-même parce qu'on est un, mais parce qu'on est impair. Adam est impair, Ève est une[37]. Au niveau de la production de l'être, seul l'impair est actif[38] ; c'est lui qui donne à l'un un sens. Selon Ibn 'Arabi, « l'égoïté », le fait de dire *moi* (*anaanya*) ne couvre pas le sens de « l'ipséité » (*Innya*)[39]. Dieu a créé le monde non pas parce qu'il est « un », mais parce qu'il est un « Soi puissant » *(thaat kaadira)*[40].

À la question « qui suis-je »[41] *(man ana ?)*, qu'Ibn 'Arabi pose et traite explicitement, le mystique nous livre une réponse extrême : « je suis le livre... Tout est en moi »[42]. Or, ce genre de réponse devrait se situer selon Ibn 'Arabi « au-delà des cultes d'adoration » *(ma wara'a al-ibaadaat)*[43], au sein d'un niveau d'existence qu'il appelle « monde imaginal' *(aalamou al-khayaal)*[44]. À ce niveau, le soi mystique pouvait affirmer qu'il est « l'esprit du monde » *(rouhou al-aalam)* et que nous autres, « les gens de l'être »[45] *(ahlou al-woujoud)*, « les amis du dévoilement et de l'être »[46] *(ashaabou al-kachfi wal woujoud)*, sommes les « lieutenants » *(koulaafaou)* [47] de l'Absent sur terre.

La lieutenance mystique n'est pas un despotisme des âmes, mais une forme supérieure de l'amour. *Aimer quelqu'un, c'est l'être*, et selon les mots d'Ibn 'Arabi, « qui tu l'as été, il te sera » *(man kountahou fa innahou yakounouka)* [48]. Aimer Dieu, c'est faire de son « corps » *(jism)* une « chair » *(jassad)* [49], c'est-à-dire un corps capable de recevoir l'incarnation de ce qui est divin. Pour cette raison, se *sentir* individu fait accéder

---

37. *Ibid.*, p. 42.
38. *Ibid.*, p. 44.
39. *Ibid.*, p. 109.
40. *Ibid.*, p. 44.
41. *Ibid.*, p. 136.
42. *Ibid.*
43. *Ibid.* P ; 131.
44. *Ibid.*, p. 126.
45. *Ibid.*, p. 22.
46. *Ibid.*, p. 73.
47. *Ibid.*, p. 55.
48. *Ibid.*, p. 78.
49. *Ibid.*, p. 41.

selon le mystique à un rang plus noble que celui de la *raison*[50]. Se sentir une chair est un acte de remémoration fondamental : se souvenir du stade où l'homme était déjà là, avant de devenir « homme », éparpillé dans les éléments de l'univers[51]. Il est seul digne de la lieutenance, car il était déjà là *individué* en toutes choses. Son *individualité* n'est donc qu'une façon particulière de ramasser le chaos de l'univers dans un Tout sensé : « cet être homme est le rassemblant de toutes ces notions »[52].

Ainsi le soi humain ne gagne en *ipséité* qu'en autant qu'il s'engage à perdre en *individualité*. Il ne peut dire « moi » qu'autant qu'il était « lui ».[53] Aucune « extension » (*imtitaad*) ne sépare le soi mortel du Soi immortel ; car « entre Dieu et ses adorateurs, il n'y a de parenté que le souci (*inaaya*) »[54]. Le souci est une perte de soi organisée autour d'un sens supérieur de la parenté. Or, on ne saurait s'apparenter à l'Absent sans pouvoir, au préalable, se séparer de lui. Être *individué* n'est rien d'autre qu'une façon d'être séparé d'une tonalité de soi perdue depuis toujours. L'ipséité joue le rôle d'une reconquête de cette partie de nous-mêmes que nous avions perdue, mais qui n'a jamais cessé de planer sur nous. C'est que « le soleil de soi n'a pas de coucher » (*shamsou al-thaati laysa laha ghouroubou*)[55].

4. Conclusion : Peut-on déplacer une source de soi ?

Durant un cours sur le problème de l'identité traité par Charles Taylor, un étudiant, ayant une attitude visiblement communautaire, m'a posé cette question-limite : « Qu'est-ce qui est finalement, *aujourd'hui*, notre *source de soi* : l'Islam ou la modernité !? »

Par une telle interrogation/exclamation désorientée, et d'un geste embarrassant, il m'a aidé à voir dans la notion de « source de soi » une matrice interne de la rencontre insolite, et pourtant irréversible, entre *Islam et modernité*. Loin d'être une tournure parmi d'autres, la notion de

---

[50]. *Ibid., p.* 47.
[51]. *Ibid., p.* 102.
[52]. *Ibid., p.* 103.
[53]. *Ibid.,* pp. 112-113.
[54]. *Ibid., p.* 118.
[55]. *Ibid., p.* 150.

source de soi pourrait nous guérir des maladies infantiles du *fondement*, dont a longuement souffert l'intellectuel musulman moderne, et dont le *fondamentalisme* n'est qu'un fossile égaré. Penser en termes de sources de soi émane, donc, d'un souci *anti-fondationnel* typique. Mais qu'est-ce qu'*être à la source* ?

Il faudrait rappeler que *l'appel à la source de soi* ne recouvre point le jargon des *origines*. « Le chemin qui remonte aux origines mène partout à la barbarie », disait le jeune Nietzsche[56]. Contre la barbarie des origines, il faudrait cultiver la *civilité* des sources de soi. C'est pourquoi toutes les ambitions de fondation expriment, en fait, des attitudes mélancoliques, provenant d'un goût tardif pour l'édification des fidèles. Tout besoin de fondation est un geste de rareté qui n'est plus de saison.

À la lumière de cette puissance révélatrice de la source de soi, notre forme *actuelle / factuelle* de soi, baptisée par l'arabe contemporain *fard*, « individu », ne saurait se montrer que sous le jour d'un procédé sans-gêne qui attendait encore d'être justifié.

Qui est, donc aujourd'hui, l'individu musulman ? Un *'abd, serviteur / adorateur* religieux, ou *Šakhs*, personne juridique et morale ? Une *ra'iya, sujet assujetti* du despotisme oriental ? un *mouaatin*, citoyen / co-patriote des États-nations, ou simplement un *foulaan*, le *quiconque* des sociétés dites mal organisées ?

L'Islam semble bien détenir la baguette du sourcier. Pour la modernité, il ne cessait de faire figure d'interlocuteur intéressant : son lieu est souterrain, sa langue est à traduire, son œuvre est originale, et, finalement, le dialogue avec lui est fortement éclairant quant à la carte interne d'un *type d'homme* de plus en plus percutant.

Mais la décision d'une génération, dépaysée et désorientée, de placer *l'Islam aux sources de soi à ce stade actuel de la modernité*, il est vrai, n'est aucunement aisée à comprendre. Le difficile dans cette formule, c'est de pouvoir assurer la fonction anticipative de la *source* sans tomber dans la rhétorique de la *dette*.

Jusqu'ici, l'intellectuel musulman n'a pas cessé de juger la valeur de la modernité en se basant essentiellement sur une affaire de *reconnaissance de dette*. Passer de *l'être en dette* à *l'être à la source*, loin d'être une affaire de reconnaissance, est, de plus en plus, une affaire de *deuil*. Le

---

[56]. F. Nietzsche, *La philosophie à l'époque tragique des Grecs*, Paris, Gallimard, Coll. Folio/Essais, 1990, p. 14.

dernier musulman n'accèderait jamais à son être moderne sans pouvoir, au préalable, faire son deuil de ses anciennes sources de soi. Or, faire le deuil nécessite, paradoxalement, une certaine générosité fondamentale. *Le dernier musulman* est ce type d'être dont le projet est de pouvoir passer de l'être en dette, représenté par nos anciennes sources de soi, à l'être à la source, qui ne saurait signifier rien d'autre que le retour généreux et hospitalier à *l'humanité en sa personne*. Seule l'espèce humaine en notre personne peut figurer, au sein de toute culture, comme étant *l'être à la source*. Mais on n'appartient à l'espèce, c'est-à-dire on ne peut être hospitalier à l'humanité en sa personne, que si l'on arrive à faire de cette espèce elle-même une *source de soi*.

L'Islam ne saurait être moderne que si et seulement si cette modernité deviendrait elle-même pour lui une source de soi. La modernité est aux sources de soi ou elle n'est pas.

Loin des discours d'édification, des rhétoriques de la mort, de toutes les formes de *fondationnisme*, dont le fondamentalisme militant n'est que sa couleur religieuse, il faudrait *repenser la modernité en termes de sources de soi*.

Mais, « peut-on déplacer une source de soi ? »

Ce qui est à retenir est que *notre* passé ne nous vient plus du *passé*, mais de *l'avenir. La source de notre passé est l'avenir*. C'est pourquoi ce qui pousse le dernier musulman à poser un regard noir sur la modernité est qu'il se ressource dans un horizon d'attente désormais déchu. Il s'attendait à trouver son passé tel qu'il était à l'origine, et il ne voit venir que le passé de l'avenir, c'est-à-dire le présent des autres. Toutefois, cette situation est saine et constructive. Nous ne rencontrerons plus jamais nos ancêtres par le biais d'actes de mémoires paresseux et figés, car ils ne pourront plus susciter un écho que pour sautant qu'ils répondront aux questions d'une autre humanité, à laquelle ils ne s'adressaient pas. Cette autre humanité est celle des Modernes.

La modernité signifie pour nous ce mode de *déplacement d'horizon* dont l'effet majeur est de faire venir notre passé du côté de l'avenir d'une autre humanité. L'Islam ne pourrait être *aux sources de soi* qu'autant qu'il puisse venir, encore une fois, de *l'avenir de l'humanité actuelle*, c'est-à-dire qu'autant qu'il puisse être aux sources de cette modernité elle-même. Nos ancêtres sont invités à fonctionner comme des fossiles vivants. Le dernier musulman en est un.

Loin d'être un objet de *représentation*, la modernité s'exprime donc, en réalité, comme une expérience de *déplacement*. Ignorants qu'ils étaient prisonniers des schèmes représentatifs de la philosophie moderne du sujet, nos intellectuels musulmans ont toujours interprété la modernité en termes *d'altérité*. Or, les discours d'altérité finissent toujours par dégringoler dans les luttes de reconnaissance, dernier refuge des identités fatiguées et mal organisées. Mais, loin de nourrir un discours d'altérité ou une lutte de reconnaissance, la tournure de la source de soi cultive en nous un sens radical du *commun*.

Abdelaziz Ayadi

Individuation et individu

L'objet de notre étude est de chercher en quoi la réflexion sur l'individuation et l'individu (cette notion-protée et à chaque fois confondue avec le je, le moi, le soi, le sujet, la personne) peut nous aider à penser l'éthicité d'un triple nouage entre le préindividuel, l'individuel et le commun. En d'autres termes, nous cherchons à exprimer ce que peut être une individuation perpétuée, une individuation de passage ou une ontologie du devenir qui se déprend de la fixité de l'être, qui récuse à la fois le monisme substantialiste, le dualisme hylémorphique et les principes symboliques à caractère culturel et religieux. Cette récusation n'a de but que de montrer l'occultation du processus d'individuation, occultation qui nous livre l'individu déjà constitué et expliqué par un principe lui-même déjà individualisé. Suite à quoi nous essayerons de montrer les implications éthico-politiques de la vision substantialiste comme celles de l'individuation perpétuée. Cette « individuation est humaine bien sûr, mais aussi, et de plein droit, technique et naturelle »[1].

1. L'individuation

Si la pensée a à se déprendre du principe d'individuation pour renaître au mouvement effectif de l'individuation, c'est parce que le principe est postulé comme un terme ou comme condition première de la formation de l'étant singulier. « Le principe d'individuation n'est donc pas saisi dans l'individuation même comme opération, mais dans ce dont cette opération a besoin pour exister, à savoir, une matière et une forme. »[2] Or, un terme, quel qu'il soit : matière, forme, corps, âme, conscience, symboles culturels, est déjà un individu formé. Si le principe d'individuation

---

[1]. Gilbert Hottois, « L'éthique chez Simondon » in *Gilbert Simondon. Une pensée de l'individuation et de la technique*, (Travaux du colloque organisé par le Collège International de Philosophie dans la 1re semaine d'avril 1992), éd. Albin Michel, Paris 1994, p. 55.
[2]. Gilbert Simondon, *L'individu et sa genèse physico-biologique*, PUF, Paris, 1964, p. 3.

situe la source des eccéités dans ces individualités ou régions, et si ces eccéités puisent le principe de leur apparition dans une individualité initiale, dès lors, tout ce qui revient à l'individu et tout ce qui se trame entre individus ne peut être conçu que sur le mode d'être de l'individualité érigée en principe. Il ne s'agit donc pas – dans cette conception – d'une activité individualisante, mais d'une présupposition de « l'existence d'une sorte de substrat fixe, susceptible de revêtir des déterminations variées, substrat présumé essentiel, mis à l'abri du mouvement et qui ne serait soumis aux variations du temps que de façon indirecte et contingente »[3]. Il est nécessaire donc de remonter à une région de l'être qui est préindividuelle et pré-reflexive. « Sans ce recours à cette région où pullulent les « rythmes temporalisateurs et « mondificateurs » et à ce que l'individu n'est pas encore, l'idée d'individuation et d'individu n'a pas de sens. »[4]

Par individuation il faut entendre le processus d'invagination et de déflagration de ce qui est plus grand et de ce qui est plus petit que l'individu afin que surgisse une unité singulière par communication interactive. « Toute opération, et toute relation à l'intérieur d'une opération, est [donc] une individuation qui dédouble, déphase l'être préindividuel, tout en corrélant des valeurs extrêmes, des ordres de grandeur primitivement sans médiation. »[5] Le processus d'individuation est en même temps surgissement d'individus du préindividuel et déploiement du préindividuel dans l'acte d'émergence des individus. Or, même dans ce chiasme, il n'en reste pas moins que c'est l'individu qui est à considérer à travers l'individuation, plutôt que l'individuation à partir de l'individu.

L'individuation est le mode de constitution et non pas l'unité constituée, elle est la merveille du nœud gordien que l'ipséité ne peut vaincre, elle est, peut-on dire, tremblement du visible à l'état naissant. Que ce visible soit ségrégation d'unités perceptives, mûrissement de l'imaginaire, genèse de concepts, libération des forces, formation de la personnalité de groupe, vectorisation des désirs, organisation des luttes ou concrétisation d'une invention, l'individuation y est toujours opérante comme ce qui surprend ironiquement tout ce qui se croit définitivement

---

[3]. Pierre-Jean Labarrière, *Le discours de l'altérité*, PUF, Paris 1983, p. 129.
[4]. Jacques Garelli, « Transduction et information » in *Gilbert Simondon. Une pensée de l'individuation et de la technique*, op. cit., p. 58.
[5]. Gilbert Simondon, *L'individu et sa genèse physico-biologique*, op. cit., p. 7.

constitué. C'est pourquoi l'individu qui est plus et moins qu'une unité, est toujours pris dans une dimension qui dépasse son propre être. « La participation, pour l'individu, est le fait d'être élément dans une individuation plus vaste par l'intermédiaire de la charge de réalité préindividuelle que l'individu contient, c'est-à-dire grâce aux potentiels qu'il recèle »[6].

Le préindividuel pour l'individu humain se conçoit comme ensemble de technicités et de potentialités. L'humain lui-même a une dimension non humaine, une dimension qui relève du pré-individuel qui se dissémine à travers d'innombrables individus au lieu d'être emmagasiné dans une unité originaire. Ce préindividuel peut être aussi synonyme du *préréflexif* et de *l'antéprédicatif* qui sont activité commune entre le percevant et le perçu, ou de la *chair* qui est pli, différenciation ou « tissu conjonctif »[7]. La différenciation opère par phase, et la « phase est toujours un moment d'un devenir, mais elle n'existe comme telle que dans son rapport différentiel à une autre phase dont elle se distingue et avec laquelle elle fait système. Il y a déphasage lorsque le point d'équilibre autour duquel le système s'organisait, se rompt, libérant ainsi le devenir à travers un jeu de phases, autre. »[8] Cette conception nous permet d'éviter deux écueils symétriques : substantialiser l'individu ou le dissoudre dans l'espèce ou même dans la société. Et puisque la phase est événement, monade fluide, rencontre, passage ou repos explosif, l'être individuel ne peut être substantiel, il est plutôt transductif.

---

[6]. Ibid, p. 11.
[7]. Maurice Merleau-Ponty, *Le visible et l'invisible*, Gallimard, Paris 1964, p. 228.
[8]. Bruno Paradis, « Technique et temporalité » in *Gilbert Simondon. Une pensée de l'individuation et de la technique*, *op. cit.*, p. 227. Cette définition de la *phase* trouve son origine chez Simondon qui note que « par phase, nous entendons non pas un moment temporel remplacé par un autre, mais un aspect résultant d'un dédoublement d'être et s'opposant à un autre aspect… Une phase n'est phase que par rapport aux autres, dont elle se distingue de manière totalement indépendante des notions de genre et d'espèce. » (G.Simondon, *Du mode d'existence des objets techniques*, Aubier Montaigne, Paris 1958, p. 159.)

2. La Transduction

La transduction n'est pas un simple procédé logique à côté d'autres figures logiques à fonction cognitive comme la déduction et l'induction. « Contrairement à l'induction et à la déduction qui ont rang strict de relation de connaissance et qui n'ont aucune dimension ontologique, la transduction est une opération d'être, qui comprend dans son processus de déploiement celui du structurel et conjointement, le signifiant d'information. »[9] L'information n'est pas la forme stable, comme le pensait la *Gestalttheorie* ; elle est plutôt forme enlisée dans le contenu. S'agissant de l'âme et du corps, par exemple, « l'âme est le creux du corps, le corps est le gonflement de l'âme »[10].

Ce chiasme, cet emboîtement et cette réversibilité n'annulent pas les tensions, ils les conservent dans le rythme de l'amplitude au lieu de les anéantir dans l'équilibre de stabilité. L'état de tensions est l'état des entrées multiples de l'être individuel, c'est-à-dire de cet être qui est plus qu'unité et plus qu'identité. La transduction est « une opération physique, biologique, mentale, sociale, par laquelle une activité se propage de proche en proche à l'intérieur d'un domaine, en fondant cette propagation sur une structuration du domaine opérée de place en place »[11]. Cette propagation n'est pas dialectique, elle n'implique pas succession ou intervention de la négativité. Elle opère par phase, et chaque phase trouve un remaniement dans la suivante au lieu d'une origine dans la précédente. Ainsi donc, « la transduction, loin d'établir des rapports entre des termes déjà individués, doit être comprise comme un jeu de tensions s'exerçant dans un champ énergétique hétérogène, préindividuel, qui suscite ses individuations par suite de la trop forte charge de ses tensions nouées à un niveau préindividuel. »[12]

Pour être bref, nous pouvons dire avec Bruno Paradis que « la transduction se caractérise de la manière suivante : 1. elle assure la transmission d'une certaine dimension d'être ; 2. elle est une opération qui se définit comme processus d'individuation ; 3. elle réalise

---

[9]. Jacques Garelli, « Transduction et information », *art. cit.*, p. 61.
[10]. M.Merleau-Ponty, *Le visible et l'invisible*, *op. cit.*, p. 286.
[11]. G.Simondon, *L'individu et sa genèse physico-biologique*, *op. cit.*, p. 18.
[12]. Jacques Garelli, « Transduction et information », *art. cit.*, p. 62.

l'accroissement et l'extension du domaine au sein duquel elle joue ; 4. elle couvre des domaines d'application multiples »[13].

4. Individu

Les caractéristiques de la transduction font que les individus ne peuvent émerger qu'à partir d'un processus d'individuation et d'une genèse dont ils ne peuvent être antérieurs. Ontologiquement, l'individu n'est pas le donné ultime, il est plutôt l'actualisation toujours inachevée des potentialités du préindividuel. Pris sur l'être, l'individu est un moment d'être et une manière d'être. Autrement dit, « l'individu n'est pas une permanence substratique sous les flux de la contingence »[14]. Dans la nécessité d'avoir un corps-fleuve[15], le devenir de l'individu n'est pas le devenir de son être constitué, mais le devenir de l'individuation de l'être se constituant. L'individu est *concrescence*, *préhension* et *appétition*[16]. En d'autres termes, l'individu est un acte plutôt qu'un sac de gènes, une résultante du milieu, le produit achevé d'une activité individualisante antérieure ou le terme d'une individuation accomplie.

L'individu n'est à séparer ni de l'opération d'individuation, ni de l'horizon préindividuel chargé de potentialités, ni de l'acte de naissance dans lequel culmine la singularité à développer. Or, cette singularité ne sera réellement individuante que si elle est vécue *transindividuellement*. Le transindividuel est le collectif, c'est-à-dire ce par quoi l'individu humain peut et doit continuer son individuation. Par ce biais, l'individu est toujours au-delà et en deçà de ce qui fixe et stabilise. M. Merleau-Ponty n'a-t-il pas dit que « pour être tout à fait homme, il faut être un peu plus et un peu moins qu'homme »[17] ? Il n'y a donc pas une essence permettant de fonder une anthropologie. Présupposer cette essence, c'est

---

[13]. Bruno Paradis, « Technique et temporalité », *art. cit.*, p. 232.

[14]. Pierre-Jean Labarrière, *Le discours de l'altérité*, *op. cit.*, p. 131.

[15]. Leibniz disait que « tous les corps sont dans un flux perpétuel comme des rivières, et des parties y entrent et en sortent continuellement. » (*La monadologie*, Librairie Générale française, Paris 1991, § 71, p. 164.)

[16]. Pour ces trois caractéristiques et leur développement, voir G. Deleuze, *Le pli*, Minuit, Paris 1988, chVI : « Qu'est-ce qu'un événement? »

[17]. M. Merleau-Ponty, *Éloge de la philosophie*, Gallimard, coll. Folio/Essais, Paris 1989 (1re éd.1953), p. 63.

« faire de l'analyse historique, le discours du continu et faire de la conscience humaine, le sujet ordinaire de tout devenir et de toute pratique, ce sont les deux faces d'un même système de pensée : sauver contre tous les décentrements, la souveraineté du sujet, et les figures jumelles de l'anthropologie et de l'humanisme. »[18] Or, si la notion d'individu perd son statut épistémologique privilégié et si les identités individuelles ne sont qu'une série parmi d'autres, alors, le lieu d'émergence des individualités est le champ de bataille, « ce qui signifie que la différenciation et l'opposition sont les aspects les plus importants d'un processus au cours duquel elles recevront une forme reconnaissable. Sans quelque chose ou quelqu'un à quoi ou à qui nous opposer, nous ne serions pas capables de tracer les frontières de nous-mêmes. »[19]

L'individu possède la faculté de se modifier en fonction du virtuel, cette faculté est le sens du temps, elle est la prise en charge de la puissance du virtuel. « La faculté que possède le vivant de se modifier en fonction du virtuel est le sens du temps, que la machine n'a pas parce qu'elle ne vit pas. »[20] L'entrelacement de l'actuel et du virtuel, c'est l'individuation. C'est pourquoi Deleuze disait : « Nous appelons facteurs individuants l'ensemble de ces intensités enveloppantes et enveloppées, de ces différences individuantes et individuelles, qui ne cessent de pénétrer les unes dans les autres à travers les champs d'individuation. »[21] Cet enveloppement fait que dans l'homme, l'individuation ne relève ni du *Je* comme *forme,* ni du *Moi* Comme *matière.* Car « au-delà du moi et du je, il y a non pas l'impersonnel, mais l'individu et ses facteurs, l'individuation et ses champs, l'individualité et ses singularités pré-individuelles. »[22].

L'individuation n'est donc plus la combinaison hiérarchique d'une forme et d'une matière, elle est plutôt rythme, dédoublement et couplage. Ainsi, « au couple *matière-forme,* se substitue *matériau-forces.* »[23] Il est

---

[18]. Michel Foucault, *L'archéologie du savoir*, Gallimard, Paris 1969, p. 22.
[19]. Alessandro Pizzorno, « Foucault et la conception libérale de l'individu » in *Michel Foucault philosophe* (Rencontre internationale, Paris 9, 10, 11 janvier 1988), Seuil, Paris 1989, p. 240.
[20]. G.Simondon, *Du mode d'existence des objets techniques*, op. cit., p. 145.
[21]. Gilles Deleuze, *Différence et répétition*, PUF, Paris, 1968, p. 327.
[22]. Ibid, p. 332.
[23]. Gilles Deleuze, *Deux régimes de fous. Textes et entretiens 1975-1995*, Minuit, Paris,

donc question de diplopie, de disparation, de couplage, d'insistance dans l'existence et de persistance dans la stabilité de l'équilibre de mort. Mais, l'existence comme la mort ne veulent jamais dire que l'individu est un être futile ou un simple accident dénué de sens et d'importance. Car, et même, – dans l'heureuse expression de Deleuze – si « elle est voulue du dedans, la mort arrive toujours du dehors »[24]. S'il est mortel, l'individu est en même temps vecteur de vie dans les deux sens, biologique et social. L'individu est un exemple et non pas un exemplaire. Il n'est pas un original à calquer, il est un singulier individué.

4. Implications éthico-politiques

Considérer l'individu comme prémisse, identité continue dans le temps, immobilisme et constance dans le décisoire et le définitif, unité durable d'action, conservant en permanence les mêmes critères de jugement et les mêmes préférences, c'est « concevoir la société comme une population d'individus préconstruits et préétiquetés dont chacun est porteur d'intérêts qu'il cherchera à faire valoir. C'est à une telle « volonté de faire valoir ses intérêts que peuvent s'appliquer liberté et contrainte. »[25] C'est là une conception de l'individu et de la société, qui n'a pu s'acquitter d'un « rationalisme décadent » et d'un « rêve juridique du libéralisme »[26] ou d'une conception « juridico-discursive » du pouvoir.

Considérer l'individu comme une construction qui se fait à coups d'actes et d'événements multiples – y compris les actes du pouvoir – dont l'unité de sens ne serait guère évidente, c'est le concevoir comme liberté[27]. « Ce qui s'oppose au pouvoir et sort de l'épreuve libre ou as-

---

2003, p. 145.
[24]. Gilles Deleuze, *Différence et répétition*, op. cit., p. 333.
[25]. Alessandro Pizzorno, « Foucault et la conception libérale de l'individu », op. cit., p. 237.
[26]. M. Merleau-Ponty, *Humanisme et terreur*, Gallimard, Paris 1947, p. 37.
[27]. Pour ce qui est du rapport entre pouvoir et individu M. Foucault a déjà montré qu'il ne faut pas « concevoir l'individu comme une sorte de noyau élémentaire, atome primitif, matière multiple et muette sur laquelle viendrait s'appliquer, contre laquelle viendrait frapper le pouvoir, qui soumettrait les individus ou les briserait. En fait ce qui fait qu'un corps, des gestes, des discours, des désirs sont identifiés et constitués comme individus, c'est précisément, cela, l'un des effets premiers du pouvoir » (Cours du 14 janvier 1976 au Collège de France, in M. Foucault, *Dits et Ecrits*, Gallimard, Paris 1994, tome 3, p. 180.)

sujetti (normalisé), ce sont des actes, des gestes, des états de l'esprit ou du corps. C'est parmi eux qu'on trouve le matériau réfractaire, résistant, insoumis, que le pouvoir normalisateur ne parviendra peut-être pas à discipliner. »[28] Dans ce sens, la résistance est l'éthique de l'individuation perpétuée, des synergies et de la transductivité du devenir. Le devenir n'est pas mouvance indifférente, il a le sens de l'innovation puisqu'il n'est pas un néant d'être, mais, dans l'innovation, rien n'est gagné d'avance étant donné que le devenir n'est pas l'avenir.

L'éthique est le sens de l'individuation, le sens de la synergie des individuations successives et concomitantes. C'est le sens de la transductivité du devenir. Non éthique est donc tout acte « sans devenir, monadique et identitaire, dépourvu de toute force transductive, c'est-à-dire de capacité de poursuivre par élargissement et refonte l'individuation psychique et collective de son auteur et du collectif où il agit. »[29] Dans ce cas, l'acte qui s'ensevelit et ensevelit le devenir, c'est le même acte qui fait de l'autre, un être en soi que pourchasse un être pour soi, qui fait d'autrui un égoïsme redoublé ou encore du moi un noumène acquitté et de l'autre un phénomène accusé.

Alors que les individus dans leur individuation sont faits de la même chair, ils existent dans le même champ d'intersubjectivité qui n'exclut ni la singularité de l'individuel, ni la primauté de la coexistence. Entre soi-même et l'autre, il y a sûrement une différence « selon des dimensions qui nous sont d'emblée communes, qui prédestinent l'autre à être miroir de moi comme je le suis de lui »[30]. Si la philosophie de l'individuation est animée par un souci éthique, c'est qu'elle est confrontée au problème du primat que se disputent l'individuel et le collectif. Si elle est attentive aux blocages et aux fourvoiements, à la sclérose et à la désagrégation de l'individuel et du collectif, c'est qu'elle récuse tout primat absolu des deux pôles qui se considèrent comme termes définitivement constitués, et par suite fermés sur eux-mêmes dans leur incapacité de poursuivre leur individuation respective.

Sûrement, il y a une mort passive qui est l'encombrement de l'individu comme de la société par leurs scories, alourdis qu'ils sont par « des

---

[28]. Alessandro Pizzorno, « Foucault et la conception libérale de l'individu », *art. cit.*, p. 240.
[29]. Gilbert Hottois, « L'éthique chez Simondon », *art. cit.*, p. 81.
[30]. M. Merleau-Ponty, *Le visible et l'invisible*, *op. cit.*, pp. 114-115.

éléments d'équilibre stable qui ne peuvent plus être déstabilisés en vue de remaniements ultérieurs. »[31] Mais il y a aussi un parasitisme symbiotique où joue un entrelacement qui conduit à une métastabilité et à un rythme du devenir et du revenir qui ne font qu'augmenter les capacités de l'ensemble et la cohésion de la société par le biais d'une participation active et dynamique des individuations transindividuelles où l'individu n'est plus chose, mais agent.

Qu'il nous soit permis de citer ici un poète pour dire comment le plus singulier est en même temps le plus commun. « Savoir quand tu dois intervenir dans le chœur, c'est le secret de ta solitude : de même que c'est l'art de la relation véritable : se laisser tomber de la hauteur des mots dans l'unique et commune mélodie... Et ce sont justement les plus solitaires qui ont la plus grande part à la communauté... Celui qui percevrait la totalité de la mélodie serait à la fois le plus solitaire et le plus communautaire. »[32]

Libérer le solitaire, renforcer sa puissance, élargir le champ de sa décision, appuyer sa participation active et toujours inachevée ne peut guère menacer que les forces castratrices qui ne peuvent se rendre à l'évidence que dans l'invention : il y a « quelque chose qui est au-delà de la communauté et institue une relation transindividuelle, allant de l'individu à l'individu sans passer par l'intégration communautaire garantie par une mythologie collective »[33]. Cette mythologie de l'homéostase communautaire ne fait que désindividuer les individus au nom de leur survie tout d'abord, puis au nom de la patrie, de l'intérêt général, du bien commun et de l'utile propre de l'humanité. N'avons-nous pas raison de nous demander alors : d'où naissent tous les « ismes » du nationalisme, exclusivisme, racisme, fascisme, fanatisme, intégrisme... ? Désindividuer l'individu, c'est en même temps bloquer l'acte de génération et mutiler l'individuation du commun.

---

[31]. Anne Fagot-Largeault, « L'individuation en biologie » in *Gilbert Simondon. Une pensée de l'individuation et de la technique*, op. cit., p. 35.
[32]. Rilke, *Notes sur la mélodie des choses*, trad.Claude David, Gallimard, Paris1993, pp. 669-676., cité par Jean-Luc Nancy, *Le sens du monde,* Galilée, Paris 1993, pp. 186-187.
[33]. Gilbert Simondon, *L'individuation psychique et collective*, Aubier, Paris 1989, p. 266.

5. Conclusion

La philosophie de l'individuation n'est pas à confondre avec une philosophie de l'individualisme. Ses tensions, ses devenirs, son dynamisme récusent à la fois l'individualisme et le holisme omnivore. Ni trou noir, ni mur blanc, pour parler comme Deleuze. L'individuation est à l'image du cycéon d'Héraclite où le tout tient ensemble sans être figé. Si l'individuation se noue dans la dimension du préindividuel, elle ne peut s'énoncer que dans l'après-coup, dans la liberté qui « leste alors l'individu, non plus dans sa différence première, mais dans son altérité, de relation, de tout le poids de l'expérience »[34], expérience sans laquelle « l'essence est folie subjective et arrogance. »[35]

S'il nous reste à donner à l'autonomie son vrai sens qui est régulation de soi-même par soi-même. Cette régulation ne débouche nullement sur un individualisme ou sur un étatisme érigé en cause finale téléologique et eschatologique. Elle est plutôt affirmation du complexe et du multiple, laquelle affirmation aide à éliminer trop de souffrances non nécessaires si c'est « cette présence à autrui et à notre temps qui nous fait trouver autrui au moment où nous renonçons à l'opprimer. »[36] Est-ce à dire que le dernier mot revient ici à l'anthropologie ou à la philosophie politique? Nullement, puisque la philosophie de l'individuation est une philosophie générale. Il revient à cette philosophie générale de penser l'être-devenir et le devoir-devenir, l'être-nature et l'être-technique, le monde comme universel latéral et l'ontogenèse comme « tourbillon spatialisant-temporalisant »[37], le tragique de la vie à plusieurs que méconnaissent les philosophies de la clarté heureuse. À elle, il appartient de résister à la pensée lisse du consensus, au « marché mondial du transcendantalisme parasitaire »[38] tout autant qu'à la mauvaise prose des relations et des institutions.

---

[34]. Pierre-Jean Labarrière, *Le discours de l'altérité, op. cit.*, p. 133.
[35]. M. Merleau-Ponty, *Le visible et l'invisible, op. cit.*, p. 151.
[36]. M. Merleau-Ponty, *Signes*, Gallimard, Paris 1960, p. 276.
[37]. M. Merleau-Ponty, *Le visible et l'invisible, op. cit.*, p. 298.
[38]. Antonio Negri, *Kairòs, Alma Venus, Multitude*, traduit de l'italien par Judith Revel, éd. Calmann-Lévy, Paris 2001, p. 105.

Jaleleddine Saïd

Amitié et socialité

L'amitié, selon une belle définition que nous empruntons à J.-J. Chevalier[1], « c'est la réserve de chaleur humaine, d'affectivité, d'élan et de générosité (au-delà de la froide impartialité et de la stricte justice ou de l'équité) qui nourrit et stimule le compagnonnage humain au sein de la Cité » ; l'amitié, « c'est aussi le sentiment désintéressé qui rend possible de concilier, comme le veut Aristote, la propriété privée des biens et l'usage en commun de ses fruits, conformément au proverbe (…) qu'entre amis « tout est commun » ».

Quant à la socialité, elle est, dans un sens assez large, synonyme d'association, de solidarité, d'altruisme ; elle désigne le fait de se regrouper, de s'agglomérer, de se rapprocher, de se solidariser, de s'entr'aimer ; bref, le mot de socialité désigne une panoplie de sentiments qui prennent naissance dans la conscience des individus évoluant dans la sphère d'un vivre-ensemble : sentiments d'amour, d'amitié, de bienveillance, de générosité, de munificence et de magnificence.

Le profond sentiment de communauté et de solidarité qui s'installe, à côté de la bienveillance et de la générosité, au cœur même de l'amitié, prend naissance dans la cellule sociale primitive qu'est la famille. Et ce profond sentiment de communauté et de solidarité résiste bien, selon les occurrences, tant au niveau du cercle familial qu'au niveau du cercle des amis, aussi bien aux agressions externes qu'aux disputes et malentendus internes. Et cela, bien qu'il s'agisse, dans les deux cas de rapports différents : rapports généalogiques et consanguins contraignants dans la famille, et rapports voulus et librement choisis entre amis.

Mais, d'autre part, le sentiment de communauté et de solidarité familiale ou amicale évoque sans doute l'idée de clan ; or, l'idée de clan suppose l'isolement, le cloisonnement et, par là même, l'exclusion.

Le problème est alors le suivant : l'amitié, élan spontanément généreux vers autrui, se résoudrait-elle en définitive en une résorption sélective

---

[1]. Cf. J-J Chevalier, *Histoire de la pensée politique*, Paris, Payot 1979, Tome 1.

d'un nombre d'individus dans un cercle restreint et fermé à toute socialité ? En serait-il vraiment ainsi ?

La réflexion sur l'amitié renvoie à certains grands noms : des philosophes qui ont, non seulement médité sur l'amitié, son origine, sa nature et sa finalité, mais qui l'ont aussi vécue et pratiquée. Par delà Aristote, il y avait Pythagore et sa célèbre école, mais aussi Empédocle et Héraclite. Après Aristote, plusieurs écoles, dont l'école du Portique, mais aussi et surtout l'école du Jardin, ont fait l'éloge de l'amitié. Le point de départ commun était le suivant : *l'amitié qui régit le cosmos et qui s'exprime dans l'harmonie universelle doit prévaloir aussi parmi les hommes, à l'image de ce qui se passe chaque jour dans la communauté des disciples réunis par la sagesse philosophique.*

Certes, l'ambition fondamentale demeurait de comprendre le cosmos et d'élaborer une vision cohérente de l'univers, et c'est dans cette perspective que l'amitié a reçu une fonction primordiale : l'ordre humain demeure essentiellement solidaire de l'ordre de la nature et la société des hommes est ainsi appelée à vivre au diapason du macrocosme et à obéir à des lois qui la dépassent.

Mais, à partir du moment où le microcosme fut pensé dans sa différence et sa spécificité propre et où l'espace humain se détacha progressivement de la loi cosmique, le statut de l'amitié se modifia profondément : la *philia* devint la marque propre de l'harmonie civique ; elle devint une vertu proprement civique. Pour les Grecs, autant que pour les Romains, l'amitié fut désormais considérée comme une vertu spécifique qui augmenterait l'inscription de l'homme dans la cité, dans la vie active de leur *polis* et *urbs* respectifs.

Les questions qui se posèrent alors étaient du genre : l'homme heureux a-t-il besoin d'amis ? Peut-on avoir un nombre indéfini d'amis ? Une amitié intense et profonde pour une masse de gens est-elle possible ? L'amitié se doit-elle d'être sélective et, par là même, distinguée de la simple concorde sociale et politique ? La vertu de l'amitié, qui s'épanouit à la faveur des rapports humains, se concilie-t-elle avec l'idéal du sage vertueux, idéal qui lui prescrit autonomie, autosuffisance, *autarkeia*, qui lui prescrit donc de se dispenser le plus possible des autres et d'éviter tout commerce avec eux ?

Voyons ce qu'il en était chez Aristote[2]. Le modèle de l'amitié, pour Aristote, c'est d'abord « la joie que les mères ressentent à aimer leurs enfants » ; c'est encore l'amour paternel, fraternel ou filial ; mais c'est aussi « l'amour *[philia]* entre mari et femme », l'amour des amants, qu'*érôs* ne saurait contenir, ni épuiser tout entièrement, spécialement quand les deux amants mettent leur joie l'un en la vertu de l'autre ; et c'est enfin l'amitié parfaite (*philia téleia*), celle des hommes vertueux, ceux qui « souhaitent du bien à leurs amis pour l'amour de ces derniers », ce qui en fait « des amis par excellence ». C'est l'amitié des bons, l'amitié de ceux qui se ressemblent en vertu : l'ami n'est plus aimé pour l'idée transcendante du bien absolu, il est aimé pour lui-même, pour cette bonté amicale et vertueuse qui s'incarne en lui.

En tous ces sens, et particulièrement dans le dernier d'entre eux, l'amitié demeure inconcevable envers un animal ou un objet. Car en plus de supposer *la vertu* comme perfection, l'amitié suppose aussi la *réciprocité*. En effet, le terme de *Philia*, qui signifie à la fois amour et amitié et qu'on pourrait traduire par amour amical ou amitié amoureuse (ou encore *Amourtié*, pour faire comme un certain Bernard Morlino[3]), désigne la bienveillance mutuelle, toujours active et réciproque : c'est une joie active qui se nourrit de sa réciprocité. Or, la réciprocité elle-même suppose la *proximité*, ce qui, d'autre part, entache d'impossibilité toute amitié avec Dieu.

Effectivement, comme J. Derrida l'a bien expliqué, « il n'y a pas d'amitié possible avec Dieu en raison de son éloignement ou de sa séparation. La présence ou la proximité sont la condition de l'amitié, dont l'énergie se perd dans l'absence ou dans l'éloignement (…) *L'énergie de l'amitié tire sa force de la présence* ou de la *proximité* »[4]. Certes, l'absence et l'éloignement ne détruisent pas toujours l'amitié, mais ils l'atté-

---

[2]. Cf. Aristote, *Ethique à Nicomaque*, Livres VIII et IX.
[3]. Cf. Bernard Morlino, *Louis Nucéra, achevé d'imprimer*, Le Castor Astral Ed., 2001 ; B. Morlino, écrivain, chroniqueur littéraire et sportif contemporain, utilise, dans cet ouvrage dédié à la mémoire de son ami L. Nucéra, le terme d'*Amourtié*, pour désigner le sentiment d'amour inhérent au sentiment d'amitié et que seul le terme de *philia* est à même d'exprimer. L'auteur use aussi, dans le même esprit, de la formule suivante : *faire l'amitié*, au sens de pratiquer l'amitié (comme on dit couramment : *faire l'amour*, au sens de le pratiquer).
[4]. J. Derrida, *Politiques de l'amitié*, Paris, Galilée 1994, chapitre VIII.

nuent : elle n'est plus en acte[5]. Donc si des amis sont spatialement séparés par un intervalle considérable, comme par exemple Dieu est éloigné de l'homme, il n'y a plus d'amitié véritable, ou du moins il n'y a plus d'amitié en acte.

C'est pourquoi, selon Aristote et comme l'a expliqué J. Derrida, l'absence, ou l'éloignement, est synonyme de silence : des amis sont séparés quand ils ne peuvent pas se parler. Le silence, c'est l'*aprosegoria*, la non-allocution ; et l'absence ou éloignement signifie l'impossibilité de l'allocution.

Certes, mais une communication peut toujours s'établir sans co-présence en un même lieu : cela était déjà possible à l'époque d'Aristote où l'usage épistolaire n'était pas inconnu.

Oui certes encore, la proximité est tout d'abord spatiale et les grands philosophes de l'antiquité l'ont fait bien entendre en établissant des écoles. Mais elle est aussi d'ordre intellectuel et spirituel. Et le commerce des esprits n'est pas nécessairement tributaire de la proximité spatiale[6].

Toujours est-il que la proximité spatiale sert à nouer davantage les liens de l'amitié, et que la proximité spirituelle est le ferment qui empêche l'absence et l'éloignement de les délier. Aucune amitié ne peut se concevoir sans contact amical réel, aucune ne peut durer et être sauvée de l'oubli sans commerce amical réel.

Cependant, la nécessaire proximité et l'incontournable *vivre-ensemble* dont il est question ne doivent pas faire oublier l'idéal de vie prudente et autarcique tel que prôné par grand nombre de figures philosophiques, tels qu'Aristote[7], Epicure[8] ou Spinoza[9], pour ne citer que ceux-là.

---

[5]. En effet comme le déclare le philosophe du Jardin, « quand on n'a plus l'occasion de voir l'objet bien aimé, quand les relations intimes et le commerce cessent, la passion amoureuse s'affaiblit » (Maxime vaticane 18).

[6]. C'est encore Epicure qui déclare, selon Diogène Laërce, que « seul le sage conserve une affection indéfectible envers ses amis, qu'ils soient présents ou absents » (Cf. Vies, *Doctrines et sentences des philosophes illustres*, Livre X, § 118).

[7]. Cf. Aristote, *Ibid*.

[8]. Cf. Epicure, *Lettres et Maximes*, trad. M. solovine, Paris, Hermann éd. 1940.

[9]. Spinoza : car « *seuls les hommes libres sont très reconnaissants les uns à l'égard des autres* » (E. IV, prop.71) ; *eux seuls n'agissent jamais en trompeurs, mais toujours de bonne foi* (Ibid., prop. 72) ; ainsi donc, « *l'homme libre qui vit parmi les ignorants s'applique autant qu'il peut à éviter leurs bienfaits* » (ibid., prop. 70).

Mais autarcie n'est pas synonyme de solitude : il s'agirait plutôt d'un vivre-ensemble autarcique. Pareil vivre-ensemble serait sélectif et réduirait autant que possible le nombre des élus : en réduisant ses besoins, le sage réduit par là même le nombre de ses amis. Peu d'amis donc, et dans la mesure seulement où l'amitié ne se transforme guère en dépendance et en servitude.

L'amitié ne serait-elle alors que le propre d'un groupe vivant au sein-même de la société tout en se démarquant d'elle ? Ne serait-elle qu'une forme parmi d'autres de l'insociable sociabilité des hommes ?

Tout d'abord, parce qu'elle est sélective, l'amitié ne peut être qu'asociale. Pourvoyeuse d'une énergie qui isole du reste de la société, voire même du reste de l'humanité, elle renforce l'intimité des amis tout en sauvegardant la singularité de chacun.

Ainsi donc, semble-t-il, autre chose est la socialité, lien vague, anonyme, extérieur à l'individu ; autre chose est l'amitié, lien sympathique entre deux ou plusieurs individus que rapprochent d'intimes affinités.

Cette mystérieuse affinité entre les âmes qui est le propre de l'amitié et qui exalte en chaque individu ce qu'il a de plus précieux et de plus intime, de plus spontané, est tout le contraire de la socialité artificielle et contraignante, imposée du dehors.

En effet, quelles que soient les causes qui donnent naissance à la société, celle-ci ne peut perdurer qu'en s'imposant aux individus, qu'en faisant peu de cas de la spontanéité de l'individu, qu'en traitant même cette spontanéité en ennemie. Toute société est donc, très souvent, pour l'individu, une cause d'affaiblissement

Aussi est-ce par réaction, probablement, que l'amitié se présente comme un sentiment essentiellement particulariste et individualiste, voire même, jusqu'à un certain point, antisocial.

Dans l'amitié, quelque étroite et intime soit-elle, les deux moi restent en présence, bien distincts, à la fois liés et opposés l'un à l'autre : ils se posent en s'opposant. Nietzsche a bien remarqué ce rapport conflictuel dans l'amitié, rapport pourtant exempt de tout mauvais sentiment[10].

---

[10]. « Il faut honorer l'ennemi dans l'ami... Peux-tu t'approcher de ton ami sans passer à son bord ? – En son ami, on doit voir son meilleur ennemi. – C'est quand tu luttes contre lui que tu dois être le plus près de son cœur... » (Nietzsche, *Zarathoustra*, Paris, Ed. Du Mercure de France, p. 77.)

Ce n'est donc pas à l'individualité que l'amitié s'oppose vraiment, mais bien plutôt à la socialité. Car, en effet, comme certains auteurs ont pu le voir, les tendances de la socialité vont « au conformisme et au nivellement, à la stagnation des intelligences et des sensibilités »[11].

Pour un auteur comme G. Palante, c'est avec toutes les formes de socialité que l'amitié se trouve en rapport antinomique. Ainsi en est-il, par exemple, de la solidarité et de l'humanisme, sentiments anti-individualistes par excellence et, par là même, sentiments suspicieux à l'égard de l'amitié. Les sentiments solidaristes et humanistes seraient, en effet, pour cet auteur, des sentiments anonymes, impersonnels, abstraits, c'est-à-dire qu'ils ne seraient, pour ainsi dire, point des sentiments[12] : « La solidarité, écrit G. Palante, trouve son expression la plus abstraite dans l'amour de l'humanité, dans ce qu'on appelle maintenant d'un mot que la critique de Stirner a vulgarisé : l'humanisme. – L'humanisme s'opposera donc à l'amitié de la même manière et pour les mêmes raisons que la solidarité. Comme cette dernière, l'humanisme est anti-individualiste. L'humanisme est le culte de l'homme en général, de l'espèce homme. Mais l'humanisme hait l'individu. Il ne le connaît que pour le honnir »[13].

L'on comprend alors pourquoi, de tous temps, la société a toujours eu tendance à réglementer l'amour, à surveiller l'amitié, à jeter sur eux un regard de défiance. Les affections privées ne sont tolérées qu'autant qu'elles lui sont subordonnées : « Il lui semble que l'individu [lui] dérobe quelque chose (…) quand il trouve sa force et sa joie dans un sentiment qui échappe à la réglementation sociale. Il lui semble qu'il y a là un égoïsme condamnable, un vol fait à la société » ; « Il y a plus. On peut dire que les sociétés organisées, groupe, clan ou corps, voient d'un œil

---

[11]. Cf. Georges Palante, *La sensibilité individualiste*, Paris, Félix Alcan éditeur 1909, chap. *Amitié et socialité,* p.156.

[12]. « Tout sentiment qui a pour objet un troupeau humain est forcément superficiel, à fleur d'âme, pour ainsi dire. Il perd en profondeur ce qu'il gagne en étendue » G. Palante, *Ibid.*

[13]. *Ibid.* G. Palante ajoute encore : « Autant l'humanisme est froid, sec, indifférent ou hostile à l'individu et aux affections et aux intérêts individuels, autant l'individualisme négateur des entités sociales est affectueux, cordial, amical vis-à-vis des individus. Il ouvre les coeurs à la libre sympathie d'individu à individu qu'il place dans une sphère supérieure aux abstractions humanitaires et aux égards conventionnels de la sociabilité courante » (*Ibid.*)

jaloux et tiennent en suspicion plus ou moins ouverte de tels sentiments, précisément parce qu'ils sont particularistes, électifs, individuels »[14].

L'individu en tant que tel est donc tenu en suspicion par la société, par l'État, par toutes les grandes collectivités qui s'érigent en autorités transcendantes dont le but plus ou moins avoué est d'annihiler autant que possible les relations privées d'homme à homme, ce que Max Stirner a appelé le libre « commerce » des individus, le libre commerce des « Uniques ».

En outre, c'est parce qu'elle est élective et asociale, parce qu'elle est pourvoyeuse d'une force qui isole du reste du monde, parce qu'elle renforce l'intimité et génère ainsi une forme d'opacité entre les amis et le reste de la cité, que l'amitié a été considérée comme un déni flagrant et un danger menaçant pour le principe démocratique et égalitaire, pour tout idéal de solidarité communautaire, pour toute espérance humaniste. Déjà elle ne devait pas plaire à la Révolution française qui a toujours souhaité la codifier[15].

Mais, à y regarder de plus près, l'on se demande si l'individualisme exacerbé et les propos anti-humanistes de certains auteurs contemporains, en faveur d'une amitié libre et absolument affranchie, ne contribuent pas

---

[14]. G. Palante, *Ibid.*

[15]. Or, la meilleure façon d'annihiler une force redoutée dans ses effets asociaux, c'était de lui ôter et lui interdire tout caractère asocial, de lui réserver une existence sociale et de l'y réduire. *Saint-Just* a été le thuriféraire de cette entreprise réductrice, comme l'a remarqué avec effroi l'un des chantres contemporains de l'amitié, Michel Onfray, qui a pu écrire : « Faut-il rire ou frémir en lisant le projet de l'archange révolutionnaire ? Je ne sais. Quoique je tende à frémir plutôt. D'abord, la république à la mode Saint-Just bannit quiconque déclare ne pas croire à l'amitié, qu'on se le dise. Ensuite, une fête est réservée à cette vertu le premier jour de Ventôse. Tous sacrifient à la divinité. À cette occasion, annuelle donc, chacun est tenu de déclarer, publiquement et avec toute la solennité requise, l'identité et le nom de ses amis. Par ailleurs, si une rupture est constatée entre deux amis, il faut, selon le même principe, en informer les autorités, et le public, auxquels les raisons de cet éloignement seront explicitées. Dans le cas où l'un des deux comparses aurait commis un crime, son alter ego serait banni. Lorsque l'un des deux meurt, le deuil est porté par celui qui survit, bien sûr, mais le défunt ne sera enseveli que dans une tombe creusée par les mains mêmes du plus vivant des deux. À la mort du deuxième larron, le tombeau est ouvert pour que reposent en paix, et pour l'éternité, les deux êtres ainsi retrouvés. Faut-il redouter pareille puissance pour lui imposer de la sorte les formes dans lesquelles elle est censée s'épanouir au mieux ! » (Cf. M. Onfray, *La sculpture de soi*, éd. Grasset 1991).

à l'indifférence à autrui et ne cautionnent pas, au nom même de l'amitié, des sentiments qui ne peuvent ni ne doivent s'y apparenter, comme l'égoïsme, l'esprit de clan, « l'*asaabia* », pour reprendre un terme cher à Ibn Khaldoun ?

Nous évoquions tantôt Aristote, et il semble opportun et sage de revenir à ce philosophe. Qu'il s'agisse de la *prôtè philia*, amitié première évoquée par Aristote dans l'*Ethique à Eudème* pour désigner l'amitié la plus pure, ou de la *philia téleia*, amitié parfaite, celle des bons qui se ressemblent en vertu, évoquée dans l'*Ethique à Nicomaque*, toujours est-il que, selon le Stagirite, l'amitié relève du sentiment aussi bien que de la raison. La *philia* n'est certes pas la *philésis*, affection qui implique désir et tension, mais il n'en demeure pas moins qu'on s'attache avec amour et affection à ses vrais amis. Or, de même que le véritable élan amoureux ne peut s'adresser à plus d'une personne à la fois, de même on ne saurait avoir un nombre indéfini d'amis.

En augmentant le nombre de ses amis, on perd en profondeur ce qu'on gagne en étendue.

L'amitié la plus profonde, la plus sincère, la plus durable est l'amitié à deux. Ceci n'implique pas que l'on ne puisse avoir qu'un seul ami dans la vie : car, certes, on peut avoir plusieurs amis à la fois, mais séparément. Ceci n'implique pas non plus qu'on ne puisse absolument pas avoir plusieurs amis en commun, c'est-à-dire en formant une communauté d'amis : car, certes, le cercle des amis peut s'élargir, mais c'est aux dépens de la profondeur de l'amitié et, surtout, aux dépens de l'altérité, de l'ouverture à autrui et de la socialité : aussi paradoxal que cela puisse paraître, la socialité se trouve contrariée, voire même menacée par l'essor de l'amitié et l'étendue du nombre des amis. Car, dès que deux amis s'ouvrent à un troisième, il y a déperdition d'intimité et naissance d'une micro-société exclusive des autres membres de la société.

L'amitié, en se développant (en voyant le cercle des amis augmenter quantitativement), semble vouée à l'asocialité. Alors : amitié ou socialité ? Si le choix semble cornélien à certains, contentons-nous de rappeler que l'humanité, dès lors qu'elle commence à deux, est vouée à dépasser sa dualité pour se réaliser en socialité. Il faut assurément revenir à la sagesse des Grecs et des Romains qui ont vu dans l'amitié une vertu spécifique augmentant l'inscription de l'homme dans la vie active de la cité. Forme idéale de la relation à autrui, elle se devait d'évoluer en intersubjectivité citoyenne. De nos jours encore, une nouvelle définition de l'amitié suppose qu'on prenne en considération les formes sociales dans lesquelles elle pourra s'épanouir : *amitié conjugale*, par exemple, qui triomphe sans cesse au sein des couples qui réussissent et perdurent ; mais aussi et surtout, autre exemple, *amitié collégiale*, suscitée par une belle et heureuse complicité évoluant dans le cadre d'une socialité moderne universalisable à souhait. Notre amitié collégiale en est un bel exemple.

Nous terminerons par ce beau passage de M. Onfray, qui résume notre point de vue : « Cette souveraine complicité a besoin de temps. Et l'on pourrait reprendre à notre compte la vieille idée en vertu de laquelle il n'existe pas d'amitié, en tant que telle, mais seulement des preuves d'amitié, toutes données dans des instants, des moments, développés sur la longue durée. Jamais acquise absolument, elle est à construire sans cesse par des signes, des indications, des démonstrations. C'est dans cette mesure que l'écoulement des années, en ce qui la concerne, est un facteur d'embellissement ».

L'écoulement des années est pour l'amitié, certes, un facteur d'embellissement, mais, ajouterions-nous encore, c'est aussi un facteur et un gage de socialité.

Jacques Poulain

La désocialisation pragmatique et sa thérapie philosophique

1. La désocialisation pragmatique dans la mondialisation du capitalisme politique

Comme calcul social de satisfaction mutuelle des désirs, le capitalisme contemporain, privé ou étatique, tend à transformer l'homme de façon à satisfaire le maximum de ses désirs tout en le rendant autonome à l'égard de ces derniers : il prône à cet effet une morale de l'autonomie à leur égard. La vie politique doit transformer directement l'homme de façon à rendre visible et cette satisfaction pléonexique des désirs humains et cette autonomie dans ses actions et dans ses rapports avec autrui, tout comme l'expérimentation scientifique du monde visible doit transformer celui-ci de façon à rendre visible la vérité des hypothèses scientifiques.

L'expérimentation pragmatique de la socialisation dans le capitalisme avancé consiste en effet à transférer dans le champ social la logique de d'expérimentation du consensus scientifique avec le monde visible en faisant du consensus avec autrui une instance de confirmation ou d'infirmation des hypothèses de justice, une instance transcendante par rapport aux désirs des individus. La recherche d'une certitude de bonheur social analogue à celle que visent les sciences transforme cette expérimentation libérale en quête cartésienne d'auto-certification sociale. Dans ce contexte d'expérimentation, les interlocuteurs s'expérimentent eux-mêmes et les uns les autres par leurs actes de parole comme les scientifiques consultent le consensus de leurs hypothèses avec le monde visible pour lui faire répondre par 'oui' ou par 'non' à la question : « mon hypothèse est-elle vraie ? ».

De même les interlocuteurs interrogent le consensus avec leurs partenaires de communication pour lui faire confirmer ou infirmer l'hypothèse de vie qu'ils cherchent à leur faire partager par leur acte de communication. C'est ainsi qu'ils expérimentent la *sapientia universalis* livrée par les institutions juridiques, morales et politiques de la modernité, à la façon dont les scientifiques en expérimentent la *mathesis universalis*. Le jeu de langage de la science se transforme ainsi en forme de vie universelle : en expérimentation totale de la socialité ou de la convivialité. Cette universalisation semble valide dans la vie sociale comme dans la vie psychique car cette expérimentation nous fait découvrir que la vie mentale elle-même n'est qu'un processus d'expérimentation communicationnelle de soi, un dialogue avec soi qui ne trouve son auto-régulation par la vie sensible, affective, cognitive, pratique et consommatoire de l'individu qu'en s'harmonisant avec le dialogue que cet individu mène ainsi avec ses partenaires sociaux.

Après l'effondrement des totalitarismes de l'Est, le libéralisme nord-américain du marché de libre entreprise se contente donc de fêter son triomphe sur la terre entière, il se « mondialise » et paraît plus que jamais légitimé comme la seule forme de vie universalisable. Ce triomphe s'impose, semble-t-il, pour la seule et unique raison que la démocratie s'est bâtie sur les acquis de la philosophie des Lumières : sur la liberté et l'égalité des partenaires sociaux. Elle finirait par tirer parti au vingtième siècle de l'avantage que lui avait reconnu A. de Tocqueville, et plus récemment, L. Hartz. Comme l'écrivait ce dernier : « le grand avantage des Américains, c'est qu'ils soient parvenus à l'état de démocratie sans avoir à subir une révolution démocratique et qu'ils soient nés égaux au lieu d'avoir à le devenir »[1]. La traversée de l'Atlantique les aurait mis à même de réaliser dès ici-bas la volonté de partage et de salut chrétienne en leur épargnant d'avoir à renverser les structures sociales héritées du féodalisme.

Et la traversée des crises de croissance économiques et culturelles à l'aide du consensus social leur aurait permis de généraliser à tous les

---

[1]. Comme le souligne J. Rajchman, à qui j'emprunte cette citation, « l'état de démocratie fut révolutionnaire dans le Vieux Monde et normal dans le Nouveau. Ce n'est pas une révolution sociale que connurent les Américains en 1776 ? Les traditions lockiennes, conjuguées avec l'absence d'un ancien régime empêchèrent en Amérique la formation d'une aristocratie à droite et d'une classe laborieuse à gauche. Le principe de Locke selon lequel le pouvoir fait l'objet d'un consensus s'y combina avec les vertus puritaines d'ambition, d'entreprise et d'opportunité, pour former la grande tradition libérale. » (« La philosophie en Amérique » in *La pensée américaine contemporaine*, Eds. J. Rachjman et C. West, Paris, Presses Universitaires de France, trad. A. Lyotard-May, 1991, p. 56).

secteurs de la vie la façon dont ils ont surmonté les antagonismes provoqués par leurs intérêts privés, en limitant au maximum tout recours à la violence. En faisant de la soumission au consensus non seulement la loi du progrès scientifique et technique, mais également celle du progrès social et économique, en en faisant le moteur ainsi que la loi d'intégration de ce progrès dans la vie personnelle des individus, le libéralisme mènerait à son terme le processus de rationalisation de l'homme et de l'univers[2]. Il mènerait l'humanité à sa destination philosophique.

La validité de cette surlégitimation apportée par l'histoire la plus récente à la démocratie nord-américaine demeure pourtant sujette à caution, et ce, même si l'ampleur de cette surlégitimation tend à faire oublier les échecs, tout aussi massifs, qui accompagnent cette universalisation d'un consensus aveugle et semble ainsi dispenser chacun d'avoir à juger ses résultats effectifs. Comme l'ont révélé les analyses de S. Wolin dans *Democracy,* la volonté d'expansion américaine a cherché, durant les années 70 et 80, à compenser l'échec de l'État. Celui-ci était construit pour endiguer la dictature des corporations et des multinationales ainsi que pour contenir les intérêts des individus et des minorités. Le renforcement de l'inégalité sociale et son exportation dans les rapports des États-Unis d'Amérique aux pays en voie de développement, les explosions de haine raciale, la montée en puissance de l'agressivité ainsi que l'insécurisation qu'elle provoque n'ont d'égal que la volonté cynique des politiciens qui leur permet de parasiter cette surlégitimation internationale ainsi que la résignation des exclus devant leur destin.

---

[2]. J. Dewey, « Creative Democracy – The Task Before Us » repris dans Fisch (Ed) *Classic American Philosophers*, New York, Appleton-Century-Crofts 1951, p. 394. L'espoir démocratique américain ne s'est pas nourri par hasard idéologiquement de Darwin pour qui Dewey exprimait la plus vive admiration : s'il le fait, c'est qu'il exprime déjà lui-même, comme l'a bien vu Rorty, une foi sociale inédite dans le « futur », c'est-à-dire dans la capacité déployée au sein des rapports sociaux de force, de lutte et de croissance. L'imaginaire social y remplit une fonction analogue à celle que Kant prêtait à l'imagination transcendantale : celle de pouvoir engendrer des mutations, imprévisibles avant qu'elles ne se produisent, mai déterminantes par la suite. Au cœur de cette libération de « la volonté de puissance sociale et démocratique », vit toujours en effet l'espoir que la série d'ajustements nécessaires à cette évolution, fera jaillir un jour « la » mutation décisive, c'est-à-dire un homme assez fort pour ne déployer dans ses rapports sociaux que « sa nature foncièrement agapéistique » (voir à ce sujet R. Rorty, *L'espoir au lieu du savoir. Introduction au pragmatisme*, Paris, Albin Michel, 1995 et *Achieving our country* 1998).

Car l'expérimentation communicationnelle illimitée à laquelle cette rationalisation pragmatique recourt pour se réaliser, y généralise un espace d'incertitude au niveau de la conscience des partenaires sociaux tandis qu'elle favorise, au niveau de la pratique sociale, quotidienne, économique et politique, l'auto-falsification capitaliste qu'y ont discernée K. Marx et M. Weber.

Cette expérimentation a en effet lieu abstraction faite de la vérité des propositions qui y sont communiquées : la communication y est réduite aux effets d'adhésion ou de refus qu'elle provoque, aussi n'a-t-elle pour effet le plus patent que de transformer la vie sociale et la vie psychique en espace d'incertitude, neutralisant sans même s'en rendre compte, la régulation déjà acquise de la vie humaine par la parole. On y assiste, dans les termes d'Adorno et d'Horkheimer, à « une auto-destruction de la raison ». Le consensus avec autrui n'est une instance indépendante des individus, et analogue, à ce titre, à l'instance qu'est le monde visible pour les scientifiques, que parce que sa réponse advient comme un événement indisponible au seul désir qu'ont les locuteurs de le produire, mais il advient également de façon aussi aveugle qu'advient la réponse du monde visible pour les scientifiques.

De même la nature interne des désirs, des besoins et des normes des hommes s'y révèle dans les décrets de privatisation monopolisante des OPA réglant par *gentlemen agreements* le développement le plus durable, celui du marché mondial : elle juge ainsi la réussite de la communication en produisant ou non les effets recherchés, à la façon dont la nature externe répond aux scientifiques. Expérimentateurs scientifiques et expérimentateurs sociaux invoquent de façon animiste cette parole du monde ou des désirs et la respectent aveuglément comme la nouvelle et unique Pythie, s'interdisant eux-mêmes de parler en dernière instance, c'est-à-dire de juger ses oracles, généralisant ainsi allègrement tant un autisme scientiste qu'un autisme social. Cet oracle ne demeure en effet valide qu'à condition que les individus n'y parlent pas, c'est-à-dire ne puissent juger en première personne de l'objectivité de ces biens et de ces devoirs qu'on leur assigne ainsi arbitrairement, par *gentlemen agreements* obtenus entre les capitalistes qui parviennent à privatiser le monde en imposant leur monopole.

Comme le scientifique cherche à rendre visible son hypothèse en expérimentant sa vérité dans le monde visible, le libéralisme politique tente de rendre visible l'union de tous en toute action, une fois pour toutes, pour rendre chacun certain de sa participation à la production d'un bonheur universel et pour lui garantir son salut social[3]. Ce rapport politique envahit tous les autres rapports dans la mesure où chacun veut y être le maître de justice et de bonheur de soi et de tous les autres. L'homme n'y jouit de ce qu'il fait de soi, d'autrui et des choses qu'à condition de pouvoir les réduire aux effets qu'il sait qu'il veut et qu'il doit y produire, à des effets conformes à ceux qu'il escomptait produire par ses paroles, à des effets réussis. C'est dans cet horizon que se trouve radicalement falsifiée la « vérité » du politique et qu'advient la désocialisation pragmatique.

Cette désocialisation hérite, nous le savons depuis Max Weber[4], des modèles de pensée propres aux religions du salut et ce, dans la mesure même où il les sécularise en tentant de sensibiliser la raison. On y cherche à maximiser la certitude à laquelle chacun aspire à propos de son propre salut moral : il s'agit d'une maladie de la morale, d'une perversion qui lui est inhérente. Comme les prédestinés calvinistes ne trouvaient leur élection au salut que dans leurs succès de vie, la recherche capitaliste du succès de l'entreprise et de sa mondialisation voit en ce succès la seule chose qui puisse confirmer l'élection, par un individu donné, des actions qu'il s'est choisies : il est la seule réalité qui puisse en confirmer la rectitude sociale. Mais les succès de vie ne confortaient les calvinistes dans leur certitude d'être sauvés qu'à condition qu'ils s'abstiennent de voir dans ces richesses acquises, une fin en elle-même ainsi que de s'abstenir de jouir immédiatement des fruits de ces richesses. Il en va de même des capitalistes : les succès de l'entreprise confortent leurs chefs dans la certitude de leur salut moral et politique de producteurs attitrés du bonheur et de la justice sociale à condition qu'ils puissent s'abstenir de jouir immédiatement des bénéfices obtenus et qu'ils les investissent à

---

[3]. Le concept du politique consiste depuis la modernité à réaliser dans le monde sensible la fin imposée à ce monde par la liberté. Cf. E. Kant *Critique du jugement*, Vrin 1951, p. 17.

[4]. M. Weber, *L'éthique protestante et l'esprit du capitalisme*, Paris, Plon 1964.

nouveau dans le capital acquis ainsi que dans le développement des rapports de production eux-mêmes, pour en renforcer l'ampleur et l'efficacité. C'est ce double mouvement de quête effrénée de certification de son propre salut social, d'une part, et d'ascèse intransigeante, d'autre part, qui fait de l'action de production, une fin en elle-même, de même qu'elle fait de la communication une fin en elle-même

Cette autonomisation libérale de l'action sociale implique une capitalisation économique du pouvoir politique où l'on fait royalement abstraction du but politique avancé comme leitmotiv social : le bien suprême de tous est réduit à la recherche de la capitalisation maximale de l'entreprise, puis, des multinationales dont l'emprise est mondialisée. L'effet de paupérisation et d'asymétrie sociale qui s'ensuit nécessairement est l'inverse exact du but affiché. On y fait agir autrui comme travailleur en vue d'être certain de sa propre perfection et de son propre salut moral, en vue d'être certain de l'harmonie qu'on éprouve entre le mérite obtenu dans l'action sociale et le bonheur de capitalisation qui en dérive. On y jouit de la possibilité de subordonner le bien-être d'autrui à la conscience de sa propre perfection morale et l'on rend libre autrui de ne jouir que de cette satisfaction.

La politisation profonde des rapports de force économiques et leur mondialisation consistent à faire de ce rapport de capitalisation, le rapport politique déterminant et à le généraliser à tout phénomène de la vie humaine : toute perception, toute action, toute pensée et tout désir ont à être capitalisés pour devenir des fins en elles-mêmes. Le seul but qui puisse demeurer est de faire de toute expérience, une expérience qui ne fasse jouir que de sa propre production et reproduction indéfinie et à condition qu'elle soit caractérisée par une perfection de plus en plus irréprochable. La morale capitaliste généralisée pervertit une deuxième fois la morale sociale : puisqu'on y fait abstraction de l'objectivité du bien suprême aussi bien que de sa réalisation effective, la jouissance de produire l'action qu'il faut et de pouvoir reconnaître qu'on l'a produite en conformité avec ce qu'il fallait faire y devient une norme qui oblige à vide, abstraction faite de son contenu. Elle vaut pour toute action de transformation effectuable à la perfection sur soi, sur autrui ou sur le monde : elle fait de l'aliénation à l'action une fin en elle-même et pense cette aliénation d'après le modèle de la communication.

2. *Le renforcement pragmatique de la désocialisation par l'expérimentation des actes de parole*

L'appel au consensus ne suffirait-il pourtant pas à corriger les effets néfastes de cette expérimentation totale sauvage et à faire oublier la crise sociale qui sévit, le hiatus qui écartèle de plus en plus la loi du marché dit social, les contrats juridiques présumés en régler l'application sociale et l'éthique politique ? Cette invocation du consensus vient bénir une pratique aussi inique que désastreuse, comme l'avaient déjà vu T. Adorno et M. Horkheimer dans leur *Dialectique de la raison*[5]. Il suffit de reconstruire les effets réels de ce désir de consensus aveugle pour s'en rendre compte et pour faire reconnaître du même coup l'actualité patente du diagnostic porté par l'École de Francfort sur le capitalisme ainsi que son renforcement actuel.

La nécessité de la production de ces effets peut être retracée à l'aide des trois modèles d'usage du langage proposés par les théories pragmatiques du langage : par les théories des *speech-acts*. Le modèle austinien, *a priori* juridiste, est basé sur le jugement d'appropriation des énonciations performatives d'ordre, de baptême ou de condamnation au contexte social et politique de son usage. Le modèle gricéen de transmission des croyances et des désirs, invoqué par les dominés dans le contexte de cette morale d'expérimentation, ne valide que les croyances que tous peuvent adopter comme telles, que les désirs que chacun se voit amené à désirer. Le modèle searlien de l'échange illocutoire des promesses institue en règle essentielle du langage la nécessité dans laquelle chacun se trouve d'être le psychologue d'autrui : d'identifier ses désirs à sa place et avant lui, ainsi que d'être son esclave : en les réalisant pour lui. Puisque ces théories n'érigent en règles inconditionnellement valides et inhérentes au sens même des mots, que l'usage expérimental quotidien du consensus, elles sont impuissantes à resocialiser les expérimentateurs que nous sommes et leurs effets de renforcement de notre désocialisation sont déjà patents dans l'usage que nous en faisons, que nous connaissions ou non ces théories.

---

[5]. Cf. T. Adorno et M. Horkheimer, *Dialectique de la raison*, Paris, Gallimard, 1973.

L'échange performatif décrit par Austin n'avantage que ceux dont la parole est déjà déterminante pour les autres puisqu'ils sont d'avance les seuls appropriés à juger en dernière instance de l'usage social du consensus inscrit dans les conventions. L'invocation magique du jugement social transcendant qui habite le consensus engendre la guerre du jugement entre ces derniers et les dominés : elle provoque la montée en puissance d'une surtribunalisation où chacun est toujours déjà assuré que les dominants ont tort, mais ceux-ci n'en continuent pas moins à imposer leur loi. Ils ne peuvent en effet tout simplement pas tenir le rôle de Tiers omniscient et omnipotent qu'on exige d'eux qu'ils soient en leur laissant institutionnaliser leurs paroles et en leur laissant courtcircuiter l'accord ou le désaccord de leurs allocutaires à la façon dont les juges de cour d'assise courtcircuitent l'accord ou le désaccord des accusés.

Le problème qui surgit est bien sûr que les jugements à dire sont toujours différents dès lors qu'autrui a autre chose à me dire que ce que j'ai à lui dire, puisqu'il ne dit pas la même chose que moi et au même moment, s'il est vrai, bien entendu, que cette parole réponde comme il se doit à ce qu'on a besoin d'entendre l'un et l'autre. Dès lors ces jugements d'appropriation des paroles performatives aux contextes sociaux visent toujours à combler le seul besoin qu'il faille chez autrui, de la seule façon qu'il faille et en invoquant la seule convention à invoquer. Mais ce seul accord social qu'il faille produire est toujours envisagé par les partenaires de façon différente, et donc antagoniste : il est toujours faux, toujours apparemment faux. Aussi dès qu'il est recherché dans une invocation performative, doit-il toujours se justifier, aussi ne le peut-il qu'en annihilant le jugement d'autrui. La guerre du jugement caractérise cette expérimentation sociale par la parole où je dois toujours prouver que l'autre ait tort pour pouvoir avoir raison.

La morale d'expérimentation communicationnelle prônée par Grice s'avère elle aussi produire l'inverse de ce qu'elle cherche à produire. Les tentatives de transmission « protreptique » à autrui de leurs croyances et de leurs désirs, auxquelles s'adonnent les dominés pour tenter de faire entendre leur voix, se soldent par la reconnaissance sociale du contraire de ce qu'ils désirent : ces tentatives ne montrent qu'une chose, c'est que

La désocialisation pragmatique et sa thérapie philosophique

ces croyances et ces désirs n'appartiennent bien qu'à eux puisqu'ils n'ont pas d'effet social. Elles montrent que leurs énonciations n'ont qu'un effet « exhibitif » et qu'elles transforment leurs émetteurs en symptômes ambulants. Leurs problèmes de communication s'y psychologisent. D'instruments obligés du bonheur d'autrui, ils deviennent des fous à enfermer dans les asiles, dans les bidons-villes ou à laisser traîner dans les rues car ils ressentent d'autant plus la compulsion à exprimer leurs désirs et leurs croyances qu'ils doivent s'avouer à eux-mêmes qu'ils sont impuissants à les communiquer.

Comment tout ceci advient-il ?

La compulsion à la preuve et à la réfutation d'autrui engendrée par l'usage des performatifs exige pour être satisfaite qu'autrui croit, désire et agisse comme on désire lui prouver qu'il doit le faire. Elle impose sa loi sous l'aspect d'une morale de l'expérimentation communicationnelle où le test de l'accord d'autrui valide la pertinence de l'énonciation en même temps que l'objectivité des croyances, des désirs et des intentions d'action qui y sont transmises. Je dois d'avance n'avoir comme croyances et comme désirs que ceux que je puis transmettre à autrui, que ceux qui ont subi avec succès ce test expérimental de l'accord d'autrui : avec effet protreptique. Cet effet est à son tour vérifié par l'action d'autrui : je ne puis croire qu'autrui a les croyances et les désirs que je lui ai transmis, que s'il se conduit par la suite conformément à eux. Tel est le sens de la morale gricéenne du vouloir dire : je communique avec autrui en lui faisant reconnaître mon intention de communiquer et par l'action verbale que je fais intentionnellement pour le lui faire reconnaître.

Comme je me fais comprendre ou non indépendamment de mon désir de me faire comprendre, autrui se trouve en accord ou en désaccord avec mes croyances indépendamment de mon désir que j'ai de les lui transmettre en lui faisant reconnaître que je veux les lui transmettre. Cette indépendance de l'adhérence aux croyances et aux désirs communiqués par rapport au désir qu'a l'énonciateur d'y faire adhérer ses allocutaires, agit comme un test d'objectivité.

Mais ce critère d'objectivité protreptique a beau avoir l'air d'être la seule façon de s'assurer du partage effectif des croyances et des désirs, de leur caractère factuellement commun, la conduite de l'allocutaire, même conforme aux croyances et aux désirs qu'il reconnaît siens ne saurait avoir qu'une validité exhibitive. Que tous croient ou désirent la même

325

chose montre qu'ils le font lorsqu'ils le disent et agissent en conséquence, de façon cohérente par rapport aux croyances et aux désirs qu'ils affichent, mais cela ne saurait constituer le test d'objectivité qu'on présume que cela constitue. Même pourvus d'une force protreptique généralisée à tous, croyances et désirs n'ont qu'une validité exihibitive tant que les interlocuteurs ne reconnaissent que l'événement de leur adhérence à eux, tant qu'ils ne se reconnaissent qu'affectés par cette adhérence, par cet accord avec ces croyances et ces désirs, sans savoir pourquoi. Ils y sont identifiés métapsychologiquement, comme observateurs d'eux-mêmes qui reconnaissent ainsi qu'il advient qu'ils y adhèrent. Tant que les croyances ne demeurent que des croyances, elles peuvent être réduites à de purs et simples désirs de croire par la réflexion de justification. Leur vérité s'y reconnaît psychologisée et ne caractérise qu'un effet d'adhérence, d'harmonie des individus avec leurs contenus. Plus ceux-ci ressentent qu'ils doivent en faire des certitudes, plus ils s'aperçoivent que ces croyances n'appartiennent qu'à eux.

À l'inversion communicationnelle où l'effet protreptique se convertit en effet exhibitif, se corrèle une inversion mentale où la croyance se subordonne aux désirs. On s'aperçoit toujours ne croire qu'à ce qu'on désire croire tant qu'on ne peut être certain de l'objectivité de la vérité véhiculée par cette croyance. Mais le rapport de justification des croyances et des désirs, de ce qu'on appelle habituellement « rationalité » fonctionne sur la prémisse inverse : sur le principe suivant lequel on ne doit avoir que des désirs subordonnés à des croyances justifiées et accordés à elles. S'éprouve, au cœur de cette inversion mentale, la déconnexion maximale des interlocuteurs d'avec la réalité, car l'on n'y enregistre plus alors que le fait qu'on s'écoute croire, qu'on s'écoute soi-même dans le contenu de la croyance en y reconnaissant son propre désir de la croire vraie : ce qu'on a dû présupposer qu'elle était pour pouvoir l'avoir pensée, pour en avoir désiré la vérité au point de la penser.

Dans la morale expérimentale du test de transmission des croyances et des désirs, on désire s'écouter les uns les autres. Seul ce désir d'écoute de soi et d'écoute mutuelle est autorisé à se satisfaire sans que ce cercle de communication puisse pour autant se rattacher au cercle de la réalité du monde ou de la réalité des individus, c'est-à-dire des seules réalités dans lesquelles ils puissent se reconnaître comme sujets, comme sujets qui se jugent être ce qu'ils sont et qu'ils le sont aussi effectivement qu'ils se jugent l'être.

Cette psychologisation des situations de parole renforce la guerre des jugements au lieu de la clore. Plus autrui refoule notre jugement performatif (puisqu'il n'a pas pu l'avoir en même temps que nous et qu'il ne peut donc être que faux), plus il devient inconditionnellement contraignant de lui montrer la vérité et la véridicité de la croyance qui le soustend, mais plus celle-ci devient idiosyncrasique, déconnectée du désir d'autrui, plus elle paraît coupée du circuit communicationnel et privatisée.

La généralisation de la promesse à tout acte de parole opérée par J. Searle et la façon dont elle anime déjà notre expérimentation communicationnelle quotidienne conduisent à son terme la désocialisation qu'elle prétend endiguer. L'impossibilité de s'assurer d'avance de la sincérité des agents illocutoires de promesses voue les contrats de reconnaissance d'obligations mutuelles que sont les actes de parole à renforcer l'incertitude sociale sur la valeur de ces promesses et sur l'authenticité de ceux qui les font. Cette incertitude sociale se généralise donc et s'intensifie jusqu'à faire douter hyperboliquement de la validité du but de toute socialisation : de la possibilité d'accéder à l'équité visée et au bonheur social et individuel qui est présumé en dériver, elle accélère l'escalade des affects, des exigences et des condamnations portées sur autrui et par lui. On ne peut les détourner de nos voisins les plus proches qu'en tentant de s'en assurer la maîtrise une fois pour toutes : en se convainquant qu'elles sont justes d'entrée de jeu, dès lors qu'elles se portent sur l'étranger, sur les autres peuples, sur les capitalistes, sur les noirs, sur les palestiniens ou sur les juifs, tentant ainsi de restaurer ainsi l'espace *a priori* de certitude de notre salut social.

La seule solution qui semble pouvoir nous arracher à cette privatisation du jugement serait de montrer que la compréhension sémantique du verbe par lequel nous exprimons et faisons ce que nous disons en parlant, nous fait toujours déjà sortir de nos croyances et de nos désirs privés, à la fois (1) – pour communiquer que nous faisons l'action même que nous disons faire en communiquant et (2) – pour le faire. Nous devons poser la réalité de l'acte de promettre ou d'ordonner pour pouvoir comprendre ce que nous faisons. Le réalisme illocutoire de J. Searle fait qu'on ne peut comprendre ce qu'on dit sans comprendre qu'on pose comme réalité indépendante des sujets, la réalité de l'acte de parole comme réalité et comme acte. On sortirait ainsi d'entrée de jeu du cercle solipsiste des monades énonciatrices et allocutaires vouées à n'écouter qu'elles-mêmes. Le langage illocutoire serait de nature nécessairement hétéro-référentielle bien qu'il donne l'apparence du contraire : il produirait un monde commun et indépendant des sujets, le monde des actes illocutoires. Dans la promesse, je ne crois pas simplement promettre, je ne désire pas simplement promettre, je ne promets pas simplement de promettre, je contracte effectivement l'obligation que je dis contracter, et ce, du seul fait que j'énonce ma promesse.

L'accord avec autrui présupposé dans l'acte qu'on veut réaliser à l'avantage de l'allocutaire se trouve instrumentalisé dans cette promesse. On s'y fait l'instrument de réalisation de l'accord sur la réalisation inconditionnelle de l'objet de promesse. On s'y présente comme l'esclave d'autrui, comme celui qui met son action à son service et ne peut lui donner de plus belle preuve d'être bien en harmonie avec ses buts que la façon dont il met déjà à son service son énonciation en en faisant une promesse, après avoir identifié l'avantage et le désir d'autrui en s'identifiant parapsychologiquement à lui, à ses actions consommatoires, se faisant ainsi accepter comme son psychologue patenté. L'identification de cet intérêt, la façon dont nous remplissons parfaitement notre rôle de psychologue, doit témoigner de notre sincérité d'esclave.

Mais comment autrui saurait-il que nous sommes bien l'instrument que nous nous y disons être ? que nous ne nous y contentons pas de nous engager à nous engager en restant factuellement insincères ? La communication illocutoire parvient-elle à instaurer un horizon commun d'orientation, indépendant des interlocuteurs et porteur de certitudes aussi certaines qu'on le désire ? Il est bien évident que non, car la reconnaissance de l'acte illocutoire et son acceptation comme telle par l'allocutaire reposent toutes deux sur la confiance qu'a celui-ci en la sincérité de l'énonciateur, mais cette croyance ne peut jamais devenir une certitude, aucun des partenaires ne pouvant être parapsychologiquement présent à la conscience de sincérité ou d'insincérité de l'autre. Toute certitude sur l'acte illocutoire, sur son existence et sur son essence : sur sa force effective d'obligation, dépend de cette certitude qui a trait à la sincérité des partenaires, aussi celle-ci paraît *a priori* et inéluctablement incertaine. Dans cet horizon d'analyse, toute énonciation est réductible à une promesse, mais la déclaration performative de promesse ne peut jamais y être ni endossée, ni justifiée, ni couverte par son expression.

Dans ces trois cas, tout se passe comme si l'on voulait s'approprier d'avance (performativement, protreptiquement ou illocutoirement) le jugement de ses allocutaires en empêchant, par les conditions de réussite qu'on impose à cette reconnaissance, qu'il puisse être faux. Tout se passe comme si l'on cherchait à savoir qu'il est vrai dès lors qu'on l'a compris et qu'on adhère dans la croyance ou le désir à ce qu'on a compris ou fait comprendre. Tout se passe comme si les interlocuteurs se faisaient parler les uns les autres à condition qu'ils ne jugent pas ce qu'il disent, mais qu'ils soient jugés par leurs allocutaires, c'est-à-dire qu'ils ne parlent pas. On s'y juge toujours soi-même comme un autre et au nom de l'autre. Mais on interdit allègrement, du même mouvement, à tout autre de le faire, d'être lui-même cet allocutaire d'autrui qu'il doit être également puisqu'il ne peut remplir les conditions d'ubiquité parapsychologique qu'il doit remplir pour pouvoir faire le minimum de ce qu'il ait à faire, pour pouvoir accepter ma promesse de dire et de faire ce que je dis que je fais au moment même où je lui dis que je le fais. On transforme ainsi, si l'on suit les règles essentielles de Searle et si on transforme toutes ses énonciations en promesses (y compris les ordres), les expériences de reconnaissance illocutoire mutuelles en ritualisation parapsychologique de la mésentente, impuissant qu'on est alors de différencier reconnaissance illocutoire et mésentente.

L'aperception de ces effets a incité Apel et Habermas, on le sait, à imaginer une situation utopique où le pouvoir législatif de promulguer des lois accordées aux seuls besoins universalisables qui soient adaptés aux progrès scientifiques et techniques, serait confié à une discussion argumentative au sein de l'opinion publique. Malheureusement, l'absence d'instincts extra-spécifiques caractérise l'homme comme prématuré chronique, né un an trop tôt, aussi ce programme de législation contractuelle est-il toujours condamné à chercher des besoins et des lois objectivement introuvables, et à demeurer lui-même utopique. Puisque le recours à la communication qu'opère la législation politique réelle ne se justifie pourtant qu'en faisant appel à ce consensus idéal et à l'harmonie métaphysique qu'il présuppose entre besoins et lois, il semble que la seule rétribution équitable à laquelle puissent aspirer les partenaires de la démocratie philosophique découverte en Amérique réside dans la contemplation ironique de soi accordée si généreusement par R. Rorty aux dieux et sujets du consensus que nous sommes voués à être[6].

3. La thérapie philosophique des actes de parole

Cette désocialisation n'est pourtant qu'une maladie de la réflexion philosophique et elle n'atteint pas le fonctionnement réel du langage dans sa créativité propre. Aussi suffit-il de rétablir l'exercice de jugement de vérité dans l'usage des actes de parole pour guérir individus et groupes de leur volonté de maîtrise morale d'eux-mêmes qu'ils cherchent à s'approprier dans cette expérimentation totale d'eux-mêmes par la parole.

Contre les théories des actes de parole, il me faut réaffirmer que l'homme ne peut être tout ce qu'il est, qu'en pensant vraies les propositions par lesquelles il fait apparaître à ses yeux et aux yeux d'autrui perceptions, connaissances, actions, désirs et paroles. Mais il ne peut être ce qu'il objective, que s'il juge et fait juger que ce qu'il objective ainsi, est aussi objectif qu'il a dû présupposer que cela l'était en préjugeant qu'il était ces perceptions, ces connaissances, ces actions, ces désirs et ces pensées pour avoir pu les penser, pour avoir désiré être ce qu'il fait advenir en lui en pensant vraie la proposition par laquelle il le fait et pour s'y être identifié le temps de les penser. Il partage avec autrui ces vérités, qu'elles soient théoriques ou pratiques, en se mettant ainsi face à ces réalités et en les faisant reconnaître comme telles. Il y trouve son bonheur de vérité ou non, sans pouvoir se l'approprier d'avance en forgeant un corps de règles logiques, épistémologiques, morales ou politiques, car il doit mettre en œuvre à chaque fois une structure

---

[6]. Voir R. Rorty, *Contingency, irony and solidarity*, Cambridge University Press 1989.

universelle de jugement qui est à la fois sensible (audio-phonique) et intellectuelle (comme écoute de l'écoute).

Cette reconnaissance contraint à substituer le primat de la raison théorique au primat de la raison pratique, prôné par la pragmatique des actes de parole. Mais il s'agit cette fois de soumettre la raison pratique à la raison théorique dans les rapports intersubjectifs, sociaux et politiques eux-mêmes et en montrant comment cette raison « pratique » n'est « raison », qu'en se pliant déjà à la dynamique de vérité qui l'anime. La finalité de la raison n'est pas de permettre à chacun de faire de lui-même, à l'aide du consensus avec autrui et du consensus moral avec soi-même, l'être qui peut jouir toujours et partout de son aptitude à adhérer ou à désadhérer à ses représentations d'action et de désir, en expérimentant son aptitude à substituer le consensus à ses désirs comme à son propre jugement.

Ne socialisent les individus que les rapports sociaux et intersubjectifs qu'on se reconnaît être et qu'on se juge être dans l'expérience même qu'on fait de la vie, comme on se reconnaît être dans la communication la seule réalité qu'on s'y dise être : ce désir de parole qu'on comble comme le besoin qui permet de combler tout autre besoin, en y jugeant de l'objectivité de la connaissance qu'on y transmet, de l'objectivité de l'action qu'on y produit et de l'objectivité du désir qu'on y comble. L'exercice du jugement de vérité consiste en effet à ne réaliser et à ne faire réaliser que ce qu'on a jugé qu'on était ou qu'était autrui pour avoir pu le penser et avoir dû mutuellement s'y reconnaître comme dans un mode d'être qu'on ne peut être qu'en commun.

La neutralisation philosophique du jugement que secrète la pragmatique ne fait que reconduire un autisme de la réflexion, celui que l'homme a inscrit au cœur de la civilisation en refoulant de façon indistincte, par le biais du rapport aux dieux ou au Dieu de parole, volonté de puissance et jugement de vérité. Aussi suffit-il d'une brève anamnèse de l'évolution phylogénétique pour reconnaître comment chacun surmonte toujours déjà cet autisme, contraint qu'il est déjà par l'usage du langage à suivre la loi de vérité et à respecter son propre jugement d'objectivité, et ce, même si la réflexion pragmatique sur cet usage ne peut parvenir à faire suivre cette loi et à faire respecter cet usage, enchaînée qu'elle est encore à cet usage, hypothéquée qu'elle est par la subordination qu'elle prône de la raison théorique à la raison pratique.

Il est bien connu que l'homme n'a supporté la puissance de lucidité de son propre jugement qu'en la rapportant aux dieux ou au Dieu souverain qui présidai(en)t au cours du monde et à celui de la vie, dérivant leur infaillibilité, de leur puissance créatrice et de leur pouvoir de sanctionner l'homme par la souffrance et par la mort. Seules la différenciation des fidèles par rapport aux divinités et la soumission à leurs injonctions, les autorisaient à croire en leur clémence : à croire qu'aucun événement mortel n'interviendrait comme sanction en réponse à leurs infractions.

Le refoulement de la prosopopée divine hors du monde était basé sur le refoulement de leur propre parole, prêtée, comme instance dernière, aux divinités. Étaient ainsi refoulés, indissociablement, le pouvoir qu'a le langage de faire apparaître le monde comme monde et ce qui était ressenti comme infaillibilité du jugement. Dépositaires d'une force d'attrait maximale et détenteurs d'un pouvoir de terroriser également maximal, les dieux permettaient, par leur existence même, d'affronter la mort, la maladie, les cataclysmes naturels et les défaites militaires, bref tous les traumatismes que la parole humaine était impuissante d'elle-même à régler. Le refoulement en eux des pouvoirs de la parole garantissait d'avance que les événements traumatisants ne se répètent pas. Comme l'enfant autistique croit en sa toute-puissance négative : en son pouvoir d'empêcher la répétition de l'événement traumatisant en s'empêchant de parler et qu'il voit sa croyance confirmée ou renforcée tant qu'il ne perçoit pas la répétition de l'événement traumatisant, l'homme archaïque attribuait l'absence de répétition des événements traumatisants à sa reconnaissance des divinités ainsi qu'à sa soumission à leurs interdits et à leurs impératifs.

La reconnaissance de la fondation de tout Tiers dans le Tiers de parole, instaurée par le monothéisme judaïque, n'a pas levé ce refoulement, mais l'a au contraire renforcé en rapportant l'infaillibilité du jugement de Dieu et sa justice à sa force créatrice. La mort du Dieu leibnizien survenue au XVIIIè siècle et la disparition de la croyance en la pré-harmonisation du monde et de l'homme qui l'accompagne ont levé, comme l'a montré O. Marquard, le rideau sacré de protection de l'homme à l'égard de lui-même.

Chacun devient directement pour tous les autres celui qui doit répondre à tous leurs besoins, en répondant à leur besoin de vérité. Perçu comme Tiers apte à répondre favorablement et infailliblement aux besoins des autres, ses actes de parole sont toujours nécessairement en défaut par rapport à ce qu'on attend de lui. Dieu ne pouvant plus être accusé du mal, l'homme en devient le seul responsable. Chaque jour il doit répondre de sa vie quotidienne devant le tribunal social, aussi s'était-il enfui, au 18ème siècle, dans la théorie pour s'inventer, dans la philosophie de l'histoire, une perfectibilité et un mythe de progrès, pour se rendre son innocence par l'entremise d'une anthropologie philosophique et s'assurer, dans l'esthétique philosophique, d'être bien l'irresponsable qu'il désire être, en se considérant hors de tout circuit de responsabilité, cognitive ou morale[7].

Dans cet horizon de surtribunalisation, qui continue plus que jamais à être le nôtre, chacun est voué à être non seulement accusé, mais aussi à être déclaré coupable : il est voué à ne pouvoir être le Tiers de vérité, l'acte de parole infaillible qu'on désire qu'il soit, il fait figure d'usurpateur et est dénoncé, à juste titre, semble-t-il, comme tel. Le traumatisme lié au sentiment individuel d'être surchargé de devoirs et d'être impuissant à répondre à ces attentes mène au sentiment d'inexistence : au sentiment de ne pouvoir être la seule chose qu'on ait à être. Il engendre donc une désindividualisation intégrale.

Chacun fait sien le verdict de culpabilité prononcé par tous ses partenaires sociaux à son égard et replonge dans l'angoisse originaire : celle par laquelle le nourrisson ressentait le hiatus produit par l'accumulation d'énergie sensorielle et l'incapacité à s'en décharger par l'action, en levant l'inhibition posée sur ses programmes moteurs pour ne déclencher l'activation que de celui qui convient. Elle est ici liée à la conscience de ne pouvoir répondre par la connaissance, l'action ou la

---

[7]. Cf. H. Weinrich, « Histoire littéraire d'un événement mondial : le tremblement de terre de Lisbonne » in *Conscience linguistique et lectures littéraires*, Paris, Editions de la Maison des Sciences de l'Homme, 1989, p. 10 ; O. Marquard, « L'homme accusé, l'homme disculpé dans la philosophie du XVIIIè siècle » in *Vingt ans de pensée allemande*, Revue *Critique,* 1981, no 413, p. 1015-1037. Les trente dernières années de débat philosophique en langue allemande ont restitué nombre des composantes de l'horizon de surtribunalisation qui avait fait naître les Lumières (Cf. à ce sujet le compte-rendu critique que je proposais du numéro spécial de la Revue *Critique* consacré en 1981 aux *Vingt dernières années de pensée allemande* dans : « L'entretien de l'herméneutique avec la Modernité » in : *Les Etudes philosophiques* ; 1982, no 2, p. 217-226).

perception à la pression de l'environnement externe et à celle de sa propre conscience. En remettant son pouvoir de juger au consensus, au monde sensible et au bonheur social et psychique, il s'innocente d'avance par procuration devant la seule instance qui puisse le mettre en accusation, devant le consensus avec autrui.

La façon dont la conscience se fait apparaître à elle-même dans les actes de parole et cherche à se réaliser elle-même en conformant ses diverses expériences sensibles au modèle pragmatique, est dictée, sans qu'elle le sache, par la façon dont l'identification phonique et auditive aux sons permet de subordonner l'usage des appareils moteurs à l'usage récepteur de la vision, contraignant à penser toute appropriation de soi du monde et d'autrui, comme un mouvement d'anticipation qui doit se présupposer réussi pour pouvoir se déterminer.

Réduit à la conscience métapsychologique que l'on peut avoir directement de son usage, le langage paraît être un adaptateur de toute action motrice à la vision, dans la mesure où on y anticipe et s'y transmet ses anticipations d'accord avec le réel et avec autrui, sous couvert de croyances, de désirs, d'intentions d'agir ou d'actions illocutoires. Le rapport verbal à la réalité du monde visible et d'autrui fait intervenir d'avance cette réalité comme instance anticipée par ce vouloir d'appropriation, mais indisponible au désir de le produire à volonté : car la conscience de pensée tout comme la conscience de parole mime, pour se produire, la façon dont l'identification anticipée du son à entendre permet à l'organisme humain de poser la voix aussi bien que de percevoir la conformité ou l'absence de conformité du son entendu et émis par rapport au son anticipé.

La conscience de vérité saisit donc le résultat de ce mouvement comme conformité simultanéisable de la représentation et du représenté, mimant ainsi le rapport de la vision à la réalité vue. Le vouloir de vérité ne semble, dans ces conditions, pouvoir se combler en s'appropriant cette conformité du réel et d'autrui à elle-même, qu'en déléguant la fonction du jugement au visible et à autrui, à l'autre d'elle-même que pose la pensée ou la parole comme l'écoute anticipatrice se juge elle-même en réussissant à se reconnaître ou non dans les sons entendus.

L'identification à la réception auditive aux sons se manifeste donc comme l'impensé sensible du langage, qui secrète une apparence transcendantale et un enchaînement invisible à cette apparence phénoménale de la parole, reflété précisément dans le phénomène mental de la production de l'acte illocutoire par la conscience d'énonciation. Puisqu'on ne voit dans la vérité que ce rapport qui enchaîne *a priori* à la production invisible de l'accord du visible et de l'accord d'autrui par les sons, puisqu'il advient lui-même à la conscience comme ce rapport indisponible et transcendant qui nous délivre *a priori* de juger notre jugement, tout rapport de vérité apparaît réductible au rapport de réussite qui lie l'énonciation illocutoire à l'acte illocutoire, en anticipant l'accord d'autrui sur la réalité de l'occurrence de cet acte, dans la forme verbale même qui est utilisée pour le faire.

Le mouvement de parole y prend les allures d'un vouloir, le vouloir de consensus et ne trahit la visée de vérité cachée dans le désir de se conformer aux décrets de cette instance indisponible qu'en s'anticipant réussie pour pouvoir s'opérer : sous la forme catégorique (paradigmatique) du performatif ou de l'illocutoire. Ce vouloir s'appuie sur le vouloir d'accord avec soi, en adoptant les décrets de la conscience : l'auto-affection de croyance, de désir ou d'intention d'agir paraît légitimer, – du seul fait qu'elle arrive comme reconnaissance d'adhérence factuelle de soi-même à ce qu'on pense –, l'aptitude de chacun à s'enchaîner à l'action, à la façon dont il s'enchaîne à ce qu'il dit avec toute la sincérité souhaitable.

Se cache sous ces deux aspects de l'apparence transcendantale, celui de la production illocutoire d'accord et de l'auto-affection mentale par cet accord, la loi de vérité comme loi de constitution de toute expérience : l'impossibilité de penser ce qu'on pense ou ce qu'on pense de ce qu'on dit, sans le penser vrai, ainsi que la nécessité de reconnaître si ce qui a été pensé vrai est aussi vrai ou aussi faux que cela a été pensé vrai.

Pour valider cette loi, il suffit de la rétablir en la décrivant et en la désintriquant de la métaphysique du désir sous-jacente à ce vouloir comme à tout vouloir moral : on rétablit ainsi la nécessité d'exercer en personne ce jugement et d'en respecter le temps.

Mais pour guérir la réflexion malade de cette apparence transcendantale, pour faire échapper cette réflexion à cette possession pragmatique, il faut pouvoir lui faire reconnaître qu'il est vrai qu'il soit faux qu'elle puisse se dispenser de respecter ce temps du jugement. Ce que j'ai tenté d'opérer dans ce texte.

Silja Freudenberger

Qu'est-ce qu'un sujet épistémique? Que peut-il savoir ?

Qu'est-ce qu'un sujet épistémique (ou bien sujet des connaissances) et que peut-il savoir? Ces questions épistémologiques concernent les deux dimensions « Individu et Sujet » et « Individualité et Socialité », en particulier ce dernier problème : « Individu et Socialité ».

Pour les aborder, je suivrai dans cet exposé le fil suivant : en premier lieu, j'avancerai la thèse que si les sujets épistémiques sont sans aucun doute des individus, il est cependant plus pertinent de penser aussi le collectif comme sujet épistémique. Corrélativement, je plaiderai qu'il ne faut pas réduire le domaine de ce que peut connaître le sujet épistémique à un savoir propositionnel, mais qu'il faut lui attacher également des capacités d'ordre pratique (« savoir-comment » et non plus « savoir-que »). En troisième lieu, je soutiendrai que la réponse à la question de savoir *ce que* peut connaître le sujet épistémique dépend de manière décisive de la conception qu'on se fait de qui est ce sujet.

1. Le sujet épistémique

Je prends pour commencer un concept du sujet épistémique qui ne présuppose rien si ce n'est que, là où quelque chose est su, figurent forcément aussi ceux qui savent. Le sujet épistémique n'est donc d'abord que le sujet de la proposition « S sait que p » ; et on dira des sujets qui possèdent des connaissances et des capacités qu'ils sont des sujets épistémiques.

On ne doute plus que les individus puissent être considérés plus judicieusement comme sujets épistémiques. Les individus ont des convictions. Ils savent des choses. Je sais qu'on construit un nouveau bâtiment d'informatique juste en face de mon bureau.

Reste pourtant une question absolument problématique : celle de savoir si le sujet épistémique *doit forcément* être conçu comme un individu ou si, tout simplement, il peut dans chaque cas être compris avec plus de pertinence comme un individu. Parmi les philosophes analytiques du dernier tiers du XXè siècle, c'est Hilary Putnam qui, le premier, a formulé ce point de manière très claire : dans son texte intitulé : *La signification de la « signification »*. Il insiste sur l'importance du fait qu'il existe une différence de signification entre « orme » et « hêtre » et que celle-ci vient de ce que, si lui-même ne peut en vérité reconnaître la différence entre un orme et un hêtre, il y a quelqu'un (un expert quelconque) pour différencier ces deux arbres. Bien évidemment, Putnam *pourrait* à peu près reconnaître la différence entre ces deux arbres à la forme de leurs feuilles etc., *si* quelqu'un la lui indiquait. Mais tout ce qu'il sait, par lui-même, sur les ormes est identique à tout ce qu'il sait sur les hêtres. Il sait qu'il existe une différence entre ces arbres, mais il ne peut la nommer. S'il n'y avait *personne* capable de différencier les ormes des hêtres, l'affirmation de leur différence serait alors vide. La différence de signification entre « orme » et « hêtre » tient donc au fait que quelqu'un peut toucher celle-ci du doigt.

Ce que Putnam explique encore à l'aide d'une distinction entre l'or et le non-or, une distinction que seuls des experts peuvent faire. Tout membre d'une communauté linguistique qui a affaire à l'or doit savoir jusqu'à un certain degré ce qu'est l'or, la raison pour laquelle on peut en avoir besoin, etc... Mais seul un sous-ensemble minime de cette communauté est en mesure d'affirmer en toute certitude s'il s'agit véritablement d'or à l'examen d'une substance qui a l'apparence de l'or. C'est ce que Putnam appelle « l'hypothèse de la division linguistique universelle du travail : chaque communauté linguistique révèle le genre de division linguistique du travail justement décrit ; autrement dit, chaque communauté linguistique possède au moins quelques termes pour lesquels vaut le constat suivant : à chaque fois, seul un sous-ensemble des locuteurs utilisant ces termes connaît les critères qui leur sont attachés ; l'usage de ces termes par d'autres locuteurs dépend d'une coopération structurée entre ces derniers et les locuteurs du sous-ensemble pertinent. »[1]

Putnam en tire cette conclusion que les significations ne sont « pas dans la tête » (de l'individu).

Tandis que, dans le cas des ormes et des hêtres, il semble encore possible que chaque membre d'une communauté linguistique sache en quoi consiste leur différence, le cas de l'or, et des substances qui s'apparentent

---

[1]. Putnam 1979, p. 39.

à l'or, fait appel à une expertise de nature scientifique, que tout le monde n'a pas.

Plus on se tourne vers le domaine de la science, et plus il apparaît clairement qu'un certain savoir n'a lieu que par une coopération entre des experts hautement spécialisés. Et les éléments isolés d'un tel savoir, aucun individu isolé ne saurait en saisir la portée. Voilà ce qu'est le phénomène de la division *épistémique* du travail.

John Hardwig soulève la question de savoir ce que cela signifie quant à la constitution du sujet épistémique. « Très nombreux sont donc les cas, *dans les limites* de la quête du savoir, où il y a clairement un réseau complexe d'appels à l'autorité de divers experts ; le savoir qui en résulte n'aurait pu être atteint par n'importe quelle personne seule. Ce qui donne à peu près ceci :

A sait que m.

B sait que n.

C sait (1) que A sait que m, et (2) que si m, alors o.

D sait (1) que B sait que n, (2) que C sait que o, et (3) que si n et o, alors p.

E sait que D sait que p.

Supposons que ce soit là l'unique façon de savoir que p, et que, de plus, personne « sachant » que p ne sait que m, n et o, sauf à savoir que d'autres le savent. D ou E savent-ils alors que p ? Quiconque sait-il que p ? Ce p est-il connu ? À moins de vouloir soutenir que la plus grande partie de nos recherches scientifiques et académiques ne pourrait *jamais* aboutir à de la connaissance, dans la mesure où la méthodologie de pareilles entreprises repose sur la coopération, j'admets qu'il nous faut dire que p est connu dans ces cas-là. Mais si D ou E sait que p, nous devons aussi dire que quelqu'un peut connaître cela « indirectement », autrement dit sans avoir la preuve de la vérité de ce qu'il sait, peut-être même sans comprendre entièrement ce qu'il sait. [...] Une autre conclusion est possible : à savoir que p est peut-être connu, non pas par n'importe quelle personne seule, mais par la communauté constituée de A, B, C, D et E. Peut-être D et E ne sont-ils pas habilités à dire « Je sais que p », mais seulement « Nous savons que p. » »[2]

---

[2]. Hardwig 1985, p. 348 sq.

Je crois que ces conclusions sont toutes les deux justes et importantes. On peut aussi bien dire que E sait que p parce que D le sait et le lui a appris, mais la notion qu'a E de p est imparfaite. Je sais, par exemple, que l'hypothèse de Fermat a été prouvée près de deux siècles après, mais je ne saurais dire en quoi consiste cette preuve.

Cependant, il est aussi certains cas où dire « *Nous* savons que p » fait sens. À tout le moins lorsqu'il est question des domaines du savoir, et de la production du savoir, si hautement complexes qu'aucun individu ne saurait présenter, dans tous les domaines, les connaissances nécessaires à ce savoir. Hardwig emprunte son exemple à la physique nucléaire, où il arrive que soient publiés des articles co-écrits par 99 auteurs. De tels exemples, on en trouve aussi bien dans tous les domaines de la science (et pas seulement de la science) où il y a un sens à dire : « *Nous* savons ce qu'est l'or, même si nous n'avons pas tous une connaissance totale de l'or. » Seul le collectif en tant que tout détient le savoir le plus parfait possible à l'instant *t* sur un objet épistémique donné (l'or, la physique des particules, les hêtres, la première guerre mondiale, etc.). Il est donc pertinent d'admettre comme sujets épistémiques non seulement les individus, mais les collectivités.[3]

Suggérons dès à présent que répondre à la question « Qu'est-ce qu'un sujet épistemique ? » (l'individu ou un collectif), ce n'est pas seulement déterminer ce que peut savoir ce sujet, c'est aussi définir la constitution d'un objet en *objet épistémique*.

2. « Savoir-que » et « savoir-comment » (Que peut savoir le sujet épistémique ? 1ère partie)

L'objet sur lequel porte la théorie occidentale de la connaissance et qui en est le paradigme, c'est le savoir propositionnel de forme « S sait que p ». Dans la première partie de mon exposé, j'ai soutenu que le sujet épistémique S, qui sait que p, n'était pas forcément à comprendre comme un individu ; qu'il est des cas où l'on peut plus judicieusement dire d'un

---

[3]. Voir aussi Bartelborth 1996, p. 64 et suivantes : « Par « sujet épistémique », j'entendrai principalement les hommes avec leurs convictions, ce qui n'exclut pas pour autant d'autres possibilités. Ainsi, pourraient se présenter comme sujets épistémiques des groupes d'hommes (il suffit de penser à l'abondante « communauté scientifique »), d'animaux, d'ordinateurs, ou même Dieu. »

collectif qu'il est, en tant que tout, un sujet épistémique. Dans cette deuxième partie, je plaiderai pour qu'on ne prenne pas non plus le concept de savoir dans un sens trop étroit et qu'on admette, à côté du savoir propositionnel, d'autres formes de savoir.

Charles S. Peirce, John Dewey et Gilbert Ryle sont simplement trois de ces philosophes occidentaux du XXè siècle ayant largement souligné le fait que le savoir ne consiste pas uniquement en un savoir propositionnel, mais qu'il existe en outre des formes véritables de savoir (pratique) qui ne se laissent pas subsumer sous la formule « S sait que p ». Ces trois auteurs tiennent le savoir théorique libellé sous la forme de propositions pour le résultat d'une *praxis* théorique, qui n'est qu'une forme particulière de l'agir et du savoir pratiques : voilà comment tous trois peuvent être lus.

J'entrerai dans le détail du pragmatisme de Peirce dans ma prochaine partie. Pour le moment, je présenterai au préalable la problématique telle que se la représentent Dewey et Ryle. Le philosophe pragmatiste John Dewey retrace l'origine du concept de savoir réduit à sa dimension propositionnelle à partir d'une « séparation tranchée entre la théorie et la pratique »[4], opérée par les Grecs de l'Antiquité et ayant entraîné de nombreuses conséquences.

L'une d'elles fut une *dévalorisation* de la pratique : il n'est de certitude à la fois véritable et éternelle que dans la pure théorie. Dans le domaine de la pratique, tout est toujours changeant, temporaire et en cela incertain. Il ne saurait s'y trouver de certitudes immuables mais, au mieux, seulement un degré défini de certitude. Or ce qui est changeant, ce qui se transforme trahit un défaut d'être, « est infecté de non-être »[5] et ne saurait *donc* être l'objet d'une connaissance véritable, ayant rapport à l'éternel et à l'étant au sens plein du mot.

Il est important de remarquer au passage que la dévalorisation de la praxis correspond à la division du travail dans les sociétés humaines : philosophie et pure connaissance sont le privilège de ceux qui n'ont pas à travailler avec leur corps. Le revers de la médaille, c'est que les activités pratiques sortent du domaine du *savoir*, et ceux qui les exécutent ne sont pas pensés comme d'authentiques sujets *épistémiques*[6] : « Du côté de la

---

[4]. Dewey 1998, p. 9.
[5]. *Ibid.*, p. 23.
[6]. Voir aussi : *Ibid.*, Chapitre 1.

connaissance, ce partage [de la théorie et de la pratique, ou plutôt de « l'activité pure » et de « l'agir pratique »] a amené avec lui une distinction entre la connaissance, au sens fort du mot, et l'opinion. »[7] En somme, ceux qui agissent en pratique disposent uniquement de l'opinion, alors que le *savoir* (compris à partir de Platon comme l'opinion vraie et justifiée) demeure l'apanage de ceux qui se sont occupés de théorie, théorie dont le règne est pensé comme immuable. Ce qui conduit à une séparation hiérarchique de la « science (théorique) » et du « simple artisanat », et ceux qui pratiquent ce dernier sont discrédités du point de vue de la connaissance.

Dewey estime que cette séparation est devenue obsolète avec les sciences empiriques modernes : le paradigme moderne de la connaissance, c'est la pratique expérimentale propre aux sciences de la nature. Ici, la *praxis* a un rôle prépondérant ; la théorie comme la pratique sont conçues comme faillibles. Les vérités scientifiques sont temporaires, elles peuvent toujours être révisées : ce ne sont plus des vérités éternelles que l'on vise.

Pourtant, les philosophes féministes Alcoff et Dalmiya attirent à juste titre notre attention sur le fait que c'est précisément le paradigme du savoir tel qu'il est mis en exergue par les sciences modernes de la nature, où interagissent la pratique de l'expérimentation et la théorie fixée par écrit, qui a contribué à discréditer le savoir traditionnel des femmes. Elles montrent que c'est justement dans les sciences que la séparation entre la théorie et la pratique n'a pas été dépassée et qu'une certaine compréhension de la théorie exclut du domaine de l'épistémologie tout savoir pratique non-codifié, et avec lui, en particulier, le savoir traditionnel des femmes[8].

Elles nous rappellent que le modèle du savoir contenu dans les sciences est encore un modèle d'exclusion et elles plaident pour que l'on trouve des modèles de savoir qui perçoivent et intègrent chacun et chacune comme sujet épistémique.

La critique qu'Alcoff et Dalmiya formulent à l'encontre du modèle « scientifique » du savoir peut aussi être lue selon l'idée que, à l'intérieur de la science comme pratique, un domaine du théorique s'est maintenu qui codifie le savoir sous la forme de propositions (S sait que p) et qui a

---

[7]. *Ibid.*, p. 22.
[8]. Alcoff et Dalmiya 1993.

la forme d'un ensemble de règles fixes du comportement pratique se rattachant à la théorie.

À l'inverse, Dewey souligne que même l'agir théorique appartient à l'agir et que ses résultats sont provisoires, faillibles, qu'ils peuvent être révisés. Il est d'avis, comme après lui Popper et, avant lui, Peirce, que toute pensée consiste à résoudre un problème et qu'en conséquence toute pensée est un agir pratique.

Quant au philosophe du langage ordinaire, Gilbert Ryle, il partage cette conception du primat de la pratique et récuse celle d'un théorie qui serait la condition d'une pratique couronnée de succès. « Premièrement, il existe de nombreuses manières d'agir dans lesquelles l'intelligence se révèle mais dont les règles ou les critères ne sont pas formulés. Le plaisantin à qui on demanderait quelles sont les maximes ou les règles d'après lesquelles il imagine et juge ses blagues ne saurait répondre. Il peut faire de bonnes blagues, en reconnaître de mauvaises, mais il ne peut donner de recettes, pas plus à lui qu'aux autres. La pratique de l'humour n'est donc pas une cliente de sa théorie. Les règles du bon goût, celles des bonnes manières, ou de l'invention, demeurent non-écrites, sans que cela représente une quelconque entrave à l'exercice intelligent de tels talents. »[9] Ryle ajoute plus loin que les gens pouvaient reconnaître devant Aristote des arguments absolument mauvais. Il en tire cette conclusion : « Une pratique couronnée de succès précède sa propre théorie. »

Par « savoir-que », Ryle comprend une somme de propositions (de règles) qui ne sont ni nécessaires, ni suffisantes pour une pratique réussie. Par exemple, pour faire un bon gâteau, je ne dois pas déclamer étape par étape les règles de cuisson des gâteaux : je sais que j'ai besoin de trois oeufs et de 500 g de farine, etc. Une maîtrise de la règle ne suffit pas : le gâteau sera raté si je ne prends pas 4 oeufs au lieu de 3, s'ils sont très petits, ou si je ne sors pas le gâteau du four après seulement 40 minutes de cuisson, parce qu'il est déjà très doré et risque de brûler. En outre, un tel ensemble de règles ne saurait jamais être exhaustif, autrement dit, il ne saurait parer à toutes les éventualités. C'est pourquoi la maîtrise des règles n'est pas non plus nécessaire : je baisse le thermostat ou je sors tout simplement le gâteau du four quand il devient trop doré, et pour cela

---

[9] Ryle 1969, p. 33.

je n'ai besoin d'aucune règle explicite formulée en une proposition, mais plutôt d'expérience pratique.

En résumé, la séparation de la théorie et de la pratique à l'Antiquité a entraîné une dévalorisation de la pratique qu'on recense aujourd'hui encore, dans la théorie de la connaissance, à travers le privilège accordé au savoir propositionnel sur le savoir pratique, non-propositionnel. Ce qui conduit à discréditer les sujets épistémiques dont les connaissances sont, en premier, de nature pratique.

Toute conception du sujet épistémique devrait néanmoins satisfaire aux réquisits suivants : elle devrait à la fois reconnaître les productions épistémiques de *tout* individu et reconnaître *toutes* les productions épistémiques des individus, par conséquent, celles aussi qui se rapportent au savoir pratique. Elle devrait en outre prendre en considération la possibilité que des collectivités épistémiques puissent être, en tant que collectivités, des sujets épistémiques. Cela vaut à la fois pour le savoir présenté sous la forme de propositions et pour le savoir pratique.

3. L'objet épistémique (Que peut savoir le sujet épistémique ? 2ème partie)

L'objet du savoir d'un sujet épistémique – l'objet sur lequel se concentre le savoir ou plutôt l'activité de connaître, voilà ce qu'on peut appeler : l'*objet*[10] *épistémique*. Dans cette troisième et dernière partie de mon exposé, je montrerai que la constitution de cet objet en objet de la connaissance dépend essentiellement de la manière dont on comprend le concept de sujet de la connaissance.

Du point de vue d'un pragmatiste[11], un objet peut être conçu comme identique à toute chose à propos de quoi on sait quelque chose, ou plutôt à toutes les opérations que l'on peut effectuer avec elle.

Voici ce que formule Peirce dans sa « maxime pragmatique » : « Considère quels sont les effets pratiques que nous pensons pouvoir être pro-

---

[10]. Par « objet », il ne faut pas, ici comme dans ce qui suit, comprendre seulement les objets au sens strict du terme, mais plutôt tout ce à quoi le sujet épistémique peut se rapporter, donc dans une certaine mesure aussi les événements, les relations, les faits et ainsi de suite.

[11]. Je me réfère ici à Charles S. Peirce, mais John Dewey et William James auraient pu aussi souscrire à cela.

duits par l'objet de notre conception. La conception de tous ces effets est la conception complète de l'objet. »[12]

Nous « n'avons » d'objets qu'*épistémiques*. Certes, l'existence d'objets d'un point de vue non-épistémique est supposée, mais dès que nous les approchons dans une relation de pensée, nous *pensons* les objets, ils sont des objets épistémiques ou plus exactement des signes. Ces deux aspects de l'objet, Peirce les qualifie de « réel » (à savoir l'objet dans la mesure où il n'est pas *pensé*) et d'« immédiat » (à savoir l'objet auquel nous avons affaire immédiatement, autrement dit tel que nous en faisons l'expérience à un moment donné)[13]. Il soutient que l'« objet immédiat » que nous manipulons *a forcément* le caractère d'un signe : « Tout signe représente un objet qui est indépendant de lui ; mais *il ne peut être un signe de cet objet qu'à la condition que cet objet soit lui-même de la nature d'un signe ou qu'il soit pensé*. Car le signe n'affecte pas l'objet mais est affecté par celui-ci, de sorte que l'objet doit être capable d'exprimer de la pensée ; autrement dit, il doit être de la nature de la pensée ou du signe. »[14]

Le point décisif ici est le suivant : il y a des objets à un double point de vue. Comme objets « réels » qu'on présuppose et comme objets immédiats tels qu'ils viennent à notre rencontre. Ces objets immédiats sont, premièrement, toujours des objets épistémiques et, deuxièmement, ils sont changeants : l'objet se transforme et se développe au fur et à mesure qu'on en sait davantage sur lui. L'idée n'est pas qu'il existe un objet épistémique immuable sur lequel nous obtenons toujours plus de connaissances, mais que cet objet se modifie, se différencie, et que, parfois peut-être, il devient de nouveau moins précis, et ainsi de suite.

C'est seulement au terme idéal de toute recherche que nous détenons d'un objet quelconque un concept à ce point élaboré et complet que l'objet immédiat coïncide avec l'objet réel et le représente entièrement.[15]

Quant au but de notre exposé, tout dépend de la question de savoir si l'objet immédiat est rapporté au sujet épistémique en tant qu'objet

---

[12]. CP, 5.402.
[13]. Peirce, 2000, t. 3, p. 252 et p. 248 (MS 318).
[14]. CP, 1.538. C'est nous qui soulignons.
[15]. « L'opinion dont la destination est d'être finalement approuvée par tous les chercheurs, voilà ce que nous entendons par vérité, et l'objet qui est représenté par cette opinion, c'est cela le réel. C'est du moins ainsi que j'expliquerais la réalité. » (5.407)

épistémique. Portons notre attention une fois encore sur la maxime pragmatique : « Considère quels sont les effets pratiques que nous pensons pouvoir être produits par l'objet de notre conception. La conception de tous ces effets est la conception complète de l'objet. »

Il est frappant qu'il soit ici question, dans l'ambiguïté la plus totale, de « nous » et de « notre conception ». Qui se trouve ici visé par ce « nous » ? Sommes-nous les destinataires de ce « nous » à chaque fois en tant qu'individus ou en tant que collectivité épistémique ?

Les deux interprétations semblent possibles, mais elles conduisent chacune à des conceptions radicalement différentes de l'objet épistémique.

Lorsqu'on est visé comme individu, l'objet épistémique coïncide alors avec les frontières de notre savoir *individuel*. Par exemple, Sarhan Dhouib connaît bien mieux la pensée de Schelling que moi. Son Schelling est un objet bien plus différencié que mon Schelling. Tous deux sont susceptibles de développements, mais ils ne seront jamais identiques (pas du moins avant d'avoir atteint le terme idéal de la recherche).

À l'inverse, lorsque nous sommes visés en tant que sujet épistémique collectif, les objets épistémiques sont alors bien plus variés, plus esquissés, et peut-être aussi plus controversés. Un hêtre, l'or ou un avion ne seraient pas identiques à ce que je sais d'eux, mais à ce que nous tous savons d'eux en intégrant le savoir de divers experts – autrement dit en prenant expressément en considération le savoir de l'action non-propositionnelle (ce que l'on voit aussi dans la maxime pragmatique).

Pareille conception de l'objet épistémique se rapproche de la représentation qu'on se fait communément des objets. Elle prend résolument pour base un sujet épistémique collectif que les analyses traditionnelles des théories de la connaissance ne prévoient pas comme un cas normal.

4. Conclusion

J'ajoute, en manière de conclusion, quelques remarques sur les avantages et les inconvénients d'une telle conception de la connaissance, des sujets et des objets épistémiques. Il se peut qu'une conception de l'objet épistémique comme celle que j'ai essayé de mettre en oeuvre ici paraisse de prime abord particulièrement compliquée et qu'elle aille à l'encontre de nos intuitions. Mais ce défaut se trouve largement compensé par les avantages qui résultent d'une telle théorie : grâce à l'implication du savoir pratique dans le règne de l'épistémique, non seulement le domaine du connaissable se trouve considérablement élargi, mais le nombre des sujets épistémiques s'en trouve aussi augmenté. Soit dit en passant, il s'agit ici du processus de démocratisation de la connaissance, qui pâtit d'un retard de longue date. La conception des sujets épistémiques comme sujets collectifs apprécie plus à sa juste valeur la pratique d'un gain de connaissances et d'une production du savoir effectifs que ne le fait une théorie de la connaissance qui ne se rapporte encore qu'à des individus. Penser le gain de connaissance comme une *pratique* parmi d'autres permet enfin de concevoir l'acte de connaître comme un processus et comme une pratique qui réussit parfois mieux, parfois moins bien.

Ce qui nous libère de l'exigence d'absolu que comportait l'ancienne décision : ou bien c'est du savoir, ou bien ce n'en est pas ; soit on sait quelque chose, soit on le sait pas, à proprement parler, et on a seulement une opinion. À l'inverse, tenir le savoir pour une pratique qui tantôt réussit et tantôt rate, permet d'établir des nuances et, dans le même temps, de faire entendre plusieurs voix dans le processus épistémique qu'on dira collectif, sans qu'il nous faille tenir ces nuances et cette polyphonie pour les manifestations d'un défaut quelconque.

Traduit de l'allemand par Laure Cahen-Maurel

Bibliographie
Bartelborth, T., 1996, *Begründungsstrategien. Ein Weg durch die analytische Erkenntnistheorie*, Berlin.
Dalmiya, V./ L. Alcoff, 1993, *Are ‹Old Wives› Tales› Justified?* In : Alcoff, L./ E. Potter, *Feminist Epistemologies*, New York, London
Dewey, J., 1998 (engl. zuerst 1929), *Die Suche nach Gewißheit. Eine Untersuchung des Verhältnisses von Erkenntnis und Handeln*, Frankfurt/M.
Hardwig, J., 1985, *Epistemic Dependence*, in : *Journal of Philosophy*, Vol. LXXXXIII, No. 7, S. 335-349.
Peirce, C. S., *Collected Papers of Charles Sanders Peirce*. Vol. I-VI, 1931-1935 ed. by Ch. Hartshorne and P. Weiss. Vol. VII-VIII, 1958, ed. by A. W. Burks, Cambridge (MA).

Peirce C.S, 2000, *Semiotische Schriften*, 3 Bände, Frankfurt/M ; *Ecrits sur le signe*, Paris, Editions du Seuil, 1978, textes rassemblés, traduits et commentés par Gérard Deledalle.

Putnam, H., 1979, *Die Bedeutung von ‹Bedeutung›,* Frankfurt/M.

Ryle, G., 1969 (engl. zuerst 1949), *Der Begriff des Geistes*, Stuttgart / *La notion d'esprit : pour une critique des concepts mentaux*, Paris, Ed. Payot & Rivages, 2005 ; traduit de l'anglais par Suzanne Stern-Gillet.

Sarhan Dhouib

Liberté, individu et droit chez le jeune Schelling

> Vom *Unbedingten* muß die Philosophie ausgehen. Mir ist das höchste Princip aller Philosophie das reine, absolute Ich, d.h. das Ich, in wiefern es bloßes Ich, noch gar nicht durch Objekte bedingt, sondern durch *Freiheit* gesetzt ist. Das α und ω aller Philosophie ist Freiheit[1].
>
> Schelling, AA III,1, p. 22.

À la différence de ses contemporains, Fichte et Hegel, Schelling n'a pas consacré un écrit systématique à l'éthique et au droit[2]. La première partie de la *Nouvelle déduction du droit naturel*, publiée dans le *Philosophisches Journal* de Niethammer quelques mois avant le *Fondement du droit naturel selon les principes de la doctrine de la science* de Fichte, ne fut pas d'ailleurs reprise par l'auteur dans l'édition de ses « *Œuvres philosophiques* » de 1809[3]. Aussi, demeure-t-il difficile, pour la recherche[4], aujourd'hui encore[5], de prouver à partir des œuvres de Schelling publiées jusqu'à aujourd'hui, la présence d'un intérêt philosophique particulier pour la liberté proclamée par la révolution

---

[1]. "Pour moi, le principe le plus élevé de toute philosophie, c'est le Moi pur, absolu, c'est-à-dire le Moi dans la mesure où il est uniquement le Moi, où il n'est pas déterminé par des objets, mais posé par la liberté. L'α et l'ω de toute philosophie, c'est la liberté. »
[2]. Cf. Hollerbach 1957, p. 68 sq. ; Sandkühler 2005, p. 156 sq. ; Sandkühler 2005 a, p. 194 sq. ; Smid 1989, p. 287 sq.
[3]. Schelling, *Nouvelle déduction du droit naturel* (désormais : *Nouvelle déduction*). Sur l'édition de la *Nouvelle déduction*, cf. Jacobs 1982, p. 115-135.
[4]. Cf. Cesa 1989, p. 179 ; Jacobs 1989, p. 11-30 ; Sandkühler 1968, p. 38 sq.
[5]. Cf. Tilliette 1999, p. 21-22. Il est curieux de constater, suite aux recherches de Jacobs et Tilliette déjà indiquées, que l'enthousiasme de Schelling pour la révolution française pendant ses années d'étude au *Stift* à Tübingen ne se soit pas développé par la suite en un intérêt philosophique.

française tels qu'en témoignent par exemple les écrits de Kant[6], Fichte[7] et Hegel[8].

Mais si Schelling n'est pas un penseur de la révolution française, il demeure toutefois un penseur radical de la liberté. Il thématise en effet cette question, non seulement d'un point de vue théologico-spéculatif, mais tout autant dans le sillage de sa philosophie transcendantale, dans sa philosophie de l'identité et dans ses travaux postérieurs[9]. Dans ce qui suit, nous tentons de déterminer le rapport de la liberté à l'individu et au droit chez le jeune Schelling dans le contexte de ses premiers écrits, développés au cours de la période qui va de 1795, date de la publication *Du Moi comme principe de la philosophie, ou sur l'inconditionné dans le savoir humain*[10] et des *Lettres philosophiques sur le dogmatisme et le criticisme*[11], à 1797, l'année qui a vu la parution de la seconde partie de la *Nouvelle déduction*[12].

Il s'agit de montrer dans ce contexte comment la « philosophie du droit » que propose la *Nouvelle déduction* peut être envisagée comme une réponse aux apories auxquelles était confrontée l'approche de la liberté du « Moi » chez le jeune Schelling. Ainsi, la notion d'« individu », pensée dans une perspective éthique et juridique au seuil de la *Nouvelle déduction*, peut être interprétée, dans un premier moment, comme une réhabilitation de la théorie du Moi qui abordait « négativement » les notions de « personne » et de « sujet », et, dans un second moment, comme une introduction à la théorie de l'« intersubjectivité »[13].

---

6. Kant, AK VII, p. 85 sq. ; trad. fr., *Conflit des facultés*, p. 894 sq.
7. Fichte, GA I,1, p. 203-209 ; trad. fr., *Considérations destinées à rectifier les jugements du public sur la révolution française*, p. 47-56.
8. Hegel, GW 9, p. 316-323, trad. fr., *Phénoménologie de l'esprit*, p. 390-398.
9. Cf. Baumgartner / Jacobs (Ed.) 1992.
10. Schelling, *Du Moi comme principe de la philosophie, ou sur l'inconditionné dans le savoir humain* (désormais : *Du Moi*). Concernant le contexte historique et philosophique de la publication de cet ouvrage, cf. Buchner 1989, p. 3-63.
11. Schelling, *Lettres philosophiques sur le dogmatisme et le criticisme* (désormais : *Lettres philosophiques*). Concernant le contexte historique et philosophique de la publication des *Lettres philosophiques*, cf. Pieper 1982, p. 3-33.
12. Cf. Jacobs 1982, p. 115-135.
13. L'intersubjectivité, constatée dans la *Nouvelle Déduction* (Schelling AA I, 3, p. 147 sq. ; trad. fr., p. 103 sq.), sera déduite ultérieurement dans le *Système de l'idéalisme transcendantal* (désormais : *Système de l'idéalisme*). Concernant la théorie de l'inter-

La démonstration de cette thèse repose sur trois étapes : (1) mettre en lumière le primat de la liberté et les apories du sujet dans le *Du Moi* et les *Lettres philosophiques* ; (2) dégager le principe de la liberté des individus qui se manifeste dans l'« effort » ; (3) montrer comment l'éthique et le droit constituent le lieu privilégié où se déploie la liberté des individus dans la *Nouvelle déduction*[14].

1. Le primat de la liberté et les apories du sujet

1.1. Le primat de la liberté

Dans la *Recension de l'« Énésidème »* de 1792 Fichte reconnaît que : « Kant, il est vrai, n'a pas ramené les formes pures de l'intuition, l'espace et le temps, comme les catégories, à un principe unique (*Grundsatz*). Il ne pouvait d'ailleurs le faire d'après son plan qui était seulement de préparer la science »[15]. Ce jugement, partiel mais déterminant dans la naissance de l'idéalisme de Fichte, s'appuie particulièrement sur l'interprétation de la *Critique* kantienne, non comme une doctrine ou un système de la raison, mais comme une « propédeutique » au système. Schelling, lui aussi, restreint la tâche de la *Critique* à une discipline « négative » ayant le

---

subjectivité dans le *Système de l'idéalisme*, cf. Schelling, AA I,9,1, p. 238-254 ; trad. fr., p.183-197.

[14]. La pensée politique de Schelling a fait l'objet de quelques études minutieuses et complémentaires publiées en langue française : la première, celle de Jacques Rivelaygue, fut publiée en 1983 sous le titre *Schelling et les apories du droit* ; la seconde intitulée *Droit naturel et philosophie politique chez Schelling* fut publiée en 1992 par Marc Maesschalck ; la troisième dont l'auteur est Frank Fischbach, fut publiée en 2001 sous le titre *La pensée politique de Schelling* ; la quatrième, parue en 2003, sous la plume de Hans Jörg Sandkühler est intitulée *La nature humaine, l'histoire, le droit et l'État comme « seconde nature ». La philosophie politique de Schelling*. Les quatre études présentent, en effet, une approche d'ensemble du développement de la pensée politique chez Schelling. Il serait souhaitable d'étudier, dans la même perspective, le développement de la pensée politique de Schelling au seuil de son *Exposé de la philosophie purement rationnelle* (Cf. SW XI, p. 511 sq.) dans ses rapports *aux Tagebücher* de 1846 et de 1848 (Cf. Schelling, *Das Tagebuch 1848. Rationale Philosophie und demokratische Revolution* ; Schelling, *Philosophische Entwürfe und Tagebücher 1846. Philosophie der Mythologie und reinrationale Philosophie*) comme à la *Préface* de l'auteur, rédigée en 1845, aux œuvres de H. Steffens (Cf. SW X, p. 391-418). Sur cette question, cf. Sandkühler 2004, p. 287-295 ; Schraven 1989 ; Schraven 1998, p. 190-207.

[15]. Fichte, GA I,2, p. 61 ; trad. fr., *Recension de l'Énésidème*, p. 168.

mérite de tracer les limites du savoir et d'éliminer les erreurs sans pour autant pouvoir fonder la philosophie comme science rigoureuse sur un principe apodictique : « La philosophie, écrit-il à Hegel le soir de l'Epiphanie de 1795, n'est pas encore parvenue à sa fin. Kant a donné les résultats ; les prémisses manquent encore. Et qui peut comprendre des résultats sans prémisses ? »[16]

Alors que Fichte caractérisait, dans le premier paragraphe des *Principes de la Doctrine de la science*, le principe de la science comme un « acte » (*Thathandlung*) du sujet[17], Schelling, l'interprétant dans la perspective qui est la sienne, fonde l'unité de la philosophie systématique sur ce qu'il appelle « l'inconditionné » (*das Unbedingte*). Malgré leur différence apparente, la proposition fondatrice (*Grundsatz*) chez Fichte comme l'inconditionné chez Schelling, reposent sur l'activité libre du Moi. Schelling écrit, en effet, à Hegel dans une lettre du 4 février 1795 : « Pour moi, le principe le plus élevé de toute philosophie, c'est le Moi pur, absolu, c'est-à-dire le Moi dans la mesure où il est uniquement le Moi, où il n'est pas déterminé par des objets, mais posé par la liberté. L'alpha et l'oméga de toute philosophie, c'est la liberté »[18]. Dans quel sens faut-il maintenant entendre la liberté ? Et dans la mesure où elle est le principe inconditionné de la philosophie, comment pourrait-elle fournir la condition transcendantale de toute individualité ?

1.2. La liberté extatique

Notons que l'évocation de la liberté doit être cherchée en premier lieu dans l'inconditionné, une terminologie chère à Schelling, Novalis[19] et Schlegel[20] dont l'implication immédiate consiste, au cours de l'écrit *Du Moi*, à distinguer le « Moi absolu » de la chose (*Ding*) et de l'objet (*Sache*)[21]. Si le verbe allemand « *bedingen* » (conditionner), délimite le fini et exprime ainsi un rapport de détermination extérieure entre le sujet et l'objet, l'inconditionné, par contre, n'est en rapport qu'avec lui-même

---

16. Schelling, AA III,1, p. 16 ; trad. fr., Hegel, *Correspondance* I, p. 20.
17. Fichte, GA I,2, p. 255 ; trad. fr., *Les principes de la Doctrine de la science*, p. 17.
18. Schelling, AA III,1, p. 22 ; trad. fr., Hegel, *Correspondance* I, p. 26-27.
19. Novalis NS, II, p. 412-413. Cité par Frank 1989, p. 156.
20. Schlegel F. KA XIII, p. 258 sq., KA XII, p. 305. Cité par Frank 1989, p. 156.
21. Frank 1989, p. 156-157.

et se situe, pour cela, en dehors de toute relation. L'écrit *Du Moi* met en lumière cette acception inconditionnée de la liberté en partant d'une analyse philologique de son principe fondateur : «*Bedingen* (conditionner) désigne l'action par laquelle quoi que ce soit devient Ding (chose, choséifié), d'où il ressort du même coup que *par soi-même* rien ne peut être posé comme *Ding* (chose), autrement dit qu'une chose inconditionnée (*ein unbedingtes Ding*) est une contradiction dans les termes. *Inconditionné* est en effet ce qui ne peut être *transformé* en chose (*Ding*), ce qui ne saurait jamais devenir une chose »[22].

Aussi, soumis à la ténacité de l'approche transcendantale, le principe de la philosophie, l'inconditionné, fournira-t-il dans le *Système de l'idéalisme*, le point de départ à partir duquel se déploie la totalité du savoir systématique. Schelling définit l'inconditionné dans des termes qui ne sont pas sans rappeler ceux qu'il a proposés dans le *Du Moi* : « Inconditionné (*Unbedingt*) veut dire ce qui ne peut absolument pas devenir chose (*Ding*), objet (*Sache*). Le premier principe de la philosophie peut donc encore s'exprimer ainsi : trouver une réalité (*etwas*) qui ne peut absolument pas être pensée comme chose. Mais cela ne peut être que le *Moi*, et inversement, le Moi est ce qui est en soi non objectif »[23].

L'inconditionné [ou le *Realgrund*] dont la liberté est l'expression la plus immanente n'est plus saisissable dans la sphère du monde objectif. De là découlent toutes les déterminations privatives du Moi absolu : l'inconditionné n'est ni chose (*Ding*), ni chose en soi (*Ding an sich*), ni objet (*Sache*) ou phénomène (*Erscheinung*). De plus, puisqu'il n'est pas décelable dans la sphère du fini, il ne saurait être ni sujet, ni objet. Neutre, le Moi absolu de l'écrit *Du Moi*, qu'il soit déduit positivement à l'aide des attributs de la substance de Spinoza ou par l'outillage des catégories de Kant ou dans la perspective du *hen kai pan* chez Hölderlin, opère dans tous les cas, une destruction de la finitude et une transgression du monde objectif. Illimité dans sa liberté et infini dans son expansion, l'absolu dans *Du Moi* est l'exaltation d'une liberté transcendante qui agit par sa propre nécessité et obéit à sa propre loi, à savoir l'intuition intellectuelle[24].

---

[22]. Schelling, AA I,2, p. 89 ; trad. fr., *Du Moi*, p. 67.
[23]. *Ibid.*, AA I,9,1, 58 ; trad. fr., *Système de l'idéalisme*, p. 32.
[24]. *Ibid.*, AA I,2, p. 106 ; trad. fr., *Du Moi*, p. 184. Il n'est pas ici question de discuter le statut et le rôle complexe de l'intuition intellectuelle dans la philosophie du jeune

Cependant, en se servant de l'approche philologique de l'inconditionné, l'analyse spéculative dans la lettre à Hegel datant du 4 février 1795 comme dans *Du Moi*, privant ainsi le « Moi absolu » de tout rapport avec la finitude, nous conduit ainsi à une première élaboration négative de la liberté et affirme pour cette raison une « liberté extatique » aux dépens d'une « liberté active »[25]. Une telle approche « extatique » de la liberté n'est pas sans grave conséquence sur « la personne » ; elle transcende le monde fini et mène donc à « la destruction de notre personnalité »[26].

Rédigé dans la foulée de la lettre à Hegel du 4 février 1795, l'écrit *Du Moi* témoigne dès lors de l'impasse philosophique de l'approche théorique de la liberté subsumée elle-même sous ce que Tilliette appelle un « Absolu sans rivages »[27]. En effet, dépouillée de toute objectivité et privée de toute objectivation, l'inconditionnalité du Moi absolu, étant absolument autonome et libre, n'exige aucune relation au Non-Moi ou au « Moi empirique ». En tant qu'Absolu, le Moi se pose par et pour lui-même ; il ne peut donc être donné que par lui-même[28].

En tenant compte de cette approche de la liberté extatique du Moi absolu, la véritable difficulté qui surgit immédiatement dans l'écrit *Du Moi* est celle de la « réduction » du statut de la liberté individuelle à un simple « sujet logique ». À la différence du caractère transcendant du Moi absolu dans cette œuvre de jeunesse, le premier aphorisme de la *Nouvelle déduction* emploie une terminologie pratique qui met l'accent sur la « réalisation »[29] de l'inconditionné et détermine les conditions transcendantales permettant la réalisation de la liberté humaine. Il convient donc de montrer dans quelle mesure Schelling détermine la liberté dans le contexte de la philosophie pratique explicitée, tout d'abord, dans les *Lettres philosophiques*.

Schelling. Cf. Tilliette 1985, p. 53-70.
[25]. Cf. Tilliette 1970, p. 75 ; Courtine 1987, p. 241.
[26]. Schelling, AA III, p. 23 ; trad. fr., Hegel, *Correspondance* I, p. 27.
[27]. Tilliette 1970, p. 77 ; Tilliette 1987, p. 14.
[28]. Schelling, AA I,2, p. 131-146 ; trad. fr., *Du Moi*, p. 108-121.
[29]. *Ibid.*, AA I,3, p. 139 ; trad. fr., *Nouvelle déduction*, p. 96

1.3. Une liberté en exil

La découverte du primat de la philosophie pratique est d'une importance capitale[30], parce qu'elle nous livre la condition positive pour la réalisation de l'inconditionné et assure par conséquent l'émergence de l'éthique et du droit comme le lieu favorable et unique où liberté individuelle et liberté collective peuvent acquérir leurs lettres de noblesse.

Toutefois, le primat de la philosophie pratique ne reçoit sa tenue et sa consistance qu'en confrontant, à partir de leurs principes respectifs, dogmatisme et criticisme sur le terrain de la « raison réalisatrice »[31]. Schelling entend par « dogmatisme » la philosophie de Spinoza ; il entend par « criticisme » la philosophie critique de Kant et l'idéalisme de Fichte. Les deux systèmes opposés l'un à l'autre sont confrontés à la question du sujet (Moi) et de l'objet (Non-Moi) et à leur rapport avec la liberté[32].

Face à l'indécision théorique de l'Absolu – qui, saisi en soi, est l'Être indéterminé – la décision pratique annonce une approche inédite de l'inconditionné dans l'horizon de la liberté humaine. De ce point de vue pratique, le dogmatisme, selon Schelling, identifie le sujet à un objet absolu, à une substance ou une déité et transcende donc l'ipséité de l'homme, contrairement au criticisme qui affirme l'identité du sujet[33]. Mais le criticisme, tant qu'il se résigne à une analyse théorique de l'inconditionné, ne produira, chez Kant comme chez Fichte, qu'une « réfutation négative »[34] et une preuve de l'« indémontrabilité théorique »[35] du dogmatisme.

Les *Lettres philosophiques* se distinguent donc résolument de l'écrit *Du Moi* en ce qu'elles soulignent expressément l'irréfutabilité théorique du dogmatisme et affirment nettement la primauté de la philosophie pratique comme l'unique terrain pour réaliser l'Absolu en nous. La *4ème Lettre* présente, dans l'architectonique de l'œuvre, le lieu nodal où une nouvelle approche de l'Absolu est amorcée et dont l'étude demeure hantée par la question suivante : la liberté humaine est-elle absolument possible indépendamment d'une causalité absolue ? Du coup, une telle

---

[30]. Cf. Cesa 2000, p. 87.
[31]. Schelling, AA I,3, p. 80 ; trad. fr., *Lettres philosophiques*, p. 182.
[32]. *Ibid.*, p. 75 sq. ; trad. fr., p. 178 sq. Cf. Pieper 1977, p. 545-564.
[33]. Schelling, AA I,3, p. 104-105 ; trad. fr., *Lettres philosophiques*, p. 206-207.
[34]. *Ibid.*, p. 59 ; trad. fr., p. 162.
[35]. *Ibid.*, p. 61 ; trad. fr., p. 164.

question doit affronter une difficulté épineuse, celle qui s'interroge sur la sortie (*Heraustreten*) de l'Absolu hors de soi même et la manière par laquelle il s'oppose au monde[36]. Cette sortie ne peut s'effectuer selon Schelling dans la philosophie théorique : « la raison théorique tend *nécessairement* à un Inconditionné : c'est elle qui a formé l'*idée* de l'inconditionné, et elle *exige* par conséquent, dans la mesure où, à titre de raison *théorique*, elle n'est pas en mesure de réaliser cet inconditionné, une *action* (*Handlung*), grâce à laquelle il *doit* se réaliser »[37].

Si nous nous interrogeons maintenant sur la condition qui permet la « réalisation » de l'Absolu en nous, apparaît une notion d'une grande importance qui est à l'origine du sujet dans les *Lettres philosophiques* et de l'individu dans la *Nouvelle déduction* : l'« effort » (*das Streben*). Une telle notion n'exprime plus l'activité de la liberté inconditionnée du Moi absolu transcendant toute subjectivité, mais la « tendance » permanente de l'homme à réaliser l'Absolu en lui[38]. L'effort qui est une sorte de racine originelle en l'homme n'est pas seulement la raison de son existence, mais la puissance par laquelle il devient libre. Ainsi compris dans son lien indissociable à l'existence humaine, l'effort exprime la puissance de la liberté humaine qui se manifeste dans la « lutte » et le « combat » contre ce que Schelling, s'inspirant dans la 10ème Lettre de la tragédie grecque, appelle le « *fatum* »[39]. Ainsi à l'indistinction théorique de l'Absolu dans *Du Moi*, les *Lettres philosophiques* opposent-elles un sujet autonome et actif d'une part, à un objet absolu ou à une déité de l'autre. De plus, il y a lieu de remarquer que l'autonomie et la liberté du sujet sont ici appréhendées dans une perspective esthétique qui, annoncée dans la première *Lettre* et reprise dans la dernière, témoigne de la sublimité, tragique dans sa fin, du combat du sujet contre le *fatum*[40].

Au début de la première *Lettre* Schelling met en valeur l'importance de la lutte de l'homme en partant de l'affirmation suivante : « Assurément, cette lutte contre l'Incommensurable n'est pas simplement l'entreprise la plus sublime que l'homme puisse imaginer, mais c'est encore, à mon

---

[36]. *Ibid.*, p. 77 ; trad. fr., p. 180.
[37]. *Ibid.*, p. 65 ; trad. fr., p. 169.
[38]. *Ibid.*, p. 79 ; trad. fr., p. 181.
[39]. *Ibid.*, p. 106 ; trad. fr., p. 208.
[40]. Cf. Hühn 1998, p. 117 sq.

sens, le principe même de toute sublimité »[41]. En poussant ainsi l'effort à son terme, lutte et combat demeurent toutefois confrontés au *fatum*. Et c'est pour cette raison qu'ils révèlent dans la dernière Lettre, les limites d'un système de l'agir : « Mais un tel combat n'est lui-même pensable qu'au service de l'art tragique : il ne saurait jamais se transformer en un système de l'agir, ne serait-ce que parce qu'un tel système présupposerait une race de titans »[42].

Comme on le voit dans les *Lettres philosophiques*, la transposition du Moi absolu dans le contexte de la philosophie pratique permet, en partant de l'effort, de monnayer l'activité libre du Moi et de l'objet absolu entendu, sous l'influence de Hölderlin, comme *fatum* au sens grec[43]. L'homme affirme sa liberté par l'effort, c'est-à-dire par la réalisation de l'absolu en lui, mais il est voué à l'échec comme le héros dans la tragédie grecque. Sa liberté traduit en quelque sorte une subjectivité en exil à laquelle manque l'espace éthique et juridique où elle pourrait s'affirmer positivement.

2. L'effort : principe de la liberté des individus

2.1. L'effort : fondement de la philosophie pratique

Lorsque Schelling affirme l'importance de l'« effort » dans la réalisation de la liberté, il ouvre par là une perspective extrêmement suggestive qui mérite d'être retenue. En effet, d'après ce qui apparaît dans les trois premiers aphorismes de la *Nouvelle déduction*, l'inconditionné est d'emblée associé à la philosophie pratique et interprété comme effort qui s'enracine dans ce qui est « inaltérable en moi »[44]. La séparation insurmontable opérée auparavant dans le *Du Moi* entre le Moi absolu et le Moi fini n'est plus retenue après la découverte de la primauté de la philosophie pratique dans la « réalisation » du Moi absolu au cours des *Lettres philosophiques*. Et c'est en ce sens que les trois premiers aphorismes de la *Nouvelle déduction* montrent qu'il est impossible de réaliser théorique-

---

[41]. Schelling, AA I,3, p. 50 ; trad. fr., *Lettres philosophiques*, p. 153.
[42]. *Ibid.*, p. 108 ; trad. fr., p. 210.
[43]. *Ibid.*, p. 106 ; trad. fr., 208. Concernant l'influence probable de Hölderlin sur Schelling, cf. Tilliette 1999, p. 34-35.
[44]. Schelling, AA I,3, p. 139 ; trad. fr., *Nouvelle déduction*, p. 96.

ment l'inconditionné, car sa détermination théorique n'est possible qu'en le transformant en un objet, en une apparition phénoménale qui le réduit ainsi à un conditionné et le prive donc de son absoluité[45].

Bref, l'inconditionné, parce que liberté originelle et principe producteur de l'agir, prend racine dans l'« inaltérable en moi » et ne devient dès lors réalisable qu'au sein de la philosophie pratique. Le caractère inobjectivable de l'inconditionné qui s'est révélé négativement à travers l'analyse théorique se traduit positivement dans la philosophie pratique et prend racine dans l'« effort ».

L'« effort » est donc la manifestation pratique de l'inconditionné dans le sens où il est, d'une part, une activité qui se suffit à elle-même et se procure sa raison d'être, il est donc indépendant et autonome ; il se dote, d'autre part, d'une puissance de détermination (*Bestimmung*) parce qu'il repose sur une puissance morale. Le troisième aphorisme formule le commandement de ce qui sera le principe de toute la *Nouvelle déduction* comme suit : « Sois ! au plus haut sens du mot ; cesse d'être toi-même phénomène ; efforce-toi de devenir un être en soi ! »[46].

Seulement, l'effort qui manifeste la liberté du sujet au sein de la philosophie pratique dans les *Lettres philosophiques* apparaît, une fois lié au temps dans la *Nouvelle déduction*, sous un aspect paradoxal : il vise d'une part l'inconditionné, donc l'Absolu intemporel, mais s'efforce de le réaliser à travers une pratique empirique infinie. Ainsi, son but qui n'est pas du tout empirique mais intellectuel, ne se réalise dans un premier moment que dans une série temporelle infinie et donc par un effort empirique. Le but de l'effort est intellectuel et identique ; le moyen de le réaliser est empirique et différencié. Or, c'est sur cette différence entre l'« effort empirique » et l'« effort en général » que repose la distinction de Schelling entre « individu moral » et « individu éthique (et juridique) ». Schelling distingue en fait entre deux efforts, un effort empirique qui conduit à une individualité empirique illimitée produisant un conflit infini, et un « effort en général » qui conduit à une individualité universelle qui cherche la concordance et l'universalité.

---

45. *Ibid.*, p. 139 ; trad. fr., p. 96.
46. *Ibid.*, p. 139 ; trad. fr., p. 96. Comparer avec la 9ème Lettre, Schelling, *ibid.*, p. 106 ; trad. fr., p. 209.

2.2. Effort, détermination et destination

La puissance de la « détermination » en tant qu'expression de la liberté de l'homme dont le principe est l'effort, s'exerce selon trois niveaux : elle se révèle dans un premier lieu comme une puissance théorique qui règne sur la nature, car elle détermine tout ce qui s'oppose à la volonté de l'homme, « repousse tout objet dans les bornes du phénomène et lui prescrit précisément par là les lois qu'il n'a pas le droit de dépasser »[47] ; elle se manifeste, dans un second lieu, comme une puissance physique, car elle impose à tout étant une forme et l'utilise pour ses propres fins même si elle est finie, comparée à la supériorité de la nature[48] ; elle est enfin une puissance morale qui s'exerce dans le « règne d'êtres moraux qui ont tous comme attribut cette même liberté sans borne »[49].

Dans ce dernier cas, la puissance morale qui émane de l'effort, ainsi confrontée à elle-même, c'est-à-dire confrontée à une autre résistance morale de même nature, ne s'exprime ni dans un rapport de supériorité, ni dans un rapport d'infériorité, mais se pose dans un rapport d'égalité et pose, dans le contexte moral, un problème de droit (§13) et de reconnaissance (§15). C'est donc l'individu qui s'oppose à l'individu. Ne serait-il pas ici plus convenable d'interpréter la « détermination » morale de ces mêmes individus dans une perspective qui met en valeur la *destination* pratique des individus ? La « détermination morale » d'un autre individu n'implique-t-elle pas ici, pour s'exprimer ainsi dans la terminologie de Fichte, une *destination de l'homme*[50] ?

Il est vraie, l'usage du terme de la détermination (*Bestimmung*) dans la *Nouvelle déduction* peut être entendu dans deux sens : il signifie, selon une première acception théorique, une *détermination* logique et ontologique de quelque chose (*Determinatio*), comme il signifie, selon une seconde acception pratique, la *destination de l'homme*. Celle-ci, liée à la pratique humaine, est invitée à fonder, au sein de l'éthique et du droit, le rapport intersubjectif entre individus.

Le rapport entre les hommes se déploie en premier lieu comme un rapport de puissance qui, selon Schelling, doit s'exercer dans « un règne

---

47. *Ibid.*, p. 140 ; trad. fr., *Nouvelle déduction*, p. 97.
48. *Ibid.*, p. 141 ; trad. fr., p. 98.
49. *Ibid.*, p. 142 ; trad. fr., p. 98.
50. Fichte, GA I,6, p. 183 sq. ; trad. fr., *Destination de l'homme*, p. 45 sq.

d'êtres moraux ». Seulement, dans le règne des hommes, la puissance se déploie en termes d'*opposition* entre volontés individuelles et n'exprime donc plus un excès ou un manque de puissance tel qu'on a pu le dégager dans le lien théorique et physique de l'homme à la nature. Et c'est dans ce sens que Schelling confirme que « ce n'est que lorsque je m'adresse à la *volonté* d'un autre et que celui-ci rejette mes exigences d'un « *je ne veux pas* » catégorique ou n'offre à vendre sa liberté qu'au prix de la mienne, que je reconnais que derrière ce visage, vit l'humanité et dans cette poitrine, la liberté »[51].

C'est alors le problème de l'« opposition » et du « conflit »[52] entre puissances morales qu'incarnent les individus absolument libres, qu'il revient ici à l'éthique de résoudre. Cependant il convient maintenant de dégager les traits distinctifs de l'individu moral pour montrer par la suite l'importance de l'éthique et du droit dans la transformation de sa liberté.

2.3. La notion d'individu moral

La notion d'individu moral est tout aussi incapable, selon Schelling, d'assurer un rapport concordant entre individus que de justifier une théorie de l'intersubjectivité. En effet, l'individu moral qui naît de l'effort empirique, s'affirme comme une individualité illimitée, c'est-à-dire comme un Moi empirique ; il demeure pour cette raison en conflit permanent avec les autres individus, ce qui engendre la suppression de tout rapport effectif entre eux.

Ce qu'il convient de retenir dans ce contexte est que l'individu moral naît de la confrontation des puissances morales elles-mêmes, c'est-à-dire du conflit empirique de ma liberté avec d'autres libertés. De plus, le conflit ainsi produit par l'effort empirique ne permet pas à l'homme – tant qu'il se définit comme individu moral – de nouer des liens intersubjectifs avec les autres. Enfin, si la confrontation qui est au fond un conflit illimité entre libertés empiriques s'opère dans la sphère de la morale, elle mène cependant, au sein de la morale même, à « un conflit infini » et irrésolu entre individus[53]. Indissociablement attaché à l'effort empirique,

---

[51]. Schelling, AA I,3, p. 142 ; trad. fr., *Nouvelle déduction*, p. 99.
[52]. *Ibid.*, p. 143 ; trad. fr., p. 99.
[53]. *Ibid.*, p. 144 ; trad. fr., p. 100.

l'individu moral, n'affirmant dans ce sens que son individualité immédiate, rend intenable la déduction transcendantale de l'intersubjectivité.

En somme, si la persévérance dans l'effort est la condition *sine qua non* de toute individualité[54], l'opposition empirique entre individus n'est pas, dans la morale, suffisante pour déterminer positivement leurs rapports. Cela étant, comment dépasser alors la contradiction des « efforts empiriques » et l'opposition immédiate entre individus moraux ?

3. Individu, éthique et droit

3.1 Individu et éthique

Si la conception morale de l'individu repose sur un commandement qui ne s'adresse qu'à l'individu et n'exige que son ipséité absolue, l'approche éthique, pose, par contre, un commandement qui présuppose un règne d'êtres moraux et assure l'ipséité de tous les individus. L'approche morale, individualiste, qui ne prend pas en compte le rapport de l'individu avec les autres, est reléguée dans la *Nouvelle déduction* au profit d'une conception éthique qui fonde la concordance entre les individus. Le commandement éthique, remarque Schelling, doit être l'expression de « la volonté universelle »[55].

L'approche éthique conçoit ainsi la liberté individuelle dans une perspective universelle et cherche à « conserver la liberté de l'individu par la liberté universelle, la volonté individuelle par la liberté universelle ou [...] rendre concordantes la volonté empirique de tous et la volonté empirique de l'individu »[56]. Si le rapport de la volonté individuelle à la volonté universelle n'est pas un rapport de « soumission », il n'est pas non plus un rapport de « conditionnement » et d'identité[57] ; il reste toutefois commandé par l'exigence kantienne de respecter autrui comme une fin en soi. En fait, Schelling subsume le lien de la volonté individuelle aux autres volontés sous le terme de « concepts réciproques » (*Wechselbegriffe*) qui rendent donc possible le respect : « ce n'est que si la volonté individuelle et la volonté universelle deviennent des concepts réciproques

---

54. *Ibid.*
55. *Ibid.*, p. 145 ; trad. fr., p. 101.
56. *Ibid.*, p. 146 ; trad. fr., p. 102.
57. *Ibid.*

que je remplis la seule condition sous laquelle un commandement éthique a lieu (§ 33). Je ne dois pas agir comme agissent tous les autres ; c'est au contraire comme j'agis que doivent agir tous les autres. Mais pour que tous les autres agissent comme j'agis, je dois agir comme tous les autres peuvent agir »[58].

La réciprocité des volontés signifie en premier lieu une « adhésion » des volontés et « une adjonction » de la pluralité à l'unité et *vice versa*, chose qui ne serait possible sans cette idée de respect d'autrui comme une fin en soi. Schelling affirme dans le même aphorisme : « Ce n'est que par l'adhésion de la volonté de tous les autres à ma volonté que ma volonté devient volonté de tous, ce n'est que par l'adhésion de ma volonté à la volonté de tous les autres que leur volonté devient la volonté de chaque individu, de même que l'unité ne devient universalité que par l'adjonction de la pluralité, et la pluralité que par l'adjonction de l'unité »[59].

En partant donc d'une conception absolue de la volonté au sein de laquelle est admise une réciprocité des volontés, l'agir de l'individu doit être, lui aussi, fondé sur le critère de la réciprocité. L'agir, dans la philosophie pratique, doit prendre en considération l'existence d'autres individus et pour cela il doit définir l'autre non comme un « objet », mais comme un « sujet co-agissant »[60]. De ce point de vue, l'éthique suppose le conflit fondateur du rapport entre individus, conflit qui devient effectif grâce à l'activité de la limitation, c'est-à-dire au travail de la négation originaire des volontés auquel revient, dans une étape ultérieure, la justification du rapport réciproque entre individus dans l'horizon du respect mutuel. C'est dans cette perspective qu'il convient de situer l'approche éthique de l'individu.

En somme, la condition transcendantale pour l'émergence de l'individu éthique, celle qui admet le conflit originaire et la limitation réciproque des volontés et celle ayant pour fin la considération de l'autre comme une fin en soi, implique la reconnaissance réciproque des individus. Une telle reconnaissance, admise plus que démontrée, doit être envisagée comme une conséquence de la détermination de la sphère de l'éthique comme « une réalité pratique » qui pense l'agir comme une exigence ou un impératif se réalisant par un devoir universel. Alors que l'in-

---

[58]. *Ibid.*, p. 147 ; trad. fr., p. 103.
[59]. *Ibid.*
[60]. *Ibid.*, p. 147 ; trad. fr., p. 104.

dividu agit dans le domaine de l'éthique selon une nécessité pratique (le devoir) qui prend en considération l'autre en tant que tel, il agit dans le domaine du droit d'après la possibilité (le pouvoir) que lui procure sa liberté individuelle qui n'œuvre plus nécessairement en concordance avec d'autres volontés. C'est cette « possibilité » de l'action individuelle offerte par le droit qu'il faut cerner dans son opposition, délicate et ambiguë, à l'éthique.

3.2. Individu et droit

La *Nouvelle déduction* opère un passage de l'éthique à une autre science qui lui est opposée, à savoir la « philosophie du droit » ou « la science du droit ». Mais, même s'il revient à Schelling de proposer une telle nouvelle expression – « la philosophie du droit »[61], sa déduction est restée au fond inachevée et n'a guère reçu dans sa pensée un caractère proprement systématique. L'opposition entre l'éthique et le droit, entre le devoir et le pouvoir, conduit dans la *Nouvelle déduction* à une première détermination de la science du droit au sein de laquelle l'individualité est confirmée comme une possibilité ou un pouvoir de l'individu vis-à-vis de la volonté universelle : « L'éthique, écrit Schelling dans le § 52, ne peut pas purement et simplement *supprimer* l'individualité de ma volonté quant à la *matière*, sans l'affirmer purement et simplement en un même temps quant à *la forme* ; et à l'éthique, c'est-à-dire à cette partie de la morale qui *exige l'universalité* de la volonté quant à la *matière* doit s'opposer une autre science qui affirme l'*individualité de la volonté* quant à la *forme* »[62].

Alors que l'éthique exige une concordance des volontés quant à la matière, c'est-à-dire à la moralité qui se réalise par le « dépassement » de la matière de la volonté individuelle au profit d'une universalité des volontés, le droit affirme l'individualité de la volonté quant à la forme, c'est-à-dire à la liberté et énonce son principe théorique non comme une exigence qui s'accomplit par le devoir, mais comme une « possibilité pra-

---

[61]. *Ibid.*, p. 158 ; trad. fr., p. 112. Sur l'acception de cette expression chez Schelling, Hegel, Bouterwerk, Hugo et Krug, cf. Vieillard-Baron 2001, p. 73-74.
[62]. Schelling, AA I,3, p. 150 ; trad. fr., *Nouvelle déduction*, p. 105. Cf. Hofmann 1999, p. 75 sq.

tique »[63]. À l'exigence du devoir éthique universel qui unit les volontés individuelles quant à la matière, s'oppose donc la possibilité pratique qu'énonce le principe théorique du droit affirmant la liberté de la volonté individuelle.

Il y a lieu ici de dégager deux traits caractérisant l'opposition entre éthique et droit : à l'universalité de la volonté dans l'éthique s'oppose l'individualité de la volonté défendue par le droit ; à la matière de la volonté universelle dans l'éthique qui met en valeur la loi morale et la coaction des sujets s'oppose la forme de la volonté individuelle qui affirme la primauté de la liberté de l'individu. Une telle liberté n'exprime, dans la science du droit, qu'une possibilité pratique.

L'opposition entre éthique et droit se ramène au fond à une autre distinction entre devoir et droit : le devoir doit se conformer à ce qui est pratiquement réel[64] ; le droit, par contre, proclame un « avoir » de ce qui est pratiquement possible. Schelling remarque dans ce sens que « ce qui est théoriquement possible, je le peux ; ce qui est pratiquement possible, j'en ai le droit, ce dont j'ai le droit s'appelle, dans l'usage habituel de la langue, juste et la possibilité pratique elle-même, par laquelle quelque chose devient juste, s'appelle droit en général »[65].

Ainsi esquissée, la philosophie du droit apparaît comme le lieu possible où l'individualité s'affirme comme liberté. Une telle individualité qui se déploie grâce au droit se révèle comme une expression de l'effort sollicité dans le § 3 de la *Nouvelle Déduction*. Une autre manifestation de l'effort d'après laquelle l'individu agit par respect au devoir a été déjà dégagée. On le voit, dans l'éthique comme dans le droit, l'individu n'agit que dans son rapport à l'autre. Cependant, il reste à remarquer qu'une approche plus architectonique du droit qui, partant de la conscience de soi, pourrait déduire une théorie de l'intersubjectivité, ne s'est élaborée chez Schelling qu'en 1800 avec la publication de son *Système de l'idéalisme*. En fait, l'accès au droit, quand il devient « une seconde nature », produit l'individuation de la liberté justement dans le contraste entre les individus ; même si ce contraste s'enracine dans le conflit originaire entre individus, il n'en subsiste pas moins qu'il constitue la condition transcendantale de toute intersubjectivité.

---

[63]. Schelling, *ibid.*, p. 151 ; trad. fr., p. 106-107.
[64]. *Ibid.*, p. 151 ; trad. fr., p. 107.
[65]. *Ibid.*

Avec la définition du droit comme « seconde nature », l'objectivité produite par la philosophie pratique acquiert une signification jusque-là inédite dans la philosophie du jeune Schelling : elle désigne la liberté dont l'éducation[66], la constitution juridique[67] et l'ordre historique[68] présentent les manifestations les plus caractéristiques[69].

Ainsi, tant que l'effort maintient le principe de la pratique humaine, le système de la philosophie reste à produire et à réaliser, car, l'effort étant la racine de la liberté gouverne, en ce sens, le commencement aussi bien que l'accomplissement de l'histoire, tel que le suggère Schelling vers la fin du Système de la philosophie pratique dans le *Système de l'idéalisme*. Le « Dieu à venir » n'est rien d'autre que la tâche que la liberté, comprise dorénavant dans la perspective du droit et de l'histoire, est invitée à accomplir. Le système de la liberté demeure donc un projet intersubjectif tant que la *philia* sollicite l'action réciproque des individus.

Bibliographie

Œuvres de Fichte

Fichte, J.G., 1962 ff. *Gesamtausgabe der Bayerischen Akademie der Wissenschaften,* hg. v. R. Lauth, E. Fuchs und H. Gliwitzky †. I. Werke, II. *Nachgelassene Schriften,* III. *Briefe,* IV. *Kollegnachschriften.* Stuttgart-Bad Cannstatt. [Sigle : GA].

Traductions françaises

Fichte, J.G., 1974, *Considérations destinées à rectifier les jugements du public sur la révolution française.* Trad. de J. Barni, Paris.

Fichte, J.G., 1980, *Les principes de la Doctrine de la science (1794-1795),* trad. A. Philonenko, in : *Œuvres choisies de la philosophie première,* Paris.

---

66. *Ibid.*, AA I, 9,1, p. 247-248 ; trad. fr., *Système de l'idéalisme* p. 191-292.
67. *Ibid.*, p. 181 ; trad. fr., p. 221.
68. *Ibid.*, p. 288-289 ; trad. fr., p. 227.
69. Sur la notion de droit comme « seconde nature », son arrière fond provenant de la philosophie de la Nature, son statut juridique et ses implications philosophiques et historiques chez le jeune Schelling comme au sein de l'idéalisme naissant, cf., Sandkühler 2003, p. 103 ; Vieillard-Baron 2001, p. 83 ; Vetö 2000, p. 371.

Fichte, J.G., 1985, *Recension de l'Énésidème*. Introd. et trad. par P.-Ph. Druet in : Fichte, J.G., *Rapport clair comme le jour adressé au grand public sur le caractère propre de la philosophie nouvelle (1801) et autres textes*. Paris.

Fichte, J.G., 1995, *Destination de l'homme*. Trad. inédite, introd., notes et bibliographie par J.-C. Goddard, Paris.

Fichte, J.G., 1984, *Fondement du droit naturel selon les principes de la doctrine de la science*. Présentation, traduction et notes par A. Renaut, Paris.

Œuvres de Hegel

Hegel, G.W.F., 1980, Gesammelte Werke. Vol. 9, Hg. von Bonsiepen. W./ R. Heede, Hamburg. [Sigle : GW].Traduction françaises

Hegel, G.W.F., 1962, *Correspondance* I (1765-1812). Trad. J. Carrère, Paris.

Hegel, G.W.F., 1991, *Phénoménologie de l'esprit*. Trad. par J.P. Lefebvre, Paris.

Œuvres de Kant

Kant, I., 1907, *Gesammelte Schriften*, Akademie-Ausgabe, Vol. VII, Berlin. [Sigle : AK].

Traduction française

Kant. E., 1986, *Le conflit des facultés*, in : *Œuvres philosophiques*, III, sous la direction de F. Alquié, Paris.

Œuvres de Schelling

F.W.J. von Schellings *Sämmtliche Werke*, Hg. v. Karl F. August Schelling. 1. Abteilung 10 Bde. (= I-X) ; 2. Abteilung : 4 Bde. (= XI-XIV). Stuttgart/ Augsburg 1856-61. [= *Schellings Werke*. Nach der Originalausgabe in neuer Anordnung hg. v. M. Schröter, 6 Hauptbände, 6 Ergänzungsbände. München 1927ff, ²1958 ff.] [Sigle : SW].

F.W.J. Schelling, 1976 ff. *Historisch-kritische Ausgabe*. Im Auftrag der Schelling-Kommission der Bayerischen Akademie der Wissenschaften, hg. v. H.M. Baumgartner, W.G. Jacobs, H. Krings und H. Zeltner. I.

Werke ; II. Nachlaß ; III. Briefe, IV. Nachschriften. Stuttgart. [Sigle : AA].

Schelling, F.W.J., 1990, *Das Tagebuch 1848. Rationale Philosophie und demokratische Revolution*. Mit A. v. Pechmann und M. Schraven aus dem Berliner Nachlaß hg. v. H.J. Sandkühler. Hamburg.

Schelling, F.W.J., 1998, *Philosophische Entwürfe und Tagebücher 1846. Philosophie der Mythologie und reinrationale Philosophie*. Vol. 12. Hg. v. L. Knatz, H.J. Sandkühler und M. Schraven. Hamburg.

Traductions françaises

Schelling, F.W.J., 1978, *Le système de l'idéalisme transcendantal*. Présenté, traduit et annoté par C. Dubois, Paris / Louvain.

Schelling, F.W.J., 1983, *Nouvelle déduction du droit naturel*, Trad. S. Bonnet / L. Ferry, in : *Cahiers de Philosophie Politique* 1.

Schelling, F.W.J., 1987, *Du Moi comme principe de la philosophie, ou sur l'inconditionné dans le savoir humain*, in : F.W.J. Schelling, *Premiers écrits (1794-1795)*, Présentation, traduction et notes par J-F. Courtine, Paris.

Schelling, F.W.J., 1987, *Lettres philosophiques sur le dogmatisme et le criticisme*, in : F.W.J. Schelling, *Premiers écrits (1794-1795)*. Présentation, traduction et notes par J-F. Courtine, Paris.

Etudes sur Schelling

Baumgartner, H.M./ W.G. Jacobs (Ed.), 1996, *Schellings Weg zur Freiheitsschrift. Legende und Wirklichkeit*. Akten der Fachtagung der Internationalen Schelling-Gesellschaft 1992, Stuttgart-Bad Cannstatt.

Buchner, H., 1989, *Editorischer Bericht*, in : Schelling, AA I,2.

Cesa, C., 1989, *Schellings Kritik des Naturrechts*, in : Pawlowski, H.-M./ S. Smid/ R. Specht (Ed.), *Die praktische Philosophie Schellings und die gegenwärtige Rechtsphilosophie*, Stuttgart-Bad Cannstatt.

Cesa, C., 2000, *La notion de pratique dans l'idéalisme du jeune Schelling*, in : Bienenstock, M./ M. Crampe-Casnabet (sous la direction), *Dans quelle mesure la philosophie est pratique. Fichte, Hegel*. Avec la collaboration de J.-F. Goubet, Fontenay-aux-Roses Cedex.

Courtine, J-F., 1987, *Finitude et liberté. Le statut du Moi fini et la destination de l'homme du Vom Ich aux Briefe*, in : Schelling, F.W.J.,

Premiers écrits (1794 -1795). Prés., trad. et notes par J-F. Courtine avec la collaboration de M. Kauffmann, Paris.

Fischbach, F., 2001, *La pensée politique de Schelling*, in : *Les études philosophiques*, 1.

Frank, M., 1989, *Einführung in die frühromantische Ästhetik*, Frankfurt/M., Suhrkamp Verlag

Hofmann, M., 1999, *Über den Staat hinaus. Eine historisch-systematische Untersuchung zu F.W.J. Schellings Rechts– und Staatsphilosophie*, Zürich.

Hollerbach, A., 1957, *Der Rechtsgedanke bei Schelling. Quellenstudien zu seiner Rechts- und Staatsphilosophie*, Frankfurt/M.

Hühn, L., 1998, *Die Philosophie des Tragischen. Schellings « Philosophische Briefe über Dogmatismue und Kriticismus"*, in : Jantzen, J. (Ed.), Die Realität des Wissens und das wirkliche Dasein. Erkenntnisbegründung und Philosophie des Tragischen beim frühen Schelling, Stuttgart-Bad Cannstatt [Schellingiana 10].

Jacobs, G.W., 1982, *Editorischer Bericht*, in : Schelling, AA I,3.

Jacobs, W.G., 1989, *Zwischen Revolution und Orthodoxie. Schelling und seine Freunde im Stift und an der Universität Tübingen. Texte und Untersuchungen*, Stuttgart-Bad Cannstatt.

Maesschalck, M., 1992, *Droit naturel et philosophie politique chez Schelling. Un parallèle entre première et dernière philosophie*, in : Science et esprit, Volume XLIV.

Pieper, A., 1977, *"Ethik à la Spinoza" : Historisch-systematische Überlegungen zu einem Vorhaben des jungen Schelling*, in : Zeitschrift für philosophische Forschung, 31.

Pieper, A., 1982, *Editorischer Bericht*, in : Schelling, AA, I,3.

Rivelaygue, J., 1983, *Schelling et les apories du droit*, in : *Cahiers de philosophie politique*, N 1.

Sandkühler, H.J., 1968, *Freiheit und Wirklichkeit. Zur Dialektik von Politik und Philosophie bei Schelling*, Frankfurt/M.

Sandkühler, H.J., 2003, *La nature humaine, l'histoire, le droit et l'État comme seconde nature. La philosophie politique de Schelling*, in : Sandkühler, H.J., *Nature et cultures épistémiques*, traduit de l'allemand par G. Warland, Paris.

Sandkühler, H.J., 2004, *Revolution, bürgerliche Gesellschaft, Recht und Staat. Schelling und Hegel*, in : *Der Begriff des Staates. Internationales Jahrbuch des Deutschen Idealismus*, 2.
Sandkühler, H.J., 2005, *Das Recht und der Staat (Schelling)*, in : Sandkühler, H.J., (Ed.), *Handbuch Deutscher Idealismus*, Stuttgart. Weimar.
Sandkühler, H.J., 2005 a, *Freiheit, Moral und Sittlichkeit (Schelling)*, in : Sandkühler, H.J., (Ed.), *Handbuch Deutscher Idealismus*, Stuttgart. Weimar.
Schraven, M., 1989, *Philosophie und Revolution. Schellings Verhältnis zum Politischen im Revolutionsjahr 1848*, Stuttgart-Bad Cannstatt.
Schraven, M., 1998, *Recht, Staat und Politik bei Schelling*, in : Sandkühler, H.J., (Ed.), *F.W.J. Schelling*, Stuttgart. Weimar.
Smid, S., 1989, Freiheit als „Keim" des Rechts, in : Pawlowski, H.-M./ S. Smid/ R. Specht (Ed.), *Die praktische Philosophie Schellings und die gegenwärtige Rechtsphilosophie*, Stuttgart-Bad Cannstatt.
Tilliette, X., 1970, *Schelling. Une philosophie en devenir*, Paris.
Tilliette, X., 1985, *Recherche sur l'intuition intellectuelle de Kant à Schelling*, Paris.
Tilliette, X., 1987, *L'Absolu et la philosophie. Essais sur Schelling*, Paris.
Tilliette, X., 1999, *Schelling. Biographie*, Paris.
Vetö, M., 2000, *De Kant à Schelling. Les deux voies de l'idéalisme allemand*, tome 2, Grenoble.
Vieillard-Baron, J-L., 2001, *Nature, seconde nature et histoire dans le « Système de l'idéalisme transcendantal »*, in : Vetö, M. / A. Roux (éds.), *Schelling et l'élan du Système de l'idéalisme transcendantal*, Paris.

Mohamed Turki

Individu et socialité chez J.-P. Sartre

1. Introduction

S'interroger aujourd'hui, au début du troisième millénaire, sur le statut de l'individu et de son rapport au social paraît, à première vue, être davantage de l'ordre du paradoxal et de l'intempestif, que de celui de la réflexion philosophique sérieuse. En effet, il est tout à fait évident que la modernité a pris naissance avec l'émergence de l'individu, c'est-à-dire juste au moment où l'affirmation presque frénétique de la subjectivité a trouvé ses assises dans le *Cogito* ou la substance individuée pensante.

Cette irruption de l'individu en tant que principe et comme valeur a mis en vérité fin, non seulement à son assujettissement, elle a en même temps sonné le glas d'un ordre qui, jusqu'alors, tirait sa légitimation de forces transcendantes qui gardaient l'homme dans un « statut de minorité » selon l'expression kantienne. L'humanisme de la Renaissance comme, par la suite, le Cartésianisme qui lui succéda, marquaient déjà les dates de la libération de l'individu et de l'avènement d'une ère nouvelle : celle que Hegel appelle dans sa *Phénoménologie de l'esprit* « le lever du soleil qui, en un éclair, esquisse en une fois l'édifice du nouveau monde »[1] pour désigner ce début de l'époque des « Temps modernes », cette époque où la substance commence à se transformer en sujet et où les principes d'égalité et de liberté deviennent des principes de droit communs à tous.

Dans son ouvrage intitulé « *L'individu, Réflexions sur la philosophie du sujet* », Alain Renaut fait justement état de l'émergence de ce para-

---

[1]. G.W.F. Hegel, *Préface à la phénoménologie de l'esprit*, trad. J.Hyppolite, Paris 1966, p. 33. Jürgen Habermas revient dans son ouvrage *Le Discours philosophique de la modernité* sur ce thème pour expliciter l'accès à la modernité du point de vue historique. « La découverte du "Nouveau monde", la Renaissance et la Réforme – les trois grands événements qui ont eu lieu autour de 1500 – constituent le seuil historique entre Moyen-Âge et Temps modernes ». Voir J. Habermas, *Le Discours philosophique de la modernité*, Gallimard, Paris, trad. C. Bouchindhomme et R. Rochlitz, p. 6.

digme et explique comment l'individu s'y affirme à la fois comme valeur et comme principe :
- « comme valeur, puisque, dans la logique de l'égalité, un homme vaut un homme, ce pourquoi l'universalisation du droit de suffrage sera la traduction politique la plus complète d'une telle valeur ;
- comme principe, puisque, dans la logique de la liberté, seul l'homme peut être pour lui-même la source de ses normes et de ses lois, ce pourquoi contre l'hétéronomie de la tradition, c'est sous le régime de l'autonomie que s'inscrira la normativité éthique, juridique et politique des modernes »[2].

« L'ère de l'individu », pour reprendre encore le titre d'un ouvrage de Renaut, a pratiquement inauguré l'âge moderne et tracé en même temps l'histoire de la modernité qu'on peut caractériser en ces termes : « ce qui définit intrinsèquement la modernité, c'est sans doute la manière dont l'être humain s'y trouve conçu et affirmé comme la source de ses représentations et de ses actes, comme leur fondement (*subjectum*) ou encore comme leur auteur : l'homme de l'humanisme est celui qui n'entend plus recevoir ses normes et ses lois ni de la nature des choses, ni de Dieu, mais qui prétend les fonder lui-même à partir de sa raison et de sa volonté »[3]. Bref, on pourrait dire que la modernité a rendu enfin à l'homme ce qui lui revient en propre, mais qui, jusqu'alors a été placé en Dieu, à savoir l'autonomie ou la liberté. Et depuis, comme le dit Sartre, « l'homme n'a d'autre législateur que lui-même »[4].

Cependant, dans les dernières décennies, cette modernité est tout d'un coup mise en cause par le courant de la pensée « postmoderne » et semble même tomber en désuétude du fait que, après « la mort de Dieu » annoncée par Nietzsche et qui mit fin à la métaphysique, c'est autour de l'humanisme et de son auteur que l'attaque structuraliste a eu lieu. Olivier Dekens commentant Foucault en fait déjà le diagnostic et tire le constat en déclarant que « l'homme moderne n'est pas un être tout-puissant, embrassant le réel par la force de son pouvoir synthétique : il est cet être

---

[2]. Alain Renaut, *L'individu, Réflexion sur la philosophie du sujet*, p. 22.
[3]. *Ibid.*, p. 6.
[4]. J.-P. Sartre, *L'existentialisme est un humanisme*, ed. Nagel, Paris 1946, p. 81. Voir aussi J.-P. Sartre, La liberté cartésienne, in : *Essais critiques, Situations I*, Gallimard, Paris 1947, p. 308.

fini, à la marge d'une expérience qu'il ne maîtrise pas, où il ne se reconnaît pas, mais qui le constitue comme homme fini »5. L'auteur prend d'ailleurs le terme de finitude dans sa double détermination, en tant que limite, mais aussi comme fin programmée de l'homme. Et il ne manque pas d'ajouter que « l'archéologie n'aura qu'accentuer la pente naturelle de l'histoire du concept d'homme vers sa dissolution, elle n'aura que souligner de son rire silencieux la mort prévisible et heureuse de l'homme, réduit à n'être que ce qui va s'effacer, 'comme à la limite de la mer, un visage de sable' » 6.

Pourtant cette annonce fatidique de la mort de l'homme, provoquée autant par la dissolution structurale que par l'évolution techno-scientifique, va être accompagnée d'une tendance assez paradoxale qui est celle de l'émergence de l'individu comme phénomène singulier, se détachant tout d'un coup de tous les liens sociaux qui l'ont déterminé jusqu'alors et s'affirmant par sa simple singularité. C'est en quelque sorte le déploiement d'un individualisme sans limite que la société de consommation est en train de propager au nom du libéralisme et que les mass medias contribuent aussi à étendre en tant que modèle d'auto-réalisation. L'individu occupe de nouveau le devant de la scène, non seulement pour imposer son autonomie, mais surtout afin de manifester sa présence dans sa différence par rapport au social et à la société.

Loin de poursuivre le processus qui s'est développé au cours de l'histoire moderne et dans lequel, selon Hegel, l'individu particulier n'est qu'un « esprit incomplet » qui doit nécessairement parcourir « les degrés de la formation culturelle de l'esprit universel » 7 pour atteindre enfin le statut de sujet, la situation décrite précédemment présente plutôt la position anti-thétique qui oppose l'individu au social. Elle incite à revoir en quelle mesure cette controverse entre les adhérents de la tendance individualiste et ses opposants n'exprime pas au fond le malaise touchant actuellement la société dans sa structure même. Il semble d'ailleurs, que « l'irréductibilité de l'individu qui vit, qui parle, qui travaille, réapparaît quand les structures collectives se distendent et s'effritent : alors l'initiative personnelle est sollicitée et on assiste à un retour du sujet en écono-

---

5. Olivier Dekens, *Qu'est-ce que les lumières? De Foucault*, ed. Bréal, Paris 2004, p. 22.
6. *Ibid.*
7. G.W.F. Hegel, *Préface de la Phénoménologie de l'esprit*, trad. de B. Bourgeois, ed. Vrin, Paris 1997, p. 85.

mie, en politique, en morale, en art, et même dans les sciences humaines qui l'avaient rejeté »[8], comme l'a remarqué à juste titre Jeannette Colombel.

Ce n'est pas par hasard si cette apparition en force du « *principe d'individuation* » a déclenché, selon Alain Renaut, une querelle en France entre ceux qu'il appelle les « néo-tocquevilliens », partisans de cet individualisme à outrance, et leurs opposants, les « néo-Heideggeriens »[9] qui les critiquent pour leur individualisme excessif et leur détachement du tissu social, ce qui met aussi en cause leur socialité. Quant à lui, il reproche aux adeptes du courant néo-tocquevillien de ne pas faire la distinction entre l'aspiration individuelle à l'indépendance et l'autonomie. Il voit en fait dans leur interprétation une lecture unilatérale de la culture moderne où l'éthique de l'indépendance (liberté sans limites) tend à se superposer à l'éthique de l'autonomie qui, elle, ne s'oppose pas, à son avis, à l'indépendance, mais plutôt à l'hétéronomie[10].

Nous voilà déjà au cœur de notre problématique qui dévoile le fond du conflit entre individu et socialité et montre l'actualité mais aussi l'ampleur de son enjeu. Il nous faut donc nous interroger :
- Y a-t-il vraiment un hiatus entre individu et socialité, et s'il y en a un, de quelle manière se manifeste-t-il? Sommes-nous alors devant une nouvelle variante d'individualisme « *monadologique* » de type « postmoderne »?
- Comment peut-on créer une jonction entre individualité et socialité sans risquer de sombrer dans une totalité close?
- Quelle est enfin la figure adéquate et heureuse du rapport entre individu et socialité? Est-ce celle de l'intersubjectivité? De la communauté solidaire ou de la citoyenneté?

C'est à partir de l'œuvre de J.-P. Sartre que ces questions vont être abordées. Cette démarche, il est vrai, paraît faire une sorte de compte à rebours pour envisager cette problématique. Mais il faut rappeler que Sartre n'a pas été totalement étranger à cette querelle entre les anciens et les nouveaux. Il l'a déjà affrontée en tant qu'existentialiste taxé d'individualisme de la part des communistes d'une part et, par la suite, en

---

[8]. Jeanette Colombel, *Jean-Paul Sartre, un homme en situation, textes et débats*, ed. poche, Paris 1985, p. 209.
[9]. Alain Renaut, *L'individu, réflexions sur la subjectivité*, *Op. cit.*, p. 29.
[10]. *Ibid.*, p. 45.

tant que sympathisant des maoïstes, en adoptant une position radicale à l'égard de la société bourgeoise et enfin, en tant qu'adversaire du courant antihumaniste du structuralisme. Sartre a vécu tous ces moments et en a tiré parfois les conséquences en élaborant à ce propos certaines thèses théoriques. Ce qui justifie le choix d'y recourir. Un retour aux sources philosophiques permet peut-être de comprendre mieux cette évolution de la pensée et de l'agir sartriens. Je tenterai également de répondre par là au problème-litige avancé.

2. De l'individu à l'humain ou de l'ontologie à l'anthropologie

Il faut tout d'abord remarquer que la question du rapport entre individu et socialité n'a pas été traitée par Sartre de manière explicite. Pourtant on découvre quelques définitions éparpillées dans ses œuvres et particulièrement dans « *Cahiers pour une morale* » où il tentait de développer les fondements d'une éthique existentielle qu'il a prévue à la fin de *L'être et le néant* et qui devrait faire le passage de l'ontologie à la morale. Tout en se référant, de façon indirecte, à la logique aristotélicienne, et en se basant à la fois sur ses propres thèses ontologiques fixant le statut de l'être et de l'existence, Sartre fait la distinction entre l'individu pour-soi et l'individu pour l'autre. « L'individu est pour lui-même l'*évidence*, la nécessité de fait ; pour l'Autre, il est l'*espèce*. Il est donc atteint en tant qu'espèce et constitué comme tel » [11]. Cette distinction qui rappelle tout d'abord le discernement entre *individu* et *espèce*, tel qu'il a été évoqué par Aristote dans les *Analytiques*, insiste pourtant sur la différence d'appréhension des deux éléments et de leur perception du dedans ou du dehors. En effet, Sartre situe le problème au niveau du rapport ontologique entre le Pour-soi et le Pour-autrui, tel qu'il a été décrit dans *L'être et le néant* et qui se base sur le principe d'exclusion dû au conflit qui relie l'un à l'autre.

Sans s'arrêter longtemps sur ce thème très complexe dans l'ontologie de Sartre, il suffit seulement de se rappeler qu'il s'agit de la manière d'appréhension du soi et de l'autre dans le monde. Le Pour-soi se saisit à travers sa conscience d'être dans le monde, c'est-à-dire qu'il se connaît dans son existence réelle et particulière, en tant qu'individu concret, alors qu'autrui le prend plutôt pour un En-soi, c'est-à-dire comme un membre

---

[11]. J.-P. Sartre, *Cahiers pour une morale*, Ed. Gallimard, Paris, 1983, p. 101.

ou représentant de l'espèce humaine. Par conséquent ce dernier ne peut le percevoir que sous la forme d'objectivation et d'aliénation. Sartre souligne cet aspect en écrivant : « Mon être pour autrui est une chute à travers le vide absolu vers l'objectivité »[12].

Entre l'individu et l'espèce, il y a effectivement une différence ontologique fondamentale d'*être* et d'*existence*. L'espèce est l'universalisation de l'être en tant que tel, comme lorsqu'on parle justement de l'homme de manière générale. « L'espèce est l'universalisation de ma facticité et l'affirmation que j'ai un être-là dans le monde aussi comme objet au milieu du monde »[13]. Par contre, l'individu échappe tout à fait à cette universalisation par sa simple singularité et par sa liberté constituante, car c'est à travers sa liberté qu'il prend conscience de soi et transcende sa situation dans le monde. Il n'est plus un simple objet au milieu du monde, mais quelqu'un qui dépasse son être-là dans le monde et le constitue selon son propre choix et ses désirs. Ainsi l'individu se caractérise par sa spécificité par rapport à l'espèce, mais aussi par sa nécessité de fait, puisque l'espèce en tant que catégorie universelle ne peut être saisie qu'à travers les exemples singuliers qu'elle représente. « C'est mon être concret et individuel qui se coule dans l'universel et qui le remplit, (...) le particulier est ici support et fondement de l'universel ; l'universel, en ce cas, ne saurait avoir de signification s'il n'existe à *dessein* de l'individuel »[14].

Ces quelques explications mettent, comme on le remarque, en évidence le caractère spécifique de l'individu par rapport à l'espèce chez Sartre. Mais qu'en est-il alors de la relation entre individu et socialité ?

Il semble qu'il est nécessaire de revenir au point de départ et de déterminer avant tout le rapport entre le pour-soi et l'autre en tant que premier noyau de socialité. Or la structure ontologique de ce rapport exclut chez Sartre de prime abord la constitution d'une unité sociale, car ce qui détermine cette relation n'est point le « *Mit-sein* », c'est-à-dire « l'être-avec » à la manière heideggérienne, mais plutôt le conflit qui rend la constitution de socialité presque impossible. Pourtant Sartre envisage la perspective d'une approche qui ouvre la possibilité vers la socialité. Contrairement à

---

12. J.-P. Sartre, *L'être et le néant*, Gallimard, Paris, 1943, p. 334.
13. *Ibid.*, p. 102.
14. J.-P. Sartre, *L'être et le néant, Essai d'ontologie phénoménologique*, Ed. Gallimard, Paris, 1943, p. 296.

L'être et le néant où Sartre ne laisse aucune chance de concevoir l'adhésion à une unité sociale, il note dans *Les cahiers pour une morale* que « la société existe quand j'en prends conscience. Or j'en prends d'abord conscience *sous le regard de l'autre.* »[15] On voit que, tout en s'attachant à sa première position ontologique, Sartre opte dans les *Cahiers* pour une conception plus souple qui permet justement d'adhérer au social, ne serait-ce que sous l'aspect négatif de l'objectivation ou de la distance constante par rapport à autrui. Le jeu regardant – regardé développe ainsi une totalité synthétique dans laquelle l'individu se retrouve sans pour autant se dissoudre en elle. Dans ce sens « la société est un être réel et noématique mais qui n'est ni la somme des individus, ni leur synthèse. C'est toujours la totalité synthétique des personnes en tant que cette totalité est effectuée par *d'autres* »[16]. Néanmoins Sartre concède que la réalité humaine surgit toujours au milieu des autres et que, par conséquent « l'homme existe en société » mais que « son rapport originel avec la société, c'est qu'il ne peut ni tout à fait s'y fondre, ni tout à fait la dépasser »[17]. Il vit en quelque sorte une situation paradoxale. L'individualité reste certes la condition *sine qua non* de toute détermination de l'homme, mais la société « est la première concrétion qui fait passer de l'ontologie à l'anthropologie »[18].

Les Cahiers pour une morale, rédigés pendant les années de guerre, mais publiés seulement après la mort de l'auteur, dévoilent en vérité les efforts fournis par Sartre pour sortir aussi bien du solipsisme ontologique dont il a fait son point de départ dans *L'être et le néant*, que d'élaborer les fondements d'une morale qui, bien qu'elle ait été abandonnée plus tard, portait déjà les premières ébauches d'une anthropologie qui tient compte de la dimension sociale de l'homme.

3. La conversion vers la socialité

Si Sartre a insisté tout au long de ses investigations ontologiques sur le conflit dans les rapports de l'homme envers autrui et s'est aventuré à qualifier d'infernale cette relation dans ‚*Huis-clos*' en concluant sa pièce

---

[15]. J.-P. Sartre, *Les cahiers pour une morale*, Op. cit., p. 118.
[16]. *Ibid.*, p. 119.
[17]. *Ibid.*, p. 124.
[18]. *Ibid.*

par la fameuse phrase : « l'enfer, c'est les autres », il n'a pas pour autant négligé le problème. Dans un texte de la fin de 1945 ajouté en appendice I aux *Cahiers pour une morale*, Sartre note : « Dès lors le véritable problème : sortira-t-on de l'Enfer ? »[19], ce qui montre le souci qu'il porte à résoudre les difficultés théoriques qu'il affronte dans ce domaine. Il s'agit bien de dépasser la subjectivité individuelle et d'impliquer la notion de socialité dans sa conception exitentialiste. Or comment penser autrui en dehors du rapport conflictuel?

Le *plan d'une morale ontologique* proposé par Sartre dans les Cahiers prévoit déjà une autre vision que celle conçue jusqu'ici dans *L'être et le néant*. Elle pourrait être considérée comme une *conversion* ouvrant l'espace à la socialité. Dans le quatrième chapitre Sartre parle « d'appel à autrui », mais aussi de « rapport nouveau entre mon Pour-soi et mon Pour-autrui »[20] qui devrait se constituer par l'intermédiaire de l'œuvre que chacun peut créer et qui invite ainsi à une reconnaissance mutuelle de la liberté. Ces nouveaux éléments n'ont malheureusement pas été développés dans les *Cahiers*, mais annoncent déjà un certain glissement vers la socialité et préparent le chemin pour fonder la théorie sartrienne de l'engagement qui a été élaborée juste après la guerre, aussi bien en littérature que dans les domaines philosophiques et politiques.

C'est d'abord à travers l'intersubjectivité que Sartre essaye d'expliciter son projet de socialité. Dans *L'existentialisme est un humanisme*, ouvrage où il a popularisé ses idées philosophiques, Sartre marque déjà ses distances à l'égard de Descartes[21] tout en maintenant le *Cogito* comme une vérité absolue de la conscience. Il souligne que, par le *je pense* « nous nous atteignons nous-mêmes en face de l'autre, et l'autre est aussi certain pour nous que nous-mêmes... L'autre est indispensable à mon existence, aussi bien d'ailleurs qu'à la connaissance que j'ai de moi. Dans ces conditions, la découverte de mon intimité me découvre en même temps l'autre, comme une liberté posée en face de moi, qui ne pense, et qui ne veut que pour ou contre moi. Ainsi découvrons-nous tout de suite un monde que

---

[19]. *Ibid.*, p. 578.
[20]. *Ibid.*, p. 487.
[21]. Jeannette Colombel, *J.-P. Sartre, un homme en situation, Textes et débats*, ed. Poche, Paris 1985, p. 209. Selon Colombel, Sartre ne se démarque pas seulement du « *cogito* » classique (Descartes), mais rejette tout sujet fondateur (Kant et Husserl) et revendique l'éclatement du sujet et son appartenance au monde.

nous appellerons l'intersubjectivité, et c'est dans ce monde que l'homme décide ce qu'il est et de ce que sont les autres »[22].

On remarque clairement, comment Sartre passe ici du monde de « *La transcendance de l'ego* » vers celui de l'intersubjectivité où l'autre fait partie du même monde et participe activement à la constitution de l'existence de soi dans un univers humain. Il parle même de reconnaissance de la liberté d'autrui à travers l'engagement pour la liberté, chose inattendue avant cet ouvrage où il annonce en plus que « l'existentialisme est un humanisme » et par lequel il déclenche la « querelle de l'existentialisme ». On remarque ainsi le changement dans la façon de percevoir l'autre, qui certes est un fait incontestable, mais qui devient un élément incontournable dans l'appréciation de soi et du monde. Ainsi l'autre est rallié à la réalisation de l'existence et à la compréhension de la situation historique donnée. Il est pris à plein dans cette relation sociale à tel point que Sartre affirme que « ma liberté est solidaire de celle d'autrui »[23].

Dans son plaidoyer pour une « littérature engagée », Sartre ouvre encore une autre perspective pour dépasser l'individualité vers la socialité. Dans *Qu'est-ce que la littérature*, il voit déjà dans l'acte d'écrire un appel de l'écrivain au lecteur pour partager son projet de création et dévoiler ses valeurs esthétiques. L'œuvre littéraire ne trouve plus son achèvement dans l'écriture ; elle nécessite encore la lecture pour atteindre son but et exige par là l'engagement du lecteur pour l'évaluer et l'apprécier. Ainsi « l'écrivain en appelle à la liberté du lecteur pour qu'elle collabore à la production de son ouvrage »[24]. Cet appel au partage avec autrui exprime non seulement une invitation de l'autre afin de participer à l'œuvre, mais il implique aussi un acte de générosité des deux côtés.

On est bien loin du conflit entre les conscience. L'oeuvre d'art les rapproche et les interpelle : elle constitue le lieu social de rencontre entre auteur et lecteur. Sartre ajoute pour souligner cette reconnaissance de l'autre : « Le livre ne sert pas ma liberté : il la requiert. On ne saurait en effet s'adresser à une liberté en tant que telle par la contrainte, la fascination ou les suppliques. Pour l'atteindre, il n'est qu'un procédé : la

---

22. J.-P. Sartre, *L'existentialisme est un humanisme*, Ed. Nagel, Paris 1946, p. 66.
23. J. Colombel, J.-P. Sartre, *Op. cit.*, p. 115.
24. J.-P. Sartre, *Qu'est-ce que la littérature?*, Gallimard, Paris 1947, Situations II, p. 59.

reconnaître d'abord, puis, lui faire confiance ; enfin, exiger d'elle un acte, au nom d'elle-même, c'est-à-dire au nom de cette confiance qu'on lui porte. Ainsi le livre n'est pas comme l'outil, un moyen en vue d'une fin quelconque : il se propose comme fin à la liberté du lecteur »[25]. Ces dernières phrases rappellent sans aucun doute l'impératif catégorique kantien, mais transposé au niveau de l'œuvre d'art qui intervient dans la médiation. Sartre semble réaliser par la voie de la littérature ce qu'il a jusqu'ici refusé et même reproché à la philosophie hégélienne, à savoir la reconnaissance mutuelle comme condition préalable de toute socialité.

La polémique qu'a suscitée la littérature engagée est bien connue et a provoqué des réactions virulentes de droite comme de gauche. Elle a enfin mis en exergue le rôle que peut jouer l'art dans la médiation inter-subjective et montré comment la littérature peut agir sur le social afin de le transformer, car « l'écrivain est en situation dans son époque : chaque parole a ses retentissements. Chaque silence aussi »[26]. Il suffit juste d'en prendre conscience et d'en assumer sa responsabilité.

4. De la praxis individuelle au groupe en fusion

Si Sartre a déjà découvert la dimension sociale par le biais de la littérature et de l'engagement politique dans la période de l'après-guerre, il n'a développé à ce propos ses thèses théoriques que tardivement, dans la *Critique de la raison dialectique*. La question centrale qui va l'occuper dans cette ouvrage se résume en ceci : « avons-nous aujourd'hui les moyens de constituer une anthropologie structurelle et historique? »[27]. Il s'agit de montrer l'intelligibilité dialectique du processus historique qui prend source dans la praxis individuelle pour embrasser toutes les formes d'ensembles humains à travers la totalisation.

« Il faut que notre expérience nous révèle comment la multiplicité pratique (qu'on peut appeler à son gré « les hommes » ou l'Humanité) réalise, dans sa dispersion même, son intériorité »[28], c'est-à-dire son intégration organique sociale. En d'autres termes, comment mettre en évidence le processus de socialité au cours de l'histoire? ou comme le

---

[25]. *Ibid.*, p. 60.
[26]. *Ibid.*, p. 13.
[27]. J.-P. Sartre, *Critique de la raison dialectique*, Gallimard, Paris 1960, p. 9.
[28]. *Ibid.*, p. 152.

nomme Sartre : « Le problème pour nous, c'est celui des liaisons. S'il y a des individus, *qui* totalise? ou *quoi*? »[29].

Sartre part dans cette étude de la *praxis* individuelle comme première forme d'action qui se manifeste dans l'univers matériel géré par la *rareté* et le besoin. Il n'est de rapports sociaux pour lui que sur le fonds du manque qui règne au niveau de la matérialité. « Le processus cyclique – qui caractérise à la fois le temps biologique et celui des premières sociétés – est brisé du dehors, et par l'environnement, simplement parce que la rareté, comme fait contingent et inéluctable, interrompt les échanges »[30]. C'est alors sur le champ pratique et son organisation que les liaisons vont s'établir entre les individus. « Il ne s'agit de rien d'autre que de l'unification par la *praxis* »[31]. L'acte de naissance du social est ici engendré par l'unité négative qui survient par la rareté aux relations humaines ; c'est d'abord l'union passive et sérielle des individus dans le champ du pratico-inerte. On remarque qu'à ce niveau la rareté conditionne l'ensemble des relations individuelles dans le milieu social : par exemple la rareté de telle denrée à un moment donné, ou bien « *il n'y en a pas assez pour tout le monde* »[32].

Elle est la matrice originelle qui réalise la totalité passive des individus ou d'une collectivité, de telle sorte que chacun se sent en danger et comme un danger pour l'autre, c'est-à-dire qu'il intériorise cette structure comme étant « *l'homme de la rareté* ». Ainsi l'homme devient-il dans cette constellation, selon l'expression de Hobbes, un loup pour l'homme. C'est d'ailleurs à ce niveau qu'on doit « définir la violence comme structure de l'action humaine sous le règne du manichéisme »[33]. La rareté des ressources énergétiques, par exemple, et les conflits dont elle est la source ne peuvent que confirmer actuellement la thèse sartrienne.

Cependant il faut se méfier de s'arrêter à ce stade de l'argumentation comme si l'unité négative de la rareté était la seule condition du champ de la socialité. Pour Sartre, la socialité se manifeste de différentes manières : tout d'abord en tant que projet individuel de dépassement de la

---

[29]. *Ibid.*, p. 165.
[30]. *Ibid.*, p. 168.
[31]. *Ibid.*, p. 185.
[32]. *Ibid.*, p. 204.
[33]. *Ibid.*, p. 209.

multiplicité d'individus dans un groupe organisé[34]. Celle-ci dévoile la sérialité comme liaison d'impuissance qu'il faut dépasser vers une action tendant à socialiser l'objet commun du groupe. le *travail* constitue ici un élément de transcendance et de dépassement de la rareté comme danger de souffrance ou de mort de l'homme et en même temps un moyen de socialité, car « le travail est aussi bien une relation entre les hommes qu'une relation de l'homme à l'univers matériel »[35]. Sartre cite l'exemple du marché de travail où les travailleurs se trouvent dans un rapport de réciprocité et de concurrence à la fois. Ils vivent leur séparation comme opposition et altérité. Dans cet ensemble négatif d'individus qui vendent leur force de travail, chaque individu figure en même temps comme soi-même et comme un Autre, car le travail engendre aussi bien des rapports de réciprocité positive que de réciprocité négative, c'est-à-dire de dispersion selon le mode de production.

L'autre aspect de la socialité est celui de la *praxis* de groupe où les relations humaines se font dans l'unité d'un groupe. C'est le cas du prolétariat qui se constitue au sein du champ pratico-inerte comme classe tout entière active afin de dépasser son être-commun-de-classe qu'elle subit en tant qu'aliénation. Selon Sartre, « c'est ce que veut dire Marx quand il parle de socialité de l'ouvrier »[36].

Enfin le troisième moment de socialité est celui du ‚*groupe en fusion*' qui naît à partir de la découverte d'une liberté commune en face d'un intérêt majeur qui unit les membres qui le constituent et déclenche une *praxis* révolutionnaire du groupe. Sartre évoque la prise de la Bastille comme moment historique pour illustrer ce phénomène de socialité qui, bien que provisoire, reste déterminant dans le processus historique, car « ce remaniement par l'homme des relations humaines se temporalise dans le cadre pratique d'une certaine fin à atteindre et ne survivra pas comme tel à son objectivation »[37].

Cette irruption de la liberté dans une *praxis* commune, Sartre l'appelle l'*apocalypse*, mot inspiré du roman de Malraux *L'espoir* et qui peut présenter la liquidation d'une sérialité de vieux groupes au profit d'un nouveau groupe en fusion. Ce statut de groupe va effectivement

---

[34]. *Ibid.*, p. 351.
[35]. *Ibid.*, p. 174.
[36]. *Ibid.*
[37]. *Ibid.*, p. 416.

métamorphoser l'individu et le rendre différent de ce qu'il était quand il était seul : « inertie assumée, fonction, pouvoir, droits et devoirs, structure, violence et fraternité, il actualise *tous ces rapports réciproques* comme son nouvel être, comme sa socialité »[38].

Ces observations permettent de conclure que, malgré son attachement à la *praxis* individuelle, Sartre n'a pas hésité à décrire le processus de détermination de la socialité et à montrer comment la socialité vient à l'individu par la totalisation commune des rapports à travers le travail et l'action en tant que dépassement vers la communauté de la sérialité et de l'aliénation.

---

[38]. *Ibid.*, p. 510

Wolfgang Wildgen

L'autisme et les bases évolutionnaires et neurologiques de la socialité

1. Introduction

Le choix de mon point de départ, l'autisme, a deux raisons. D'abord Jean Piaget a, au début de sa carrière de psychologue, en 1925, parlé d'égocentrisme de l'enfant dans les premiers stades de sa socialisation. Cet égocentrisme fut observé dans le cadre d'une école maternelle. Les soliloques fréquents des enfants qui jouaient sans l'intervention d'un adulte furent associés à une forme d'autisme, c'est-à-dire de clôture de l'ego vis-à-vis des autres enfants. Le point de départ de Piaget fut une observation de Baldwin : « que le nourrisson ne manifestait aucun indice d'une conscience de son moi, ni d'une frontière stable entre données du monde intérieur et de l'univers externe, cet « actualisme » durant jusqu'au moment où la construction de ce moi devient possible en correspondance et en opposition avec celui des autres »[1].

Piaget renvoie dans ce contexte au « sens freudien de l'intérêt pour autrui ». Le mouvement entre une centration vitale sur le corps propre et une décentration se répète aux différents niveaux (sensori-moteur – préopératoire) entre l'âge de 2 à 4 ans dans un cycle d'auto-organisation. La tension entre le corps propre et celui de l'autre forme implicitement les concepts du moi et de l'autre et produit par l'interaction des deux la conceptualisation du monde, qui les sépare et englobe.

Certaines idées empiriquement repérées en psychologie étaient présentes chez Freud et Husserl et ont été reprises par la « *philosophy of flesh* » de Johnson (1987) et dans la sémantique cognitive de Lakoff (1987). Les critiques de Piaget, par exemple celle de Vygotski, ont mis en doute l'égocentrisme tel qu'il fut observé par Piaget à Genève[2]. Le problème central concerne l'existence d'un médium de la connaissance intellectuelle : est-ce purement l'image mentale (Piaget) ou plutôt un

---

[1]. Piaget 1972, p. 13.
[2]. Voir Vygotski 1997 : chapitre 2.

« langage d'action » (Vygotski) ou un prélangage, un médium symbolique avant l'apprentissage du langage social ? Entre l'individu (le corps propre) et l'autre (ainsi que le monde) apparaît comme une sorte de médium : la pensée, la connaissance qui sera dans le stade adulte surtout organisé à l'aide du langage. La transition critique dans la constitution du moi et de l'autre, de l'individu et du social reste pourtant opaque, ambiguë. Pour la rendre accessible on a besoin d'une stratégie d'observation et d'expérimentation. Le phénomène de l'autisme, dont les bases neurologiques font l'objet d'un grand nombre de recherches actuelles, nous servira de fenêtre pour élucider cette transition critique.

2. L'autisme et ses causes neurales

Le concept d'autisme a été formé d'abord par Bettelheim dans le contexte de la psychanalyse qui avait distingué deux façons de penser : la pensée dirigée et la pensée non dirigée. La pensée dirigée a des buts définis, elle est consciente ; la pensée non-dirigée ou autistique est inconsciente, elle veut satisfaire des besoins, elle est strictement individuelle. La pensée dirigée est socialisée surtout par l'emploi du langage, tandis que la pensée autistique reste fixée à des images, des activités corporelles, des mouvements[3].

Au début, l'autisme fut considéré comme une forme naturelle trouvée non seulement chez l'enfant (surtout avant 7 ans) et moins fréquent chez l'adulte, mais aussi dans le mythe et dans la poésie. Les recherches des dernières décennies ont plutôt mis l'accent sur le déficit de la perception (de l'attention) et sur la « lecture » des visages et des pensées d'autrui (*mind reading, theory of mind*). Je vais d'abord décrire certains traits neurologiques et psychologiques de l'autisme. La question fondamentale à poser concerne la cognition asociale attribuée aux enfants autistes. Est-elle la source ou l'effet d'une différence au niveau de la perception ou de la cognition individuelle ?

---

[3]. Voir Piaget 1968 : chapitre 1, § 12.

2.1 Perception des formes (gestalts) et « lecture » du visage humain

Le syndrome autistique ne peut être diagnostiqué qu'à partir de 18 mois, donc après les premiers stades dans l'apprentissage du langage. Les études expérimentales qui ont comparé des individus autistiques à des individus normaux (du même âge mental) et à des individus avec d'autres déformations ou lésions mentales ont montré que l'individu normal à plutôt une préférence pour la *Gestalt*, la structure globale. Il a tendance à négliger les détails, les structures locales. Il retrouve pour cette raison facilement le prototype sous-jacent et par conséquent peut lire des « *gestalten* » assez complexes telle que le visage humain. L'autiste est plus rapide à retrouver les détails ; il a tendance à oublier la totalité en faisant attention aux détails. Le prototype lui échappe facilement, et une *gestalt* complexe le surmène.

Si on assume que ces préférences et inaptitudes existent déjà à un âge précoce (par exemple, depuis la naissance et les premières semaines), l'autiste ne trouve pas la porte qui s'ouvre à la pensée dirigée (au sens de Piaget) et aux structures opératoires qui en découlent. Cette ouverture est pourtant présupposée par le langage qui sert alors de base aux informations linguistiques fournies par les parents, les frères et sœurs et d'autres enfants, c'est-à-dire que l'accès à une socialisation rapide et efficace par l'intermédiaire du langage est bloqué[4].

Dans le contexte de la thématique « individu et socialité », une autre question liée à l'autisme, celle de la « *theory of mind* », c'est-à-dire de la capacité de se faire une idée de ce que se passe dans la tête de l'autre, a un grand intérêt, parce que cette question peut éclaircir la genèse et la structure de la socialité.

2.2 Théories subjectives de la pensée d'autrui et l'évolution de la socialité

Les recherches sur les théories subjectives de la pensée d'autrui ont été poursuivies sous les noms : « *theory of mind* » (ToM),[5] « *mindreading* » et « *understanding others* ». Ce phénomène est certainement la condition

---

[4]. Les déficiences sensorielles pourraient même influencer la perception ainsi les contours variables des phonèmes, morphèmes, mots et phrases.

[5]. Le terme « *theory of mind* » (ToM) fut introduit par Premack et Woodruff en 1978.

cognitive de toute socialité, car si l'individu n'est pas à même de distinguer son Ego, de l'autre et du monde qui l'entoure, d'établir une corrélation entre sa propre expérience et celle d'autrui, sa propre pensée et celles des autres, il n'a aucun accès à la société et reste emprisonné dans sa phénoménalité subjective et momentanée. La ToM, ce terme nous servira de dénominateur commun pour cet ensemble de recherches, peut être analysée sous différents aspects. Baron-Cohen (2000 : 4) discute vingt tests qui permettent de juger le développement d'une ToM. Je vais commenter quelques-uns :

- La distinction des entités/événements physiques et mentaux. Un enfant de quatre ans a normalement acquis cette distinction, tandis que l'autiste est retardé de ce point de vue.
- Croyance fausse. Dans un test, l'enfant voit une image avec le loup coiffé comme une grand-mère et le chaperon rouge qui croit rencontrer sa grand-mère. Elle doit faire la différence entre son propre croire et celui de l'autre. Cette compétence est aussi présupposée dans la déception. Dans la même ligne on peut comparer la relation entre voir et savoir et la compréhension du vocabulaire de l'activité intellectuelle : penser, savoir, prétendre, espérer, imaginer, songer, etc[6]. par l'enfant normal et l'enfant autiste.
- Interprétation du regard de l'autre en relation avec ce que celui-ci pense ou désire. À l'âge de quatre ans, les enfants normaux peuvent deviner si l'autre réfléchit (quand il dirige son regard dans le flou) ou s'il sollicite l'attention ou s'intéresse à un objet spécifique.
- Tout un répertoire de compétences pragmatiques, y inclus l'usage de la métaphore et de l'ironie, demandent la prise en compte du contexte et de l'état mental du destinataire. Des tests faits à l'âge de l'école maternelle et plus tard à l'école (à huit ans) montrent des différences significatives entre enfants normaux et autistes.

---

[6]. L'autisme apparaît sous des formes diverses qu'on a tendance de placer sur une échelle. Ainsi les individus avec le syndrome Asperger (autisme clément) peuvent passer les tests de déception simple et double ; mais ils le passent à un âge plus avancé que les enfants normaux.

2.3 Quelques considérations sur l'évolution de la socialité

Dans la perspective de la continuité de l'évolution (un des principes majeurs de la théorie de Darwin), le comportement social des populations humaines doit être considéré comme la conséquence :
- du comportement social de l'espèce *homo sapiens*, donc celle apparue en Afrique de l'Est entre 300.000 ans avant notre ère (séparation de la lignée de l'*homo ergaster*) et la migration en Eurasie depuis 70.000 B.P. ;
- du comportement social des espèces apparues depuis la séparation de notre lignée de celle des ancêtres de l'homme et du chimpanzé (après 6 millions B.P.) surtout des variantes de *l'Homo australopithecus* et l'*Homo erectus* (4 à 2 millions BP) ;
- du comportement social des primates (avant 6 millions BP).

Je vais résumer quelques résultats des recherches en éthologie comparative : Vauclair[7] discute la distinction entre imitation et apprentissage social chez les animaux. Dans l'apprentissage social un individu observe un autre (de la même espèce) quand il déploie un comportement ou résout un problème. Souvent il apprend ce comportement plus vite après son observation de l'autre que dans une série d'expériences guidées (par un expérimentateur). Vauclair dit : « It is striking, and somewhat paradoxical, to note that the evidence for imitation is stronger for birds and some small mammals than for primates. »[8]

Voelkl et Huber (2000) ont pu montrer que l'observation de l'autre et l'observation que l'autre observe l'observateur peuvent guider le comportement de certains oiseaux (corbeaux, perroquets montagnards de la Nouvelle Zélande) et que les petits singes (*Callithrix jacchus*) passent facilement le test de Piaget sur la permanence d'objets (cachés). On peut donc assumer que même dans différents ordres zoologiques un comportement social comparable au comportement humain est déjà réalisé.

Povinelli et O'Neill[9] considèrent que le comportement social des hommes a des sources qui remontent à 60 millions d'années jusqu'aux singes qui peuplaient les forêts d'Afrique et de l'Eurasie. Ils proposent une série de strates dans notre comportement social :

---

[7]. Vauclair 1996, p. 127 sq.
[8]. *Ibid.*, p. 128.
[9]. Povinelli et O'Neill 2000, p. 482 sq.

- la strate des mécanismes très simples pour interpréter les mouvements et les actions d'autres individus. Ceux-ci ne présupposent aucune conscience de l'autre et de ses états mentaux ;
- l'espèce humaine a probablement franchi un seuil critique avec le développement d'une conscience sociale. Cette transition fut liée à l'évolution d'un protolangage qui pouvait servir d'objectivation aux attitudes et aux projections mentales.

Premack (1990) postule trois stades basées sur la description comparative des chimpanzés et des enfants humains :
1. une interprétation « intentionnelle » basée sur la perception d'entités automotrices (sans conscience de l'autre) ;
2. un système social primitif qui associe aux mouvements perçus une évaluation : dur (agression) – tendre (aide) et une intensité sociale : ennemi – ami ;
3. une théorie de la mentalité (ToM), qui interprète le comportement de l'autre en termes mentaux, tels que : l'autre perçoit, il désire, il croit.

Ces stades sont récapitulés dans le développement de l'enfant humain, qui peut déjà distinguer quelques jours après sa naissance, des visages tristes ou joyeux, après cinq mois, des vocalisations tristes ou joyeuses. À six mois, il s'engage dans des « conversations émotionnelles » (sans parler) et à neuf mois il comprend des gestes, qui demandent quelque chose (« *request* »).

La socialité aurait donc une longue évolution (une profondeur de 60 millions) et une transition critique dans la représentation explicite (par le geste, la voix) des représentations implicites (acquises dans l'apprentissage social). Les formes symboliques (gestes, langage) auraient permis ou simplement stabilisé et déployé cette transition entre une socialité implicite et une socialité explicite. Comme la représentation explicitée (symbolique) est une méta-représentation vis-à-vis du système comportemental (appris) simple, cette évolution donne lieu à un cycle de représentations méta-méta... au sens de la semiosis infinie décrite par Ch. S. Peirce[10].

---

10. Voir Wildgen, 2006a et b.

3. Le visage humain comme centre organisateur de la socialité

Le visage humain avec l'œil, le regard, sa direction, le sourire, les pleurs, la bouche qui sourit, la voix qui crie, rie, parle est le centre majeur de la communication sociale chez l'homme (les mains constituent un deuxième centre). Pour cette raison, la perception du visage d'autrui, la lecture de ce visage est la clé de la socialité humaine.

Le développement de l'autiste se distingue de celui de l'individu normal surtout dans la perception des visages. Des observations à l'aide de la tomographie magnétique et autres ont pu montrer que chez l'autiste, l'observation d'un visage active plus tôt les régions qui chez le normal réagissent quand il observe des objets. L'autiste ne développe pas l'expertise dans l'interprétation du visage, telle que l'individu normal l'atteint. Le développement rapide des relations émotionnelles enfant-mère prépare l'introduction d'une cognition guidée par la mère et l'introduction du langage[11]. Il ouvre la porte qui mène à la compétence sociale et linguistique. L'autiste ne réussit pas à franchir ce seuil de la socialité communicative ou il ne peut le franchir que par un apprentissage explicite, un effort intellectuel (surtout chez les autistes très intelligents). Il se trouve alors dans la situation d'un étudiant qui a appris une langue à l'étranger sans l'appliquer et qui doit s'intégrer dans une communauté linguistique étrangère. Il a dans sa mémoire une masse de mots appris et de règles grammaticales, mais la pragmatique de l'emploi situationnel lui manque.

4. Socialité et individuation

Si la socialité a des sources évolutionnaires et cognitives telles que je les ai montrées, on peut se demander quelles sont les sources de l'individuation dans une espèce aussi extrêmement socialisée que la nôtre. L'araignée qui vit en solitaire, est un individu au sens primitif, l'homme ne peut ni se développer ni subsister dans la solitude totale. Son individualité est donc une sorte d'île dans un océan social.

Dans le contexte de cette contribution, je veux d'abord questionner les bases cognitives de l'individuation et cela nous fait revenir au phénomène de l'autisme et de la ToM (*theory of mind*). Chris et Ute Frith (2000) dis-

---

[11]. Voir Mottron 1987.

cutent le rôle du cortex frontal (médial) dans un test qui demandait aux sujets de se concentrer sur leurs propres pensées (sans relation à un stimulus), sur leurs sentiments et leurs actions.[12]

Le cortex frontal (dans la région du *sulcus paracingulatus*) est le lieu d'une projection interne de ce que l'individu pense, sent, fait. On peut en déduire que l'individu représente ses propres activités et ses états internes dans la région du cortex frontal. Par le lien qu'il peut établir entre le comportement de l'autre observé et les catégorisations de ce comportement dans le cortex droit, il peut d'une part comparer son état interne (cortex frontal) avec les états mentaux sous-jacents au comportement de l'autre et il peut comprendre ce comportement en termes de motivations mentales. Il peut, d'autre part, distinguer entre son interprétation de l'autre et l'interprétation de ses propres idées, sentiments, intentions et par la suite construire une image de son Ego par différence avec celle qu'il assume exister chez les autres. L'individuation est donc le produit de la socialisation. Pourtant le danger existe que dans l'apprentissage social, l'individu forme l'image de soi selon les moules d'individuation de certains caractères qu'il a rencontrés.

Cette thématique ouvre la porte à la question de l'apprentissage social et celui-ci dépend de la société en question. L'anthropologue des religions Mary Douglas discute à la base de la sociologie de Durkheim et de la théorie des codes de Bernstein une interdépendance entre la catégorisation (perceptuelle et linguistique) et la structure de la société.[13] L'individuation est un but de l'éducation personnelle, typique pour les familles qui s'adaptent à des contextes sociaux très variables et sans une tradition rituelle. Les valeurs que Douglas indique pour ce type de famille sont à l'égard des domaines de valorisation (i) à (iv) :[14]

---

12. Cf. Frith, C. et U. Frith 2000, p. 248 sq. : « the tasks which produced these activations can be characterized as requiring subjects to attend to their own thoughts (stimulus-independent thoughts), feelings (emotion, tickle, pain) and actions (speech, responses). »
13. Voir Douglas 1996, p. 59, qui dit : « As Durkheim himself has powerfully argued, any given classification system is itself a product of social relations. Bernstein's example of the positional family above shows people putting pressure on one another in terms of classifications. » Bernstein avait distingué entre un style de contrôle familial positionnel et personnel.
14. *Ibid.*, p. 31.

	domaines de valorisation	Famille avec un contrôle personnalisé
i	cardinal virtues	personal success, doing good to humanity
ii	cardinal sins	generalized guilt, individual and collective
iii	the idea of the self	subject alone
iv	art form	professionalism : overriding concern with techniques and materials of creative process

La classification et le langage sont différenciés en vue de leur finesse ou ampleur. Douglas parle de « *grid* » (trame). Si la société donne un grand poids au système collectif des classifications, celui-ci sera assez simple mais stable (prévisible) ; si la société permet des systèmes privés de classification, donc une grande variabilité, ce système sera plutôt complexe et instable (imprévisible) au niveau de la partie partagée par tous. Ces considérations permettent une table de corrélation entre structure sociale et structure cognitive et communicationnelle :

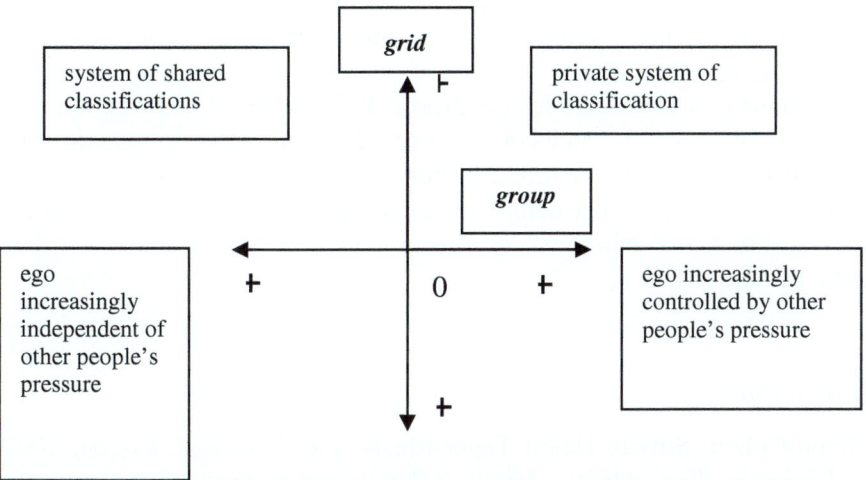

Figure 1 : Le système « grid and group » (trame et groupe) de Douglas (1996 : 60).

La « dérivée individualiste » est donc une conséquence d'un type d'organisation sociale, qui favorise le mouvement social, les adaptations permanentes et réduit les catégorisations collectives stables, les formes rituelles (ceci concerne aussi la religion). La dynamique qui relie l'individu et la société a, d'une part, des fondements cognitifs (qui renvoient à l'évolution de notre espèce) et dépend, d'autre part, de l'évolution culturelle, des formes sociales dominantes et de l'organisation sociale des partitions de la société (des classes sociales, des groupes professionnels, des enclaves culturelles). Le langage est d'un point de vue sociologique/ethnologique une forme qui reflète cette structure sociale. Comme les langues ont un rythme de changement plus lent que les sociétés (surtout aux temps modernes), elles sont aussi une sorte de « réserve catégorielle », un facteur de stabilisation majeur, qui a tendance à jouer le rôle que les mythes, les formes rituelles ont joué dans certaines sociétés du passé (de l'Égypte antique jusqu'au Moyen Age chrétien).

5. Conclusion

Les faits que j'ai rapportés dans cet exposé montrent que la question : individu et société exige de prendre en considération des résultats obtenus en psychologie (neuropsychologie), en anthropologie évolutionnaire et en sociologie (ethnologie).

L'autisme nous montre les conditions biologiques et neurologiques de la sociabilité humaine tandis que les considérations en sociologie du comportement symbolique montrent les tendances d'individuation qui sont ou bien repoussées par la structure sociale ou permises, voire même sollicitées. Les formes symboliques et surtout le langage jouent un rôle clé dans cette dynamique.

Bibliographie

Baron-Cohen, Simon, Helen Tager-Flusberg et Donald J. Cohen, 2000. *Understanding Other Minds. Perspectives from Developmental Cognitive Neuroscience*, Oxford U.P., Oxford.

Douglas, Mary, 1996. *Natural Symbols. Explorations in Cosmology* (with a new introduction), édition nouvelle d'un livre publié en 1970), Routledge, London.

Frith, Chris et Uta Frith, 2000. *The Physiological Basis of Theory of Mind : Functional Neuroimaging studies*, in : Baron-Cohen et alii, 2000 : 334-356.
Johnson, Mark, 1987. *The Body in the Mind. The Bodily Basis of Meaning, Imagination, and Reason*, The University of Chicago Press, Chicago.
Lakoff, George, 1987. *Women, Fire, and Dangerous Things. What Categories Reveal About the Mind*, Chicago U.P., Chicago.
Mendes, Natacha et Ludwig Huber, 2004. *Object Permanence in Common Marmosets (callitrix jacchus)*, in : *Journal of Comparative Psychology*, 118 (1) : 1003-112.
Mottron, Laurent, 1987. *Ein dynamisches Modell des normalen und pathologischen Spracherwerbs*, in : Wildgen et Mottron, 1987 : 342-411.
Piaget, Jean, 1968. *Le langage et la pensée chez l'enfant*, Delachaux et Niestlé, Neuchâtel.
Piaget, Jean, 1972. *L'épistémologie génétique*. Presses universitaires de France, Paris.
Plaisted, Kate C., 2000. *Aspects of Autism that Theory of Mind Cannot Explain*, in : Baron-Cohen et al., 2000 : 222-250.
Premack, D., 1990. *The Infants Theory of Self-propelled Objects*, in : *Cognition*, 36 : 1-16.
Premack, D. et Woodruff, G., 1978. *Does the Chimpanzee Have a Theory of Mind?*, in : *The Behavioural and Brain Sciences* 4 : 515-526.
Povinelli, Daniel J. et Daniela K. O'Neill, 2000. *Do Chimpanzees Use their Gestures to Instruct Each Other?*, in : Baron-Cohen et alii, 2000 : chapitre 19 (459-487).
Vauclair, Jacques, 1996. *Animal Cognition. An Introduction to Modern Comparative Psychology*, Harvard U.P., Cambridge (Mass.).
Wildgen, Wolfgang, 1994. *Process, Image, and Meaning. A Realistic Model of the Meanings of Sentences and Narrative Texts*, Benjamins, Amsterdam.
Wildgen, Wolfgang, 1999. *De la grammaire au discours. Une approche morphodynamique*, Lang, Berne.
Wildgen, Wolfgang, 2004. *The Evolution of Human Languages. Scenarios, Principles, and Cultural Dynamics*, Benjamins, Amsterdam.

Wildgen, Wolfgang, 2006a. *Is meta-representation an effect of self-organization? Contribution au colloque : Meta-representation and (self-) consciousness : Emergence of higher levels of self-organization in biological and semiotic systems* (Bremen, 27 au 29 septembre 2006), présentation PPT accessible dans l'internet : http ://www.fb10.uni-bremen.de/homepages/wildgen/ppt/Is%20metarepresentation%20an%20effect%20of%20self-organization.ppt

Wildgen, Wolfgang, 2006b. *Processes of semiotic self-organization underlying the evolution of language*, Contribution au congrès : The Cradle of Language, Stellenbosch, Afrique du Sud, 7-10 novembre 2006 ; présentation PPT accessible dans l'internet: http://www.fb10.uni-bremen.de/homepages/wildgen/ppt/The%20Semiotic%Hypercycle.ppt.

Wildgen, Wolfgang et Laurent Mottron, 1987. *Dynamische Sprachtheorie. Sprachbeschreibung und Spracherklärung nach den Prinzipien der Selbstorganisation und der Morphogenese*, Studienverlag Brockmeyer, Bochum ; voir la version électronique de la première partie : Das dynamische Paradigma : http ://www.fb10.uni-bremen.de/homepages/wildgen/pdf/das_dynamische_paradigma.pdf.

Vygotski, Lev, 1997. *Pensée et langage. Dispute*, Paris.

Index des noms

Abdu, M. 114
Abid al Gabiri, M. 114
Adorno, T.W. 208, 326, 329
Agamben, G. 127-132, 134, 136
Akoun, A. 41
Al-Afghani, J. 114
Alcoff, L. 348, 353
Antoun, F. 114
Apel, K.-O. 26, 335
Arendt, H. 127, 129, 131, 134, 136, 196, 239, 279, 281-285
Aristote 31, 92, 146, 236, 237, 279, 280-282, 284, 285, 313-316, 320, 349, 381
Arkoun, M. 114, 115, 122
Aron, R. 91
Austin, J. 329

Badiou, A. 37, 38, 96
Ballanche, P.S. 171
Bataille, G. 91
Benjamin, W. 127-129
Benslama, F. 41, 42
Bettelheim, C. 392
Bielefeldt, H. 71, 84, 205, 207, 221, 269, 271, 272
Bodin, J. 180
Bouriaud, N. 105
Breton, A. 91
Cassirer, E. 147, 148, 157, 158
Castoriadis, C. 40, 237
Chamberlain, H.S. 149, 151, 154, 159
Chevalier, J.-J. 313

Dalmiya, V. 348, 353
Deleuze, G. 95, 96, 238, 307, 308, 309, 312

Derrida, J. 28, 44, 45, 96, 192, 199, 315, 316
Desanti, J. 241
Descartes, R. 238, 384
Dewey, J. 325, 347-350, 353
Djait, H. 114, 122
Douglas, M. 398-400
Dürig, G. 264
Empédocle 314
Epicure 316
Fârâbî 38, 43, 236, 237
Fichte, J.G. 186, 251, 355, 357, 358, 361, 365, 371, 372, 374
Foucault, M. 120, 127, 139, 225-232, 238, 308-310, 378, 379
Frank, M. 238, 357, 358, 374
Freud, S. 391
Frith, Ch. et U. 397, 398, 401

Gadamer, H.G. 28
Gazzali 294, 295
Gosepath, S. 217

Habermas, J. 15, 24, 26, 77, 78, 80, 81, 85, 208, 221, 238, 253, 269, 273, 335, 377
Hain, K.-E. 259
Haken, H. 139, 141, 159
Hardwig, J. 345, 346, 353
Hariri, R. 107
Hegel, G.W.F. 91, 93, 96, 232, 237, 238, 251, 355, 356, 358, 360, 369, 372, 374, 375, 377, 379
Heidegger, M. 279, 291
Henrich, D. 194
Héraclite 312, 314
Herdegen, M. 265

Index des noms

Hérodote 87
Hitler, A. 142, 145, 146, 148, 149, 152-155, 159, 160
Hobbes, T. 31, 145, 282, 387
Horkheimer, M. 208, 326, 329
Husserl, E. 44, 45, 238, 279, 384, 391

Ibn 'Arabi 42, 287, 295-297
Ibn Khaldûn 43, 320
Ibn Sina 42

Kant, E. 38, 44, 80, 85, 92, 96, 117, 121, 139, 167, 185-202, 209, 221, 230, 250, 251, 274, 325, 327, 355, 357-359, 361, 372, 373, 375, 376, 384
Kaouakibi, A. 114
Kofi Annan 71
Köhler, H. 269
Kojève, A. 91-96

Lacan, J. 91, 133
Lakoff, G. 391, 401
Laroui, A. 114
Leibniz, G.W. 238, 307
Locke, J. 215, 216, 282, 324
Losurdo, D. 186, 194, 196
Lyotard, J.F. 28, 96, 199, 238, 324

Machiavel, N. 162
Mackie, J.L. 210, 222
Mahomet 202
Mandelbrot, B. 139, 159
Marx, K. 257, 282, 326, 388
Merleau-Ponty, M. 305-307, 309, 312
Michelet, J. 171
Miskawayh 42, 43, 45
Montesquieu, Ch.S. 283
Morlino, B. 315

Negri, A. 238, 312
Nietzsche, F. 31, 95, 153, 154, 230, 237, 240, 299, 317, 378

Onfray, M. 319, 321

Palante, G. 318, 319
Paradis, B. 305, 306
Parménide 92, 94
Pascal 250, 274
Peirce, Ch.S. 347, 349-351, 354, 396
Piaget, J. 391-393, 395, 401
Pic de la Mirandole 250
Platon 30, 92, 96, 280, 281, 284, 285, 348
Plotin 92, 94
Premack, D. 393, 396, 401
Pufendorf 250
Putnam, H. 343, 344, 354

Queneau, R. 91

Rajchman, J. 324
Rancière, J. 104, 105
Rawls, J. 38, 186, 188
Renaut, A. 372, 377, 378, 380
Rorty, R. 44, 325, 335
Rosenberg, A. 142, 146, 148, 149, 154, 158, 159, 160
Rousseau, J.-J. 129, 131-134, 137, 174, 215, 216
Ryle, G. 347, 349, 354

Sartre, J.-P. 135, 137, 377-389
Schelling, F.W.J. 186, 352, 355-376
Schmitt, C. 127, 283
Schopenhauer, A. 248, 276
Sen, A. 46, 76, 86, 101
Serres, M. 225, 228

Index des noms

Sève, L. 249, 256, 257, 277
Sharabi, H. 107, 114-124
Simondon, G. 303-308, 310, 311
Skinner, B.F. 247
Spinoza, B. 92, 94, 96, 161-167, 316, 359, 361, 375

Taylor, Ch. 298
Thom, R. 139, 142, 152, 159
Triki, F. 35

Tugendhat, E. 205, 207-223
Vico, G. 139, 169-183
Voltaire 225
Vygotski, L. 402
Vygotski, V. 391, 392
Weber, M. 22, 30, 115, 283, 326, 327
Winkler, H.A. 111-113
Wittgenstein, L. 140
Wolin, S. 325

L'HARMATTAN, ITALIA
Via Degli Artisti 15 ; 10124 Torino

L'HARMATTAN HONGRIE
Könyvesbolt ; Kossuth L. u. 14-16
1053 Budapest

L'HARMATTAN BURKINA FASO
Rue 15.167 Route du Pô Patte d'oie
12 BP 226
Ouagadougou 12
(00226) 50 37 54 36

ESPACE L'HARMATTAN KINSHASA
Faculté des Sciences Sociales,
Politiques et Administratives
BP243, KIN XI ; Université de Kinshasa

L'HARMATTAN GUINÉE
Almamya Rue KA 028
En face du restaurant le cèdre
OKB agency BP 3470 Conakry
(00224) 60 20 85 08
harmattanguinee@yahoo.fr

L'HARMATTAN CÔTE D'IVOIRE
M. Etien N'dah Ahmon
Résidence Karl / cité des arts
Abidjan-Cocody 03 BP 1588 Abidjan 03
(00225) 05 77 87 31

L'HARMATTAN MAURITANIE
Espace El Kettab du livre francophone
N° 472 avenue Palais des Congrès
BP 316 Nouakchott
(00222) 63 25 980

L'HARMATTAN CAMEROUN
Immeuble Olympia
Face à la Camair
Yaoundé

611114 - Juin 2015
Achevé d'imprimer par